An English-German and German-English

Pocket Dictionary
of
Law and Business Terminology

by

Dora v. Beseler

Second Revised and Expanded Edition

Berlin 1947

Walter de Gruyter & Co.

vormals G. J. Göschen'sche Verlagshandlung — J. Guttentag, Verlagsbuchhandlung
Georg Reimer — Karl J. Trübner — Veit & Comp.

Englisch-deutsches und deutsch-englisches

Taschenwörterbuch der Rechts- und Geschäftssprache

von

Dora v. Beseler

Zweite, durchgesehene und erweiterte Auflage

Berlin 1947

Walter de Gruyter & Co.

vormals G. J. Göschen'sche Verlagshandlung — J. Guttentag, Verlagsbuchhandlung
Georg Reimer — Karl J. Trübner — Veit & Comp.

Inhalt

Contents

Archiv-Nr. 240947

Part I

English-German

Teil I

Englisch-Deutsch

A

abalienation *Veräußerung, Uebertragung*

abandon *aufgeben, abandonnieren*

abandonee *Versicherer, dem ein Wrack überlassen worden ist*

abandoner *Abandonnist*

abandonment *Aufgabe, Abandon,* — of a right *Aufhebung eines Rechtes*

abate *ermäßigen; abschaffen, aufheben; widerrechtlich Besitz ergreifen*

abatement *Ermäßigung; Abschaffung, Aufhebung; widerrechtliche Besitzergreifung,* plea in — *Einrede, die sich auf Parteifähigkeit des Gegners, unrichtige Zuziehung oder Weglassung einer Partei bezieht,* — of litigation *Erlöschen der Klage wegen Heirat, Todes oder Bankrotts der Partei,* — of nuisance *Recht auf eigenmächtige Beseitigung einer schädlichen Veranstaltung,* — of offensive trade *Schließung belästigender Gewerbebetriebe*

abdicate *abdanken; enterben*

abdication *Abdankung; Enterbung,* deed of —, instrument of — *Abdankungsurkunde*

abduct *entführen*

abduction *Entführung*

abductor *Entführer*

abearance *Wohlverhalten*

abet *anreizen, begünstigen, anstiften*

abetment *Anreizung, Begünstigung, Anstiftung*

abetter, abettor *Anstifter, Begünstiger*

abeyance, in *unentschieden, in der Schwebe; notleidend*

abeyant *unentschieden, in der Schwebe*

ability *Fähigkeit,* to the best of (my) — *nach bestem Können*

abintestate heir *Intestaterbe*

abjudicate *aberkennen, aburteilen, verwerfen*

abjudication *Aberkennung, Aburteilung, Verwerfung*

abjuration *Abschwörung*

abjure *abschwören*

abnegate *ableugnen*

abnegation *Ableugnung*

abode *Aufenthalt,* usual place of — *gewöhnlicher Aufenthaltsort*

abolish *abschaffen, aufheben*

abolishment, abolition *Abschaffung, Aufhebung*

abortion, production of — *Abtreibung,* to produce — *abtreiben*

abroad *im Ausland,* payable — *im Ausland zahlbar*

abrogate *abschaffen*

abrogation *Abschaffung*

abscond *flüchtig werden, sich verborgen halten, sich verbergen*

absolute *absolut, unbedingt, unbeschränkt; definitiv; rechtskräftig*

absorb *aufnehmen, absorbieren, einverleiben*

absorption Aufnahme

abstain *Abstand nehmen, unterlassen*

abstract *Auszug,* — account *Kontoauszug,* — of title *Aufzeichnung der Urkunden und Tatsachen, auf denen der Rechtstitel beruht,* to — *entwenden*

abstraction *Entwendung*

abuse *Mißbrauch; Schmähung*, — of office *Amtsvergehen*, to — *mißbrauchen; schmähen*

abuttals *die schriftlich bezeichneten Grenzen eines Grundstücks*

accede *beitreten*

accelerate *beschleunigen*

accept *annehmen, abnehmen, acceptieren*, to get accepted *acceptieren lassen*, accepting company *übernehmende Gesellschaft*

acceptance *Annahme, Abnahme; Accept*, anticipated — *vor Fälligkeit bezahltes Accept*, in default of — *mangels Accept*, to be in default of — *im Annahmeverzug sein*, to present for — *zum Accept vorzeigen*, to procure — *Accept einholen*, to provide with — *mit Accept versehen*, to send for — *zum Accept senden*

acceptation *Bedeutung*

acceptor *Acceptant*

access *Zutritt*

accession of property *Vermögensanfall*

accessories *Zubehör*

accessory *Helfershelfer, Mitschuldiger, Mittäter*, — after the fact *derjenige, welcher einem Verbrecher nach der Tat Hilfe leistet*, — before the fact *Helfer eines Verbrechers vor der Tat; Anstifter zur Felonie*, — consideration *Nebenleistung (siehe auch* consideration)

accident *Unfall, Unglücksfall*, — insurance *Unfallversicherung*, addional — benefit *Unfall-Zusatzversicherung*

accidental *zufällig*

acclamation, by *durch Zuruf*

accommodation *Gefälligkeit*, — acceptance *Gefälligkeitsaccept*, — bill *Gefälligkeitswechsel*

accomplice *Mittäter*

accomplicity *Mittäterschaft*

accord *Vergleich; Uebereinstimmung*, — and satisfaction *Vergleich und Befriedigung (Abmachung, die spätere Klage des Gläubigers ausschließt)*, of one's own — *aus eigenem Antrieb*, to — *einräumen, bewilligen*

accordance *Uebereinstimmung, Gemäßheit*

according (to) *laut, gemäß;* (as) *je nachdem*

account *Rechnung, Konto*, barred —, blocked — *Sperrkonto*, current — *laufende Rechnung, Kontokorrent*, — day *Zahltag, Stichtag*, dealings for the — *Zeitgeschäfte, Termingeschäfte*, extract —, abstract —, statement of — *Rechnungsauszug, Kontoauszug*, equated — *Staffelrechnung*, holder of an — *Kontoinhaber*, open — *offene Rechnung*, special — *Sonderkonto*, — stated *Abrechnung, anerkannte Rechnungsaufstellung*, for own — *für eigene Rechnung*, only for — *nur zur Verrechnung*, for — and risk *für Rechnung und Gefahr*, for — of whom it may concern *für Rechnung wen es angeht*, on joint — *auf gemeinschaftliche Rechnung*, payment on — *Rate, Ratenzahlung, Abschlagszahlung*, balance of accounts *Rechnungsabschluß*, accounts payable *(Bilanz) Kreditoren, sonstige Gläubiger*, accounts receivable *Debitoren, sonstige Schuldner*, to — for *Rechenschaft ablegen über*, to adjust an — *Rechnung richtigstellen*, to audit an — *Rechnung abnehmen, prüfen*, to balance the — *Rechnung abschließen*, to buy on — *auf Rechnung kaufen*, to charge an — *Konto belasten*, to check an — *Rechnung prüfen*, to close an —

Rechnung schließen; Konto sperren, to discharge an — *Konto entlasten*, to have an — with *in Rechnung stehen mit*, to have an open — *offenes Konto haben*, to keep — *Rechnung führen*, to make out (up) an — *Rechnung aufstellen*, to open an — *Konto eröffnen*, to pay on — *a conto zahlen*, to settle the — *Rechnung ausgleichen*

accountability *Rechenschaftspflicht, Verantwortlichkeit*

accountable *rechenschaftspflichtig, verantwortlich*

accountant *Buchhalter, Rechnungsführer, Bücherrevisor, Buchprüfer*, chartered — *konzessionierter Bücherrevisor*

accrual *Anfall, Zuwachs*

accrue *anfallen, zufallen, zuwachsen, (von Zinsen) auflaufen*

accumulate *anhäufen, ansammeln, auflaufen*, accumulated amount *Endwert*

accumulation *Anhäufung, Ansammlung*, — of capital *Kapitalbildung*

accusation *Anschuldigung, Beschuldigung, Bezichtigung*, false — *falsche Anschuldigung*

accuse *anklagen, anschuldigen, beschuldigen, bezichtigen*

accused *Angeklagter*

acknowledge *anerkennen, zugeben*, to — receipt *Empfang bestätigen*

acknowledgment *Anerkenntnis, Bestätigung*

acquiesce (in, to) *einwilligen (in), sich beruhigen (bei)*

acquiescence (with) *stillschweigendes Einverständnis, stillschweigende Duldung*

acquire *erwerben*

acquisition *Erwerb*, — mortis causa *Erwerb von Todes wegen*

acquit *freisprechen; quittieren, entlasten*

acquittal *Freisprechung, Freispruch*

acquittance *Quittung, Entlastung*, to give one's — *Entlastung erteilen*

act *Handlung*, judicial — *gerichtliche Handlung*, overt — *vorbereitende Handlung zu einem Verbrechen*, wrongful — *unerlaubte Handlung*, — in the law *Rechtsgeschäft*, Act (of Parliament) *Gesetz, Parlamentsakte*, to — as *tätig sein als, auftreten als*

action *Klage, Prozeß*, local — *Klage in Fällen örtlicher Rechtsverletzung*, — mixed *Klage auf Schadensersatz und Herausgabe von Grundbesitz*, — personal *Klage betreffend Personalvermögen (auf Schadensersatz)*, — real *Klage betreffend Immobiliengut*, transitory — *Klage in Fällen von Rechtsverletzung an beliebigem Ort*, cause of — *Klagegrund*, limitation of — *Klageverjährung*, right of — *Klagerecht, Anspruch*, sphere of — *Tätigkeitsbereich*, by means of an — at law *im Wege der Klage*, no — will lie *Klage ist nicht gegeben*, to bring an — *klagen, Klage erheben*, to bring actions in autre droit *im Namen Dritter klagen*

actionable *klagbar*

actual *tatsächlich, effektiv; gegenwärtig*

actuarial *versicherungstechnisch*, — valuation balance sheet *versicherungstechnische Bilanz*

actuary *Versicherungsstatistiker, Versicherungstechniker*

adapt *anpassen, umstellen*

adaption *Anpassung, Umstellung*

addendum *Zusatz, Anhang*

addition *Zusatz*, in — *außerdem*, additions *(Bilanz) Zugänge*

additional *zusätzlich*, — charge *Zuschlag*, — duty *Zusatzzoll*

address *Anschrift, Adresse; Wohnung*

addressee *Adressat*
adduce *beibringen*
adeem *ein Vermächtnis widerrufen*
ademption of legacy *Hinfälligkeit oder Entziehung eines Vermächtnisses wegen Vernichtung oder anderer Verfügung darüber durch den Erblasser vor seinem Tode, Zurücknahme eines Vermächtnisses*
adequate *angemessen*
adhere *beitreten, bei etwas bleiben; anhangen*
adhesion, declaration of *Beitrittserklärung*
adjourn *vertagen*, to — sine die *unbestimmt vertagen*
adjournment *Vertagung*
adjudge *zuerkennen, zusprechen, zuteilen; entscheiden*
adjudgment *Zuerkennung; Entscheidung*
adjudicate *zuerkennen, zuteilen, zuschlagen*
adjudicatee *Ersteher*
adjudication *Zuerkennung, Zuteilung, Zuschlag*, — order *Konkurseröffnungsbeschluß*
adjust *schlichten, beilegen, ausgleichen*
adjustment *Schlichtung, Beilegung*, average — *Dispache*
administer *verwalten*, to — an oath *einen Eid abnehmen*
administration *Verwaltung*, compulsory — *Zwangsverwaltung*, — of justice *Rechtspflege, Rechtsprechung*, letter of — *Urkunde, durch die das Nachlaßgericht einen Vertreter des ohne Testament verstorbenen Erblassers zum Nachlaßverwalter bestellt*, — of an oath *Abnahme eines Eides*
administrative, — authority *Verwaltungsbehörde*, — court *Verwaltungsgericht*, — decree *Durchführungs-Verordnung*, — expenses *Verwaltungskosten*, — jurisdiction *Verwaltungsgerichtsbarkeit*, — regulations *Ausführungsbestimmungen*
administrator *Verwalter; Nachlaßverwalter (wenn kein Testament vorliegt oder kein Testamentsvollstrecker ernannt ist)*, compulsory — *Zwangsverwalter*
Admiralty Court *Admiralitätsgericht*, — Division (Probate, Divorce and Admiralty Division) *Admiralitätsabteilung des* High Court
admissibility *Zulässigkeit*
admissible *zulässig*
admission *Anerkennung, Zugeständnis; Einlaß, Zulassung*
admit *anerkennen, zugeben, zugestehen; einlassen, zulassen*
admittance *Besitzübergabe an den* copyholder, — and surrender *Besitzwechsel des* copyhold
admittedly *zugestandenermaßen, zugegebenermaßen*
admonition *Verwarnung*
adopt *annehmen, beitreten; adoptieren, an Kindesstatt annehmen*, to — a measure *eine Maßnahme ergreifen*
adoption *Annahme, Beitritt; Adoption, Annahme an Kindesstatt*, — of accounts, of a report *Beschlußfassung über die Jahresrechnung und Entlastung, über einen Bericht*
adult *Erwachsener, erwachsen*
adulterate *verfälschen*
adulteration *Verfälschung*, — of food and drugs *Verfälschung von Nahrungsmitteln und Medikamenten*
adulterer *Ehebrecher*
adulteress *Ehebrecherin*
adultery *Ehebruch*
ad valorem *nach dem Werte*
advance *Vorschuß, Einschuß*, to — *vorschießen*, in — *vorweg, vorzeitig, im voraus*, payment in —,

— payment *Vorauszahlung, Vorausbezahlung*

advancement *Vorschuß; Vorempfangenes; Vorauserbe (bei Lebzeiten des Erblassers im voraus ausbezahltes Erbe); Ausstattung, Aussteuer*

adventure *Unternehmen; Risiko,* gross — *Bodmerei,* bill of — *Bodmereibrief, Erklärung, daß ein Dritter Eigentümer ist und das Risiko trägt*

adverse *entgegengesetzt wirkend,* — balance *Unterbilanz,* — party *Gegenpartei,* — possession *nichtberechtigter Besitz,* — witness *Zeuge für die Gegenpartei, feindlicher Zeuge*

adversely claimed *von der Gegenseite beansprucht*

advertise *anzeigen, Reklame machen*

advertisement *Anzeige, Reklame*

advice *Rat, Rechtsrat; Benachrichtigung, Nachricht, Avis,* as per — *laut Bericht,* letter of — *Avisbrief*

advise *avisieren, benachrichtigen, verständigen, mitteilen; beraten*

adviser *Berater*

advisory board *Kuratorium; Beratungsstelle*

advocate *Advokat, Rechtsanwalt*

advowson *Kirchenpatronatsrecht, Präsentationsrecht*

aerial navigation *Luftschiffahrt*

aerodrome *Flughafen*

aeroplane *Flugzeug*

affected with *behaftet mit*

affiant *Abgeber einer eidesstattlichen Erklärung*

affidavit *Affidavit, schriftliche eidliche Erklärung, schriftliche eidesstattliche Erklärung,* to swear an — *schriftlich eidlich aussagen*

affiliate *angliedern,* affiliated company *Tochtergesellschaft, Konzerngesellschaft*

affiliation *Angliederung,* — cases *Klagen auf Anerkennung der Vaterschaft oder auf Zahlung von Alimenten*

affirm *behaupten, versichern, bestätigen, beteuern,* to — in lieu of oath *an Eidesstatt versichern*

affirmant *derjenige, welcher eine Beteuerung abgibt*

affirmation *Behauptung, Versicherung, Bestätigung,* solemn — *feierliche Beteuerung*

affirmative, to answer in the *bejahen*

affix *anheften, beifügen, (Siegel) beidrücken*

affray *öffentliche Schlägerei*

affreighter *Befrachter*

affreightment *Befrachtung*

afloat *flott, schwimmend*

after-acquired *nacherworben, neuerworben*

after-endorsement *Nachgiro*

age, of —, of full — *volljährig, großjährig,* full — *Volljährigkeit, Großjährigkeit,* to come of — *großjährig werden,* person of full — *Volljähriger, Großjähriger*

agency *Vertretung, Agentur,* contract of — *Geschäftsbesorgungs-Vertrag,* — by necessity *Geschäftsführung ohne Auftrag,* power of — *Vertretungsbefugnis, Vertretungsmacht,* — staff *im Außendienst tätige Personen*

agenda *Tagesordnung*

agent *Agent, Vertreter, Stellvertreter, Beauftragter, Geschäftsführer, Vermittler,* mercantile — *Handelsagent,* — by necessity *Geschäftsführer ohne Auftrag,* sole — *Alleinvertreter,* statutory — *gesetzlicher Vertreter*

aggravating circumstances *erschwerende Umstände*

aggravation *Verschärfung*

aggregate *Gesamt-*

aggrieve *beschweren, beeinträchtigen*, aggrieved person *Beschwerter, Geschädigter*

agistment *Viehweidung gegen Entgelt*

agnate *Agnat, Verwandter auf väterlicher Seite*

agree *abmachen, vereinbaren; zustimmen, einverstanden sein, sich einverstanden erklären, sich verpflichten; übereinkommen, einig sein, sich einigen*, agreed *vereinbart*, to be agreed (on) *einig sein (über)*

agreement *(siehe auch* contract) *Vertrag, Abkommen, Uebereinkommen, Uebereinkunft, Vereinbarung, Einverständnis*, amicable — *gütlicher Vergleich*, covering — *Mantelvertrag*, mutual, reciprocal — *gegenseitiger Vertrag*, imperfectly reciprocal — *unvollkommener gegenseitiger Vertrag*, obligatory — *obligatorischer Vertrag*, parol — *mündlicher Vertrag*, according to — *vertragsmäßig*, contrary to — *vertragswidrig*

aid *Rechtshilfe für den Beklagten im Prozeß*, to pray in — *jemandes Zuziehung beantragen*, to — and abet *bei einem Verbrechen Beistand leisten*, aids *bestimmte geldwerte Leistungen des Lehensmanns*

aider by verdict *Beseitigung eines Einwands durch das Urteil*

aid-prayer *Antrag auf Zuziehung*

air, communication by — *Luftverkehr, Luftverbindung*, — craft *Flugzeug; Gesamtheit der Flugzeuge*, — mail *Luftpost, Flugpost*

airman *Flieger, Pilot*

airplane *Flugzeug*

airport *Flughafen*

air-raid *Luftangriff*, — precautions *Luftschutz*, — shelter *Luftschutzkeller, Luftschutzraum*

airship *Luftschiff*

airworthiness *Lufttüchtigkeit*

alderman *Ratsherr, Schöffe*

aleatory contract *Eventual-Vertrag*

alias *angenommener Name; wiederholter Vollstreckungsbefehl*

alias-capias *wiederholter Verhaftsbefehl*

alien *Ausländer; ausländisch*, — enemy *feindlicher Ausländer*, — friend *befreundeter, verbündeter Ausländer*, Alien Property Custodian *(am.) Treuhänder für das feindliche Vermögen*, aliens' registration *Erteilung der Aufenthalts-Erlaubnis*

alienability *Veräußerlichkeit*

alienable *veräußerlich*

alienage, declaration of *Erklärung des Verzichtes auf die Staatsangehörigkeit*

alienate *veräußern*

alienation *Veräußerung*, restraint on — *Veräußerungsverbot*, declaration of — *Ablegung der Staatsangehörigkeit durch Erklärung*

alienee *derjenige, an den etwas veräußert wird, Erwerber*

alienor *Veräußerer*

alimony *Alimente*

allegation *Behauptung*

allegator *Behauptender*

allege *behaupten*, alleged *angeblich*

allegiance *Staatsangehörigkeit, Untertanentreue*, oath of — *Untertaneneid, Treueid*

alleviation *Abmilderung*

allied and associated powers *alliierte und assoziierte Mächte*

allocate *zuteilen, zuweisen*

allocation *Zuteilung, Zuweisung*

allocatur *richterliche Bescheinigung über zugesprochene Kosten*

allodial *allodial, erbeigen*, — property *Allodialvermögen*

allodify *allodifizieren*

allodium *Allod, Freigut*

allot *zuerkennen, zuerteilen, zuteilen*, allotted share *zugewiesener Anteil*
allotment *Zuerteilung, Zuteilung; Anteil; Parzelle*, letter of — *Mitteilung über Zuteilung von Aktien*
allow *vergüten*
allowance *ausgesetztes Einkommen; Rabatt; Vergütung; im Urteil zuerkannter Sonderbetrag*
all-round price *Preis einschließlich Nebenkosten*
alone, to act *allein handeln*
alongside vessel *längsseit Seeschiff*
alphabetically arranged *in alphabetischer Reihenfolge*
alternate *Ersatzmann; abwechselnd*
alternative *alternativ*
amalgamate *vereinigen, fusionieren*
amalgamation *Vereinigung, Fusion*
amateur value *Liebhaberwert*
amend *verbessern, berichtigen, ändern*
amendment *Verbesserung, Berichtigung, Aenderung, Amendement, (Patentschrift) Nachtrag*
amercement *Geldbuße*
amicable *gütlich*
amnesty *Amnestie*
amortisable *tilgbar*
amortisation *Tilgung*
ancient, — documents *alte Urkunden, die ungeprüft als Beweis dienen*, — lights *Recht auf Ausblick, Licht und Luft*
ancillary to *abhängig von*
angary *Recht der Kriegführenden, von neutralem oder anderem Eigentum gegen Entschädigung Gebrauch zu machen*
animate and inanimate property *lebendes und totes Eigentum*
annex *Anhang, Nachtrag, Anlage*, to — *als Anlage beifügen; annektieren*
annexation *Annektierung*
annoyance and worry *Chicane und Belästigung*
annual *jährlich*, — balance sheet *Jahresbilanz*, — profit *Jahresgewinn*, — report *Jahresbericht*, — settlement of accounts *Jahresabschluß*, — summary *Jahresübersicht*
annuitant *Leibrenten-Empfänger*
annuity *Leibrente, Rente, Jahrgeld, Annuität; Rentenbrief*, — agreement *Leibrentenvertrag*, — charge *Rentenschuld*, — charge bond *Rentenschuldbrief*, certain — *Rente mit bestimmter Laufzeit*, continent — *Rente mit unbestimmter Laufzeit*, — coupon *Rentenschein*, — deed *Rentenversicherungs-Police*, immediate — *nachschüssige Rente*, joint and survivorship — *verbundene Rente mit Uebergang an den Ueberlebenden*, life (whole life) — *lebenslängliche Rente*, ordinary — *nachschüssige Rente*, perpetual — *ewige Rente*, terminable — *Rente auf bestimmte Zeit*, unconditional — *ungeschützte Rente*, — value *Rentenwert, Barwert einer Rente*
annul *aufheben, nichtig erklären, ungültig erklären, annullieren*
annulment *Aufhebung, Ungültigkeitserklärung, Annullierung, Beseitigung*
answer *Antwort, Antwortschrift*, to — for *gutsagen für*
answerable *verantwortlich*
antecedents *Vergangenheit, Vorleben*
antedate *zurückdatieren*
ante-nuptial *vor der Hochzeit, vor der Eheschließung*
anticipate *vorwegnehmen, im Voraus verfügen*, anticipated *vorzeitig*
anticipation *Vorwegnahme, Vorgriff*, in — *im Voraus*, restraint on — *Erhebungsbeschränkung*
apart, to live *getrennt leben*

apologise *Abbitte leisten, sich entschuldigen*
apology *Abbitte, Entschuldigung*
apothecaries' weight *Apothekergewicht*
appeal *Berufung, Berufungsklage; Beschwerde,* — board *Berufungsausschuß,* court of — *Berufungsgericht,* plaintiff, defendant in the (court of) — *Berufungskläger, Berufungsbeklagter,* right of — *Berufungsrecht,* to —, to give notice of —, to take an — (from), to lodge an — *Berufung einlegen,* an — lies *Berufung kann eingelegt werden*
appealer *Berufungskläger*
appear *erscheinen; sich einlassen*
appearance *Erscheinung; Einlassung, Klageeinlassung,* to enter an — *sich auf den Rechtsstreit einlassen*
appearer *Erschienener (vor Gericht)*
appellant *Berufungskläger*
appellate, — division *Berufungsabteilung,* — right *Berufungsrecht*
appellee *Berufungsbeklagter*
appellor *Kläger, Beschuldiger*
appendant *anhängend, anhaftend (von Realgerechtigkeiten)*
appendix *Anhang, Anlage, Zusatz*
applicability *Anwendbarkeit*
applicable *anwendbar, einschlägig*
applicableness *Anwendbarkeit*
applicant *Antragsteller*
application *Antrag, Gesuch, Begehren; Berufung; Anwendung; Zeichnungsschein,* — for letters patent *Patentanmeldung,* to make an — *einen Antrag stellen*
apply (for) *beantragen, einkommen um,* (to) *anwenden, Anwendung finden, verwenden auf,* to — for letters patent *ein Patent anmelden*
appoint *ernennen, bestellen, einsetzen,* to — a day, a hearing *einen Termin anberaumen*
appointment *Ernennung, Bestellung, Einsetzung,* certificate of — *Bestallung*
apportion *verhältnismäßig verteilen, zuweisen*
apportionable *teilbar*
apportionment *Verteilung, Zuweisung*
appraisal *Schätzung, Abschätzung*
appraise *schätzen, abschätzen*
appraisement *Schätzung, Abschätzung*
appraiser *Abschätzer, Taxator*
appreciate *würdigen; im Werte steigen*
appreciation *Würdigung; Wertzuwachs; Kursgewinn,* intelligent — *verständige Würdigung*
apprehend *verhaften, ergreifen*
apprehension *Verhaftung, Ergreifung, Festnahme, Zwangsvorführung,* warrant of — *Verhaftsbefehl, Steckbrief*
apprentice *Lehrling,* — at law *Rechtsstudent, jüngeres Mitglied einer Rechtsinnung*
apprenticeship *Lehrzeit,* contract of — *Lehrvertrag*
approach a person *an jemand herantreten*
approbate *gutheißen,* to — and reprobate *zum Teil anerkennen, zum Teil verwerfen*
approbation *Billigung*
appropriate *angemessen, geeignet,* for — action *zur weiteren Veranlassung,* to — *aneignen, zueignen, ins Eigentum übergehen,* to — for *bestimmen für, verwenden zu, für*
appropriation *Aneignung, Zueignung; Verwendung,* — of goods to the contract *Bestimmung von Waren zur Erfüllung des Vertrages*
approval *Einwilligung, (vorherige) Zustimmung, Billigung, Genehmigung,* on — *zur Ansicht, zur*

Billigung, sale on — *Kauf auf Probe*

approve *billigen, einwilligen, genehmigen, zustimmen,* approved *bewährt; genehmigt*

approvement of common lands *Melioration von nicht beackerten Ländereien eines Gutes*

approver *Kronzeuge*

appurtenances *Zubehör, Pertinenzien*

appurtenant *zugehörig*

apron-string tenure *Kunkellehen, Weiberlehen*

arable land *pflügbares Land, Land unterm Pflug*

arbiter *Schiedsrichter*

arbitral *schiedsrichterlich,* — committee *Schlichtungsausschuß,* — procedure *Schiedsverfahren, Schlichtungsverfahren,* international mixed — tribunal *internationales gemischtes Schiedsgericht*

arbitrament, arbitrement *Schiedsspruch*

arbitrariness *Willkürlichkeit, Eigenmächtigkeit*

arbitrary *willkürlich, eigenmächtig*

arbitration *Schiedsspruch, Arbitrage, schiedsgerichtliches Verfahren,* to settle by — *arbitrieren,* court of — *Schiedsgericht*

arbitrator *Schiedsrichter*

area *Flächenraum, Bodenfläche*

argue *mit Gründen darlegen, ausführen, vorbringen, argumentieren; verhandeln*

argument *Rechtsgrund, Beweisgrund, Vorbringen, Argument*

argumentation *Beweisführung*

armament *Rüstung*

armed resistance, to offer *bewaffneten Widerstand leisten*

arms, coat of *Wappen,* College of Arms *Heroldsamt*

arraign *anklagen, beschuldigen, den Angeklagten zur Verantwortung vor Gericht stellen*

arraignment *Anklage, Beschuldigung*

arrange *vergleichen; vorbereiten, Vorsorge treffen; abmachen*

arrangement *Vereinbarung, Vergleich, Abkommen, Abmachung; Nachlaßvertrag; Vorkehrung; Vorbereitung,* amicable — *gütlicher Vergleich,* scheme of — *Vergleich in Konkursverfahren*

array *Geschworenenliste*

arrears *Rückstände*

arrest *Arrest, persönlicher Arrest, Sicherheitsarrest, Beschlagnahme, Verhaftung,* — of judgment *Aufschiebung des Urteils,* — of princes and rulers *Verfügung (Beschlagnahme) von hoher Hand,* warrant for — *Arrestbefehl, Verhaftsbefehl,* to put under — *mit Beschlag belegen,* to — *verhaften, in Beschlag nehmen*

arrestment *Arrest,* real — *dinglicher Arrest*

arrêt de prince *Beschlag der Krone auf Schiffe und Hafensperre*

arrival, safe *behaltene Ankunft*

arrived, to be — at *zustande kommen*

arson *Brandstiftung*

art, objects of *Kunstgegenstände*

article *Artikel,* — of daily use *Gebrauchsgegenstand,* articles of association *Satzungen, Gesellschaftsvertrag*

articled clerk to a solicitor *Gehilfe, der bei einem Anwalt arbeitet, um nach einer gewissen Zeit selbst Anwalt werden zu können*

artificial person *juristische Person*

artistic *künstlerisch,* — copyright *künstlerisches Urheberrecht,* rights of — property *künstlerische Eigentumsrechte*

as, — of *per,* — per *laut*

ascertain *feststellen*

ascertainable *feststellbar*
ascertainment *Feststellung*
asked *(Börse) Brief*, — price, rate — *Briefkurs*
asport *widerrechtliche Wegschaffung einer fremden Sache*
assassin *Mörder, Meuchelmörder*
assassination *Mord, Meuchelmord*
assault *tätlicher Angriff, tätliche Drohung, Ueberfall*, indecent — *Notzucht*, — and battery *tätliche Mißhandlung*, to — *tätlich angreifen*, to — a female *notzüchtigen*
assaulter *Angreifer*
assay *Metallprobe, Prüfung der Münzen*
assemble *versammeln; zusammenstellen*
assent *Zustimmung*, to — *zustimmen*
assert *behaupten*
assertion *Behauptung*
assess *schätzen, veranlagen*
assessment *Schätzung, Veranlagung*, right of — *Recht zur Festsetzung von Umlagen*, — system *Umlageverfahren*
assessor *Einschätzer, Veranlager; sachkundiger Beisitzer*
asset *Vermögenswert, Vermögensgegenstand, Aktivposten, Aktivum*, cash — *Barguthaben*, assets *Aktivvermögen, Masse*, external assets *Vermögenswerte im Ausland*, physical assets *Sachwerte*, assets and liabilities *Aktiva und Passiva*
assign *Rechtsnachfolger, Zessionar*, to — *übertragen, überweisen, abtreten, zedieren, anweisen*
assignability *Uebertragbarkeit*
assignable *übertragbar*
assignee *Erwerber, Zessionar*, assignees *Treuhänder sequestierten Vermögens*
assignment *Uebertragung, Ueberweisung, Abtretung, Zession, Zuweisung*, — of account *Auszahlung*, deed of — *Abtretungsurkunde*
assignor *Uebertragender, Abtretender, Zedent*
assimilate *angleichen*
assimilation *Angleichung*
assist *beiwohnen; beistehen, Hilfe leisten*
assistance *Beistand, Beihilfe, Unterstützung*, judicial — *Rechtshilfe*, maritime —, — in cases of distress *Hilfeleistung in Seenot*
assistant *Gehilfe*
assizes, court of *Assisengericht, Geschworenengericht, das ein Richter des* High Court *im Land abhält*.
associate *Genosse; verbündet, befreundet, Konzern-*, to — *sich vereinigen*
association *Gesellschaft, Verband, Verein*, articles of — *Satzungen, Gesellschaftsvertrag*, memorandum of — *Gründungsurkunde*, mutual — *Genossenschaft*
assume *annehmen, voraussetzen; übernehmen*, to — an obligation *eine Verpflichtung eingehen*, to — a debt *eine Schuld übernehmen*
assumpsit, action of *Klage auf Schadensersatz wegen Bruchs eines nicht durch Vertragsurkunde gegebenen Versprechens, Klage bei formlosen Verträgen*
assumption *Annahme, Voraussetzung; Uebernahme*, (unjustified) — of office *Amtsanmaßung*
assurable *versicherbar*
assurance *Erklärung, Beteuerung; Uebertragung von Recht an Grundbesitz*
assurance *Versicherung, Lebensversicherung*, endowment — *gemischte Versicherung*, life — *Lebensversicherung*, life of another — *Versicherung auf das*

Leben eines Dritten, life — fund *Prämienreservefonds,* — with limited premiums *Versicherung mit abgekürzter Prämienzahlung,* mutual — office *Versicherungsgesellschaft auf Gegenseitigkeit,* non-medical — *Versicherung ohne ärztliche Untersuchung,* non-participating, non-profit — *nicht gewinnberechtigte Versicherung,* ordinary life — *große Lebensversicherung,* participating — *gewinnberechtigte Versicherung,* — payable on survival or earlier death *Versicherung auf Todes- und Erlebensfall*

assure *versichern*

assured *Versicherter*

assurer *Versicherer*

attach *mit Arrest belegen, verhaften, pfänden, in Beschlag nehmen, mit Beschlag belegen; beifügen, anheften; sich knüpfen, haften, anhaften,* the risk had attached *die Gefahr hatte begonnen*

attachable *verhaftbar, pfändbar*

attachment *Arrest, Personalarrest, Verhaftung, (gerichtliche) Pfändung, Beschlagnahme, dinglicher Arrest,* — and assignment *Pfändung und Ueberweisung,* — of debts *Pfändung von Forderungen,* order of — *Arrestbefehl,* writ of — *Verhaftsbefehl*

attainder *parlamentarischer Strafbeschluß; Verwirkung der bürgerlichen Rechte durch Todesurteil oder Aechtung*

attaint *zu Tod und Ehrlosigkeit verurteilen*

attempt *Versuch; Anschlag,* — on a person's life *Attentat,* to — *versuchen*

attend to *besorgen,* to — a meeting *an einer Versammlung teilnehmen*

attendance, compulsory *Zwangsvorführung*

attest *bezeugen, bescheinigen, beglaubigen*

attestation *Bescheinigung, Beglaubigung, Zeugnis, Attest*

attitude *Haltung, Einstellung,* to define one's — *Stellung nehmen*

attorn *sich als Pächter des neuen Grundherrn bekennen*

attorney *Sachwalter, Bevollmächtigter,* — (at law) *(nicht plädierender) Rechtsanwalt,* — in fact, private — *durch Brief oder Vollmacht bestellter Vertreter,* power of — *Vollmacht,* Attorney General *Kronanwalt, Kronjurist*

attribute *zuschreiben, beimessen*

auction, sale by —, public — *Versteigerung,* to sell by — *versteigern*

auctioneer *Versteigerer*

audit *Rechnungsabnahme, Rechnungsprüfung,* to — *Rechnung abnehmen, prüfen*

auditor *Rechnungsprüfer, Buchprüfer*

authentic *echt*

authenticate *beurkunden, beglaubigen*

authentication *Beurkundung, Beglaubigung, Anerkennung*

author *Urheber, Verfasser,* —'s right *Urheberrecht*

authorisation *Bevollmächtigung, Berechtigung, Ermächtigung*

authorise *bevollmächtigen, berechtigen, ermächtigen,* authorised agent *Bevollmächtigter,* authorised capital *zugelassenes Kapital*

authority *Vollmacht, Befugnis, Ermächtigung, Gewalt,* exclusive — *ausschließliche Befugnis,* express — *ausdrückliche Vollmacht,* implied — *stillschweigende Vollmacht,* — from necessity *Vollmacht aus Notwendigkeit,* public — *Behörde,* to have — *befugt sein*

autopsy *Leichenschau, Autopsie*

autre droit, to bring actions in *im Namen Dritter klagen*

autrefois acquit, convict *bereits wegen derselben Anklage freigesprochen, verurteilt*

avail *von. Nutzen sein; in Anspruch nehmen (Kredit)*, to — one's self of *benutzen, sich (einer Sache) bedienen*

available *verfügbar, nutzbar, zur Verfügung, anwendbar*, to be — by *zustehen*, to make — *zur Verfügung stellen*

availableness, availability *Verfügbarkeit, Nutzbarkeit*

aver *behaupten, bekräftigen, beweisen*

average *Durchschnitt, durchschnittlich*, — kind and quality *mittlere Art und Güte*

average *Haverei, Havarie, Seeschaden*, general — *große Haverei*, particular — *besondere (kleine) Haverei*, petty —, small — *kleine Haverei*, — account *Havereirechnung*, adjustment of — *Havereiaufmachung, Dispache*, — clause *Havereiklausel*, — contributions *Havereibeiträge*, distribution of — *Havereiverteilung*, free of — *frei von Haverei*, to adjust the — *Haverei aufmachen*, to recover — *Ersatz für Haverei erhalten*, to suffer — *Haverei leiden*

averment *Behauptung, Bekräftigung, Beweis, förmliches Beweisangebot*

averrable *durch mündliche Erklärung zu errichten*

avert *abwenden*

avoid *anfechten, umstoßen, aufheben; vermeiden, abwenden*

avoidable *anfechtbar*

avoidance *Anfechtung, Umstoßung*, decree for — *Ausschlußurteil*

avoirdupois *Handelsgewicht*

avow *erklären, eingestehen; eine Tat rechtfertigen*

avowal *Erklärung, Eingeständnis*

avowant *Beklagter, der Wegnahme eingesteht, aber ein Pfändungsrecht behauptet*

avowry *Einwand gegen eine* replevin-*Klage, der die Wegnahme zugibt, aber ihre Rechtmäßigkeit behauptet*

award *Zubilligung, Zuerkennung, Zuerteilung; Entscheidung, Schiedsspruch*, submission to an — *Unterwerfung unter ein Schiedsgericht*, to — *zubilligen, zuerkennen, zuerteilen*

away-going crop *die von einem Pächter gesäte und unter seinem Nachfolger reifende Ernte*

ayes and noes *die Stimmen für und gegen eine Vorlage oder einen Antrag*

B

baby-snatching *(am.) Kinderraub*

bachelor *Junggeselle, (in standesamtlichen Urkunden) ledig*

backing *Deckung*

bad life *erhöhtes Risiko (Lebensversicherung)*

bail *Bürge; Bürgschaft, Bürgschaftssumme, Kaution*, on — *gegen Bürgschaft*, to — *Güter kontraktlich übergeben; durch Uebernahme der Bürgschaft gegen Gefängnis schützen*, to — out *durch Bürgschaft aus dem Gefängnis befreien*, to accept (admit, allow, take) — *gegen Bürgschaft freilassen*, to be (become, give, go, stand) — for *Bürgschaft leisten für*, to find — *sich Bürgen ver-*

schaffen, to give (put) — *Bürgschaft (Kaution) stellen*, to hold to — *veranlassen Bürgen zu beschaffen*

bailee *derjenige, dem durch* bailment *etwas hingegeben wird, Verwahrer, Empfänger einer anvertrauten Sache*

Bailey, Old *Strafgerichtsgebäude in London*

bailiff *Beamter des Sheriffs, Gerichtsvollzieher*

bailiwick *Bezirk und Zuständigkeit eines* bailiff

bailment *Hingabevertrag, Hingabe einer beweglichen Sache zu einem Zwecke ohne Aufgabe des Besitzrechts; Haftentlassung gegen Bürgschaft*

bailor *derjenige, welcher durch* bailment *etwas hingibt, Einlagerer, Deponent*

balance *Restbetrag, Saldo, Differenz, Ueberschuß, Bestand; Bilanz*, — of accounts *Rechnungsabschluß*, cash — *Barsaldo*, credit — *Kreditsaldo, Guthaben*, — forward *Saldovortrag, Uebertrag, Transport*, — sheet *Bilanz, Jahresabschluß*, to approve of, to audit, to draw up the — sheet *die Bilanz genehmigen, prüfen, aufstellen*, to strike the — *die Bilanz ziehen*, on — *per Saldo*, to — *ausgleichen, saldieren*, to — accounts *Rechnung abschließen*, to — accounts with *abrechnen mit*

ballot *geheime Wahl*, — box *Wahlurne*, — paper *Stimmzettel*, second — *Stichwahl*

ban *ächten, mit dem Bann belegen; (Zeitungen) in Beschlag nehmen und verbieten*

bank *Bank*, — agent *Leiter einer Bankfiliale*, — bill *Bankwechsel*, — book *Bankbuch*, branch — *Bankfiliale*, — cheque *Bankscheck*, deposit — *Depositenbank*, — deposit *Bankdepot*, discount — *Diskontobank*, — holiday *Feiertag, an dem die Banken geschlossen sind, Zweiter Feiertag*, — of issue *Notenbank, Zettelbank*, joint stock — *Aktienbank*, land mortgage — *Hypothekenbank, Bodenkreditanstalt*, loan — *Kreditbank, Vorschußbank*, — note *Banknote*, — paper *die im Umlauf befindlichen Banknoten*, private — *Privatbank, von weniger als zehn Personen betriebene Bank*, — rate *Bankdiskont, Bankrate*, — return *Bankausweis*, savings — *Sparkasse*, — stock *Bankaktien*, Bank for International Settlements *Bank für internationalen Zahlungsausgleich*

banker *Bankier*

banking *Bankwesen*, — account *Bankkonto*, Banking Committee *Bankenkomitee*

banking-house *Bank, Bankhaus*

bankrupt *Gemeinschuldner; bankrott, zahlungsunfähig, in Konkurs*, certified — *entlasteter Gemeinschuldner*, —'s estate *Konkursmasse*, to adjudicate (adjudge) — *das Konkursverfahren eröffnen*, to be — *bankrott sein*, to become a — *Bankrott, Konkurs machen*, to declare one's self a — *seinen Bankrott, Konkurs anmelden*

bankruptcy *Bankrott, Konkurs, Zahlungseinstellung, Zahlungsunfähigkeit*, act of — *Konkurshandlung, Konkursgrund*, adjudication of — *Konkurserklärung, Konkurseröffnung*, annulment of the — *Einstellung des Konkurses*, court of — *Konkursgericht*, — creditor *Konkursgläubiger*, culpable — *einfacher Bankrott*, declaration of — *Bankrott-*

erklärung, — estate *Konkursmasse,* fraudulent — *betrügerischer Bankrott,* involuntary — *Bankrotterklärung auf Antrag der Gläubiger,* law of — *Konkursrecht,* — notice *Konkursbenachrichtigung,* petition in —, — petition *Konkursantrag,* — proceedings *Konkursverfahren,* institution of — proceedings *Konkurseröffnung,* trustee in — *Konkursverwalter.* voluntary — *Bankrotterklärung auf eigenen Antrag,* to file one's petition in — *Konkurs anmelden,* to institute — proceedings *Konkurs eröffnen,* Bankruptcy Act *Konkursgesetz, Konkursordnung,* Bankruptcy Department *Konkursabteilung des* High Court

banns *Aufgebot,* to ask the — *das Aufgebot bestellen,* to forbid the — *gegen das Aufgebot Einspruch erheben*

bar *Schranke; Rechtsanwaltschaft,* — absolute *zur Abweisung der Klage zwingende Einrede,* plea in — *peremtorische Einrede,* to call to the — *zum Advokaten* (barrister) *berufen,* to — *verhindern, ausschließen; sperren, absperren; einen Prozeß durch Einwendungen hemmen,* barred deposit *Sperrdepot,* barred by prescription *verjährt*

bargain *Handel, Geschäft, Abschluß,* conclusion of a — *Abschluß eines Geschäfts,* to close a — *ein Geschäft abschließen,* to — *handeln,* to — and sell *sich bereit erklären zu verkaufen*

barge *Leichter*

Barmote Courts *Bergwerksgerichte im Herzogtum Lancaster*

baron *Baron (niedrigste Rangklasse der Pairs); Titel von Richtern des ehemaligen* Court of Exchequer; *(in Verbindung* baron and feme) *Ehemann,* court — *Lehnsgericht*

baronet *Baronet (erblicher Adelstitel, niederer Adel)*

barrage *Sperre,* harbour — *Hafensperre,* mine — *Minensperre*

barrator, common *Querulant*

barratry *Baratterie, ungesetzliche Handlungen von Seeleuten zum Schaden des Schiffseigentümers oder Verfrachters; Querulieren*

barren capital *totes Kapital*

barrister, — -at-law *Anwalt, Rechtsanwalt (plädierender)*

barter *Tauschhandel*

base *Grundlage, Basis; Etappe (Heeresetappe),* — coin *geringwertige Münze,* — court *Bagatellgericht,* — fee *Lehen mit anhaftender Bedingung,* to — one's self on *sich stützen auf,* to be based upon *beruhen auf*

basic *Grund-*

basis *Grundlage, Basis,* technical — *Geschäftsplan,* to take as — *zugrunde legen*

bastard *uneheliches Kind,* — eigné *vorehelicher Sohn*

battery *tätlicher Angriff, Prügel,* assault and — *Realinjurien*

bear on, upon (to have a bearing on, upon) *sich beziehen auf, im Zusammenhang stehen mit*

bear *(Börse) Baissier,* — transaction *Baissegeschäft, Baissespekulation,* to — *auf Baisse spekulieren*

bearer *Inhaber, Ueberbringer, Vorzeiger,* to be payable to —, to be in — form *auf den Inhaber lauten,* instrument to — *Inhaberpapier,* share warrant to — *Inhaberaktienschein,* at the —'s option *nach Wahl des Inhabers*

beating *Mißhandlung*

behalf, on (in) — of *im Namen von, im Auftrage von, für, seitens*

behaviour, during good *auf Lebenszeit (eigentlich: während Wohlverhaltens)*
behead *enthaupten*
being, to come into — *entstehen*, for the time — *derzeitig, gegenwärtig, bis auf weiteres*
bench *Richterbank*, free — *Recht auf ein Wittum aus* copyhold-*Besitz*, — warrant *Verhaftsbefehl*, the Bench *die Richter, die Richterschaft*
bencher *Mitglied des Vorstandes einer Rechtsinnung*
beneficial *nutznießend, vorteilhaft, benefiziarisch*, — interest *Nutzungsrecht*
beneficiary *Nutznießer, Benefiziar, Begünstigter, Bedachter*
beneficium excussionis *Vorausklage*, waiver of the plea of — — *Verzicht auf die Einrede der Vorausklage*
benefit *Vorteil, Vermögensvorteil, Nutzen, Bereicherung; Genuß*, additional — *Zusatzversicherung*, immediate — *sofortiger Genuß, sofortiger Versicherungsschutz*, — under policy *Leistung auf Grund der Versicherung*, unjustified — *ungerechtfertigte Bereicherung*, for the — of *zum Besten von*, to — *bedenken, begünstigen*, to — of *Nutzen haben von, sich bereichern an*
bequeath *vermachen, vererben (von beweglichem Vermögen), nachlassen*
bequest *Vermächtnis von beweglichem Vermögen*
best, at — price *bestens*
bet *Wette*, to — *wetten*
betrothal *Verlöbnis*
betrothed *verlobt; Verlobter, Verlobte*
betterment *Wertsteigerung, Verbesserung*
betting *Wette*, — debt *Wettschuld*
bid *Gebot, (Börse) Geld*, highest — *Meistgebot, Höchstgebot*, lower — *Mindergebot*, lowest — *Mindestgebot*, — price *Geldkurs*, — cable rate *gekabelter Geldkurs*, to — *bieten*
bidder *Bietender*, highest — *Meistbietender*
bigamy *Doppelehe, Bigamie*
bilateral *zweiseitig, beiderseitig*
bill *(siehe auch unter* exchange) *Wechsel*, — account *Wechselkonto*, addressed — *Domizilwechsel*, after-date — *Datowechsel, datierter Wechsel*, after-sight — *Nachsichtwechsel, Zeitwechsel*, bank-post — *Bankpostwechsel*, blank — *Blankowechsel, Wechselblankett*, — broker *Wechselmakler*, — brokerage *Wechselcourtage*, country — *Versandwechsel*, commercial — *Handelswechsel*, drawer of a — *Wechselgeber*, — of exchange *Wechsel*, fictitious — *Kellerwechsel*, foreign — *Versandwechsel*, — rate *Wechseldiskontsatz*, sight —, — at sight *Sichtwechsel*, sole — *eigener Wechsel, Solawechsel*, — stamp *Wechselstempel*, time — *Zeitwechsel*, transcript of a — *Wechselabschrift*, — on London *Wechsel auf London*, bills payable *(Bilanz) eigene Accepte*, bills receivable *(Bilanz) Kundenwechsel*, to collect a — *einen Wechsel einkassieren*, to cover (provide for) a — *einen Wechsel decken*, to discount a — *einen Wechsel diskontieren*, to draw a — *einen Wechsel ausstellen*, to meet (take up) a — *einen Wechsel einlösen*, to negotiate a — *einen Wechsel begeben*, to have a — protested *einen Wechsel protestieren lassen*, to renew a — *einen*

Wechsel verlängern, to retire a — *einen Wechsel zurückziehen*

bill *Rechnung, Aufstellung; Schrift; Gesetzentwurf; Anklageakte*, — of costs *Kostenrechnung*, — of expenses *Spesenrechnung*, — of sale *Vertragsurkunde, durch die bewegliches Vermögen übereignet wird*

bill of lading *Konnossement, Verladungsschein*, railroad — *Eisenbahn-Frachtdokument*, received for shipment — *Verschiffungskonnossement*, shipped — *Abladekonnossement, Bordkonnossement*, through — *Durchkonnossement*

billet *(Soldaten) einquartieren*

bi-monthly *vierzehntägig, halbmonatlich; zweimonatlich*

bind over to keep the peace *einen Angeklagten verpflichten, zum neuen Termin zu erscheinen und bis dahin Frieden zu halten, widrigenfalls er eine Geldsumme zu zahlen sich verpflichtet*

binding *bindend, verbindlich, obligatorisch*

birth, certificate of *Geburtsschein*

birthright *Geburtsrecht*

blackmail *erpreßtes Geld*, to — *erpressen*

blackmailer *Erpresser*

blackmailing *Erpressung*

blackout *Verdunkelung*

blank, in — *blanko*, — bill *Blankowechsel, Wechselblankett*, to endorse in — *mit Blankoindossament versehen*

blasphemous libel *(nicht mündliche) Gotteslästerung*

block *sperren*, to — up *absperren*

blockade *Blockade*, to run the — *die Blockade brechen*

blood, related by — *blutsverwandt*, relative by — *Blutsverwandter*, whole — *Vollbürtigkeit*, of whole —, of full — *vollbürtig*, half — *Halbbürtigkeit*, of half — *halbbürtig*

board *Rat, Vorstand, Aufsichtsrat, Ausschuß, Amt*, managing — — of directors *Vorstand*, — meeting *Vorstandssitzung, Aufsichtsratssitzung*, — member *Vorstandsmitglied, Aufsichtsratsmitglied*, — of supervisors *Aufsichtsrat*

board, on — ship *an Bord*

board and lodging *Beköstigung und Wohnung, freie Station*

bodily injury *Körperverletzung*

body *Körper, Körperschaft, Organ*, — corporate *Körperschaft, Korporation, juristische Person*, — of a ship *Schiffskörper*, insurance on the — *Kaskoversicherung*

bond *Schuldverschreibung, Schuldschein, Obligation, Verpflichtungsschein; Bürgschaft; Zollverschluß*, in — *unter Zollverschluß*, out of — *vom unverzollten Lager*, to file a — *Sicherheit leisten*, active bonds *festverzinsliche Obligationen*, preference bonds, preferred bonds *Prioritäten*

bonded *durch Verpflichtung gebunden, mit Schulden belastet, verpfändet, durch Schuldverschreibung gesichert; unter Zollverschluß lagernd*, — port *Zollhafen*

bondholder *Inhaber einer Schuldverschreibung, Obligationär, Pfandbriefgläubiger*

bonus *Bonus, Prämie, Gratifikation, Gewinnanteil*, — ordinary shares *Gratisaktien*

book, the — value is *steht zu Buche mit*

book-debt *Buchforderung*

bookkeeper *Buchhalter*

bookkeeping *Buchführung*

book-loss *buchmäßiger Verlust*

book-profit *buchmäßiger Gewinn*

bootlegger *(am.) Alkoholschmuggler*

booty *Beute*, war — *Kriegsbeute*

Border State *Randstaat*
borough *Stadtbezirk*, municipal — *Stadt mit gewissen Privilegien, z. B. dem Recht, Abgeordnete ins Parlament zu senden*, parliamentary — *städtischer Wahlkreis*
borrow *entleihen*
borrower *Entleiher, Darlehnsnehmer, Kreditnehmer*
Borstal training *Fürsorgeerziehung*
bote *Recht des* copyholder *auf Holzentnahme zu bestimmten Zwecken*
bottomrer *Bodmereigeber*
bottomry *Bodmerei*, — bond *Bodmereibrief*, — creditor *Bodmereigläubiger*, — debt *Bodmereischuld*, — lender *Bodmereigeber*, — premium *Bodmereiprämie*, — transaction *Bodmereigeschäft*, — voyage *Bodmereireise*, to take —, to take a — bond, to borrow money on — *verbodmen*
bought note *Kaufsnote*, bought and sold note *Schlußschein, Schlußnote*
bound *verpflichtet*
boundary line *Grenzlinie*
bourse *Börse*, — register *Börsenregister*
branch, — etablishment *Zweigniederlassung, Filiale, (von Banken auch:) Depositenkasse*, — office *Außenstelle, Zweigstelle*
brand *Marke, Sorte; Brandzeichen*, to — *mit einem Brandzeichen versehen*
brawling *Lärmen, Störung des Gottesdienstes durch Lärm*
breach *Bruch*, — of contract *Vertragsbruch*, — of duty *Verletzung der Amtspflicht*, — of peace *Friedensbruch*, — of promise of marriage *Bruch des Eheversprechens, Verlöbnisbruch*, — of trust *Verletzung der Treuhandpflichten*
breadwinner *Versorger einer Familie*
breakage *Bruch*
brevet rank *Titularrang*
bribe *Bestechung, Bestechungsgeld*, to — *bestechen*, to take a — *Bestechung annehmen*
briber *Bestechender*
bribery *Bestechung*, attempt of — *Bestechungsversuch*
brief *Auftrag und schriftliche Instruktion an den plädierenden Anwalt, kurzer Schriftsatz*, to take (hold) a — *eine Sache übernehmen, vor Gericht vertreten*
broadcast *durch Rundfunk verbreiten, senden*
broker *Makler*, official — *Kursmakler*, — note *Maklernotiz, Schlußschein, Schlußnote*
brokerage *Maklergebühr, Courtage*, — agreement *Maklervertrag*
brought-in capital *Geschäftseinlage*
bubble *Finanzschwindel*
bucket shop *Kontor eines nicht zur Börse zugelassenen Maklers (meist für Börsenwetten)*
budget *Staatshaushalt, Budget*, draft — *Haushaltsentwurf, Haushaltsplan*, — equilibrium *Haushaltsausgleich*
building *Bau*, — activity *Bautätigkeit*, — contractor *Bauunternehmer*, — lease *Grundstücksverpachtung mit Bauerlaubnis*, — material *Baumaterial*, heritable — rights *Erbbaurecht*, — society *Bausparkasse*
bulk, — commodity *Bulkwaren*, — goods *lose, unverpackte Waren*, to load in — *Waren lose und unverpackt laden*
bull *(Börse) Haussier*, — transaction *Haussegeschäft, Haussespekulation*, to — *auf Hausse spekulieren*
bullion *Barren*
burden *Last, Dienstbarkeit, Auflage;*

Tragfähigkeit, — of proof *Beweislast,* fiscal burdens *Steuerlast,* burdens of public debt *öffentliche Schuldenlast*

burgage, tenure in *weltliches Lehen, Bürgerlehen*

burgess *stimmberechtigter Bürger*

burglar *(nächtlicher) Einbrecher,* cat — *Fassadenkletterer*

burglary *(nächtlicher) Einbruch, Einbruchsdiebstahl,* to commit — *einbrechen*

business *Geschäft, Unternehmen,* course of — *Geschäftsgang, Geschäftsverkehr,* — hours *Geschäftszeit,* line (branch) of — *Geschäftszweig,* — name *Firmenname,* new — *Neugeschäft,* new — commission *Abschlußprovision,* principal place of — *Geschäftssitz,* — policy *Geschäftsgebahrung,* — premises *Geschäftsräume,* — rules *Geschäftsordnung,* — share *Geschäftsanteil,* — tour *Geschäftsreise,* to carry on — *ein Geschäft betreiben,* to transact — *Geschäfte machen*

businessman *Geschäftsmann*

buy *kaufen, ankaufen, einkaufen,* order to — *Kaufauftrag*

buyer *Käufer, Abnehmer, Einkäufer,* would-be — *Kauflustiger,* prospective — *Kaufwilliger,* buyers *(Börse) Geld,* buyers over *(Börse) mehr Geld als Brief*

buying, — price *Kaufpreis,* — rate *Geldkurs,* at the — rate for sight exchange *zum Geldkurs auf Sichtwechsel*

bye-law, byelaw, bylaw, by-law *Vorschriften (mit Gesetzeskraft), städtische Verordnungen, Statuten*

by-election *Nachwahl*

C

cabinet *Kabinett,* — minister *Staatsminister (Mitglied des Kabinetts),* Cabinet Council *Ministerrat*

cable *Kabel,* to — *kabeln*

cablegram *Kabeltelegramm*

caduciary *dem Heimfallrecht unterworfen*

calculate *berechnen, ausrechnen, errechnen*

calculation *Berechnung, Ausrechnung*

call *Einforderung,* — loan *jederzeit rückzahlbares Darlehen,* — money *tägliches Geld,* — of more *Stellgeschäft auf Nehmen,* option to — *Vorprämie, Wahl zu kaufen,* port of — *Anlegehafen,* put and — *Stellgeschäft,* right of first — *Vorkaufsrecht,* to — *berufen, einberufen,* to — in *einfordern, aufrufen,* to — in a mortgage *eine Hypothek aufkündigen,* to — at a port *einen Hafen anlaufen*

callable *kündbar,* not — *unkündbar*

calumniate *verleumden*

calumny *Verleumdung*

camouflage *Tarnung,* to — *tarnen*

cancel *widerrufen, zurücknehmen, kraftlos erklären, ungültig erklären, aufheben, löschen; ausstreichen, entwerten; niederschlagen, stornieren,* to — an order *abbestellen*

cancellation *Widerruf, Kraftloserklärung, Ungültigkeitserklärung, Aufhebung, Löschung; Streichung, Entwertung; Niederschlagung, Stornierung, Wandelung*

canon law *kanonisches Recht, Kirchenrecht*

canonic, canonical *kanonisch*

canonistic *kirchenrechtlich*

canvass *für eine Wahl werben*

capacitate *befähigen*

capacity *Fähigkeit, Eigenschaft; Ladefähigkeit, Fassungsraum,* (full) disposing — *Geschäftsfähigkeit*, restricted disposing — *beschränkte Geschäftsfähigkeit*, limited in disposing — *beschränkt geschäftsfähig*, legal — *Rechtsfähigkeit*, — to pay *Zahlungsfähigkeit*, — to work *Arbeitsfähigkeit*, in my — as *in meiner Eigenschaft als*

cape-merchant *Superkargo*

capias, writ of — *Verhaftsbefehl, Vollstreckungsbefehl*, — ad respondendum *Aufforderung zur Verantwortung vor Gericht*, — ad satisfaciendum *Verhaftsbefehl wegen Nichtzahlung einer Urteilsschuld*

capital *Kapital*, accumulation of — *Kapitalbildung*, circulating, floating, rolling, working — *Betriebskapital*, contribution to the — *Stammeinlage*, dead — *totes Kapital*, fixed — *in Sachwerten bestehendes Kapital*, holding in the — *Anteil am Kapital*, increase of — *Kapitalerhöhung*, — levy *Kapitalabgabe an den Staat, Vermögensabgabe*, original — *Stammkapital*, reduction of — *Kapitalherabsetzung*, — return tax *Kapitalertragsteuer*, share — *Aktienkapital*, — stock *Stammkapital, Gesellschaftskapital, Aktienkapital*

capital, — crime *Kapitalverbrechen*, — sentence *Todesurteil*

capitalism *Kapitalismus*

capite, tenure in *Kronlehen*

capites, per *nach Kopfteilen*

capsize *kentern*

caption *Einleitungsformel einer Urkunde, (am.) Ueberschrift in Zeitungen; Festnahme*, letter of — *Verhaftsbefehl*

captor *derjenige, welcher ein Schiff aufbringt*

capture *Aufbringung*, hostile — *Beute*, to — *kapern, aufbringen*

carbon copy *Durchschlag*

care *Sorge, Sorgfalt*, ordinary — *im Verkehr erforderliche Sorgfalt*

careful *sorgsam*, — mercantile trader *ordentlicher Kaufmann*

cargo *Ladung, Schiffsladung, Fracht*, — book *Ladebuch*, consignee of the — *Ladungsempfänger*, floating — *schwimmende Ladung*, general —, mixed — *Stückgut*, — hold, *Laderaum*, homeward — *Rückladung*, — port *Ladepforte*, — saved *geborgene Ladung*, shifting — *lose Ladung*, to discharge (unload) a — *Ladung löschen*, to take in — *Ladung einnehmen*, general — and package freight business *Stückgutgeschäft*

carlot *Güterwagenladung*

carriage *Beförderung, Transport, Fracht, Landfracht; Fuhrlohn, Frachtgeld, Transportkosten*, — of goods *Gütertransport, Landfrachtvertrag*, — of goods by sea *Seetransport, Seefrachtvertrag*, letter of — *Frachtbrief*, — note *Ladeschein*, — forward *Fracht durch Nachnahme*, — paid *Fracht bezahlt*

carrier *Frachtführer, Fuhrmann*, common — *öffentlicher Frachtführer*, — by land, by sea *Frachtführer zu Land, zur See*, —'s lien *Frachtführer-Pfandrecht*, private — *privater Frachtführer*, —'s receipt *Ladeschein*

carry *tragen*, to — on business *ein Geschäft betreiben*, to — forward *vortragen, übertragen*, to — forward to new account *auf neue Rechnung vortragen*, to — interest *verzinslich sein*, to — out *ausführen*, to — over *reportieren, prolongieren, in Prolongation nehmen; übertragen, vortragen*, to

— a vote, a motion *einen Antrag durchbringen*
carrying-over price *Prolongationskurs*
carry-over *Report, Prolongation*
cartage *Frachtgeld, Fuhrlohn, Rollgeld*
case *Fall, Rechtsfall; Schriftsatz; Rechtsgrund*, to have a (good) — *das Recht für sich haben*, — law *durch Präzedentien geschaffenes Recht, Fallrecht, Spruchrecht*, as the — may be *je nach Lage des Falles, je nachdem*
cash *Bargeld*, in — *bar*, for — *gegen bar*, — account *Barkonto*, — asset *Barguthaben*, — balance *Kassenbestand, Barsaldo*, — with bankers *Barbankguthaben*, — book *Kassabuch*, — day *Zahltag*, dealings for —, — operations *Kassageschäfte, Kontantgeschäfte*, — on deposit *Festgeld*, — in hand *Barbestand*, hard —, ready — *bares Geld*, — over *Ueberschuß*, — payment *Barzahlung*, — purchase *Barkauf*, to — *einkassieren*
cashless *bargeldlos*
cassation *Kassation*
cast in costs, to be *zu den Kosten verurteilt sein*
casualty *Unfall, Unglücksfall, (im Kriege) Verlust, Todesfall*, shipping — *Schiffsunfall*
cat burglar *Fassadenkletterer*
catch in the act *auf frischer Tat ertappen*
catching bargain *Wuchergeschäft auf Grund von Erbaussichten*
cattle levant and couchant *das Vieh, das von dem Land während des Winters unterhalten werden kann*
cattle-lifting *Viehdiebstahl*
caught, if — in the act *im Betretungsfall*
causal *kausal, ursächlich*, — concatenation *Kausalzusammenhang*
causative *kausal*
cause *Klage, Klagegrund; Grund, Ursache; Prozeß*, — of action *Klagegrund*, — book *Prozeßregister*, interdependence of — and effect *Kausalnexus*, petty — *Bagatellsache*, to show — *Gründe gegen die Bestätigung einer vorläufigen Entscheidung beibringen*
caution *Warnung; Verwarnung, Belehrung, Eidesbelehrung, Rechtsbelehrung; Vormerkung, Rangvorbehalt; Kaution, als Sicherheit hinterlegtes Geld*; to — *warnen; verwarnen, belehren*
caveat *gesetzmäßiger Einspruch und Warnung, Einrede*, — emptor *der Käufer sehe sich vor (wegen heimlicher Mängel der besichtigten Ware)*
cease *aufhören, außer Kraft treten*
cede *abtreten, überlassen, zedieren, verzichten*, ceding company *Erstversicherer*
censor *Zensor*
censorship *Zensur, Zensoramt*, — of the press *Pressezensur*
census *Volkzählung*
Central Criminal Court *Zentralstrafgericht (in London)*
cepi corpus, return of *Bericht des Sheriffs über Vollstreckung eines Haftbefehls*
certificate *Schein, Bescheinigung*, — of birth *Geburtsurkunde*, — of death *Sterbeurkunde*, — of marriage *Heiratsurkunde*, medical — *ärztliches Attest*
certification *Bescheinigung*
certify *bescheinigen, beglaubigen*
certiorari, writ of *Befehl eines höheren Gerichts zur Akteneinsendung, Uebertragung eines Falles von einem niederen auf das höhere Gericht*
cesser *Ablauf einer Periode oder wiederkehrenden Zahlung*, proviso

for — *Aufhebungsklausel betreffs eines* settlement

cession *Abtretung, Ueberlassung, Zession, Verzicht*

cessionary *Zessionar*

cestui que trust *Benefiziar eines Treuhandverhältnisses*

cestui que use *Benefiziar der Uebertragung eines Grundbesitzes, faktischer Eigentümer (Nutznießer) eines Grundstücks*

cestui que vie *derjenige auf dessen Lebenszeit ein anderer Nutznießer ist*

chain trade *Kettenhandel*

chair, to be in the *vorsitzen, den Vorsitz haben*

chairman *Vorsitzender, Vorsitzer*

chairmanship *Vorsitz*

challenge *Ablehnung, Herausforderung,* — for favour *Ablehnung wegen Befangenheit,* right to — *Rekusationsrecht,* to — a jury *Geschworene ablehnen*

chamber *Kammer,* — of commerce *Handelskammer,* — of *industry* and commerce *Industrie- und Handelskammer*

chambers *Schreibstube, Büro des Richters oder Anwalts*

champerty *Abmachung mit einem Dritten betreffs der Prozeßkosten gegen Zusicherung eines Teils des Objekts im Falle des Obsiegens, Unterstützung der Prozeßpartei gegen Zusicherung eines Teiles des Prozeßgewinns, Aufkauf eines Prozesses*

chance medley *Tötung in Notwehr*

chancellor *Kanzler,* Imperial Chancellor *Reichskanzler,* Lord High Chancellor *Lordkanzler,* Chancellor of the Exchequer *Schatzkanzler, Finanzminister (in England)*

chancery *Kanzlei,* Court of Chancery *Kanzleigericht unter dem Vorsitz des Lordkanzlers, jetzt:* Chancery Division *eine Abteilung des* High Court

channels, by the official *auf dem Dienstwege*

character *Dienstzeugnis; Leumund*

charge *Anklage, Vorwurf, Beschuldigung; Last, Belastung, Auflage; Gebühren, in Rechnung gestellter Betrag; Belehrung der Jury durch den Richter,* certified —, certificated — *Briefgrundschuld,* uncertified —, uncertificated — *Buchgrundschuld,* extra —, additional — *Aufschlag,* floating — *schwebende Belastung,* heads of the — *Anklagegründe,* land — *Grundschuld,* in — *in Vertretung, im Auftrag,* to be in — *mit etwas beauftragt sein, für etwas sorgen, Sachbearbeiter sein,* at my — *zu meinen Lasten,* to give in — *anvertrauen; der Polizei überweisen,* to — *anklagen, vorwerfen, beschuldigen, beschweren, bezichtigen; beauftragen; belasten, berechnen, in Rechnung stellen,* free of charges *kostenfrei,* bill of charges *Kostenrechnung,* charges register *Verzeichnis der eingetragenen Belastungen auf Grundbesitz*

chargeable *anzurechnen, zur Last zu legen,* — offence *zu belangendes Vergehen*

charging order *Beschlagnahmeverfügung, Verfügung auf Pfändung von Anteilen einer Gesellschaft*

charitable *Wohltätigkeitszwecken dienend,* — society *Wohltätigkeitsverein,* — trusts *Wohltätigkeitseinrichtungen, die Gesetzesschutz genießen*

charter *Charta, Urkunde, Gnadenbrief, Freibrief, Statut; Charter, Schiffsmiete, Befrachtung, Verfrachtung,* constitutional — *Verfassung, Verfasungsurkunde,* — money *Schiffsmiete,* time —

Charter auf Zeit, Royal Charter *Königlicher Freibrief,* to — *chartern, mieten, befrachten, verfrachten*

charterer *Charterer, Schiffsmieter, Befrachter, Verfrachter*

charter-party *Charteparlie, Frachtvertrag*

chase, beasts of *jagdbares Wild*

chattels, — personal *das bewegliche Vermögen,* — real *bewegliches Vermögen, das mit dem Grund und Boden verknüpft ist, Immobiliarrechte*

cheating *einfacher Betrug*

check *nachprüfen, abstreichen*

cheque *Scheck,* bearer — *Inhaberscheck,* — book *Scheckbuch,* crossed —, — marked 'not negotiable' *Verrechnungsscheck,* open —, uncrossed — *offener Scheck*

chicanery, prohibition of *Chicaneverbot*

chief *Vorgesetzter;* Ober-, Lord Chief Justice *Lord Oberrichter*

child, — labour *Kinderarbeit,* substitution of a — *Kindesunterschiebung,* — en ventre sa mère, in womb *Leibesfrucht,* to be with — *schwanger sein*

choice *Wahl, Auswahl,* domicile of — *Wahlwohnsitz*

chose, — in action *Gegenstand der Klage, im Streit verfangene Sache, einklagbarer Gegenstand, Forderung, Klagerecht,* — local *unbewegliches Ding,* — in possession *Fahrnis, bewegliches Ding im Besitz des Berechtigten,* — transitory *bewegliches Ding*

Christian name *Vorname, Taufname*

chronologically *in chronologischer Reihenfolge*

Church of England *englische Staatskirche*

cipher *Chiffre,* in — *chiffriert*

cipher-key *Chiffreschlüssel*

circuit *Rundreise der Richter des* High Court *in der Provinz, Assisenbezirk,* on — *auf der Rundreise*

circular *Rundschreiben, Zirkular, Laufzettel*

circulate *umlaufen; verbreiten*

circulation *Umlauf; Verbreitung,* to put in — *in Umlauf setzen, in Kurs setzen,* to take out of —, to withdraw from — *aus dem Verkehr ziehen, außer Kurs setzen,* means of — *Umlaufsmittel*

citation *Anführung, Zitierung; Ladung,* public — *öffentliche Zustellung,* procedure by public — *Aufgebotsverfahren*

cite *anführen, zitieren; laden*

citizen *Bürger*

citizenship *Bürgerrecht*

civic *bürgerlich,* deprivation of — rights *Verlust (Aberkennung) der bürgerlichen Ehrenrechte*

c:vil *bürgerlich, zivil,* — action *Zivilklage, Privatklage,* — code *bürgerliches Gesetzbuch,* — court *Zivilgericht,* — death *bürgerlicher Tod,* — justice *bürgerliche Rechtspflege, Zivilrechtspflege,* — law *bürgerliches Recht, Zivilrecht,* — list *Zivilliste,* — servant *Verwaltungsbeamter,* — service *Verwaltungsdienst*

civilian *Zivilist,* — population *Zivilbevölkerung*

civiliter mortuus *bürgerlich tot*

claim *Forderung, Schuldforderung, Anspruch, Recht, Anrecht; Klagebegehren; Mutung,* — for compensation *Ersatzanspruch,* — for damages *Schadensersatzklage,* endorsement of — *Darlegung der Natur des Anspruchs oder des Inhalts des Klageanspruchs,* — for indemnification *Entschädigungsklage,* proof of — *Forderungsnachweis,* point of — *Klagepunkt,* — ad rem *dinglicher Anspruch,* statement of — *Darlegung des Klageanspruchs, Klagebegründung, Klageschrift,* to — *fordern, beanspruchen,* to abandon (relinquish, give up) a — *einen Anspruch aufgeben,* to enforce a — *einen Anspruch geltend machen,* to keep up a — *einen Anspruch aufrechterhalten,* to make (lay, lodge, prefer) a — *einen Anspruch erheben,* to waive a — *verzichten,* Court of Claims *Beschwerdegericht, Beschwerdehof*

claimable *beanspruchbar*

claimant *Beanspruchender, Fordernder; Kläger*

clandestine *heimlich*

class *Gattung,* first — *prima, erstklassig*

clause *Klausel*

clean-handed *mit reinen Händen, schuldlos*

cleaning action *politische Säuberung*

clear, — days *Tage einer Frist ohne Zählung der Terminstage,* to — *räumen, ausverkaufen; ausgleichen; klarieren, verzollen,* to — from *befreien, reinigen (z. B. von einem Verdacht)*

clearance *Klarierung, Zollabfertigung; Klarierungsschein*

clearing *Abrechung, Verrechnung, Ausgleich; Ausverkauf,* — account *Abrechnungskonto, Verrechnungskonto,* — bank *Girobank,* — house *Abrechnungsstelle, Verrechnungsstelle,* — procedure *Ausgleichsverfahren,* — sale *Ausverkauf,* stock — bank *Effektengirobank,* — system *Abrechnungsverkehr*

cleptomania *Kleptomanie*

cleptomaniac *Kleptomane*

clergy *Geistlichkeit, Klerus,* benefit of — *Vorrecht (ursprünglich der Geistlichen) auf Befreiung von Strafverfahren vor weltlichen Gerichten*

clerical, — disability *Ausschluß der Wählbarkeit von Geistlichen,* — error *Schreibfehler*

clerk *Handlungsgehilfe, kaufmännischer Angestellter, Schreiber, Korrespondent, Sekretär, Gehilfe (auch bei Behörden)*

client *Kunde, Klient, Auftraggeber*

clientèle *Kundschaft*

clip the coin *Metallgeld beschneiden*

clog on the redemption of a mortgage *Vereinbarung, daß bei Nichtablösung bis zu einem bestimmten Zeitpunkt das Ablösungsrecht erlischt*

close *Schluß, Abschluß; dem* right of common *entzogenes Land,* — time *Schonzeit, Hegezeit,* to — *schließen, abschließen,* to — down *abwickeln,* to — the proceedings *das Verfahren einstellen,* the bank closes its doors *die Bank stellt ihre Zahlungen ein, schließt ihre Schalter*

closing, — hour *Polizeistunde,* — price *Schlußpreis*

closure *Schließung*

cloture *Schluß der Debatte*

clue *Fingerzeig*

coaster *Küstenfahrer*

coasting trade *Küstenschiffahrt*

coat of arms, coat armour *Wappen,* entitled to bear coat armour *wappenfähig*

co-creditor *Mitgläubiger*

code *Gesetzbuch,* civil — *bürgerliches Gesetzbuch,* commercial — *Handelsgesetzbuch,* criminal —, penal — *Strafgesetzbuch*

co-debtor *Gesamtschuldner*

co-defendant *Mitbeklagter*

codicil *Nachtrag zum Testament, Kodizill, Nachzettel*

codicillary *kodizillarisch*

codification *Kodifizierung*

codify *kodifizieren*

coercion *Zwang,* under — *in einer Zwangslage, unter Zwang*

coercive *zwingend, Zwangs-,* — measure *Zwangsmaßregel*
cogent *zwingend, triftig, überzeugend*
cognate *Verwandter auf mütterlicher Seite*
cognisance *Kenntnis, Erkenntnis; Zuständigkeit,* to have — *Kenntnis haben,* to take — of *zur Kenntnis nehmen; erkennen über*
cognisant *Kenntnis habend; zuständig*
cognovit *Anerkennung einer Verbindlichkeit,* — actionem *schriftliche Anerkennung einer Klage während des Prozesses*
co-guardian *Nebenvormund, Mitvormund*
cohabit *ehelich zusammenleben*
co-heir *Miterbe*
coin *Münze,* base — *geringwertige Münze,* small — *Scheidemünze,* to — *Geld prägen,* coined metal *Metallgeld,* coined money *gemünztes Geld*
coinage *Geldprägung; Münzgeld; Währung*
coincide with *zusammenfallen mit, übereinstimmen mit*
coincidence *Zufall, Zusammentreffen; Uebereinstimmung*
coining, false *Münzverbrechen, Falschmünzerei*
coldstorage *Kühlhaus-Aufbewahrung, Kühlhaus-Lagerung*
coldstore *im Kühlhaus aufbewahren (lagern)*
collateral *Neben-; gesamtschuldnerisch, (am.) Deckung,* — acceptance *Aval,* — facts *Nebenumstände,* in the — line *in der Seitenlinie,* — relationship *Seitenverwandter,* — security *Nebendeckung, Nebensicherheit, Nebenbürgschaft,* — surety *Nachbürge*
collect *einziehen, einkassieren*
collection *Einziehung, Inkasso,* for — *zum Inkasso,* — on delivery *Nachnahme,* mandate for — *Inkassomandat,* — of taxes *Steuererhebung*
collective *Gesamt-*
collectively *zusammenfassend*
collision *Zusammenstoß,* to come into — *zusammenstoßen*
collude *in heimlichem Einverständnis sein*
colluder *derjenige, welcher mit einem anderen in heimlichem Einverständnis ist*
collusion *heimliches Einverständnis, Verdunkelung*
colours, to show the *die Flagge hissen*
column *Spalte*
combination *Verbindung*
combine *Interessen-Gemeinschaft, Konzern,* to — *verbinden*
comestibles, theft of *Mundraub*
commandeer *beschlagnahmen, requirieren*
commander-in-chief *Oberbefehlshaber*
commandite, share company en *Kommanditgesellschaft auf Aktien*
commanditist *Kommanditist*
commence *anhängig werden, beginnen, in Kraft treten*
commencement *Beginn*
commerce *Handel, Verkehr,* chamber of — *Handelskammer,* treaty of — *Handelsvertrag*
commercial *kaufmännisch, Handels-* — traveller *Handlungsreisender,* Commercial Exchange *Produktenbörse*
commissariat *Intendantur*
commission *Kommission, Auftrag; Provision,* — account *Provisionskonto,* — agent *Kommissionär,* — business *Kommissionsgeschäft,* high — *Oberkommission,* introductory — *Abschlußprovision,* — merchant *Kommissionär, Provisionskaufmann,* statement of —

Provisionsaufstellung, on — *kommissarisch, in Kommission, kommissionsweise*

commissioner *Kommissar*, — of oaths *Kommissar zur Abnahme von Eiden (meist ein Solicitor)*, high — *Oberkommissar*

commit *begehen*, to — one's self *sich engagieren, sich festlegen*, to — for trial, to — to prison *in Untersuchungshaft nehmen, in Haft nehmen bis zur Hauptverhandlung*

commitment *Engagement, übernommene Verpflichtung; Verhängung der Haft*

committal order *Haftanordnung, Personalarrest*

committee *Ausschuß, Kommission*, — of the estate *Vormund für das Vermögen eines Geisteskranken*, managing — *Vorstand*

committer *Täter, Begeher; Auftraggeber*

commodatum *Sachleihe*

commodity *Ware*, — trade *Warenhandel*, — value *Sachwert*

common *gemein, gemeinschaftlich*, in — *zur Gesamthand*, in — with *gemeinschaftlich mit*, — domestic life *häusliche Gemeinschaft*, — law *gemeines Recht (im Gegensatz zu* equity *und* statute law), *Gewohnheitsrecht*, — property *Gesamtgut*, right of — *Nutzen, den jemand aus dem Land eines anderen hat*, House of Commons *(englisches) Unterhaus, Haus der Gemeinen*, Court of Common Pleas *einer der drei ehemaligen* Common Law Courts

commonable *dem* right of common *unterworfen*

commoner *Gemeiner (englischer Untertan, der nicht Pair ist), Nichtadeliger*

commonwealth, commonweal *Freistaat; öffentliches Wohl*

commotion, civil *innere Unruhen*

communal *kommunal*, — union *Kommunalverband*

communicate *mitteilen*

communication *Mitteilung; Verbindung*, postal — *Postverbindung, Postverkehr*, in — with *im Einvernehmen mit*, communications *Verkehrswesen*

community *Gemeinde; Gemeinschaft*, conjugal — *eheliche Gemeinschaft*, — of heirs *Erbengemeinschaft*, — by individual shares *Gemeinschaft nach Bruchteilen*

commutable *umwandelbar*

commutation *Umwandlung, Ablösung (einer Strafe)*

commute *umwandeln, ablösen*

compact *Vertrag, Pakt, Uebereinkunft*

company *Gesellschaft*, accepting — *übernehmende Gesellschaft, Rückversicherer*, affiliated — *Tochtergesellschaft, Konzerngesellschaft*, associate — *Konzerngesellschaft, befreundete Gesellschaft*, ceding — *Erstversicherer*, holding — *Beteiligungsgesellschaft, Dachgesellschaft*, incorporated — *gesetzlich zugelassene Gesellschaft*, — law *Gesellschaftsrecht*, limited —, limited liability —, private limited — *Gesellschaft mit beschränkter Haftung*, — limited by guarantee *Gesellschaft mit begrenzter Nachschußpflicht*, — limited by shares *Gesellschaft mit begrenzter Aktienhaftung*, parent —, principal — *Muttergesellschaft*, private — *Personalgesellschaft, Gesellschaft deren Gründer das Kapital selbst aufbringen*, public — *Gesellschaft, deren Aktien öffentlich zur Zeichnung angeboten werden*, share —, joint stock — *Aktiengesellschaft*, stock — *Kapitalgesellschaft*, subsidiary — *abhängige Gesellschaft*,

Untergesellschaft, Schachtelgesellschaft, Tochtergesellschaft, — tax *Gesellschaftssteuer,* trading — *Handelsgesellschaft,* umbrella — *Dachorganisation,* unlimited — *Gesellschaft mit unbeschränkter Haftung,* Companies Act *Gesetz betreffend Gesellschaften*

compared, as — with *im Vergleich mit*

compatibility *Vereinbarkeit*

compatible *vereinbar*

compensate *entschädigen, schadlos halten, vergüten*

compensation *Entschädigung, Schadensersatz, Schadloshaltung, Vergütung, Abstandsgeld*

compete *in Wettbewerb treten, konkurrieren*

competence, competency *Zuständigkeit, Befugnis,* — of a court *Gerichtsstand, Zuständigkeit eines Gerichts*

competent *zuständig, sachkundig*

competition *Wettbewerb, Konkurrenz,* unfair — *unlauterer Wettbewerb,* clause concerning — *Konkurrenzklausel*

competitor *Wettbewerber, Mitbewerber, Konkurrent*

compilation *Zusammenstellung*

compile *zusammenstellen*

complain *Beschwerde führen, sich beschweren, klagen, bemängeln, reklamieren*

complainant *Beschwerdeführer, Kläger*

complaint *Beschwerde, Klage, Mängelrüge, Reklamation,* subject of — *Beschwerdepunkt,* to lodge a — *Beschwerde führen,* to make complaints *den Beschwerdeweg einschlagen*

complete *vervollständigen, beenden, vollenden, abschließen*

completion *Vervollständigung, Beendigung, Vollendung, Abschluß*

complicity *Begünstigung, Mittäterschaft*

comply with *erfüllen, beobachten, nachkommen, entsprechen*

compos mentis *zurechnunsfähig, geistig gesund*

composition *Vergleich mit Gläubigern, Zwangsvergleich, Akkord, Nachlaßvertrag; Zusammensetzung*

compound *sich mit Gläubigern vergleichen, Gläubiger abfinden, akkordieren*

comprador *Mittelsmann zwischen europäischen Firmen und chinesischen Händlern*

compromise *Vergleich, Kompromiß,* to — *vergleichen,* compromised *vorbelastet*

compulsion *Zwang*

compulsory *zwingend, bindend, obligatorisch,* — auction *Zwangsversteigerung,* — administration *Zwangsverwaltung,* — administrator *Zwangsverwalter,* — execution *Zwangsvollstreckung,* to levy — execution *Zwangsvollstreckung vornehmen (erwirken),* — measure *Zwangsmaßnahme*

compurgatorial oath *Reinigungseid*

computation *Berechnung*

compute *berechnen, errechnen*

conceal *verbergen, verheimlichen, verschweigen, verhehlen,* to — the true facts *verschleiern,* to — intentionally *arglistig verschweigen*

concealment *Verbergung, Verborgenheit, Verhehlung, Verheimlichung*

concede *gewähren, bewilligen, zugestehen, einräumen, anerkennen,* to — a point *in einem Punkte nachgeben*

concededly *zugestandenermaßen*

conceder *Gewährer*

concentration camp *Konzentrationslager*

conception *Begriff, Vorstellung; Empfängnis*, period of possible — *Empfängniszeit*

concern *Angelegenheit, Unternehmen*, to — *betreffen, angehen*, for account of whom it may — *für Rechnung wen es angeht*, to all whom it may — *an alle, die es angeht*

concerned in *beteiligt an, interessiert an*, the parties — *die Beteiligten, die Interessenten*

concerning *betreffend, über, wegen*

concert, to act in *in Uebereinstimmung handeln*

concession *Konzession, Zugeständnis*

concessionaire *Konzessionar*

conciliate *ausgleichen, versöhnen*

conciliation *Ausgleichung, Versöhnung*, attempt at — *Sühneversuch*, court of — *Sühnegericht*

conciliatory *vermitteln*, — proposal *Vorschlag zur Güte*, — proceedings *Güteverfahren*

conclude *schließen, abschließen, folgern; an der Führung des Gegenbeweises verhindern*

conclusion *Abschluß, Folgerung, Schluß, Schlußbemerkung*, conclusions of law *rechtliche Folgerungen, Entscheidungsgründe*

conclusive *beweiskräftig, schlüssig, endgültig, triftig*, — force *Beweiskraft*

concur in an opinion *einer Ansicht beitreten*

concurrence, concurrency *Mitwirkung; Zustimmung*, — of claims *Kollision von Ansprüchen*, to evidence the — of *den Nachweis der Zustimmung erbringen*

concurrent *gleichlautend, gleichzeitig*, — condition *Zug um Zug zu erfüllende Bedingung*

condemn *verurteilen; für verfallen erklären, kondemnieren*

condemnation *Verurteilung; Kondemnierung*

condition *Bedingung, Vorbehalt, Klausel; Stand, Personenstand; Zustand, Beschaffenheit; Lage* (conditions *Verhältnisse*), — in deed, — express *ausdrückliche Bedingung*, estate upon (in) — *bedingter Besitz*, implied — *vermutete (stillschweigende) Bedingung*, impossible — *unmögliche Bedingung*, — inherent *am Grundstück haftende Bedingung*, necessary — *notwendige Bedingung*, — precedent *Vorbedingung, Voraussetzung, aufschiebende Bedingung, vorher zu erfüllende Bedingung*, — repugnant *unerträgliche Bedingung*, statutory — *gesetzliche Voraussetzung*, — subsequent *auflösende Bedingung, nachher zu erfüllende Bedingung*, — unreal *uneigentliche Bedingung*

conditional upon *bedingt durch, abhängig von*

conditionally *bedingungsweise*

condonation *Verzeihung für Ehebruch und Wiederaufnahme der ehelichen Gemeinschaft (Ehescheidungsprozeß)*

conduct *Führung, Verhalten*, certificate of good — *Führungszeugnis*, safe — *freies Geleite*

confer *übertragen*, to — with *Rücksprache nehmen mit*

confess *gestehen, bekennen*, to — and avoid *neue Tatsachen exzeptionsweise vorbringen*

confession *Geständnis, Bekenntnis*, full — *umfassendes Geständnis*, judgment by — *Anerkennungsurteil*

confidence *Vertrauen*, breach of — *Vertrauensbruch*, man of — *Vertrauensmann*, public — *öffentlicher Glaube*, want of —

Mangel an Vertrauen, Mißtrauensvotum
confidential *vertraulich*, — agent *Vertrauensmann*, — clerk *Prokurist*
confinement *Haft; Entbindung*, solitary — *Einzelhaft*
confirm *bestätigen, aufrechterhalten*, to — by oath *beeiden, beeidigen*
confirmation *Bestätigung*, — by oath *Beeidigung*
confirmatory, — decision *Bestätigungsurteil*, — oath *Bekräftigungseid*
confiscate *konfiszieren*
conflict, — of laws *Statutenkollision, Widerspruch in den Gesetzen*, to — with *verstoßen gegen*
conform (with) *übereinstimmen mit*, (to) *sich richten nach*
conformable *übereinstimmend*, to be — *übereinstimmen*
conformity *Uebereinstimmung*, in — übereinstimmend
confront *gegenüberstellen*
confrontation *Gegenüberstellung*
confutation *Widerlegung*
confute *widerlegen*
conjointly *gemeinsam, solidarisch*, (with) *im Einvernehmen (mit), im gegenseitigen Einvernehmen*
conjugal *ehelich*, — community *eheliche Gemeinschaft*, dissolution of — community *Aufhebung der ehelichen Gemeinschaft*, — life *eheliches Leben*
conjunct persons *kollisionsverdächtige Personen*
connected *verbunden*, — by marriage *verschwägert*
connection, connexion *Verwandtschaft; Kundschaft; Verbindung*
connivance *Zustimmung zum Ehebruch (Ehescheidungsprozeß)*
connive *Vorschub leisten*
consanguinity *Blutsverwandtschaft*, lineal — *Blutsverwandtschaft in gerader Linie*, collateral — *Blutsverwandtschaft in der Seitenlinie*
conscience money *anonyme Steuernachzahlung*
consecutive number *fortlaufende Nummer*, consecutively numbered *fortlaufend numeriert*
consent *Genehmigung, Zustimmung, Einwilligung*, — judgment *mit Zustimmung der Parteien erlassenes Urteil*, to — *genehmigen, zustimmen, einwilligen*
conservative *konservativ*, — calculation *vorsichtige Berechnung*
consider *erwägen*
considerable *erheblich, beträchtlich*
consideration *Vergütung, Entgelt, (gleichzeitige oder zukünftige) Gegenleistung; Erwägung, Berücksichtigung; Erwägungsgrundlage, Rechtfertigungsgrund, Grund des Versprechens*, failure of — *Mangelhaftigkeit einer Gegenleistung*, money — *Geldvergütung*, valuable — *geldwerte (wertbare) Gegenleistung*, for a — *entgeltlich, gegen Entschädigung*, in — of *in Anbetracht von, mit Rücksicht auf*, the claim under — *die vorliegende Klage*, time for — *Bedenkzeit*, to take into — *berücksichtigen, in Betracht ziehen*
consign *konsignieren, in Kommission geben*
consignation *Konsignation*
consignee *Empfänger, Adressat*
consigner, consignor *Sender, Absender, Versender, Befrachter*
consignment *Sendung, Konsignation*, on — *in Kommission*
consolidate *verbinden, vereinigen*
consolidation *Verbindung, Vereinigung*
consort *Gemahl, Gemahlin*, prince — *Prinzgemahl*, queen — *Gemahlin des regierenden Königs, Königin-Gemahlin*

conspiracy *Verschwörung, Vereinbarung mehrerer Personen ein Verbrechen zu begehen, Komplott*
conspirator *Verschwörer*
conspire *sich verschwören*
constable *Polizist*
constituency, parliamentary *Wahlkreis*
constituent *Wähler;Vollmachtgeber; konstituierend*
constitute *begründen, errichten; zusammentreten*
constitution *Verfassung*
constitutional *verfassungsmäßig,* — charter *Verfassungsurkunde*
constitutive effect *rechtserzeugende Wirkung*
constraint *Nötigung*
construction *Auslegung; Bau,* under — *im Bau befindlich*
construe *auslegen*
consul *Konsul,* — general *Generalkonsul,* trading — *Wahlkonsul*
consular *konsular,* jurisdiction by — tribunals *Konsulargerichtsbarkeit*
consulate *Konsulat,* — general *Generalkonsulat*
consult *sich beraten mit*
consultation *Beratung*
consumable *verbrauchbar, konsumierbar,* — stores *Betriebsstoffe*
consume *verbrauchen, konsumieren,* consumed in use *verbraucht, verbrauchbar*
consumer *Verbraucher, Konsument*
consumption *Verbrauch, Konsum,* — tax *Verbrauchssteuer*
contagious disease *ansteckende Krankheit*
container *Behälter, Behältnis*
contango *Report, Zinsen und Gebühr für Prolongation der Abnahme eines gekauften Papiers bis zum nächsten Abrechnungstag (halbmonatlich), Kontango,* — business *Reportgeschäft, Prolongationsgeschäft,* — day *Reporttag,* — continuation day *Erklärungstag,* rate of — *Reportkurs*
contemporaneous *gleichzeitig,* — performance *Erfüllung Zug um Zug*
contempt of court *Mißachtung des Gerichts, Ungebühr vor Gericht*
contend *behaupten*
contention *Behauptung*
contest *bestreiten, anfechten*
contestability *Bestreitbarkeit*
contestable *bestreitbar*
contestation *Bestreitung*
contingency *unvorhergesehenes Ereignis, unvorhergesehene Ausgabe,* — fund *Reserve für unvorhergesehene Fälle*
contingent *bedingt,* upon a — *bei Eintritt eines Ereignisses, dessen Eintritt ungewiß ist,* to fix a — *kontingentieren*
continuation *Fortsetzung; Prolongationsgeschäft, Report,* — day *Reporttag,* — school *Fortbildungsschule*
contraband *Kontrabande,* to run — *Schleichhandel treiben*
contract *(siehe auch* agreement) *Vertrag (obligatorischer Vertrag), Kontrakt,* breach of — *Vertragsbruch,* gratuitous — *unentgeltlicher Vertrag,* — by letter *brieflich abgeschlossener Vertrag,* — note *Schlußnote, Maklernotiz,* party to the — *Vertragspartei,* — under seal, special —, — of specialty *Vertrag unter Siegel, gesiegelter Vertrag,* simple — *nicht gesiegelter Vertrag,* by — *vertraglich,* bound by — *vertraglich verpflichtet,* stipulated by — *kontraktlich vereinbart,* to conclude (make) a — *einen Vertrag schließen,* to dissolve a — *einen Vertrag kündigen,* to perform (fulfil) a — *eine Vertrag erfüllen,* to recede from a — *von einem Vertrag zurücktreten,* to — *einen*

Vertrag eingehen, to — for *bedingen, ausbedingen*
contracting party *Kontrahent, Vertragschließender, vertragschließender Teil*
contractor *Unternehmer, Lieferant*
contractual *vertraglich, vertragsmäßig*, — heir *Vertragserbe*, — relation *Vertragsverhältnis*
contrary, anything herein contained to the — notwithstanding *unbeschadet hierin enthaltener gegensätzlicher Bestimmungen*
contravene *übertreten, verstoßen, verletzen, zuwiderhandeln*
contravention *Uebertretung, Verstoß, Verletzung, Zuwiderhandlung*, to act in — of *zuwiderhandeln*
contribute *beitragen, einbringen, einlegen*, contributed property *eingebrachtes Gut*
contribution *Beitrag, Beitragsleistung; eingebrachtes Gut, Einlage*, (to the capital) *Stammeinlage; Einschuß; Kontribution*
contributory *beitragend; Beitragspflichtiger*, — negligence *zur Schädigung beitragende eigene Fahrläsigkeit des durch fremde Fahrlässigkeit Geschädigten*
control *Kontrolle, Aufsicht, Lenkung, Bewirtschaftung, überwiegender oder ausschlaggebender Einfluß*, actual — *tatsächliche Gewalt*, foreign — *Uebertremdung*, Control Council *Kontrollrat*, to — *kontrollieren, beaufsichtigen, ausschlaggebenden Einfluß ausüben*
controller *Kontrolleur; Direktor*
controversy, in — *streitig*, — founded upon *Streitigkeit beruhend auf*, matter in — *Streitfall*
conusee *Empfänger einer* fine-*Erklärung*
conusor *Abgeber einer* fine-*Erklärung*
convene *einberufen*
convention *Abkommen, Uebereinkommen, Vereinbarung, Vertrag, Konvention*
conversation, criminal *Ehebruch, ehewidrige Beziehungen*
conversion *Umrechnung, Konvertierung, Umwandlung; widerrechtliche Aneignung oder Verwendung fremden Eigentums*, rate of — *Umrechnungskurs*
convert *umrechnen, konvertieren, umwandeln*, to — into cash *zu Geld machen, versilbern*
convertible *umwandelbar*
convey *befördern; übermitteln, übertragen, abtreten, übereignen*, (by agreement) *auflassen*, to — ownership *Eigentum verschaffen*, conveying counsel *Rechtsanwalt, dessen Praxis in der Erledigung von* conveyances *besteht*
conveyance *Beförderung; Uebermittelung, Uebertragung, Abtretung, Uebereignung; Vertrag oder anderes Dokument, wodurch Grundbesitz auf eine andere Person übertragen wird, dinglicher Vertrag*; (by agreement) *Auflasung*, — by devise *Uebertragung durch Testament*, voluntary — *Uebertragung ohne Entgelt*, means of — *Transportmittel*
conveyancer *jemand, dessen Tätigkeit es ist, Urkunden für Uebertragung von Grundbesitz aufzusetzen*
convict *zu Zuchthaus oder Todesstrafe Verurteilter*, to — *überführen*
conviction *Verurteilung, Schuldigerklärung, Ueberführung*
convocation *Berufung, Einberufung*
convoke *berufen, einberufen*
convoy *Geleitzug*
cook *(Bilanz, Rechnung) verschleiern, frisieren*, cooking of

the balance sheet *Bilanzverschleierung*
co-operative society *Genossenschaft, Erwerbs- und Wirtschaftsgenossenschaft, Konsumverein*
co-opt *zuwählen*
co-optation *Zuwahl*
co-owner *Miteigentümer, Mitteilhaber, Mitinhaber (einer Firma), Gesamthänder,* — of a ship *Mitreeder*
co-ownership *Eigentum (Gemeinschaft) zur gesamten Hand, Miteigentum*
coparcenery *gemeinsamer Landbesitz, Miteigentum an Grundbesitz auf Grund von Erbfolge*
copartner *Mitteilhaber*
copartnership *offene Handelsgesellschaft*
co-plaintiff *Nebenkläger, Mitkläger*
copy *Abschrift, Kopie; Exemplar, Ausfertigung,* carbon — *Durchschlag,* office —, official — *Ausfertigung,* original — *Ausfertigung, Originalkopie,* press — *Preßkopie,* to — *abschreiben*
copyhold, — property, — tenure *Schriftsassenlehen, Hintersassenlehen, Zinsbauerngut*
copyholder *Schriftsasse, Hintersasse, Zinsbauernguts-Pächter, Inhaber eines Schriftsassenlehens*
copyright *Urheberrecht, Autorrecht,* artistic, literary, musical — *künstlerisches, literarisches, musikalisches Urheberrecht*
co-respondent *mitbeklagter Ehebrecher (im Scheidungsprozeß), Mitbeklagter in einer Berufungssache*
coroner *richterlicher Beamter für die Voruntersuchung in Fällen von Mord oder Totschlag,* —'s inquest *Voruntersuchung durch den* coroner, *Verhandlung vor dem* coroner *und Geschworenen*
corporal *körperlich,* — punishment *Körperstrafe, Leibesstrafe, körperliche Züchtigung*
corporate, body — *juristische Person, Körperschaft,* — seal *Gesellschaftssiegel,* a company voluntarily dissolves its — existence *eine Gesellschaft gibt eigenmächtig ihre Rechtspersönlichkeit auf*
corporation *Körperschaft, Gesellschaft,* — aggregate *aus mehreren Personen bestehende Körperschaft,* articles of — *Gesellschaftsvertrag und Statut,* — sole *juristische Person, die aus einer Person und deren Nachfolgern besteht, successive Mehrheit der Inhaber gewisser Aemter,* stock — *Aktiengesellschaft*
corpse *Leiche*
correctional board *Strafausschuß*
correctness *Richtigkeit*
correspond *korrespondieren; entsprechen*
correspondence *Korrespondenz, Briefwechsel*
correspondent *Geschäftsfreund, Korrespondent*
corroborate *bekräftigen*
corrosive fluid *ätzende Flüssigkeit*
corruptible *bestechlich*
corruption *Bestechung, Korruption, Verderbtheit,* internal — *innerer Verderb*
co-signatory *Mitunterzeichner*
cost *Kosten,* — price, prime — *Kostenpreis, Einkaufspreis, Gestehungspreis, Einstandspreis, Selbstkosten,* costs *Gerichtskosten,* bill of costs *Kostenrechnung,* the court taxes the bill of costs *das Gericht stellt die Kosten fest,* to dismiss with costs *kostenpflichtig abweisen,* to order to bear the costs *die Kosten auferlegen,* to tax the costs *die Kosten festsetzen,* each party to bear their own costs *die Kosten werden gegeneinander aufgehoben*

cost-book company *Bergwerksgesellschaft*

co-surety *Mitbürge*

council *Rat,* — of the borough *Gemeinderat,* Order in Council *Königliche Verordnug, Kabinettsorder,* Privy Council *Geheimer Staatsrat*

counsel *Rechtsanwalt, Rechtsbeistand, Prozeßbevollmächtigter, plädierender Anwalt,* —'s fee *Anwaltsgebühren,* —'s opinion *Rechtsgutachten,* to take —'s opinion *einen Anwalt befragen*

countenance *Begünstigung,* to — *begünstigen*

counter, over the — market *Freiverkehrsmarkt*

counter-bill *Gegenwechsel*

counter-book *Beibuch*

counter-claim *Gegenforderung, Gegenanspruch*

counter-espionage *Gegenspionage*

counterfeit *fälschen, verfälschen*

counterfeiting *Fälschung, Falschmünzerei, Nachdruck*

counterfoil *Talon, Abschnitt, Kontrollabschnitt*

counter-inquiry *Gegenuntersuchung*

counter-item *Gegenposten*

countermand *abbestellen, Gegenorder geben*

countermart, letter of *Gegenkaperbrief*

counter-obligation *Gegenverpflichtung*

counter-offer *Gegengebot*

counterpart *gleichlautendes Exemplar, Duplikat, Gegenstück*

counter-perfðrmance *Gegenleistung*

counter-proposal *Gegenvorschlag*

counter-question *Gegenfrage*

countersign *gegenzeichnen*

counter-signature *Gegenzeichnung*

couple, married *Ehepaar*

coupon *Abschnitt Kupon, Zinsschein, Dividendenschein*

course *Lauf,* in due — *zu gegebener Zeit, rechtzeitig,* in the — of business *im Geschäftsgang,* safe — *behaltene Fahrt*

court *Gericht, Gerichtshof; Hof,* — above *höhere Instanz,* — of appeal *Berufungsgericht,* — baron *Lehnsgericht des Lehnsherrn,* — below *Gericht erster Instanz, Vorinstanz,* clerk to the — *Gerichtsschreiber,* county — *Grafschaftsgericht,* — fees *Gerichtsgebühren,* higher — *höhere Instanz,* in — *vor Gericht,* in — and out of — *gerichtlich und außergerichtlich,* local — *örtliches Gericht, Amtsgericht,* lower — *Vorinstanz, Gericht erster Instanz,* national — *Landesgericht,* — prison *Gerichtsgefängnis,* superior — *höhere Instanz,* supreme — *oberstes Gericht,* out of — *außergerichtlich,* settlement out of — *außergerichtliche Regelung*

courtesy of England *Leibzuchtrecht des Mannes am gesamten Immobiliarnachlaß der Frau bei beerbter Ehe,* right of courtesy *Intestaterbrecht des Mannes,* estate by the courtesy *lebenslänglicher Nießbrauch von Grundbesitz*

cousins-german *Geschwisterkinder*

covenant *Verpflichtung, Vereinbarung, förmlicher Vertrag, verpflichtende Vertragsklausel,* — for title *rechtsübertragender Vertrag,* to — *sich verpflichten*

covenantee *derjenige, zu dessen Gunsten die Verpflichtung einer Vertragsklausel eingegangen wird*

covenantor *der sich durch eine Vertragsklausel Verpflichtende*

cover *Hülle, Deckung,* to — *decken,* to be covered by *unter etwas fallen*

covering, — agreement *Mantelvertrag,* — letter *Mantelschreiben*

coverture *Ehe, Ehestand der Frau,* during — *während der Ehe, für die Dauer der Ehe*
covin *geheimes Einverständnis, Kollusion*
craft *Handwerk; kleines Handelsschiff*
craftsman *Handwerker*
crate *Gestell für Verpackung*
create *errichten, ausstellen, bestellen, begründen*
creation *Errichtung,* — of an obligation *Begründung eines Schuldverhältnisses*
credence, letters of *Beglaubigungsschreiben*
credibility, credibleness *Glaubwürdigkeit*
ciedible *glaubwürdig*
credit *Kredit, Haben, Gutschrift, Vergütung,* — ascount *Kreditkonto,* — balance *Guthaben, Kreditsaldo, Aktivsaldo,* — balance with banks and bankers *Nostroguthaben,* continued —, documentary — *Akkreditiv,* — entry *Gutschrift, Zuschreibung,* global — *Rahmenakkreditiv,* — institution *Kreditinstitut,* intermediate *Zwischenkredit,* — item *Kreditposten, Aktivposten,* letter of — *Kreditbrief, Akkreditiv,* circular letter of — *Zirkularkreditbrief,* — line *Kreditlinie,* — note *Kreditnote,* private — *Personalkredit,* public — *öffentlicher Glaube,* — slip *Einzahlungsschein,* worthy of — *glaubwürdig,* to —, to pass (place, carry) to the — *kreditieren, gutschreiben,* to open a — *einen Kredit eröffnen, akkreditieren,* to give — *Glauben beimessen*
creditor *Gläubiger,. Kreditor,* preferred —, privileged —, — by priority *bevorrechtigter Gläubiger*
cremation *Leichenverbrennung*
crew *Mannschaft, Schiffsbesatzung*
crime *Verbrechen*
criminal *Verbrecher; verbrecherisch, strafbar; strafrechtlich,* — appeal *Berufung in Strafsachen,* — case *Strafsache,* — code *Strafgesetzbuch,* — conversation *Ehebruch, ehewidrige Beziehungen,* — court *Strafkammer, Kriminalgericht,* — disposition *kriminelle Veranlagung,* — incapacity *Strafunfähigkeit,* — justice *Strafrechtspflege,* — law *Strafrecht, Strafgesetz,* — liability *Straffälligkeit, Haftbarkeit für Verbrechen,* — procedure (proceedings) *Strafprozeß, Strafverfahren,* Court of Criminal Appeal *Kriminal-Appellgericht (Abteilung des* High Court), Criminal Investigation Department (C. I. D.) *Kriminalabteilung der Londoner Polizeibehörde*
criminalist *Kriminalist, Strafrechtslehrer*
crook *Gauner, Hochstapler*
cross *kreuzen (einen Scheck),* crossed cheque *Verrechnungsscheck*
cross-action *Widerklage*
cross-appeal *Anschlußberufung einlegen, sich der Berufung anschließen*
cross-bill *Rückwechsel*
cross-claim *Widerklage, Gegenklage, Gegenforderung*
cross-demand *Recht zur Widerklage*
cross-examination *Kreuzverhör, Verhör eines Zeugen durch den Anwalt der Gegenpartei*
cross-examine *ins Kreuzverhör nehmen*
crossing *Kreuzvermerk*
cross-interrogatory *Kreuzfrage, Frage des Anwalts der Gegenpartei*
cross-question *ins Kreuzverhör nehmen*
cross-remainder *wechselseitige Nacherbschaft von Grundbesitz*

auf Grund testamentarischer Belehnung oder vertraglicher Bestimmung
crown cases reserved *vorbehaltene Straffälle*
cruelty *Mißhandlung*, — to animals *Tierquälerei*, — to children *Mißhandlung von Kindern*, persistent — *andauernde Mißhandlung*
culpability *Strafbarkeit, Straffälligkeit*
culpable *strafbar, straffällig, sträflich, schuldhaft, schuldig*
culprit *Angeklagter*
cum, — coupon *einschließlich Zinsschein*, — new, — rights *einschließlich Bezugsrecht*
cumulative *kumulativ, zunehmend*
curator *Pfleger, Kurator*, — absentis *Abwesenheitspfleger*, — in bankruptcy *Konkursverwalter*
curatorship *Pflegschaft*
curb, — market *Freiverkehr, Vorbörse, Nachbörse*, — price *Freiverkehrskurs*
cure *heilen*
curfew *Sperrstunde, Ausgehverbot*
currency *Währung, Umlaufsmittel; Laufzeit*, collapse of — *Währungsverfall*, depreciation of — *Entwertung der Währung*, — note *englische Banknote (ausgegeben 1914—1928) im Betrag von 10 s. oder £ 1*
current *laufend, umlaufed, gangbar*, — account *laufende Rechnung, Kontokorrent*, — expenses *laufende Ausgaben*, — transactions *laufende Geschäfte*, — voyage *laufende Reise*
cursing *Fluchen*
curtilage *Grundstück, das an ein Wohnhaus anstößt*
custodian *Verwahrer*, Alien Property Custodian *(am.) Treuhänder für das feindliche Vermögen*
custody *Aufbewahrung, Gewahrsam, Obhut, Haft*, police — *Polizeigewahrsam*, protective — *Schutzhaft*, safe — *sicheres Gewahrsam*, to have (hold, keep) in — *verwahren, in Aufbewahrung haben*, to place under safe —, to place in —, to give into — *in Verwahrung geben*, contract of safe — *Verwahrungsvertrag*
custom *Brauch, Gebrauch, Herkommen, Sitte, Usance, Gewohnheit; Gewohnheitsrecht; Zoll*, — house *Zollamt*, local — *Ortsgebrauch*, ín acordance with local — *ortsüblich*
customary *gebräuchlich, üblich, herkömmlich*
customer *Kunde, Auftraggeber, Besteller, Abnehmer*, customer's accounts in credit *(Bilanz) Guthabensalden auf Kundenkonten*
customs *Zoll*, — clearing *Erledigung der Zollformalitäten*, — declaration *Zollinhaltserklärung*, — entry *Zollerklärung*, — tariff *Zolltarif*
cy-près *nahe daran (Ausführung von letztwilligen oder Stiftungs-Verfügungen soll sich so nahe wie möglich an den Willen des Erblassers oder Stifters halten)*

D

daily fees (allowances) *Tagegelder, Diäten*
damage *Schaden, Beschädigung, Benachteiligung, Schadenzufügung*, — by fire *Feuerschaden*, to inflict — *Schaden zufügen*, to — *beschädigen, benachteiligen*, damages *Schadensersatz, Entschädigung*, liquidated damages *vereinbarter Schadensersatz*, action

for damages *Schadensersatzklage*, liability for damages *Schadensersatzpflicht*

damaged *schadhaft, beschädigt, defekt*

Dame *(mit folgendem Vornamen) Prädikat der Inhaberinnen der Ritterwürde aus eigenem Recht*

date *Datum, Zeitpunkt*, after — *nach dato*, next preceding (succeeding) — *letztvorhergehender (nächstfolgender) Termin*, to — *datieren*, dated as of April 1st *nach dem Stande vom 1. April, mit Wirksamkeit vom 1. April an*

day-book *Kladde*

daylight-saving *Durchführung der Sommerzeit*

day-to-day money *tägliches Geld*

dead *tot, verstorben*, legally — *verschollen*, — freight *Fautfracht*, — pledge *Faustpfand*

deal, to — in *mit etwas handeln*, to — with *sich mit etwas befassen, sich mit etwas beschäftigen, von etwas handeln*

dealer *Händler*

dealings *Geschäfte, Verkehr*

death *Tod, Todesfall*, civil — *bürgerlicher Tod*, — duties *Erbschaftssteuer, Nachlaßsteuer*, penalty of — *Todesstrafe*, sentence of —, — warrant *Todesurteil*

debasement *Münzverschlechterung*

debenture *Schuldverschreibung, Obligation*

debit *Soll, Debet*, — balance *Debetsaldo, Passivsaldo*, — entry *Belastung, Abschreibung*, — item *Debetposten, Passivposten*, at my — *zu meinen Lasten*, to — *belasten, debitieren*

debt *Schuld (geschuldete, ihrem Betrage nach festgestellte Summe)*, acknowledgment of — *Schuldanerkenntnis*, assumption of a — *Schuldübernahme*, bad — *faule Schuld*, book — *Schuldforderung*, discharge of a — *Schuldentilgung*, doubtful — *zweifelhafte Schuld*, floating — *schwebende Schuld*, funded — *fundierte Schuld*, imprisonment for — *Schuldhaft*, — ledger *Schuldbuch*, outstanding — *ausstehende Forderung*, preferential — *bevorrechtete Schuld*, public — *öffentliche Schuld, Staatsschuld*, remission of — *Schuldnachlaß*, service of a — *Schuldendienst*, to collect (recover) a — *eine Schuld einziehen*, to contract (incur) a — *eine Schuld eingehen*, to run into — *in Schulden geraten*

debtee-executor *Gläubiger, der zum* executor *bestellt ist*

debtor *Schuldner, Debitor*, —'s summons *Zahlungsaufforderung des Konkursgerichts an einen Schuldner*

debtor-executor *Schuldner, der vom Gläubiger zum* executor *bestellt ist*

decapitate *enthaupten*

decapitation *Enthauptung*

decay *Fäulnis*

decease *Tod, Todesfall*

deceased *Verstorbener; verstorben*, Mr. N., — *der verstorbene Herr N.*, — wife's sister *Schwester der verstorbenen Ehefrau (Ehe früher in England verboten)*

decedent *Verstorbener, Erblasser*

deceit *Täuschung, Betrug*

deceive *täuschen*

deception *Täuschung*

decide *entscheiden, erkennen, beschließen*

decipher *dechiffrieren*

decision *Entscheidung, Beschluß, Urteil, Erkenntnis, Entschließung*, confirmatory — *Bestätigungsurteil*, even — *Beschluß mit*

Stimmengleichheit, to pass a — *eine Entscheidung fällen*

decisive *entscheidend, ausschlaggebend*, — date *Stichtag*

deck cargo *Deckladung*

deck-stowed goods *Decksgüter*

declarant *Erklärender*

declaration *Erklärung*, statutory — *eidesstattliche Versicherung*, to make a — *eine Erklärung abgeben*

decline *Rückgang*, to — *sich weigern, ablehnen; zurückgehen*

decree *Erlaß, Verfügung, Dekret; Urteil eines* equity court, — of the court *Gerichtsbeschluß*, — absolute *Endurteil in einer Scheidungsklage*, — nisi *vorläufiges (noch nicht rechtskräftiges) Scheidungserkenntnis*

decry the coin *eine Münze außer Kurs setzen*

deduct *abziehen, abrechnen, absetzen, abschreiben, kürzen*

deductible *abziehbar*

deduction *Abzug, Abschreibung, Kürzung*

deed *Vertragsurkunde, (unterzeichnete, gesiegelte und übergebene) Urkunde, Schrifturkunde, gesiegelter Vertrag*, — poll *Vertragsurkunde, in der sich nur eine Partei verpflichtet, einseitiger Vertrag, einseitige Erklärung*

deem *erachten*, to be deemed *gelten für, als*

deface *unkenntlich machen, entwerten*

defamation *Ehrenkränkug, Ehrverletzung, Verleumdung*

defamatory *verleumderisch*

default *Verzug; Versäumnis, Unterlassung, Nichterfüllung; Nichterscheinen; Verschulden*, wilful — *vorsätzliche Verabsäumung*, to be in — *im Verzug sein*, in — of *in Ermangelung, mangels*, in — of evidence *mangels an Beweisen*, in — whereof *widrigenfalls*, interest for — *Verzugszinsen*, judgment by — *Versäumnisurteil*, proof of — in payment *Nachweis des Zahlungsverzuges*, to — *Verbindlichkeiten nicht nachkommen*

defaulter *säumiger Zahler; derjenige, welcher seinen Verpflichtungen nicht nachkommt*

defaulting *säumig*

defeasance *Aufhebung, Annullierung; Neben-Uebertragungsurkunde, die Bedingungen enthält, nach deren Erfüllung die Uebertragung aufgehoben werden kann*

defeasible *anfechtbar*

defeat *für ungültig erklären, anfechten*

defect *Mangel, Fehler*, — of quality *Mangel*, — of title *Mangel im Recht*, demonstration of defects *Mangelanzeige*, free from defects *mangelfrei*

defective *mangelhaft, fehlerhaft, schadhaft*, mentally — *geistesschwach, geistig minderwertig*

defectiveness *Mangelhaftigkeit*, mental — *geistige Minderwertigkeit*

defence *Verteidigung; Einrede, Einwand, Einwendung; Klagebeantwortung*, there is a — *eine Einrede steht entgegen*, to set up a — *eine Einrede geltend machen*, to take — *Einspruch erheben*, means of — *Verteidigungsmittel*, necessary — *Notwehr*, point of — *Verteidigungspunkt*, statement of — *Klagebeantwortung, Verteidigungsschrift*, witness for the — *Entlastungszeuge*

defend *verteidigen*, to — an action *sich auf eine Klage einlassen, passiv Prozeß führen*

defendant *Beklagter*, counsel for the — *Verteidiger*

defer *verzögern, verziehen, aufschieben, hinausschieben*, deferred *nichtbevorrechtigt; verzögert*
defiance, open — of lawful authority *Widerstand gegen die Staatsgewalt*
deficiency *Mangel, Fehlbetrag, Defizit, Manko, Ausfall, Minderbetrag*
deficit *Fehlbetrag, Defizit, Unterbilanz*
deflation *Deflation*
deforcement *Besitznahme von Land, auf das ein anderer das Anrecht hat, widerrechtliche Vorenthaltung*
deforciant *derjenige, welcher Land, auf das ein anderer das Anrecht hat, in Besitz nimmt*
defraud *betrügen, hinterziehen*, to — the revenue *Steuern hinterziehen*
defrauder *Defraudant, Betrüger*
defray *bestreiten*
defunct *verstorben*
delay *Verzögerung, Verzug, Verschleppung*, to — *zögern, verzögern, verziehen, verschleppen, hinhalten*, delayed *verspätet*
delcredere *Delcredere*, — commission *Delcredereprovision*
delegate *Delegierter*, to — *abordnen, delegieren*
delegation *Abordnung, Delegation*
deliberate *vorsätzlich, absichtlich, wissentlich*, — misstatement of fact *arglistige Täuschung*
deliberation *Ueberlegung*
delinquent *Verbrecher, Delinquent, Angeklagter*
deliver *liefern, abliefern, übergeben, einliefern, einreichen, abgeben, ausfolgen, hingeben*, to — up *herausgeben, ausliefern, aushändigen*
deliverable *lieferbar*
delivery *Lieferung, Ablieferung, Einlieferung, Auslieferung, Uebergabe, Aushändigung, Herausgabe*, actual — *Ablieferung*, bill of —, — note *Lieferschein*, — order *Anweisung zur Auslieferung*, time of — *Lieferzeit*, writ of — *Befehl zur Auslieferung der dem Urteilsgläubiger zuerkannten Mobilien an diesen*, to take — *abnehmen*, to refuse to take — *Annahme verweigern*
demand *Verlangen, Nachfrage*, — price *Geldkurs*, — quotation *Geldnotiz*, to — *verlangen*
demesne, ancient — *altes Krongut*, tenure in ancient — *Hintersassenlehnsgut*, — land *Land, das der Gutsherr innehat*
demise *Uebertragung von Grundbesitz auf Lebenszeit, Pachttum, vollständige Ueberlassung*, to — *auf Lebenszeit übertragen, vermachen*
demonetise *außer Kurs setzen*
demur *Einspruch erheben, Einwendungen machen, Rechtseinwand erheben, beanstanden*
demurrage *Liegegeld*, days on — *Liegezeit, Ueberliegezeit*
demurrer *Revision gegen das Urteil in der Rechtsfrage, Rechtseinwand, Beanstandung*
denazification *Entnazifizierung*
denial *Ableugnung*
denization *Aufnahme in den Untertanenverband ohne Erteilung politischer Rechte*, letter of — *Schutzbrief*
denizen *Einwohner, Eingeborener; Schutzgenosse*
denominate *bezeichnen*
denomination *Bezeichnung; Nennwert; Abschnitt, Stück*, religious — *Konfession*
denominational currency *Scheidemünzen-Umlauf*
deny *leugnen, bestreiten, in Abrede stellen*

department *Abteilung, Dienststelle, Departement, (am.) Ministerium,* chief of the sectional — *Dezernent,* — store *Warenhaus*

departure *Abweichung; Klageänderung durch Einnahme einer anderen Standpunktes; Abreise, Abfahrt,* port of — *Abgangshafen*

dependence, dependency *Abhängigkeit,* dependencies *Pertinenzien*

dependent on *abhängig von*

dependents *unterhaltsberechtigte Angehörige,* surviving — *unterhaltsberechtigte Hinterbliebene,* provision for — *Hinterbliebenen-Versorgung*

deponent *vereidigter, aussagender Zeuge; Erklärender, Anzeigender*

deportation *Verschickung, Deportation*

depose *(eidlich) aussagen,* to — unto *zum Gegenstand der Aussage machen*

deposit *Hinterlegung; Hinterlegungssumme, das Hinterlegte, Depot; Anzahlung; Einlage,* — account *Depositenkonto,* extract from — account *Depotauszug,* bank of —, — bank *Depositenbank,* certificate of — *Hinterlegungsschein,* contract of — *Verwahrungsvertrag,* — money *Depositengelder,* — receipt *Hinterlegungsschein, Depotquittung,* time — *befristete Einlage,* on — *im Depot,* to — *hinterlegen, in Verwahrung geben, deponieren; einlegen*

depositary *Verwahrer, Depositar, Hinterlegungsstelle*

depositee *Verwahrer*

deposition *Aussage*

depositor *Deponent, Hinterleger*

depot *Niederlage, Depot*

depreciate *im Werte sinken*

depreciation *Wertminderung, Entwertung; Abschreibung; Kursverlust*

deprivation *Amtsenthebung (eines Geistlichen),* — of civic rights *Aberkennung der bürgerlichen Rechte*

deprive a person of a defence *jemand Einreden abschneiden*

deputy *Stellvertreter; stellvertretend*

derelict *herrenlos*

dereliction *Besitzaufgabe, Abandon*

derogation, in — of *eingreifend in*

descendant *Abkömmling, Nachkomme,* participating — *anteilsberechtigter Abkömmling,* descendants *Nachkommenschaft*

descended, to be — from *abstammen von*

descent *Abstammung; Intestaterbfolge in den unbeweglichen Nachlaß,* title by — *Intestaterbrecht an Immobilien*

description *Bezeichnung, Beschreibung, Signalement; Art,* by — *nach Angabe*

desecration of the Sabbath *Sonntagsentheiligung*

desertion *Eheverlassung,* wilful — *böswilliges Verlassen*

design *Muster, Zeichnung, Gebrauchsmuster, Modell,* copyright in (of) designs *Musterschutz*

designation *Bezeichnung, Bestimmung*

despatch *siehe* dispatch

destination *Bestimmung,* place of — *Bestimmungsort,* port of — *Bestimmungshafen*

destine to *bestimmen für*

destroy *vernichten, zerstören, aufheben*

destruction *Vernichtung, Zerstörung, Untergang,* automatical — *Vernichtung nach Ablauf einer vorgeschriebenen Zeitspanne*

detain *zurückhalten, vorenthalten*

detective *Detektiv, Kriminalpolizist,* — police *Kriminalpolizei*
detention *Zurückhaltung, Vorenthaltung, Zurückbehaltung; Haft,* (on remand) *Untersuchungshaft,* right of — *Zurückbehaltungsrecht, Zurückhaltungsrecht,* unlawful — *Freiheitsberaubung*
deteriorate *sich verschlechtern, verderben*
deterioration *Verschlechterung, Minderung, Verderb, Verderben,* spontaneous — *innerer Verderb*
determine *bestimmen, entscheiden, urteilen*
detinue *widerrechtliche Vorenthaltung, Klage auf Herausgabe einer widerrechtlich vorenthaltenen beweglichen Sache*
devalorisation *Abwertung*
devaluation *Entwertung, Devalvierung*
deviation from voyage *Abweichung von der Reiseroute*
devise *Vermächtnis von unbeweglichem Vermögen, letztwillige Verfügung über Immobiliarvermögen,* alienation by — *Uebertragung von Grundbesitz durch Verfügung von Todes wegen*
devisee *Vermächtnisnehmer, Erbe von Grundbesitz auf Grund testamentarischer Verfügung*
devisor *Vermächtnisgeber (von unbeweglichem Vermögen)*
devoid, to be — of something *etwas nicht haben,* to declare — *verlustig erklären*
devolution *Anfall*
devolve upon *anfallen, anheimfallen, zufallen, übergehen*
dies ad quem *Endtermin*
diet *Landtag, Reichstag*
difference *Differenz,* gamble (speculation) in differences *Differenzgeschäft*
dilatory *säumig*
diligence *Fleiß, Sorgfalt,* — of a careful mercantile trader *Sorgfalt eines ordentlichen Kaufmanns*
diminution *Verminderung, Minderung, Schwinden*
diploma *Diplom*
dipsomania *Trunksucht*
direct *unmittelbar,* to — *anweisen, anordnen*
direction *Anweisung, Anordnung,* directions for evidence *Beweisbeschluß*
director *Direktor,* board of directors *Vorstand, Verwaltungsrat*
directorate *Vorstand*
directory *Regulative; Adreßbuch*
disability *Unfähigkeit, Unvermögen; Hemmungsgrund, Verhinderung; Invalidität, Erwerbsunfähigkeit*
disabled *arbeitsunfähig, invalide,* — soldier *Invalide, Kriegsbeschädigter, Kriegsversehrter,* insurance of the — *Invalidenversicherung*
disadvantage *Nachteil*
disadvantageous *nachteilig, unvorteilhaft*
disallow *zurückweisen*
disappearance *Verschwinden; Verschollenheit*
disapproval *Mißbilligung, Mängelrüge*
disarmament *Abrüstung*
disavowal *Nichtanerkennung*
disband *auflösen*
disbar *einen* barrister *seiner Privilegien entkleiden*
disburse *auslegen*
disbursements *Auslagen*
discernment *Einsicht, Verständnis*
discharge *Entlassung; Entlastung; Einlösung, Ablösung, Tilgung; Erfüllung; Löschung, Ausladung,* order of — *Entlastungsbeschluß, Entlastungsverfügung,* to the — of my account *zu meiner Entlastung,* — with ignominy *Ausstoßung aus dem Heere,* conditional — *bedingte Entlassung,* to — *entlassen; entlasten; einlösen, ab-*

lösen, tilgen; erfüllen; löschen, ausladen
disciplinary proceedings *Disziplinarverfahren*
disclaim *ausschlagen, verzichten*
disclaimer *Ausschlagung, Verzicht*
disclose *offenlegen, offenbaren, aufdecken, mitteilen*
disclosure *Offenlegung, Offenbarung, Aufdeckung,* oath of — *Offenbarungseid*
discontinuance, discontinuation *Einstellung, Abstandnahme*
discontinue *einstellen, aufhören, Abstand nehmen*
discount *Diskont, Abzug, Rabatt, Disagio,* — bank *Diskontobank,* extra — *Extrarabatt,* rate of — *Wechseldiskont,* at a — *unter pari, mit Rabatt,* to — *diskontieren, abziehen*
discover *auffinden, ausfindig machen; offenbaren, aufdecken*
discovert *unverheiratet, verwitwet (von Frauen)*
discovery *Aufschluß (unter Zwang) durch Erklärung oder Angabe des Urkundenmaterials, Vorlegung von Urkunden*
discrepancy *Verschiedenheit, Widerstreit, Unstimmigkeit,* discrepancies *Bruch von Porzellanwaren*
discretion *Befugnis, Ermessen, Belieben, Verfügungsgewalt,* judicial — *richterliches Ermessen,* mischievous — *Strafmündigkeit, Verständnis der Strafbarkeit,* to have — *befugt sein,* in his absolute — *nach seinem freien Ermessen,* at the — *nach Belieben,* to leave to the — *dem Belieben überlassen,* to be in the — of *im Belieben stehen*
disentail *die lehnsrechtliche Erbfolge für einen Grundbesitz aufheben*
disfranchisement *Aufhebung einer Gerechtsame, Entziehung des Wahlrechts*
dishonesty *Unredlichkeit, Untreue*
dishonour *nicht bezahlen, nicht einlösen, nicht honorieren,* a dishonoured bill *ein notleidender Wechsel*
dishonourable *ehrlos, unehrenhaft, ehrenrührig*
disinherit *enterben*
disinheritance *Enterbung*
dismiss *zurückweisen, abweisen, ablehnen; entlassen,* to — a claim with costs *eine Klage kostenpflichtig abweisen*
dismissal *Zurückweisung, Abweisung, Ablehnung; Entlassung,* instant — *fristlose Entlassung*
disorganised state of marriage *Zerrüttung der Ehe*
dispatch *Absendung, Versendung; Beschleunigung,* advice of — *Versendungsanzeige,* — note *Versendungsschein,* to — *abschicken, absenden, versenden; beschleunigen, schnell erledigen*
dispaupered, to be *das Armenrecht verlieren*
dispensation *Befreiung*
dispense (from) *befreien,* (with) *absehen, Abstand nehmen*
displace *verlagern*
disposable *verfügbar*
disposal *Verfügung,* at the — of *zur Verfügung von,* right of — *Verfügungsrecht*
dispose of *verfügen über; erledigen; veräußern*
disposition *Verfügung,* free — *freie Verfügung,* — mortis causa *Verfügung von Todes wegen,* power of — *Verfügungsbefugnis, Verfügungsrecht (über),* testamentary — *letztwillige Verfügung*
dispossess *aus dem Besitz bringen, enteignen,* to — by judgment *aberkennen*

dispossession *Besitzentziehung, Enteignung, Aberkennung*
disproportionate *unverhältnismäßig*
disprove *widerlegen*
disputability *Bestreitbarkeit*
disputable *bestreitbar*
dispute *Streit*, matter in — *Streitfall*, in — *im Streite befangen, streitig*, to — *bestreiten*
disqualification *Disqualifizierung*
disqualified *nichtberechtigt, disqualifiziert*
disqualify *unbrauchbar machen, unfähig machen, disqualifizieren*
dissection *Sezierung*, judicial — *Obduktion*
disseize *aus dem tatsächlichen Besitz bringen*
disseizin *Vertreibung aus dem tatsächlichen Besitz*
dissenter *Dissident*
dissolution *Auflösung, Aufhebung*
dissolve *auflösen, aufheben*
distance freight *Distanzfracht*
distrain *mit Arrest belegen, pfänden, mit Beschlag belegen (besonders wegen Nichtzahlung von Miete u. dgl.)*
distrainable *pfändbar*
distraint *Arrest (von Sachen), Arrestvollziehung, (private) Pfändung, Beschlagnahme*
distress *Not, Notlage, Notstand; Beschlagnahme, Pfändung, Privatpfändung*, (at sea) *Seenot*, — damage feasant *Privatpfändung wegen Viehschadens*, port of — *Nothafen*, — for rent *Privatpfändung wegen Pacht oder Miete*, warrant of — *Pfändungsbefehl*, to levy a — *mit Beschlag belegen, pfänden*
distribute *verteilen; ausschütten; vertreiben*
distribution *Teilung, Verteilung, Auseinandersetzung; Ausschüttung; Vertrieb; Intestaterbfolge in den beweglichen Nachlaß*, — of the estate *Verteilung der Masse*, preliminary — *Abschlagsverteilung*, supplementary — *Nachtragsverteilung*
distributive share *Anteil*
distributors, sole *Alleinvertrieb (wörtlich: alleinige Vertreiber)*
district *Bezirk*, — court *Bezirksgericht*
distringas *Pfändungsauftrag*, notice in lieu of — *Einspruch eines Nutzungsberechtigten gegen eine Uebertragung*
disturbance *Störung, Lärm*
diurnal stipends *Diäten*
divide *teilen, verteilen*
dividend *Dividende, Gewinnanteil*, — coupon, — warrant *Dividendenschein, Gewinnanteilschein*, with — rights *mit Dividendenberechtigung*
divisible *teilbar*
division *Teilung, Verteilung; Abteilung, Hauptabteilung; Abstimmung (im Parlament); Senat, Kammer oder Abteilung des Gerichts*
divorce *Ehescheidung*, — court *Ehescheidungsgericht*, judicial decree of — *Ehescheidungsurteil*, petition for —, — suit *Ehescheidungsklage*, to — *scheiden, sich scheiden lassen von*, to apply for a — *Scheidung beantragen*
divorcee *geschiedene Person*
divorcer *Scheidungsgrund*
dock *Dock; Anklagebank*, — receipt *Dockempfangsschein*, — warrant *Löschungsbewilligung, Ladeschein, Lagerschein*
dockyard *Werft*
doctor *(Rechnung, Bilanz) verschleiern, frisieren*
document, *Schriftstück, Urkunde, Dokument, Unterlage, Beweisstück, Beleg*, — of title *Warenpapier*

documentary *urkundlich*, — evidence *Beweismaterial, Urkundenbeweis*
dole *Arbeitslosen-Unterstützung*
domain, by the exercise of power of eminent *durch Verfügung von hoher Hand*
domestic *inländisch*, — servants *Dienstboten, Gesinde*
domicile *Wohnsitz, Wohnort, Domizil*, — of choice *Wohnsitz durch Wahl, Wahlwohnsitz, Domizil der Wahl*, — of origin *Wohnsitz kraft Abstammung, Domizil der Geburt*, right of — *Niederlassungsrecht*, to — *domizilieren, zahlbar machen*
domiciled bill *Domizilwechsel*
domicilee *Domiziliat*
domiciliant *Domiziliant*
domiciliary visit *Haussuchung*
domiciliate *domizilieren, zahlbar machen*
dominant tenement *berechtigtes, herrschendes Grundstück*
dominion *Dominion, Mitgliedstaat des britischen Empire mit eigener Regierung*
donate *schenken*
donation *Schenkung*, deed of — *Schenkungsbrief*, by way of — *schenkungsweise*
donee *Beschenkter, Geschenknehmer*
donor *Schenker*
doors, to close the *Zahlungen einstellen, die Schalter schließen (von Banken)*
dormant partner *stiller Teilhaber*
double insurance *Doppelversicherung*
doubt *Zweifel, Bedenken*, in case of — *im Zweifel*, to remove doubts *Zweifel zerstreuen*
doubtful debt *zweifelhafte Forderung*
dowager *Witwe eines Pairs oder Fürsten*, queen — *Königinwitwe*
dower *gesetzliche Leibzucht der Frau an einem Teil des Immobiliarnachlasses des Mannes, Leibgedinge, Wittum*, writ of — *Wittumsklage*
dowress *Inhaberin eines Wittums*
dowry *Mitgift, eingebrachtes Gut*
draft *Tratte, Wechsel, Abgabe; Entwurf*, documentary — *dokumentierte Tratte, Dokumententratte*, — credit *Rembourskredit*, to — *entwerfen*
drain *Abfluß*
draw *ziehen, ausstellen, entnehmen, abheben, abgeben*, to — out *abheben*, to — up *aufstellen, abfassen, ausarbeiten; aufnehmen*, to — by lot *auslosen, verlosen*, to — for redemption *zur Einlösung auslosen*, to — in a set *in einer Serie ziehen*
drawback *Ausfuhrprämie, Zoll-Rückvergütung*
drawee *Bezogener, Angewiesener*
drawer *Aussteller, Bezieher, Anweisender*
drawing (by lot) *Ziehung, Auslosung, Verlosung*
dress *zurichten*
droit, in autre *aus fremdem Recht*
droit droit *Eigentumsrecht verbunden mit tatsächlichem Besitz eines* freehold
drunkard *Trunkenbold*
drunken *betrunken*
drunkenness, habitual *Trunksucht*
due *ordnungsmäßig; fällig, zahlbar*, to be — *fällig sein, zustehen, gebühren, offen stehen*, when — *bei Fälligkeit, bei Verfall*, to become —, to fall — *fällig werden, verfallen*
due-date *Fälligkeitstag, Verfalltag*
dull *flau*
dumping *Hebung der Ausfuhr durch Preisunterbietung*
dunnage *Garnierung, Stauholz*

duplicate *Doppel, Duplikat,* in — *doppelt für einfach, in doppelter Ausfertigung*

duration *Dauer, Laufzeit*

duress *physischer Zwang*

dutiable *zollbar, abgabenpflichtig*

duty *Steuer, Abgabe, Zoll; Pflicht, Verpflichtung, Obliegenheit,* breach of — *Pflichtverletzung,* gross breach of — *grobe Pflichtverletzung,* exempt from — *zollfrei,* — paid *Zoll vorausbezahlt,* protective — *Schutzzoll*

duty-free *abgabenfrei, zollfrei, stempelfrei*

E

earmark *Kennzeichen, Eigentumskennzeichen,* under — *im Sonderdepot,* to — *kennzeichnen; in Sonderdepot nehmen,* earmarked *gesondert*

earnest-money *Kaufgeld, Kaufschilling, Handgeld, Draufgabe, Draufgeld*

earnings *Gewinn, Verdienst,* hidden — *versteckte Gewinne,* operating — *Betriebsertrag,* to certify — *Gewinn feststellen*

ear-witness *Ohrenzeuge*

easement *Dienstbarkeit (wie z. B. Wegerecht), Praedialservitut, auf einem Grundstück haftendes Recht*

ecclesiastic *Religionsdiener*

ecclesiastical law *Kirchenrecht*

economic *wirtschaftlich,* — interests *Wirtschaftsinteressen,* — system *Wirtschaft*

economics *Wirtschaft*

economist *Volkswirt*

economy *Wirtschaft, Wirtschaftsleben,* national —, political —, social — *Volkswirtschaft*

editor *Herausgeber, Schriftleiter, Redakteur,* to be joint — *Mitherausgeber sein*

effect *Wirksamkeit, Rechtswirksamkeit; Erfolg, Wirkung,* to carry into —, to give — *durchführen,* to take — *in Wirksamkeit treten*

effective *wirksam, rechtswirksam,* — date *Tag des Inkrafttretens,* — as of April 1st *mit Wirkung vom 1. April,* — date of an order *der Tag, an dem eine Verordnung wirksam wird, Tag des Inkrafttretens,* immediately — *mit sofortiger Wirkung*

effectiveness *Wirksamkeit*

effects *Habe, Effekten*

efficiency *Tauglichkeit, Tüchtigkeit*

efficient *tauglich, tüchtig*

efflux *Abfluß*

eight hours day *Achtstundentag*

eject *aus dem Besitz bringen, vertreiben, exmittieren*

ejection, *Vertreibung, Exmission*

elaborate *ausarbeiten*

elect *wählen*

election *Wahl,* communal elections *Gemeindewahlen,* general elections *allgemeine Wahlen*

elector *Wähler*

electoral qualification *Wahlberechtigung, Besitz des aktiven Wahlrechts*

electorate *Wählerschaft*

elegit, estate by — *Judikatshypothek,* writ of — *Pfändungsbefehl für Immobilien*

elevated *übersetzt, zu hoch angegeben*

eligibility *Wählbarkeit; Rediskontfähigkeit; Qualifikation*

eligible *wählbar; rediskontfähig; geeignet, qualifiziert*

elope *entlaufen, sich entführen lassen,* to — with a girl *ein Mädchen entführen*

elopement *Entlaufen, Entführung*

elucidate *aufklären, erläutern*
elucidation *Aufklärung, Erläuterung*
emanate from *ausgehen von*
embargo *Embargo*, public — *offener Arrest*, to lay (put, impose) an — *ein Embargo legen*, to remove (take off, raise) an — *ein Embargo aufheben*
embezzle *veruntreuen, unterschlagen, entwenden*
embezzlement *Veruntreuung, Unterschlagung, Entwendung*
embezzler *Veruntreuer, Verüber einer Unterschlagung*
emblements *jährliche, durch Arbeit erzeugte Feldfrüchte, Ertrag der Saaten, Früchte auf dem Halm*
embracery *versuchte Beeinflussung eines Geschworenen*
emergency *Not, Notlage*, — clause *Notklausel*, — decree *Notverordnung*, — legislation *Notgesetzgebung*, port of — *Nothafen*
emigrant *Auswanderer*
emigrate *auswandern*
emigration *Auswanderung*
emoluments *Bezüge, Nutzungen*
empire *Reich, Kaiserreich, Imperium*, the British Empire *das britische Reich einschließlich der Dominions und Kolonien*
employ *Beschäftigung*, to — *beschäftigen, anstellen, sich der Dienste jemandes bedienen*
employee *Angestellter, Arbeitnehmer*
employer *Dienstherr, Dienstberechtigter, Arbeitgeber, Unternehmer*
employment *Anstellung, Beschäftigung*
empower *bevollmächtigen, ermächtigen*
empties *Leergut*
enact *gesetzlich verordnen*
encash *einkassieren*
encashment *Inkasso*
enclose *einlegen, beifügen; einhegen*, dem right of common *entziehen*
enclosure *Anlage, Einlage; Einhegung*
encroach *beeinträchtigen, übergreifen*, to — upon *eingreifen in*
enchroachment *Beeinträchtigung, Eingriff, Uebergriff, Störung*
encumber *belasten, beschweren*
encumbrance *Belastung, Beschwerung, Last, Schuldenlast*
endorsable *indossabel, durch Indossament übertragbar, girierbar, durch Giro übertragbar*
endorse *indossieren, mit Indossament versehen, girieren, begeben*
endorsee *Indossat, Indossatar, Girat*
endorsement *Indossament, Giro*, — of claim *Angabe des Klagebegehrens*, holder by — *Indossat, Indossatar*, special — *Vollindossament*, — supra protest *Indossament nach Protest*, transferable by — *durch Indossament (Giro) übertragbar*, to pass by — *durch Indossament (Giro) übertragen*
endorser *Indossant, Girant*, preceding — *Vormann*, subsequent — *Nachmann*
endow *dotieren, ausstatten, aussteuern*
endowment *Dotation, Stiftung, Ausstattung, Aussteuer*, — assurance *gemischte Versicherung*, children's — *Aussteuer-Versicherung*, old age — *Altersversorgungs-Versicherung*, pure — *Kapitalversicherung auf den Erlebensfall*
enfeoff *belehne*
enfeoffment *Belehnung*
enforce *vollstrecken, durchsetzen, erzwingen, geltend machen*
enforceable *vollstreckbar, klagbar*, — title (judgment, order) *vollstreckbarer Titel*
enforcement *Vollstreckung, Geltendmachung; Anwendung (Durchführung) unter Zwang*, — order *Vollstreckungsbefehl*

enfranchisement *Umwandlung eines Pachtgutes in freien Besitz, Ablösung eines Lehens; Verleihung des Wahlrechts*
engage *anstellen, heuern, anwerben, engagieren; sich verpflichten;* (in) *sich mit etwas befassen*
engagement *Verpflichtung, Engagement,* without — *freibleibend*
engross *ausfertigen*
enjoin *inhibieren*
enjoyment *Genuß,* actual — *tatsächlicher Genuß,* quiet — *ungestörter Besitz*
enquiry *siehe* inquiry
enrich *bereichern*
enrichment *Bereicherung,* undue — *ungerechtfertigte Bereicherung*
enrol *eintragen*
enrolment *Eintragung, Einfügung einer Urkunde in die Gerichtsakten; Uebertragung einer Urkunde auf Pergament*
entail *Erblehen (Grundbesitz); festgelegte Erbfolge,* to — *in ein Erblehen verwandeln; zur notwendigen Folge haben,* to — upon *als Erblehen vererben auf*
entailment *Uebertragung als Erblehen*
enter *Besitz ergreifen; buchen, eintragen; (Zoll) den Eingang anmelden, deklarieren,* to — in conformity *gleichlautend buchen,* to — into *eingehen*
enterprise *Unternehmen,* private — *Privatwirtschaft*
entertainment, — duty *Vergnügungssteuer,* — expenses *Repräsentationskosten*
entice *verleiten,* to — away *fortlocken*
entirety, indivisible *unteilbares Ganzes,* tenancy by entireties *Anteilsrecht der Gatten*
entitle *berechtigen,* entitled *berechtigt; betitelt; unter dem Rubrum,* to be entitled *berechtigt sein, Anspruch haben, Anrecht haben*
entity, legal — *juristische Person, Rechtsträger,* juridical — *selbständiges Rechtsgebilde*
entrust *betrauen, übertragen*
entry *Besitzergreifung, Inbesitznahme (Grundstück); Recht auf eigenmächtige Wiedererlangung einer vorenthaltenen Immobilie; Buchung, Eintragung; (Zoll) Deklaration, Eingangsanmeldung,* to pass the — *die Eingangsanmeldung entgegennehmen,* bill of — *Zollinhaltserklärung,* port of — *Eingangshafen*
enure *siehe* inure
equated account *Staffelrechnung*
equitable *billig, gerecht, nach Billigkeitsrecht,* — mortgage *gesetzliche Hypothek*
equitableness *Billigkeit*
equity *Billigkeit; Billigkeitsrecht (Ergänzung des* Common Law, *mit Vorrang vor diesem),* — of redemption *Einlösungsrecht des Hypothekenschuldners, Rückkaufsrecht*
equivalent *Gegenwert; gleichwertig*
equivocal *doppelsinnig, zweideutig*
erasure *Radierung*
erect *errichten, montieren*
erection *Errichtung, Montage,* — cost *Montagekosten*
erroneously *irrtümlich, zu Unrecht*
error *Irrtum,* writ of — *Revisionsklage in Strafsachen,* errors excepted (E. E.) *Irrtümer vorbehalten*
escape *flüchten*
escheat *Heimfall, Heimfallsgut,* to — *heimfallen*
escheatable *heimfällig*
escheatage *Heimfallsrecht*
escrow *Urkunde, die erst bei Erfüllung einer Bedingung in Kraft tritt*

escuage *Geldzahlung an Stelle von Lehnsdiensten*
espionage *Spionage*
espousals *gegenseitiges Eheversprechen, Ehevertrag*
establish *feststellen, festsetzen, gründen, begründen, klarstellen, nachweisen*
establishment *Niederlassung, Betrieb; Festsetzung, Gründung*, branch — *Zweigniederlassung*
estate *Besitzstand (Besitz mit voller Eigentumsausübung), Grundbesitz, Grundstück, Landbesitz, Landgut; Vermögen, Vermögensmasse; Nachlaß, Erbe, Erbmasse, Masse*, bankrupt's — *Konkursmasse*, particular — *beschränkter Grundbesitz*, real — *Grundbesitz*, — at (by) sufferance *geduldeter Besitz*, — at will *zugestandener Besitz*, — of inheritance *erblicher Besitzstand*, — for life *lebenslänglicher (dingliche Leihe auf Lebenszeit)*, — in fee tail *lehensrechtlicher (vererblich an die ehelichen Deszendenten des Lehnsmanns)*, in fee general *(allgemein an eheliche Deszendenten)*, in tail male *(an die männlichen)*, in tail female *(an die weiblichen)*, in (male, female) tail special *(an bestimmte)*, — in fee simple *unbeschränkter*, — pur autre vie *auf die Lebensdauer eines Dritten gestellter Besitzstand*, the estates *die Stände*
estimate *Schätzung, Abschätzung, Anschlag, Voranschlag*, to — *schätzen, abschätzen*
estimation *Schätzung*
estopped *gehemmt, durch eine frühere Handlung an dem Gebrauch eines Rechtsmittels gehindert*
estoppel *Hemmung des Klägers bei der Vorbringung von Behauptungen im Prozeß*, by deed *wegen einer feierlichen Handlung, die er vorher getan hat und die eine Behauptung des Gegenteils bedeutet*, in pais *durch eine außergerichtliche Handlung*, by record *durch eine vorherige, aktenkundige Behauptung*, by representation *Duldung der Vertretung durch Nichtbevollmächtigten, Vertretung ohne Vertretungsmacht*
estovers *Recht des* copyholder *auf Holzentnahme zu bestimmten Zwecken, Nutzungen*
estray *verlaufene Tiere*
estreated acknowledgment *verwirkte (zahlbar gewordene) bedingte Anerkenntnis der Verpflichtung zu zahlen*
evacuate *räumen, evakuieren, abschieben*
evacuation *Räumung, Evakuierung, Abschiebung*
evade *ausweichen*, to — the law *das Gesetz umgehen*
evaporation *Austrocknung*
evasion *Ausweichung, Umgehung*
evict *aus dem Besitz bringen, exmittieren*, evicted owner *Eigentümer, dem der Besitz des Gutes entzogen ist*
eviction *Exmission*
evidence *Beweis, Beweisaufnahme, Beweismittel; Aussage, Zeugnis, Zeugenbeweis; Zeuge*, circumstantial — *Indizienbeweis*, directions for — *Beweisbeschluß*, documentary — *Beweismaterial, Urkundenbeweis*, exculpatory — *Entlastungsbeweis*, king's — *Kronzeuge*, law of — *Beweisrecht*, oral —, parol — *mündlicher Zeugenbeweis*, prima facie — *widerlegbarer Beweis*, primary — *direkte Beweismittel*, real — *Augenschein*, secondary — *nicht direkte Beweismittel*, strong — *schwerwiegender Beweis*, taking of — *Beweisaufnahme, Zeugen-*

vernehmung, to — *beweisen, als Beweis dienen*, to furnish — *den Nachweis führen*, to hear —, to take — *Beweis aufnehmen*, to produce — *Beweis antreten*

ex, — coupon *ausschließlich Zinsschein*, — new, — rights *ausschließlich Bezugsrecht*

examination *Prüfung, Untersuchung; Vernehmung, Verhör*, — in chief *erste Zeugenvernehmung durch oder für die Partei, die den Zeugen geladen hat*

examine *prüfen, vernehmen, verhören*, examining magistrate *Untersuchungsrichter*

exceed *überschreiten*

exception *Ausnahme; Einrede, Einspruch*, to take — *Anstoß nehmen*

exceptional *außerordentlich*, — war measures *außerordentliche Kriegsmaßnahmen*, — provisions *Ausnahmebestimmungen*

excess, — of ... over *Ueberschuß*, — profit *Uebergewinn*

exchange *Wechsel, Tausch; Kurs (siehe auch unter* foreign), bill of — *(siehe unter* bill) *Wechsel*, — law *Wechselrecht*, rate of — *Kurs, Wechselkurs*, difference of — *Kursdifferenz*, fixed rate of — *fester Kurs*, fluctuations of — *Kursschwankungen*, forced — *Zwangskurs*, foreign — *(siehe unter* foreign) *Devisen*, gold — *Golddevisen*, loss by — *Kursverlust*, nominal — *nomineller Kurs*, official rate of — *amtlicher Kurs*, par of — *Parikurs*, place of — *Wechselplatz*, profit by — *Kursgewinn*, real — *bezahlter Kurs*, — suspense account *Wertberichtigung auf Währungskonto*, Bills of Exchange Act *Wechselordnung*, to — *tauschen, umtauschen, austauschen, eintauschen, umwechseln*

Exchange *Börse*, Stock — *Fondsbörse, Effektenbörse*, Corn — *Getreidebörse*, Produce —, Merchandise —, Commercial — *Warenbörse, Produktenbörse*, — gambling *Börsenspiel*, to list on Stock — *an der Börse zulassen*, to be quoted at the — *Börsenpreis haben, an der Börse gehandelt werden*, — price *Börsenpreis*, rule of the Stock — *Börsenusance*

Exchequer, Chancellor of the — *Schatzkanzler (englischer Finanzminister)*, — bills *kurzfristige Staatskassenscheine, Schatzwechsel*

excise duty *Verbrauchssteuer, Warensteuer, Verbrauchsabgabe*

exclusion *Ausschließung, Ausschluß*, to the — of *unter Ausschluß von*

exclusive, — right *Alleinberechtigung*, — sale *Alleinverkauf*

exculpate *rechtfertigen*

exculpation *Rechtfertigung*

exculpatory evidence *Entlastungsbeweis*

excusable *entschuldbar*

execute *vollstrecken, vollziehen, ausführen*

execution *Vollstreckung, Vollziehung, Ausführung; Hinrichtung*, stay of — *Vollstreckungseinstellung*, — warrant, writ of — *Vollstreckungsbefehl*

executioner *Scharfrichter*

executive, — board *Vorstand*, — committee *geschäftsführender Ausschuß*, — decree, order *Ausführungsverordnung*

executor *Testamentsvollstrecker, Vollzieher*, — de son tort *nichtautorisierter Testamentsvollstrecker*

executory *vollstreckbar, vollstrekkend*, — compromise *vollstreckbarer Vergleich*, — deed *vollstreckbare Urkunde*, — interest *später in Kraft tretendes Recht an Grundbesitz,* provisionally — *vorläufig vollstreckbar,* — title *vollstreckbarer Titel,* to declare — *für vollstreckbar erklären*

executrix *Testamentsvollstreckerin*

exemplify *beglaubigte Abschrift fertigen, durch beglaubigte Abschrift beweisen*

exempt *befreit, ausgenommen,* to — (from) *befreien, ausnehmen (von)*

exemption *Ausnahme, Befreiung, Immunität,* — from taxes *Befreiung von Steuern, Steuerfreiheit*

exercise *Ausübung,* to — *ausüben*

exertions *Bemühungen*

exheredate *enterben*

exheredation *Enterbung*

exhibit *Anlage, Beleg, als Beweis vorgelegtes oder beigefügtes Schriftstück*

exhibition *Ausstellung*

exhumation *Exhumierung*

exhume *exhumieren*

exigible *eintreibbar*

exit permit *Ausreise-Erlaubnis*

exodus of capital *Abwanderung des Kapitals*

exonerate *von einer Last oder Verpflichtung befreien, entlasten, reinigen, entbinden, entheben*

exoneration *Entlastung, Reinigung*

ex parte application *einseitiges Parteivorbringen*

expatriate *expatriieren*

expatriation *Expatriation*

expectancy *Anwartschaft,* estate in — *Anfallsrecht*

expectant *Anwärter*

expedite *beschleunigen*

expedition *Beschleunigung*

expel *ausweisen, des Landes verweisen*

expend *ausgeben, aufwenden*

expenditure *Aufwendung, Ausgabe*

expenses *Ausgaben, Unkosten, Spesen,* overhead — *allgemeine Unkosten, Regiekosten, Handlungsunkosten,* to save — *Kosten sparen,* at my expense *auf meine Kosten*

expensive *kostspielig*

expert *sachverständig, sachkundig; Sachverständiger, Fachmann,* — opinion *Sachverständigen-Gutachten*

expertise *Sachverständigen - Gutachten*

expiration *Ablauf,* upon the — *mit dem Ablauf*

expire *ablaufen, erlöschen*

expiry *Ablauf*

explain *erläutern*

explanation *Erläuterung; tatsächliche Berichtigung (im Parlament)*

explicit *ausdrücklich*

exploit *ausbeuten, (Patent) verwerten*

exploitation *Ausbeutung, Verwertung; Abbaurecht*

explosive substances *Sprengstoffe*

export *Ausfuhr, Export,* — duty *Ausfuhrzoll,* — trade *Ausfuhrhandel,* to — *ausführen, exportieren*

exportation *Ausfuhr, Export*

expose *auslegen,* to — for sale *zum Verkauf ausstellen*

exposure at sea *Aussetzung auf See*

express *ausdrücklich,* — goods *Eilgut*

expropriate *enteignen, aus dem Besitz bringen*

expropriation *Enteignung, Besitzentziehung*

expulsion *Ausweisung, Landesverweisung*

extant *vorhanden*

extend *erweitern, ausdehnen, verlängern, prolongieren*

extension *Erweiterung, Ausdehnung, Verlängerung, Prolongation,* — of time *Fristverlängerung*

extenuating circumstances *mildernde Umstände*
exterritorial *exterritorial*
extinct *erloschen*
extinction *Tilgung; Erlöschen,* — of a power of attorney *Erlöschen einer Vollmacht*
extinguish *tilgen; löschen*
extinguishment of a right *Untergang eines Rechts*
extort *erpressen*
extortion *Erpressung*
extract *Auszug,* — account *Kontoauszug*
extraction *Abkunft, Herkunft*
extradition *Auslieferung*
extra-judicial *außergerichtlich*
extraneous *äußerer, ausländisch*
extra-official *außeramtlich*
extraterritorial *exterritorial*
extravagance *Verschwendung*
extravagant *verschwenderisch*
eye-witness *Augenzeuge*

F

face *Vorderseite,* — value *Nennwert*
fact *Tatsache,* facts of the case *Sachverhalt,* statement of facts *Tatbestand, Sachverhalt, Sachdarstellung*
factor *Agent, Kommissionär, der die zu verkaufenden Waren im Besitz hat, Verkaufsagent, Verkaufskommissionär*
factory *Fabrik*
fail *unterlassen; keinen Erfolg haben*
failing *in Ermangelung,* — which *widrigenfalls*
failure *Unterlassung; Bankrott,* (under a court order) *Konkurs*
fair *Messe*
fair *angemessen, billig*
faith *Glauben,* good — *guter Glaube, Treu und Glauben,* in good — *in gutem Glauben,* in bad — *in bösem Glauben,* public — *öffentlicher Glaube*
fall *Fall, Sturz,* — of (in) prices *Preissturz,* to operate for a — *auf Baisse spekulieren,* to — off *zurückgehen,* to — upon *zur Last fallen*
falsification *Verfälschung*
falsify *verfälschen*
family *Familie,* — council *Familienrat,* — law *Familienrecht*
farm *Landgut, Pachtgut*
farmer *Landwirt, Pächter*
Fascism *Faschismus*
Fascist *Faschist, faschistisch*
fault, *Fehler, Mangel; Verschulden,* — attributable to *Verschulden von,* to find — with *bemängeln*
faultiness *Fehlerhaftigkeit, Mangelhaftigkeit*
faulty *fehlerhaft, mangelhaft*
favour *Begünstigung,* in — *zu Gunsten,* in my — *zu meinen Gunsten,* your — of *Ihr Geehrtes vom,* to — *begünstigen*
fealty *Lehnseid, Lehnstreue*
Federal, — Council *Bundesrat,* order of the — Council *Bundesratsverordnung,* — Court *Bundesgericht,* — Government *Bundesregierung,* — State *Bundesstaat*
fee *Gebühr, Honorar*
fee *lehnsrechtlicher Grundbesitz, Lehen, erblicher Besitzstand,* base — *beschränkter Besitz,* — simple absolute *vollkommener Besitz,* — simple qualified, — tail *Besitz, der sich nach der Erbfolgeordnung vererbt, Stammgut (vgl.* estate), to hold in — title *in unbeschränktem Eigentum haben*
fee-farm rent *Pacht für ein Erblehnsgut*

feeble-mindedness *Geistesschwäche*
felo de se *Selbstmörder (der nicht geistesgestört ist)*
felon *Verbrecher*
felonious *verbrecherisch*
felony *schweres Verbrechen, Felonie*
female *weiblich,* — stock *Kollateralen von der Weiberseite*
feme, — covert *verheiratate Frau,* — discovert *Witwe, geschiedene Frau,* — sole *unverheiratete Frau*
feoff *belehnen*
feoffee *Lehnsmann, Belehnter,* — to the use *juristischer Eigentümer eines Grundstücks*
feoffment *Belehnung*
feoffor *Lehnsherr, Belehner*
feud *Lehen,* proper — *eigentliches (militärisches) Lehen,* improper — *uneigentliches (nichtmilitärisches) Lehen*
feudal *lehnsrechtlich,* — law *Lehnsrecht,* under — law *lehnsrechtlich,* — tenure *Lehen*
feudatory *Belehnter*
fiction *Fiktion*
fictitious *fiktiv, fingiert,* — purchase *Scheinkauf*
fiduciary *Betrauter*
fief *Lehen,* apron-string — *Weiberlehen, Kunkellehen,* — female *Weiberlehen,* — male *Mannlehen*
fieri facias, writ of *Befehl zur Pfändung von Mobilien des Urteilsschuldners*
fieri feci *Bericht des Sheriffs über die vollzogene Vollstreckung*
fifty-fifty *halbpart, halb und halb*
file *Akte,* to take on — *zu den Akten nehmen,* to — *registrieren; ablegen,* (with) *einreichen*
final *endgiltig,* — account *Schlußrechnung,* — day *Endtermin,* — distribution *Schlußverteilung,* — dividend *Schlußdividende,* — report *Schlußbericht*
finance *Finanz,* to — *finanzieren*
financial *finanziell,* — year *Geschäftsjahr, Rechnungsjahr*
finder *Finder*
finding *Fund,* findings *Befund; Erkenntnis des Gerichts oder der Geschworenen,* findings of fact *tatsächliche Feststellungen des Gerichts, Tatbestand*
fine *prima,* — gold *Feingold*
fine *Geldstrafe, Buße; Erklärung betreffend Uebertragung von Grundbesitz in Beendigung der damit zusammenhängenden Rechtsstreitigkeiten,* to — *eine Buße auferlegen, zu einer Geldstrafe verurteilen*
fineness *Feingehalt*
finish *beendigen, fertigstellen; veredeln,* finished goods *Fertigerzeugnisse, Fertigfabrikate*
finishing industry *Veredelungsindustrie*
firebote *Recht des* copyholder *auf Holzentnahme zur Feuerung*
firm *Firma,* — name *Firma, Firmenname,* under the old — name *unter unveränderter Firma*
firm *fest,* on — account *auf feste Rechnung*
first of exchange *Primawechsel*
fisc *Fiskus*
fiscal *fiskalisch,* — burdens *Steuerlast,* — policy *Steuerpolitik, Zollpolitik,* — reform *Steuerreform,* — year *Rechnungsjahr*
fishery, free *freie Fischerei*
fishing, right of *Fischereirecht*
fix *festsetzen,* to — a day, a hearing *einen Termin anberaumen*
fixation *Festsetzung*
fixed *fest, festgesetzt,* — assets *Anlagevermögen,* — deposits *Kündigungsgelder,* — interest securities *festverzinsliche Wertpapiere*
fixture *unverrückbares Inventarstück*

flag *Flagge*, law of the — *Recht der Flagge*
flat *Wohnung, Etagenwohnung*
flat risk *Pauschalsatz (Versicherung)*
float *(Schiff) flott machen, (Gesellschaft) gründen*
floating *schwebend, mobil; schwimmend*
flotsam *seetriftige Güter*
fluctuate *schwanken*
fluctuation *Schwankung*
flying squad *Ueberfall-Kommando*
folder *Umschlag, Mappe*
food stuffs *Nahrungsmittel*, defraudation of — *Lebensmittel-Schiebung*
foot-note *Anmerkung, Fußnote*
forbear *unterlassen; verzichten*
forbearance *Unterlassung; Verzicht, Verzichtleistung*
force *Kraft*, to be in — *in Kraft (Wirksamkeit) sein*, to come into — *in Kraft (Wirksamkeit) treten*, to go out of — *außer Kraft treten*, to put into — *in Kraft setzen*, legal — *Gesetzeskraft, Rechtskraft*, to have legal — *rechtskräftig sein*, coming into — *Inkrafttreten*, by — *mit Gewalt*, with binding — for and against *mit Wirkung für und gegen*
forcible feeding *Zwangsernährung (bei Hungerstreik)*
forcibly *mit Gewalt*
foreclose *präkludieren, ausschließen; für verfallen erklären*
foreclosure *Ausschließung der Ablösung, Verfallserklärung*, — suit *Klage des Hypothekengläubigers auf Beseitigung des Rechts der Wiedereinlösung, Klage auf Zwangsverkauf*
foreign *ausländisch, fremd*, — bill *Auslandwechsel*, — exchange *Devisen; auswärtiger Kurs*, — exchange bank *Devisenbank*, — exchange control *Devisenbewirtschaftung*, — exchange control board *Devisen-Bewirtschaftungsstelle*, — exchange decree *Devisenverordnung*, — exchange office *Devisenstelle, Devisen-Bewirtschaftungsstelle*, — trade *Auslandhandel*
Foreign Office *Auswärtiges Amt*, Secretary of State for Foreign Affairs *Staatssekretär (Minister) der auswärtigen Angelegenheiten*
foreign-controlled *überfremdet*
foreign-going ship *Auslandschiff*
foreigner *Ausländer*
foreman *Vorarbeiter, Werkmeister*, — of the jury *Obmann der Geschworenen*
forensic *forensisch*
forest *Forst*, — law *Forstrecht*, — laws *Forstgesetze*
forfeit *Abstandsgeld, Reugeld*, to — *verwirken*, forfeited *verwirkt, für verfallen erklärt*, to become forfected *verfallen*
forfeitable *verwirkbar*
forfeiture *Verfall, Verfallserklärung, Verwirkung*
forge *fälschen*
forger *Fälscher*
forgery *Fälschung, Urkundenfälschung, Fälschung von Siegeln und Stempeln*
form *Form; Formular*, defect of (in) — *Formmangel*, to cure a defect of — *einen Formmangel heilen*, to comply with the — *die Form wahren*
formal *förmlich*, — defect *Formfehler*
formality *Förmlichkeit, Formalität*
fortnightly *vierzehntägig*, — settlement *Medioabrechnung*
forward *senden, befördern, weitersenden, weiterbefördern, absenden, versenden, verladen*, — money *Festgeld*, — exchange transactions *Devisen-Termingeschäfte*
forwarder *Spediteur*

forwarding, — agent *Spediteur*, — agency *Speditionsgeschäft*

foster-parents *Pflegeeltern*

foundation *Gründung, Stiftung; Fundierung, Grundlage*, deed of — *Stiftungsurkunde*, — fund *Gründungsfonds*

founder *Gründer, Stifter*, —'s share *Stammaktie*

foundling *Findelkind*

fraction *Bruchteil; Spitze*

fractional, — amount *Teilbetrag*, — part *Bruchteil*, — share *Spitze*

frame *abfassen, formulieren*

framer *Verfasser*

franchise *Gerechtsame; Wahlberechtigung; Freibezirk*

frank-almoigne *geistliches Lehen*

frank tenement *freier Besitz*

fraud *Betrug, arglistige Täuschung*

fraudulent *betrügerisch, arglistig*, — bankruptey *betrügerischer Bankrott*, — intent *betrügerische Absicht*

free *(siehe auch Anhang) frei*, — harbour, — port *Freihafen*, — trade *Freihandel*, — trader *Freihändler; Schmuggler, Schmuggelschiff*, — zone *Freizone*, — of all averages *frei von Teilhaverei*, — from breakage, leakage, damage *frei von Bruch, Leckage, Beschädigung*, — house *frei Haus*, — from molestation of war *frei von Kriegsmolest*, — station *frei Bahn*

free-bench *Wittum, das in einem Nutznießungsrecht an einem* copyhold *für die Witwe des* copyholder *besteht*

freedom of speech *Redefreiheit*

freehold, — property *Freigrundstück, freier Grundbesitz, Freisassengut, freies Eigentum*

freeholder *Besitzer eines Freigrundstückes*

freight *Fracht, Schiffsfracht, Schiffsmiete, Frachtgeld; Ladung, Befrachtung*, — charges *Beförderungskosten*, dead — *Fautfracht, Fracht für unbenutzten Raum*, original — *Vorfracht*, rate of — *Frachtsatz*, — tariff *Gütertarif*, — traffic *Güterverkehr*, to — *befrachten, verfrachten*

freighter *Verlader, Verfrachter, Befrachter, Schiffsmieter*

friendly society *Gesellschaft für Wohlfahrtszwecke; kleiner Versicherungsverein auf Gegenseitigkeit*

frivolous *völlig unbegründet*

front *Vorderseite*

frozen credits *eingefrorene Kredite*

fruitless *fruchtlos*

fruits *Früchte, Nutzen, Ertrag*

frustate *vereiteln*

frustration *Verhinderung*

fulfil *erfüllen*

fulfilment *Erfüllung*

fully-manufactured article *Ganzfabrikat*

function *Funktion*

fund *Fonds*, public funds *Staatspapiere*

funded *fundiert*

fungible *vertretbar*, purchase of — things *Gattungskauf*

furnish *beibringen*, to — with *versehen mit*

furniture *Möbel, Mobiliar*, — and fixtures *Einrichtung (bewegliche und unbewegliche)*, — remover *Spediteur*

futile *nichtig*

G

gagging *Knebeln*
gamble *spielen*
gambling *Spiel*, — debt *Spielschuld*, — plea *Spieleinwand*, — transaction *Spielgeschäft*
game *Spiel; Wild*, — law *Jagdrecht*, — laws *Jagdgesetze*
gaming *Spiel*, — club *Spielklub*, — debt *Spielschuld*
gangster *(am.) Mitglied einer Verbrecherbande*
gaol *Gefängnis, Kerker*
garnishee *Dritter, bei dem eine Forderung oder Eigentum des Schuldners beschlagnahmt wird, Drittschuldner*, — proceedings *Verfahren für die Pfändung von Forderungen bei Dritten*, to — *bei einem Dritten Forderungen oder Eigentum des Schuldners beschlagnahmen*
garnisher *Veranlasser der Beschlagnahme von Forderungen oder Eigentum des Schuldners bei einem Dritten*
garnishment *Beschlagnahme, Verbot dem Schuldner Zahlung zu leisten*
garrotte *erdrosseln, garrottieren*
gas *Gas*, to — *mit Gas vergiften, vergasen*, — poisoning *Gasvergiftung*
gavelkind *Erbrecht der Kinder zu gleichen Teilen (besonders in der Grafschaft Kent)*
general *allgemein*, agent — *Generalagent*, consul — *Generalkonsul*, consulate — *Generalkonsulat*, director — *Generaldirektor*, — meeting *Generalversammlung, Hauptversammlung*
generically, goods defined *nach Gattung bestimmte Waren*
gentry *wappenfähiger geringerer Adel ohne Rang*
genuine *echt*
genuineness *Echtheit*
gift *Geschenk, Schenkung, Zuwendung*, absolute — *unbedingtes Geschenk*, — sub modo *bedingtes Geschenk*, — by will, testamentary — *testamentarische Schenkung*, to give as a — *schenken, verschenken*
gilt-edged *(Wertpapiere) hochwertig, erstklassig, mündelsicher*
give one's self up to the police *sich der Polizei stellen*
glebe *Kirchenland*
God, act of *höhere Gewalt, Naturereignis*
gold *Gold*, — bar *Goldbarren*, — cover *Golddeckung*, — exchange *Golddevisen*, — exchange standard *Goldkernwährung*, — holdings *Goldbestände*, — inflow *Goldzufluß*, — mortgage *Goldhypothek*, — mortgage bond *Goldpfandbrief*, — movement *Goldbewegung*, — parity *Goldparität*, — reserve *Goldbestand, Goldreserve*, — stock *Goldbestand*
goods *Waren, Güter; bewegliche Sachen*, community of — *Gütergemeinschaft*, continued community of — *fortgesetzte Gütergemeinschaft*, finished — *Fertigerzeugnisse, Fertigfabrikate*, — on hand *Lagerbestand*, — quota *Warenkontingent*, separation of — *Gütertrennung*, scarce —, — of short supply *Mangelware*, by — train *als Frachtgut*
goodwill *Geschäftswert, innerer Firmenwert, Kundschaft, der aus Kundschaft und Ruf sich ergebende Wert*
grace, act of — *Gnadenakt, Amnestie*, days of — *Respekttage, Verzugstage*, period of — *Nach-*

frist, Zahlungsfrist, by special —, by way of — *auf dem Gnadenwege*

grading of premiums *Beitragsstaffelung (Versicherung)*

grant *Gewährung, Verleihung, Uebertragung, Bewilligung; Einräumung,* to — *gewähren, verleihen, übertragen, bewilligen; zugeben, einräumen*

grantee *derjenige, dem etwas gewährt oder bewilligt oder übertragen wird*

granter, grantor *Verleiher, Uebertragender*

gratuitous *unentgeltlich*

gratuitously *gratis*

gratuity *Gratifikation*

grave, robbing a *Grabschändung*

gross *brutto, roh; grob,* — negligence *grobe Fahrlässigkeit,* — proceeds *Rohertrag, Bruttoertrag,* — profits *Rohgewinn, Bruttogewinn,* — receipts *Roheinnahme, Bruttoeinnahme,* — weight *Rohgewicht, Bruttogewicht*

ground *Grund,* cogent — *wichtiger Grund,* — rent *Grundrente (zahlbar an den Grundeigentümer, in England für einen Zeitraum von 99 Jahren), Pacht für die Genehmigung zur Errichtung von Gebäuden auf Pachtland,* on the — *mit der Begründung,* on good grounds *aus guten Gründen*

group *Gruppe, Konzern,* — insurance *Kollektivversicherung*

growing crop *Ernte auf dem Halm*

guarantee *Bürgschaft, Bürgschaftsversprechen, Garantie, Haftung, Sicherheit, Gewähr, Delcredere,* continuing — *fortlaufende Bürgschaft,* — fund *Garantiefonds,* letter of — *Garantiebrief,* single — *einfache Bürgschaft,* to — *garantieren, haften, einstehen*

guarantor *Bürge, Garant*

guardian *Vormund,* ancillary — *Nebenvormund,* interim — *vorläufiger Vormund,* to appoint a — *einen Vormund bestellen,* to place under the care of a — *unter Vormundschaft stellen,* board of guardians *Armenpflegerat*

guardianship *Vormundschaft,* — court *Vormundschaftsgericht,* exempted — *befreite Vormundschaft*

guidance *Richtschnur*

guiding, — lines, — rules *Richtlinien, Richtschnur*

guild *Innung*

guilt *Schuld,* proof of — *Schuldbeweis*

guiltless *schuldlos, unschuldig*

guilty *schuldig,* verdict of — *Schuldigerklärung,* to plead — *sich schuldig bekennen*

gun licence *Waffenschein*

H

Habeas Corpus Act *Habeas Corpus Akte (die unberechtigte Verhaftung verbietet),* writ of habeas corpus *Vorführungsbefehl*

half-pay *Wartegeld*

hall mark *Silberstempel*

hammered, to be *für zahlungsunfähig erklärt werden*

hanaper office *Sekretariat des ehemaligen Kanzleigerichts*

hand *Hand; Arbeiter,* on — *vorrätig, vorhanden,* cash in — *Barbestand,* goods on — *Warenvorrat,* to — over *übergeben, aushändigen*

handcuff *fesseln, Handfesseln anlegen*

handicap, to place a — upon *erschweren*
handicraft *Handwerksbetrieb, Kleinbetrieb*
handing-over *Uebergabe*
handling *Handhabung; Umschlag*, for further — *für weitere Veranlassung*
hand-operated *handbetrieben*
harbour *Hafen*, — barrage *Hafensperre*, — conservancy *Hafenerhaltung*, — dues *Hafengeld*, — master *Hafenkapitän*
hardship *Härte*
harm, bodily *Körperverletzung*
harmless, to hold *schadlos halten*
hawker *Höker, Hausierer*
haybote *Recht auf Holzentnahme zur Unterhaltung der Hecken und Zäune*
hazard, game of *Glücksspiel*
head, per *auf den Kopf*
headquarters *Hauptquartier, Hauptgeschäftsstelle*
hear *hören, anhören, verhandeln, vernehmen, verhören*
hearing *Anhörung, Verhandlung, Sitzung, Vernehmung, Verhör*, — fee *Verhandlungsgebühr*
hearsay *Hörensagen*
hedge lawyer *Winkeladvokat*
heir *Erbe (eigentlich der blutsverwandte Lehnserbe)*, abintestate — *Intestaterbe*, — apparent *Erbe, dessen Erbrecht nicht zerstört werden kann*, — of the body *Leibeserbe*, —'s certificate *(am.) Erbschein*, — by custom *Erbe auf Grund eines Gebrauches*, — at law, statutory — *gesetzlicher Erbe, Intestaterbe*, limited — *Vorerbe*, — presumptive *mutmaßlicher Erbe*, reversionary — *Nacherbe*, substitutional — *Ersatzerbe*, without — *ohne Erben*, to be — of *jemand beerben*
heiress *Erbin*
heirless, *erblos, ohne Erben*
heirloom *Erbgegenstand*
heirship *Eigenschaft als Erbe*, determination of — *Feststellung der Eigenschaft als Erbe*
hereditable *erblich, erbfähig*
hereditament *Erbstück (Land), Erbgut, lehnsrechtlich vererblicher Gegenstand*, incorporeal — *beschränkte dingliche Rechte (wie Wegerechte, Patronatsrechte)*
hereditariness *Erblichkeit*
hereditary *erblich, erbeigen*, — portion *Erbteil*
hereinafter *nachstehend*
hereinbefore *vorstehend*
heriot *Abgabe, die dem Lehnsherrn bei Besitzwechsel des Grundstückes zu leisten ist und nicht in Geld besteht, Besthaupt*
heritability *Erblichkeit, Erbfähigkeit*
heritable *vererblich, erbfähig, erblich, auf den gesetzlichen Erben übergehend*, — property *(in Schottland) Grundbesitz*, — security *(in Schottland) Hypothek*
heritage *Erbschaft, Erbe; Erbfall*
High Court of Justice *Obergericht in London*
high seas *hohe See jenseits der Hoheitsgrenze*
highway *öffentliche Straße*, — robbery *Straßenraub*
hilary sittings *Sitzungen des* Supreme Court *von Januar bis Ostern*
hire *Miete, Sachmiete; Heuer*, on — *zur Miete*, to — *mieten*
hire-purchase, to sell on the — system *auf Abzahlung verkaufen*
hirer *Mieter*
hoard *horten; hamstern*
hold *Laderaum*, to — *in Händen haben, verwalten, besitzen, innehaben; für Recht halten, erkennen*
holder *Inhaber, Besitzer*, to be made out in the name of the — *auf den Namen lauten*, — in due

course *Inhaber in gutem Glauben, legitimierter Besitzer,* lawful — *legitimierter Inhaber, Inhaber, der ordnungsmäßig in den Besitz gekommen ist,* — for value *Inhaber für Waren, Inhaber, der geldwerte Gegenleistung gemacht hat*
holding *Besitz, Bestand; Beteiligung; Anteil,* — in the capital *Anteil am Kapital,* — company *Beteiligungsgesellschaft,* — over *Innehaben nach Ablauf der Pachtzeit*
holiday *Feiertag*
holograph *eigenhändig*
homage *Huldigung*
home, — port *Heimathafen, Registerhafen,* — trade *Inlandhandel,* Home Office *Ministerium des Innern,* Home Secretary *Minister des Innern*
homeless *obdachlos*
homeward cargo *Rückladung*
homicide *Menschentötung, Mord; Mörder,* justifiable — *Tötung in Notwehr oder zur Verhütung eines Verbrechens*
honour *Ehre,* acceptance for — *Ehrenannahme,* acceptor for — *Ehrenannehmer,* payer for — *Ehrenzahler,* payment for — *Ehrenzahlung,* word of — *Ehrenwort,* to — *einlösen, honorieren*
hortatory proceedings *Mahnverfahren*
hotchpot, — duty *Ausgleichspflicht,* to bring into — *zur Ausgleichung bringen*
House of Commons *Unterhaus, Haus der Gemeinen,* House of Lords *Oberhaus, Herrenhaus,* House Rules *Geschäftsordnung*
housebote *Recht auf Entnahme von Holz für Reparaturen und zur Feuerung*
housebreaker *Einbrecher*
housing *Wohnungswesen,* — conditions *Wohnungsverhältnisse,* — question *Wohnungsfrage,* — shortage *Wohnungsnot*
hue-and-cry *mit Geschrei verbundene Verfolgung eines Verbrechers auf offener Straße*
hull *Schiffskörper, Schiffsrumpf,* insurance on the — (and appurtenances) *Kaskoversicherung*
Hundred *Bezirk einer Grafschaft*
husband *Ehemann,* — and wife *Ehegatten,* ship's — *Korrespondentreeder*
hush up *vertuschen*
hush-money *Schweigegeld*
hypothec *(in Schottland) Hypothek*
hypothecary *hypothekarisch,* — claim *Hypothekenforderung,* — debt *Hypothekenschuld, Pfandschuld,* — security *Pfandsicherheit*
hypothecate *verpfänden, verbodmen*
hypothecation *Verpfändung, Verbodmung,* letter of — *Pfandbrief*

I

identical *identisch*
identification *Identifizierung,* — card *Ausweiskarte; Kennkarte*
identify *identifizieren, die Identität feststellen*
identity *Identität,* proof of — *Ausweis,* to prove one's — *sich ausweisen,* of known — *von Person bekannt,* mistaken — *Personenverwechselung*
ideological *ideologisch; weltanschaulich*
ideology *Ideologie; Weltanschauung*
idiot *Geistesschwacher; Geisteskranker von Geburt an*
idle, to be — *stilliegen (von Fabriken),* — and disorderly persons *arbeitsscheue Personen*
ignorance *Nichtwissen, Unwissenheit, Unkenntnis*

ignorant *nichtwissend, unwissend*
illegal *gesetzwidrig, ungesetzlich, widerrechtlich, rechtswidrig*
illegality *Gesetzwidrigkeit, Ungesetzlichkeit, Widerrechtlichkeit, Rechtswidrigkeit*
illegitimacy *Unehelichkeit, Illegitimität, Unrechtmäßigkeit*
illegitimate *unehelich, außerehelich, illegitim, unrechtmäßig*
illicit *ungesetzlich,* — dealing *Schiebung,* — trade *Schwarzhandel,* — work *Schwarzarbeit*
ill-treatment *Mißhandlung,* gross — *grobe Mißhandlung*
ill-usage *Mißhandlung*
imbecility of an estate *Schwäche eines Besitzstandes*
immaterial *unerheblich*
immediate, — annuity *nachschüssige Rente,* — benefit *sofortiger Genuß, sofortiger Versicherungsschutz*
immediately effective *mit sofortiger Wirkung*
immemorial *unvordenklich,* — custom *unvordenklicher Brauch,* times — *unvordenkliche Zeiten*
immigrant *Einwanderer*
immigrate *einwandern*
immigration *Einwanderung*
imminent *drohend, bevorstehend,* — danger of war *drohende Kriegsgefahr*
immoral *gegen die guten Sitten verstoßend, unsittlich, unmoralisch,* — demands *unsitliche Zumutungen,* — offence *Sittlichkeitsverbrechen*
immorality *Unsittlichkeit*
immovable *unbewegliches Gut*
immunity *Unverletzlichkeit, Immunität,* — from taxes *Abgabenfreiheit*
impair *beeinträchtigen, schädigen, Eintrag tun,* to — rights *Rechte mindern*
impartial *unparteiisch*
impeach *verklagen; anfechten*
impeachment *politische Anklage. Staatsklage, Strafklage des Unterhauses vor dem Oberhaus, besonders gegen Pairs und Minister,* right of — *Anfechtungsrecht,* — of waste *Verpflichtung, ein übernommenes Grundstück in gutem Zustand zu erhalten*
impecunious *unvermögend*
Imperial *kaiserlich, Reichs-,* — Chancellor *Reichskanzler,* — Government *Reichsregierung*
imperil *gefährden*
impertinence *Unwesentliches*
implement of trade *Handwerksgerät*
implicit *stillschweigend, unbedingt*
implied *stillschweigend, stillschweigend anerkannt, indirekt zum Ausdruck gebracht*
import *Einfuhr, Import,* — duty *Einfuhrzoll,* — trade *Einfuhrhandel,* to — *einführen, importieren*
importance *Bedeutung, Wichtigkeit*
importation *Einfuhr, Import,* prohibition of — *Einfuhrverbot*
importer *Importeur*
impose *auferlegen*
imposition *Auferlegung, Auflage*
impost *Abgabe, Einfuhrabgabe*
impostor *Betrüger,* religious — *religiöser Betrüger*
impound *in gerichtlicher Verwahrung behalten, als Pfand behalten*
impracticable *untunlich, undurchführbar*
imprescribable, imprescriptible *unverjährbar*
imprison *ins Gefängnis setzen,* imprisoned *gefangen*
imprisonment *Gefängnis, Gefangenschaft, Gefängnisstrafe, Freiheitsstrafe, Inhaftierung,* — for debts *Schuldhaft,* false — *Freiheitsberaubung*

improperty, the court is — constituted *das Gericht ist nicht ordnungsmäßig zusammengesetzt*
impropriation *Uebertragung von Zehentrechten an Laien*
impugn *anfechten*
impugnment *Anfechtung*
impunity *Straffreiheit*
inability *Unvermögen*
inadequacy *Unangemessenheit*
inadequate *unangemessen*
inadmissible *unzulässig*
inadvertently *versehentlich*
inalienable *unveräußerlich, unübertragbar*
inappropriate *ungeeignet*
incapable *unfähig*
incapacity *Unfähigkeit, Unvermögen*, legal — *Rechtsunfähigkeit*, — for work *Invalidität*
incendiary *Brandstifter*
incest *Blutschande*
incestuous *blutschänderisch*
inchoate *angefangen, unvollständig*, — instrument *Blankoaccept*
incident *Vorgang, Vorfall*, feudal — *die mit einem Lehen verknüpften Lasten*
incidental *nebenherlaufend*, — action *Nebenklage*, — expenses *Nebenkosten*
incite *aufreizen*
incitement *Aufreizung*
include in *einrechnen, aufnehmen, einsetzen, einschließen*
inclusion *Einrechnung, Einsetzung*
income *Einkommen, Einnahme*, — tax *Einkommensteuer*
incoming foreign exchange *anfallende Devisen*
incompatibility of temper *Unvereinbarkeit der Charaktere, unüberwindliche Abneigung (als Scheidungsgrund)*
incorporate *mit Körperschaftsrechten*, to — *inkorporieren*, incorporated *inkorporiert; (am.) als Gesellschaft eingetragen, gesetzlich zugelassen*
incorporation *Inkorporierung, Verbindung, Einverleibung; (am.) Errichtung und Eintragung als Gesellschaft*
incorporator *Gründer*
incorporeal *nichtkörperlich*, — hereditaments *beschränkte dingliche Rechte (wie Wegerechte, Patronatsrechte)*
incriminate *eines Verbrechens beschuldigen*, incriminating *belastend*
inculpate *anklagen*
incumbent, to be *auferlegt sein, lasten, aufliegen, obliegen*
incur *sich zuziehen, (Schulden) eingehen*, expenses incurred *entstandene Kosten*
indebted *verschuldet, schuldend*, to be — *schulden*
indebtedness *Verschuldetsein, Schulden, Verschuldung*, — to banks *Bankschulden*, certificate of — *Schuldbescheinigung, Schuldanerkenntnis*
indecent assault *Sittlichkeitsvergehen*
indefeasibility *Unverletzlichkeit*
indefeasible *unverletzlich*
indemnification *Schadensersatz, Schadloshaltung, Entschädigung, Abstandsgeld*
indemnify *entschädigen, schadlos halten, Schaden vergüten*
indemnity *Schadensersatz, Schadloshaltung, Entschädigung, Vergütung, Abstandsgeld, Abfindungsgeld, Garantie*, letter of — *Indemnitätserklärung, schriftliche Garantieerklärung*
indent *einen Vertrag schließen*
indenture *Vertrag, schriftlicher Vertrag, gesiegelter Vertrag, Vertragsurkunde*
independence, independency *Unabhängigkeit, Selbständigkeit*

independent *unabhängig, selbständig*
indeterminate *unbestimmt*
index, — number *Maßzahl, Indexzahl*, — of prosperity *Wohlstandsindex*
indict *verklagen, belangen, anklagen*
indictible *verklagbar, strafbar, im ordentlichen Verfahren mittels* indictment *verfolgbar*, — action *strafbare Handlung*
indictment *Anklage, Anklagebeschluß*, bill of — *Anklageschrift*
indirect *mittelbar*
indispensable *unerläßlich*
indisputable *unbestreitbar*
indite *abfassen*
inditement *Abfassung*
individual *Person, Einzelperson, Individuum; individuell, einzeln*, private — *private Einzelperson*
individually *persönlich*
indivisible *unteilbar*
indoor staff *Innendienst, im Innendienst tätiges Personal*
indorse *siehe* endorse
indulgence *Nachsicht, Duldung*
industrial *industriell*, — charge *Industriebelastung*, — code *Gewerbeordnung*, — concern *Industrieunternehmen*, — credits *Industriekredite*, — debenture *Industrieobligation*, — disputes *Arbeitsstreitigkeiten*, — worker *Industriearbeiter*
industrialist *Industrieller*
industry *Industrie; Gewerbefleiß; Arbeit*, heavy — *Schwerindustrie*
inebriate *betrunken; Trunkenbold*
ineffective *unwirksam, kraftlos*
inefficacious *unwirksam*
inefficacy *Unwirksamkeit*
inefficiency *Untauglichkeit, Untüchtigkeit*
inefficient *untauglich, untüchtig*
inequitable *unbillig*
inexpensive *billig, nicht kostspielig*
infamy *Ehrlosigkeit, die unfähig macht als Zeuge aufzutreten*
infancy *Minderjährigkeit*
infant *Minderjähriger*
infanticide *Kindsmord*
infer (from) *entnehmen, schließen (aus)*
inferior *minderwertig*
inferiority *Minderwertigkeit*
inflation *Inflation*
inflict upon *zufügen, verhängen*
inflow *Zufluß*
influence, undue *ungehörige Beeinflussung*
inform *benachrichtigen, mitteilen, in Kenntnis setzen, informieren; denunzieren, Strafanzeige erstatten*, to keep informed *fortlaufend unterrichten*
informal *zwanglos*
information *Benachrichtigung, Nachricht, Mitteilung, Information; Denunziation, Anzeige*
informer *Denunziant*
infraction *Verstoß, Verletzung*
infringe *überschreiten, übertreten, verletzen, verstoßen, beeinträchtigen*
infringement *Uebertretung, Verletzung, Verstoß, Beeinträchtigung, Störung*, suit for — *Patentverletzungsklage*
infringer *Verletzer*
inherent *anhaftend, innewohnend*, — right *angeborenes Recht*
inherit *erben*, inherited *erbeigen, ererbt*
inheritability *Erblichkeit, Vererblichkeit*
inheritable *erblich, vererbbar*
inheritance *Erbe, Erbschaft, Nachlaß, Hinterlassenschaft*, accrual of an — *Erbfall*, certificate of — *Erbschein*, contract of — *Erbvertrag*, devolution of an — *Erbschaftsanfall*, disclaimer of an — *Erbausschlagung*, — duty, — tax *Erbschaftssteuer*, partition of the — *Erbteilung, Erbauseinandersetzung*, renunciation of the —

Erbverzicht, share in the — *Erbteil*
inheritor *Erbe*
inheritress, inheritrix *Erbin*
inhibit *untersagen*
inhibition *hinderndes Verbot*
initial *Anfangsbuchstabe*, — expense *Anfangskosten, Abschlußkosten*, to — *paraphieren*
injunction *gerichtliche Verfügung, gerichtliches Verbot, Gebot, prohibitorisches Interdikt*, interim — *einstweilige Verfügung*, interlocutory — *einstweiliges Verbot, Zwischenverfügung*, mandatory — *gerichtliche Anordnung, durch welche die Vornahme einer Handlung oder die Wiederherstellung des status quo gesichert wird*, perpetual — *gerichtliches Verbot für immer nach Entscheidung zur Hauptsache*, prohibitory —, restrictive — *Verbot einer bestimmten Handlung*, to apply for an — *auf Unterlassung klagen*
injure *benachteiligen, beschädigen, schädigen*
injured person *Beschädigter, Geschädigter, Benachteiligter, Beleidigter*
injury *Benachteiligung, Beschädigung, Schädigung, Schaden, Nachteil, Beleidigung, Verletzung eines Rechts oder Rechtsguts*, personal — *körperliche Verletzung*
inland, — account *im Inland geführtes Konto*, — bill *Inlandwechsel*, — navigation *Binnenschiffahrt*, — waters *Binnengewässer*
innkeeper *Gastwirt*
innocence *Unschuld, Schuldlosigkeit*
innocent *unschuldig, schuldlos*
innocently *ohne böse Absicht*
Inns of Court *die Innungen der Rechtsanwälte* (barristers) *in London* (Inner Temple, Middle Temple, Lincoln's Inn, Gray's Inn)
inofficial *nicht-amtlich*, — market *Freiverkehr*
inoperative *unwirksam, kraftlos*, to become — *außer Kraft treten*, — as against third parties *ohne Wirksamkeit gegen Dritte*
inquest *Untersuchung*, (coroner's) *richterliche Untersuchung mit Geschworenen bei plötzlichen Todesfällen*, proliminary — *Voruntersuchung*
inquiry *Nachfrage, Nachforschung, Untersuchung, Enquete*, commission of — *Untersuchungskommission*
insane *geisteskrank*
insanity *Geisteskrankheit*
insert *einfügen, einschalten*
insertion *Einfügung, Einschaltung*
insolvency *Zahlungsunfähigkeit, Zahlungseinstellung*, formal indication of — *Zustand erklärter Zahlungsunfähigkeit*, to give formal indication of — *sich zahlungsunfähig erklären*
insolvent *zahlungsunfähig*
inspect *besichtigen, in Augenschein nehmen, Einsicht nehmen, einsehen; beaufsichtigen*
inspection *Besichtigung, Einsichtnahme, Einsicht; Beaufsichtigung*, on — *auf Besicht*, committee of — *Gläubigerausschuß*
inspector *Inspektor, Verwalter, Leiter*
inspectorship *Oberaufsicht*
instalment *Abschlagszahlung, Rate*, by instalments *in Raten*
instance *Beispiel; Instanz*, court of first — *Gericht erster Instanz*
instigate *anreizen, anstiften*
instigation *Anreizung, Anstiftung*, at the — of *auf Veranlassung von, auf Betreiben von*
instigator *Anstifter, Rädelsführer*

institute *einleiten, einsetzen, eröffnen*

institution *Einleitung, Einsetzung, Eröffnung; Anstalt; Institution*

instruct *anweisen, anordnen, beauftragen*

instruction *Anweisung, Anordnung, Auftrag, Vorschrift*

instrument *Urkunde, Vertragsurkunde*, negotiable — *Handelspapier*, — of payment *Zahlungsmittel*

insult *Ehrverletzung, Beleidigung, Beschimpfung, Verbalinjurie*, to — *beleidigen*

insurable *versicherbar*, — value *Versicherungswert*

insurance *Versicherung*, — broker *Versicherungsmakler*, — company *Versicherungsgesellschaft*, fire — *Feuerversicherung*, group — *Kollektivversicherung, Sammelversicherung*, marine — *Seeversicherung*, mutual — *Versicherung auf Gegenseitigkeit*, — policy *Versicherungspolice, Versicherungsschein*, — premium *Versicherungsprämie*, previous — *Vorversicherung*, social — *Sozialversicherung*, supplementary — *Zusatzversicherung*

insure *versichern*

insured *Versicherter*, amount — *Versicherungsbetrag*, sum — *Versicherungssumme*, sum — in force *Versicherungsbestand*

insurer *Versicherer*

integrity *Unversehrtheit*

intelligence, — department *Nachrichtenamt*, — service *Nachrichtendienst*

intent *Absicht*

intention *Absicht, Wille, Willensmeinung, Vorsatz*

intentional *vorsätzlich, absichtlich*

inter, — se *unter sich, untereinander*, — vivos *unter Lebenden*

inter-allied *interalliiert*

intercept (letters) *unterschlagen, auffangen*

interception *Unterschlagung, Auffangung*

intercourse *Verkehr*

interdict *Verbot*, to — *verbieten; entmündigen*

interdiction *Verbot; Entmündigung; Sperre*, period of — *Sperrfrist*

interest *Interesse, Beteiligung*, insurable — *versicherbares Interesse*, — in land *Recht an einem Grundstück*, public — *öffentliches Interesse*, — involved in punctual delivery *Interesse an der Lieferung*, to have an — in *beteiligt sein an*

interest *Zinsen*, compound —, interest on — *Zinseszinsen*, — coupon, — warrant *Zinsschein*, — payment *Zinszahlung, Zinsrate*, rate of — *Zinssatz, Zinsfuß*, — return *Verzinsung*, — sheet *Zinsbogen*, to allow — *Zinsen bewilligen, vergüten*, to bear — *Zinsen tragen, verzinslich sein*, to charge — *Zinsen berechnen*, to pay — *verzinsen, Zinsen zahlen*

interest-bearing *verzinslich*

interested *beteiligt*, party — *Beteiligter, Interessent*, — in the result *am Ausgang interessiert*

interfere *einschreiten, dazwischentreten*

interference *Einschreiten, Einmischung, Eingreifen*, unlawful — *verbotene Eigenmacht*

inter-governmental *zwischenstaatlich*

interim *vorläufig, einstweilig, interimistisch*, — balance sheet *Zwischenbilanz*, — certificate *Interimsschein*, — dividend *Zwischendividende*, — injunction *einstweilige Verfügung*, — interest *Zwischenzinsen*, in the — *in der Zwischenzeit*

interlocution, *(in Schottland)* inter locutor *Zwischenentscheidung*

interlocutory, — decision *Zwischenurteil, Zwischenentscheidung,* — injunction *Zwischenverfügung,* — order *Verfügung im vorbereitenden Verfahren,* — relief *vorläufiger Rechtsschutz*
intermittent *mit Unterbrechungen*
intern *internieren*
internment *Internierung,* — camp *Internierungslager*
interplead *eine Aufforderung zwecks Feststellung des Berechtigten erlassen*
interpleader *das Ausfechten eines Streites durch zwei Personen unter sich, die den gleichen Anspruch an einen Dritten haben, Streitverkündung, Intervention, Drittansprecher,* — summons *Interventionsklage*
interpose *einschalten, dazwischentreten, intervenieren*
interposition *Einschaltung, Intervention*
interpret *auslegen; dolmetschen*
interpretation *Auslegung; Verdolmetschung; Begriffserklärung*
interpreter *Dolmetscher,* sworn — *vereidigter Dolmetscher*
interrogate *vernehmen, befragen*
interrogation *Verhör, Vernehmung, Befragung,* upon — *auf Vorhalt*
interrogatory *Fragestellung, förmliche Fragen an Zeugen vor der Verhandlung*
interstate *zwischenstaatlich*
intervene *dazwischentreten, Einspruch erheben, intervenieren*
intervener *Intervenient*
intervention *Zwischenstreit, Dazwischentreten, Einspruchserhebung, Intervention*
intestacy *Mangel eines Testamentes*
intestate *ohne Testament; ein ohne Testament Verstorbener*
intoxication *Betrunkenheit, Rausch*
introduce *einführen, zuführen, einbringen*
Introductory Act *Einführungsgesetz*
inure *in Gültigkeit treten, zugute kommen*
invalid *ungültig, unwirksam, rechtsungültig, kraftlos, nichtig*
invalidate *ungültig erklären, kraftlos erklären, außer Kraft setzen, entkräften*
invalidation *Ungültigkeitserklärung*
invalidity *Ungültigkeit, Unwirksamkeit, Rechtsungültigkeit,* declaration of — *Ungültigkeitserklärung, Kraftloserklärung*
invariable *unveränderlich, wertbeständig*
invention *Erfindung,* to work on an — *eine Erfindung ausüben*
inventory *Inventar, Inventarverzeichnis, Stückeverzeichnis,* filing of an — *Inventarerrichtung,* — period *Inventarfrist,* to put down in an — *inventarisieren,* inventories *Bestände*
invest *anlegen, investieren*
invested capital *Anlagekapital*
investigate *prüfen, untersuchen*
investigation *Prüfung, Untersuchung, Ermittelung, Nachforschung,* report of — *Prüfungsbericht,* — of title *Prüfung des Rechtstitels,* to institute investigations *Ermittelungen anstellen*
investment *Anlage, Kapitalsanlage, Investierung, Einlage*
inviolability *Unverletzlichkeit,* — of letters *Briefgeheimnis*
inviolable *unverletzlich*
invite *auffordern,* to — subscriptions *zur Zeichnung auflegen*
invoice *Faktura, Rechnung,* to — *fakturieren*
IOU (I owe you) *(eigenhändiger) Schuldschein*
irrecognition *Nichtanerkennung*
irrecoverable *uneinbringlich, uneintreibbar, nicht beitreibbar*
irredeemable *unkündbar, untilgbar*
irregular *vorschriftswidrig*

irrelevant *unerheblich*
irrepealable *unwiderruflich*
irresponsibility *Unzurechnungsfähigkeit, Verantwortungslosigkeit*
irresponsible *unzurechnungsfähig, verantwortungslos*
irreversible *unwiderruflich*
irrevocable *unwiderruflich*
isolated *vereinzelt*
issuance *Erlaß*
issue *Ausgabe, Ausstellung, Begebung; Auflegung, Emission; Herausgabe, Erlaß; Ausgang; Streitfrage, Streitpunkt, Streitinhalt; Bestreitung,* bank of — *Notenbank, Zettelbank,* date of — *Ausstellungstag,* general — *allgemeine Bestreitung,* internal — *innere Emission,* — of law *Verneinung des Klagerechts,* object at — *Streitgegenstand,* place of — *Ausstellungsort,* — price *Auszahlungskurs, Emissionskurs,* special — *Bestreitung im Besonderen,* at — *streitig,* to — *herausgeben, ausgeben, auflegen, erlassen, ausstellen,* to join — *die strittigen Punkte ausdrücklich bestreiten,* to take — *die strittigen Punkte ausdrücklich behaupten*
issue *Nachkommenschaft,* — in tail *erbfolgeberechtigte Nachkommen,* without — *ohne Nachkommenschaft*
item *Posten, Rechnungsposten*
itinerant *umherziehend*

J

jactitation of marriage *fälschliches Vorgeben einer Ehe*
jail *Gefängnis*
jailer *Gefängniswärter*
jetsam *strandtriftige Güter, Seewurf*
jettison *Seewurf*
job *Arbeit, Aufgabe,* — wages *Akkordlohn, Stücklohn,* — work *Akkordarbeit, Stückarbeit*
jobber *Makler, Jobber*
join *eintreten, beitreten; vereinigen,* to — as defendant *die Klage ausdehnen auf,* to be joined in a lawsuit *einem Rechtsstreit beitreten*
joinder, — of causes of action *Klagenhäufung,* — of issue *Bestreitung, Feststellung der Streitpunkte,* — of parties *Vereinigung mehrerer Personen zu einer Streitgenossenschaft*
joint *gemeinsam, gemeinschaftlich,* — and several *gemeinschaftlich und einzeln, solidarisch,* — case *gemeinschaftlicher Schriftsatz der Parteien,* — debtor *Solidarschuldner,* — editor *Mitherausgeber,* — liability *solidarische Verbindlichkeit,* — purse *gemeinsame Kasse,* — stock association *Anteilsgenossenschaft,* — stock company *Aktiengesellschaft,* — surety *Solidarbürge, Solidarbürgschaft,* — tenants *Inhaber eines gemeinsamen Rechts an einem Grundstück*
jointly and severally *gemeinschaftlich und einzeln, solidarisch*
jointure *Leibgedinge, Wittum*
journal number *Geschäftszeichen*
Journalists' Law *(am.) Pressegesetz*
judge *Richter*
judgment *Urteil,* — creditor *Urteilsgläubiger,* — debt *Urteilsschuld,* — debtor *Urteilsschuldner,* reserved — *aufgeschobene Urteilsverkündung,* respited — *aufgeschobene Urteilsvollstreckung,* to pass — *Urteil sprechen, urteilen*
judicial *gerichtlich, richterlich,* — custom *Rechtsgewohnheit,* — separation *gerichtliche Trennung einer Ehe,* — trustee *gerichtlich*

eingesetzter Kurator, Judicial Committee *ein Ausschuß des* Privy Council *als Berufungsgericht*
judicially and extrajudicially *gerichtlich und außergerichtlich*
judiciary *richterlich, gerichtlich*
jumble sale *Ramschverkauf*
jurisdiction *Rechtsprechung; Gerichtsbarkeit; Zuständigkeit, Gerichtsstand*, contentious — *streitige Gerichtsbarkeit*, national —, domestic — *inländische Gerichtsbarkeit*, non-contentious — *freiwillige Gerichtsbarkeit*, original — *Gerichtsbarkeit erster Instanz*, to have — *zuständig sein*, to have no — *nicht zuständig sein*
jurisprudence *Rechtsgelehrsamkeit, Rechtskunde, Rechtswissenschaft, Jurisprudenz*
juristic *juristisch*, — act *Rechtsgeschäft*, — person *juristische Person*
juror *Eidesleister, Geschworener*, supplementary — *Ersatzgeschworener*
jury *die Geschworenen*, — box *Geschworenenbank*, — court *Schwurgericht, Geschworenengericht*, foreman of a — *Geschworenen-Obmann*, — panel *Geschworenenliste*
juryman *Geschworener*
justice *Gerechtigkeit; Justiz; Richter (bei Richtern des* High Court, *auch in der Zusammenstellung* Mr. Justice N. *Herr Richter N.)*, administration of — *Rechtspflege*, to administer — *Recht sprechen*, Ministry of Justice *Justizministerium*
justiciable *gerichtsbar*
justification *Rechtfertigung*
justify *rechtfertigen*
juvenile *jugendlich*, — court *Jugendgericht*, — offender *jugendlicher Verbrecher*

K

keep house *zu Hause bleiben, um Begegnung mit dem Gläubiger zu vermeiden (Konkursgrund)*
kerb *siehe* curb
key day *Stichtag*
kidnap *gewaltsam entführen*
kidnapping *Menschenraub*
killing *Tötung*
kind *Sorte*, in — *in natura*, deliveries in — *Sachlieferungen*, payment in — *Naturalleistung, Sachleistung*, to pay in — *in Ware bezahlen*
king *König*, —'s counsel *Königlicher Rat (Titel für Rechtsanwälte)*, —'s enemies *Kriegsgefahr*, —'s evidence *Kronzeuge*, —'s speech *Thronrede*, King's Bench Division *Abteilung des* High Court
kite *Kellerwechsel, Gefälligkeitswechsel*
knock down *zuschlagen*
know *wissen, kennen*, — all men by these presents *hiermit sei kundgegeben*
knowingly *wissentlich*
knowledge *Wissen, Kenntnis*, to disclaim all — *Kenntnis bestreiten*, to the best of (my) — and belief *nach bestem Wissen und Gewissen*, without (my) — and assent *ohne Wissen und Willen*
known, also — as *auch ... genannt*, ought to have — *kennen mußte (d. h. nicht kennen würde fahrlässig sein)*

L

label *Etikette*, to — *bezetteln*, *etikettieren*

labour *Arbeit*, *Handarbeit*, — camp *Arbeitslager*, child — *Kinderarbeit*, — conscription *Arbeitsdienstpflicht*, — contract *Arbeitsvertrag*, collective — contract *Tarifvertrag*, — exchange *Arbeitsnachweis*, *Arbeitsvermittelung*, hard — *Zwangsarbeit*, — law *Arbeitsrecht*, — market *Arbeitsmarkt*, — office *Arbeitsamt*, — party *Arbeiterpartei*, — service *Arbeitsdienst*, — supply *Arbeitsangebot*, Ministry of Labour *Arbeitsministerium*

labourer *Arbeiter*, *landwirtschaftlicher Arbeiter*

laches *Untätigkeit*, *Nachlässigkeit*, — and acquiescence *Nachlässigkeit und stillschweigende Zustimmung*

lading, account of — *Frachtdeklaration*, bill of — *Konnossement*, *Verladungsschein*

land *Land*, *Gelände*, *Grund und Boden*, *Grundbesitz*, — agent *Beauftragter des Grundbesitzers für Pachtangelegenheiten usw.*, agricultural — *landwirtschaftliches Grundstück*, — broker *Immobilienmakler*, — charge *Grundschuld*, — register *Grundbuch*, — register office, office of the — registry *Grundbuchamt*, settled — *festgelegtes Land*, — tax *Grundsteuer*, tract of — *Gelände*, to — *landen*, *an Land schaffen*

landing *Landung*, port of — *Landungshafen*

landlord *Grundherr*, *Grundbesitzer; Hauswirt; Gastwirt*

lapse *Verfall*, *Ablauf*, — of time *Zeitablauf*, to — *verfallen*, *ablaufen*, *verstreichen*, *hinfällig werden*

larceny *Diebstahl*, simple, petty grand — *einfacher*, *geringer (bis zu 1 shilling)*, *schwerer Diebstahl*

late *verspätet*, *spät; verstorben; früher*, *ehemalig*, the — Mr. N. *der verstorbene Herr N.*, — of *zuletzt wohnhaft in*

lateness *Verspätung*

latent reserves *stille Reserven*

law *Recht*, *Gesetz*, canon — *Kirchenrecht*, case — *Fallrecht*, *Spruchrecht*, civil — *bürgerliches Recht*, *Zivilrecht*, cogent — *zwingendes Recht*, commercial — *Handelsrecht*, common — (the Common Law of England) *Gewohnheitsrecht (das in England geltende Gewohnheitsrecht)*, constitutional — *Verfassungsrecht*, consuetudinary — *Gewohnheitsrecht aus ältester Zeit*, criminal — *Strafrecht*, crown — *der auf Strafsachen anwendbare Teil des* Common Law of England, federal — *(in Amerika) Bundesrecht*, forest — *Forstrecht*, international — *Völkerrecht*, international private — *internationales Privatrecht*, — of the land *Landesrecht*, maritime — *Seerecht*, martial — *Kriegsrecht*, mercantile — *Handelsrecht*, — merchant *Recht nach Handelsbrauch*, *altes internationales Handels- und Schiffahrtsrecht*, military — *Militärrecht*, municipal —, regional — *geltendes Recht*, *Stadtrecht*, national — *Landesrecht*, — of nations *Völkerrecht*, penal — *Strafrecht*, political — *Staatsrecht*, poor — *Armenrecht*, private — *Privatrecht*, public — *öffentliches Recht*, state — *(in Amerika) Staatenrecht*, statute — *geschriebenes Recht*, *kodifiziertes Recht*, *Gesetzesrecht*, substantive

— *materielles Recht*, trade — *Gewerberecht*, written — *geschriebenes Recht*, according to — *von Rechts wegen*, act-in-the- — *Rechtsgeschäft, Rechtshandlung*, benefit of the — *Rechtswohltat*, — breaker *Gesetzesübertreter*, contrary to — *rechtswidrig, gesetzwidrig*, — costs *Gerichtskosten*, — day *Gerichtstag*, equality before the — *Gleichheit vor dem Gesetz*, equality of — *Rechtsgleichheit*, — fees *Gerichtsgebühren*, fiction of — *Rechtsfiktion*, head of the — *Rechtsnorm*, inferences of — *Rechtsausführungen, Rechtsschlüsse*, — lord *rechtsgelehrtes Mitglied des Oberhauses*, maxim of — *Rechtssatz*, mistake of — *Rechtsirrtum*, pending at — *rechtshängig*, point in (of) — *Rechtspunkt*, presumption of — *Rechtsvermutung*, principle of — *Rechtsgrundsatz, Rechtsnorm*, accepted proposition of — *feststehender Rechtssatz*, provision of — *Rechtsvorschrift*, question of — *Rechtsfrage*, valid in — *rechtsgültig*, to contravene the — *dem Gesetz zuwiderhandeln*, to evade the — *das Gesetz umgehen*, to infringe, to violate the — *das Gesetz verletzen*

lawful *gesetzmäßig, gesetzlich, rechtmäßig*

lawfulness *Gesetzmäßigkeit, Gesetzlichkeit, Rechtmäßigkeit*

lawsuit *Prozeß*, to be involved in a — *im Prozesse liegen*

lawyer *Jurist, Rechtsanwalt*

lay, — assessor *Laienbeisitzer, Schöffe*, — judge *Laienrichter*

lay-days *Löschzeit, Wartezeit*

lay up *auflegen*

leader *Führer*

leading, — case *Präzedenzfall*, — question *durch die Fragestellung auf die Antwort hinweisende Frage an den Zeugen*

leaflet *Merkblatt*

League of Nations *Völkerbund*

leak *lecken, auslaufen*

leakage *Leckage*

leasable *verpachtbar*

lease *Pacht, Pachtung, Pachtverhältnis, Pachtvertrag, Miete, Mietsverhältnis, Mietsvertrag*, contract of — *Pachtvertrag, Mietvertrag*, ordinary — *Miete*, term of — *Pachtzeit, Mietzeit*, usufructuary — *Pacht*, — from year to year *Pacht von Jahr zu Jahr*, on — *pachtweise, mietweise*, to — *pachten, verpachten, mieten, vermieten*, to let by — *in Pacht, Miete geben*, to take by (on) — *in Pacht, Miete nehmen*

leasehold *Pachtbesitz*, — property *Pachtgrundstück*

leaseholder *Pächter*

leaser *Verpächter*

leave *Erlaubnis, Genehmigung*, — of absence *Urlaub*, — of the court *Erlaubnis des Gerichts*, to crave — *um die Erlaubnis bitten*, to — *lassen, verlassen; hinterlassen; räumen*, to — in the hands of *jemandem belassen, überlassen*

ledger *Kontobuch, Hauptbuch*

legacy *Vermächtnis (Zuwendung nicht-lehnsrechtlichen, beweglichen Vermögens durch Verfügung von Todes wegen)*, — duty *Vermächtnissteuer*, preferential — *Vorausvermächtnis*, residuary — *Vermächtnis des Vermögensrechtes*, specific — *Vermächtnis einer bestimmten Sache*

legal *gesetzlich, gesetzmäßig, rechtmäßig, rechtlich*, — entity *juristische Person*, — tender *gesetzliches Zahlungsmittel*

legalisation *Beurkundung*

legalise *beurkunden*

legality *Gesetzlichkeit, Gesetzmäßigkeit, Rechtmäßigkeit*

legatee *Vermächtnisnehmer von unbeweglichem Vermögen, Bedachter im Testament,* residuary — *Bedachter, der den Ueberrest erhält*

legislation *Gesetzgebung,* class — *Klassengesetzgebung,* emergency — *Notgesetzgebung,* war — *Kriegsgesetzgebung*

legislative *gesetzgebend,* — assembly *gesetzgebende Versammlung,* — power *Gesetzgebungsgewalt*

legislator *Gesetzgeber*

legitimacy *Gesetzlichkeit, Legitimität, Ehelichkeit,* declaration of — *Feststellung der Rechtmäßigkeit einer Ehe*

legitimate *gesetzlich, legitim, ehelich,* to — *legitimieren, anerkennen*

legitimateness *Legitimität*

legitimation *Legitimierung, Anerkennung*

legitimise *legitimieren, anerkennen*

legitimist *Legitimist; legitimistisch*

lend *leihen, darleihen, verleihen*

lender *Darlehnsgeber, Darleiher, Leihender, Verleiher*

lese-majestie, lese-majesty *Majestätsbeleidigung*

lessee *Pächter, Mieter*

lessor *Verpächter, Vermieter*

let *vermieten,* to — on hire *vermieten,* to — on lease *verpachten, vermieten*

letter *Vermieter*

letter *Schreiben, Brief,* letters of administration *gerichtliche Bestellung als Nachlaßverwalter, wenn kein Testament vorliegt,* letters patent *Patenturkunde,* letters rogatory *Ersuchen eines Gerichts um kommissarische Zeugenvernehmung im Ausland, Rechtshilfe-Ersuchen,* letters testamentary *gerichtliche Bestellung als Nachlaßverwalter, wenn ein Testament vorliegt*

level of prices *Preisniveau*

levy *Pfändung,* to — *(Steuern) erheben, (Soldaten) anwerben; Pfändung ausbringen,* to — on *nachpfänden,* to — upon *pfänden in*

liability *Verbindlichkeit, Verpflichtung, Passivum; Haftung, Haftbarkeit, Haftpflicht,* criminal — *Straffälligkeit, Haftung für Verbrechen,* employer's — *Haftpflicht des Unternehmers,* limited — *beschränkte Haftung,* liabilities *Passivmasse, Schulden,* assets and liabilities *Aktiva und Passiva,* to meet one's liabilities *seine Verpflichtungen erfüllen*

liable, *haftbar, haftpflichtig,* to be — *haften,* to be — without limitation *unbeschränkt haftbar sein,* to be — in damages *auf Schadensersatz haften,* to be — in one's whole estate *mit seinem ganzen Vermögen haften,* to be — to the extent of ship and freight *mit Schiff und Fracht haften*

libel *Verleumdung, schriftliche Ehrenkränkung, Schmähschrift, beleidigende schriftliche oder gedruckte Veröffentlichung; Klagebegründung,* blasphemous — *schriftliche Gotteslästerung,* seditious — *aufwieglerische Verleumdung des Königs, der Regierung usw.,* action for — *Verleumdungsklage,* to — *schriftlich verleumden; klagen*

libellant *Kläger*

libeller *Verleumder*

licence, license *Lizenz, Konzession, Schankkonzession,* exclusive — *ausschließliche Lizenz,* — fee *Lizenzgebühr,* letter of — *Urkunde, durch die der Schuldner von den Gläubigern ermächtigt wird, das Geschäft fortzuführen,* marriage — *Ehedispens,* to apply for (solicit), grant, obtain a — *eine Konzession nachsuchen, erteilen, erlangen,* to — *Lizenz (Konzession) erteilen, konzessionieren,* licensed *konzessioniert, mit Konzession*

licensee *Lizenzinhaber, Konzessionsinhaber*

licenser, licensor *Lizenzgeber*

lie to *(von Schiffen) stilliegen*

liege *Lehnsmann, Lehnsherr,* — lord *Lehnsherr*

liegeman *Lehnsmann*

lien *Zurückbehaltungsrecht, Pfandrecht, Belastung,* mercantile — *kaufmännisches Zurückbehaltungsrecht,* — on real estate *Grundstücks-Pfandrechte,* release from the — *Pfandentlassung,* specific — *Sonderbelastung*

lien-holder *Inhaber des Zurückbehaltungsrechts*

life *Leben; Geltungsdauer,* — annuity *Leibrente, Leibgedinge,* — assurance *Lebensversicherung,* danger to — *Lebensgefahr,* — estate *Landbesitz auf Lebenszeit,* — interest *Nutznießung (Interesse) auf Lebenszeit,* joint — *verbundene Leben (Versicherung),* natural — *Lebenszeit,* — peer *Pair, dessen Titel nicht erblich ist,* — policy *Lebensversicherungspolice,* station in — *Lebensstellung, Stand,* — tenant *Inhaber von Landbesitz auf Lebenszeit,* useable — *(von Sachen) Lebenszeit,* for — *lebenslänglich, auf Lebenszeit*

lifehold *Pachtbesitz auf Lebenszeit*

lifetime *Lebenszeit, Lebzeiten,* in his — *bei seinen Lebzeiten*

ligan *Seewurf, schwimmendes Wrackgut*

lightening *Erleichterung (eines Schiffes)*

lighter *Leichter,* to — *in Leichter löschen*

lighterage *Leichtergebühr, Leichtergeld*

lighterman *Leichterschiffer*

lights, ancient — *Recht auf Ausblick, Licht und Luft,* false — *falsche Leuchtfeuer*

limit *Grenze, Limit, Höchstgrenze, Maximalbetrag,* to — *begrenzen, beschränken, limitieren,* limited *beschränkt,* limited in disposing capacity *beschränkt geschäftsfähig,* limited liability *beschränkte Haftung*

limitation *Beschränkung, Begrenzung, Bestimmung einer Frist,* — of action, statutory — *Verjährung,* period of — *Verjährungsfrist*

line *Linie,* in the ascending — *in aufsteigender Linie,* in the descending — *in absteigender Linie,* in the direct — *in gerader Linie,* — of business *Geschäftszweig*

liquid *flüssig, liquide,* — assets *flüssiges Vermögen*

liquidate *abwickeln, liquidieren.*

liquidated *ziffernmäßig festgestellt*

liquidation *Abwickelung, Liquidation,* (of association) *Auseinandersetzung,* scheme of — *Liquidationsplan,* — settlement *Abrechnung,* to go into — *liquidiert werden,* to go into voluntary — *freiwillig liquidieren*

liquidator *Liquidator*

liquidity *Flüssigkeit, Liquidität*

list *Liste, Verzeichnis,* active — *Verzeichnis der Offiziere im aktiven Dienst,* black — *schwarze Liste,* retired — *Verzeichnis der aktiven Offiziere außer Dienst,* to — on Stock Exchange *zur Börse zulassen*

literal *buchstäblich, wörtlich*

literary, rights of — property *literarische Eigentumsrechte,* —

piracy *literarischer Raub unter Verletzung der Eigentumsrechte, Verletzung des Urheberrechts*

litigable *rechtlicher Bestreitung unterliegend*

litigant *Prozeßführender*

litigate *prozessieren*

litigation *Prozeßführung*

litigious person *Querulant*

litispendence *Rechtshängigkeit*

lives, two — in being *Lebensdauer zweier lebender Personen*

Lloyd's underwriters *Versicherer, Mitglieder von Lloyd's*

load *Fracht,* — line *Ladelinie,* to — *laden, aufladen,* loading *Zuschlag, Aufschlag (Versicherung),* loading days *Ladezeit*

loan *Darlehen, Darleihung; Anleihe,* — bank *Kreditbank, Vorschußbank,* — for consumption *Darlehen,* contract of — *Darlehnsvertrag,* contract of — for use *Leihvertrag,* external — *äußere Anleihe, Auslandanleihe,* — of goods *Leihe, Sachleihe,* internal — *innere Anleihe, Inlandanleihe,* — of money *Darlehen,* — on personal security *ungesichertes Darlehen,* — redemption debt *Anleihe-Ablösungsschuld,* — service *Anleihedienst,* — for use *Leihe, Sachleihe,* — value *Beleihungswert,* as a — *leihweise,* to grant a — on *beleihen,* to — *leihen*

local *örtlich,* — bill *Platzwechsel,* — custom *Ortsgebrauch,* in accordance with — custom *ortsüblich,* — government *Selbstverwaltung, örtliche Verwaltung*

lock-out *Aussperrung,* to lock out *aussperren*

lodge *einreichen, hinterlegen*

lodger *Untermieter*

logbook, log roll *Schiffstagebuch, Logbuch*

long *lang, langfristig,* of — standing *langjährig*

long-dated, long-term, long-time *langfristig*

longhand *gewöhnliche Schrift (im Gegensatz zu Kurzschrift)*

look to a person for something *sich an jemand halten*

loot *plündern*

Lord *Lord, Titel der Pairs, der Bischöfe und Erzbischöfe,* — Chancellor *Lordkanzler,* — Lieutenant *Stellvertreter des Königs in einer Kolonie; Gouverneur einer Grafschaft,* — Mayor *Bürgermeister von London und einigen anderen Städten,* Lords spiritual and temporal *die geistlichen und weltlichen Mitglieder des* House of Lords

lose *verlieren, einbüßen,* to — a right *eines Rechts verlustig gehen*

loss *Verlust, Schaden, Nachteil, Einbuße; Untergang,* — of civic rights *Verlust der bürgerlichen Ehrenrechte,* normal natural — *Schwund,* pecuniary — *Vermögensnachteil,* — of profit *entgangener Gewinn,* — of use (user) *entgangene Benutzung,* to incur (suffer, sustain) a — *einen Verlust erleiden*

lot *Los; Parzelle; Partie, Posten,* — of goods, job — *Partiewaren,* house and — *Hausgrundstück,* sale by — *Partieverkauf,* — of shares *Aktienpaket,* to decide by — *durch das Los entscheiden,* to draw by — *auslosen, verlosen*

lottery *Lotterie,* — bond *Lospapier*

lucid interval *lichter Augenblick*

luggage *Gepäck,* — receipt *Gepäckschein,* — van *Gepäckwagen*

lump, — sum *Pauschale, Pauschsumme,* — sum settlement, settlement in a — sum *Abfindung,*

Kapitalabfindung, in the — *im Ganzen, pauschal*
lunacy *Geisteskrankheit*
lunatic *Geisteskranker; geisteskrank*, — asylum *Irrenanstalt*
lying-still risk *Aufenthaltsrisiko*

M

mad dog *toller Hund*
made bill *Wechsel, der in England begeben und im Ausland zahlbar ist*
magistrate *Polizeirichter, Gerichtsbeamter*
Magna Charta *Verfassung Englands vom Jahre 1215*
mail *Post*, to — *zur Post geben, mit der Post senden*
maintain *unterhalten, erhalten, aufrecht erhalten; behaupten; alimentieren*
maintenance *Unterhaltung, Unterhalt; widerrechtliche Unterstützung einer Prozeßpartei*, — and repairs *Unterhaltung und Instandsetzung*
major *Volljähriger, Großjähriger; volljährig, großjährig*, the — part *der größere Teil*
majority *Volljährigkeit, Großjährigkeit; Mehrheit, Stimmenmehrheit*, bare — *einfache Stimmenmehrheit*, three to one — *Dreiviertel-Mehrheit*, two-thirds — *Zweidrittel-Mehrheit*, — of votes *Stimmenmehrheit*, working — in Parliament *arbeitsfähige Mehrheit im Parlament*, declaration of — *Volljährigkeitserklärung, Großjährigkeitserklärung*
make *Marke, Fabrikat*, to — *herstellen*, to — out *ausstellen*, to — over *übermachen*
making-up price *Liquidationskurs, Lieferungskurs*
maladministration of public offices *schlechte Verwaltung öffentlicher Aemter*
male *männlich*, — stock *Kollateralen vom männlichen Vorfahr*
malfeasance *Begehung ungesetzlicher Handlungen, rechtswidriges Handeln*
malice *Böswilligkeit, Arglist*, with — aforethought, with — prepense *böswillig und mit Vorbedacht*
malicious *böswillig, arglistig*, — act *böswillige Handlungsweise*, — mischief *böswillige Beschädigung, arglistige Uebeltat*
maltreatment *Mißhandlung*
malversation *schlechte Aufführung, Amtsvergehen*
man, — -day *Tagewerk*, — of straw *Strohmann*
manage *verwalten, leiten*
management *Verwaltung, Leitung*
manager *Verwalter, Leiter, Geschäftsführer*, the managers, board of managers *Vorstand*
managing committee *Vorstand, geschäftsführender Ausschuß*
mandamus, writ of *Gerichtsbefehl, der dem Beklagten die Ausführung einer Pflicht auferlegt, die im Interesse des Klägers ist und zu deren Erzwingung kein anderes Rechtsmittel besteht; Befehl eines höheren Gerichtes an ein niedrigeres*
mandatary, mandatory *Beauftragter, Bevollmächtigter, Vollmachthaber, Mandatar*, — power *Mandatarmacht*
mandate *Auftrag, Vollmacht, Mandat*
mandator *Auftraggeber, Vollmachtgeber, Mandant*
manifest *Manifest, Schiffsmanifest; offenbar*
manifestation, oath of *Offenbarungseid*

manipulation, fraudulent *betrügerisches Geschäftsverfahren*

manslaughter *Totschlag, Tötung, fahrlässige Tötung*

manual *eigenhändig*, sign — *Unterschrift des Souveräns, Handzeichen*, — signature *eigenhändige Unterschrift*

manufactory *Fabrik*

manufacture *Fabrikat, Fabrikation*, to — *herstellen, fabrizieren*

manufacturer *Fabrikant*

margin *Rand; Spielraum, Spanne; Deckung, deren Betrag der Makler nicht übersteigen darf*, as per — *wie nebenstehend*

marginal note *Randbemerkung*

marine, — adventure *Seeunternehmen*, — insurance *Seeversicherung*, — peril *Seegefahr*

maritime, — adventure *Seeunternehmen*, — law *Seerecht*, — warfare *Seekriegführung*

mark *Marke, Handelsmarke; Zeichen, Merkzeichen, Kennzeichen; Handzeichen, Signum*, distinguishing — *besonderes Kennzeichen*, trade — *Handelsmarke, Fabrikmarke*, rights to trade marks *Markenrechte*, to — *zeichnen, signieren*

market *Markt, Absatzgebiet*, — condition *Konjunktur*, — fluctuations (vacillations) *Konjunkturschwankungen*, home — *Binnenmarkt*, — of issue *Emissionsmarkt*, open — *freier Markt*, in — overt *auf offenem Markt*, — price *Marktpreis*, — profit *Konjunkturgewinn*, public — *offener Markt*, — range *höchster und niedrigster Kurs*, — value *Marktpreis, Marktwert, Kurswert*, to put on the — *in Verkehr setzen*, to — *vertreiben*

marketability, marketableness *Gangbarkeit*

marketable *gangbar, börsenfähig, marktfähig*

marque, letter of — and reprisal *Kaperbrief*

marriage *Ehe, Heirat, Verheiratung, Eheschließung*, — contract, — deed *Ehevertrag*, — license *Heiratsdispens*, — portion *Heiratsgut, Mitgift*, promise of — *Eheversprechen*, — register *Heiratsregister*, — property register *Güterrechtsregister*, — settlement *Verschreibung von Vermögensstücken aus Anlaß der Eheschließung, der Vertrag darüber*

married woman *verheiratete Frau*

marshalling of assets *Zuweisung des Verlassenschafts-Vermögens an die Berechtigten, Feststellung der Rangordnung der Berechtigten*

martial, court — *Kriegsgericht, Standgericht*, — law *Kriegsrecht, Standrecht*

mass production *Massenfabrikation*

master *Herr, Arbeitgeber, Dienstherr; Meister; Schiffer, Kapitän; Titel eines richterlichen Beamten*, — and apprentice *Lehrvertrag*, —'s certificate *Schifferpatent*, — mariner *Handelsschiffskapitän*, — and servant *Dienstvertrag*, Master of the Rolls *Präsident des Appellgerichtshofes in London*

mate *Steuermann*, —'s certificate *Steuermannspatent*, —'s receipt *Steuermannsquittung*

material *erheblich, wesentlich; Material, Unterlagen*, war — *Kriegsmaterial*

matrimonial *ehelich*, — regime *eheliches Güterrecht*

matrimony *Ehe, Ehestand*

matter *Angelegenheit, Sache*

mature *fällig werden*

maturity *Fälligkeit, Verfall; Versicherungsfall*, on — *bei Fälligkeit, bei Verfall; bei Eintritt des Versicherungsfalles*, — age *End-*

alter (Versicherung), — bonus *im Erlebensfall zahlbarer Bonus,* day of — *Fälligkeitstag, Verfalltag*

maximum, — amount *Höchstbetrag,* — number *Höchstzahl,* — price, — rate *Höchstpreis*

mayhem *schwere Verwundung*

mayor *Bürgermeister*

mediate *vermitteln*

mediation *Vermittlung*

mediator *Vermittler, Mittelsperson*

medium *mittlerer,* — term *mittelfristig*

meet *nachkommen, erfüllen; entgegenkommen; sich versammeln, zusammentreten*

meeting *Sitzung, Versammlung,* general — *Generalversammlung, Hauptversammlung,* — of the shareholders *Gesellschafter-Versammlung*

member *Mitglied*

membership *Mitgliedschaft*

memorandum *Denkschrift, Memorandum; Notiz, Vermerk,* — of association *Gesellschaftsvertrag, Gründungsurkunde, Gründungsakt*

memorial *Klageschrift*

mendicity *Bettelei*

mental *geistig,* — defectiveness *Geistesschwäche, geistige Minderwertigkeit, Geisteskrankheit,* — infirmity *Geistesschwäche*

mercantile *kaufmännisch, Handels-*

merchandise *Ware,* — mark *Warenzeichen,* — trade *Warenhandel,* — trade balance *Warenhandelsbilanz*

merchant *Kaufmann,* — fleet *Handelsflotte,* law — *Recht nach Handelsbrauch,* — seamen *Seeleute auf Handelsschiffen,* — ship *Kauffahrteischiff, Handelsschiff,* — shipping *Kauffahrtei, Handelsschiffahrt,* single — *Einzelkaufmann*

merchantable *handelbar*

mercy *Gnade,* petition for the exercise of His Majesty's — *Gnadengesuch*

merge *fusionieren, verschmelzen,* to — in one person *sich in einer Person vereinigen,* to become merged in *untergehen in*

merger *Fusion, Verschmelzung,* — by deed *Verwandlung einer andersartigen Geldschuld in eine (fiktive) Darlehnsschuld; Aufhebung eines formlosen Vertrages durch nachfolgenden gesiegelten Vertrag*

merits *die eigentliche Rechtsfrage eines Falles,* to deal with a case upon its — *zur Hauptsache verhandeln*

mesne, — interest *Zwischenzins,* — lord *Zwischenlehnsherr,* — profits *Ertrag von Land während unrechtmäßigen Besitzes*

messuage *Haus und Hof mit dem für den Haushalt nötigen Land*

metal reserve *Metallbestand*

metric system *metrisches System*

middleman *Mittelsperson, Mittelsmann, Vermittler*

middling *mittlerer*

migration of capital *Abwanderung des Kapitals*

mine *Bergwerk, Grube, Zeche,* share in a — *Kux*

minimum, — amount *Mindestbetrag,* — number *Mindestzahl,* — price, — rate *Mindestpreis*

mining *Bergbau,* — company *Bergbaugesellschaft, Gewerkschaft,* — rights *Bergrechte*

minister *Minister; Gesandter; Geistlicher,* cabinet —, — of State *Staatsminister,* prime — *Premierminister*

minor *Minderjähriger*

minority *Minderheit, Minderjährigkeit*

mint *Münze (Münzgießerei)*

minutes *(kurzgefaßtes) Protokoll,* to draft the — *Protokoll aufnehmen,* to enter in the — *protokollieren*
misapplication *unrichtige Verwendung, widerrechtliche Verwendung*
misapply *unrichtig oder widerrechtlich verwenden*
misappropriate *veruntreuen, entwenden*
misappropriation *Veruntreuung, Entwendung*
miscarriage *rechtswidrige Handlung, die zum Schadensersatz verpflichtet; Fehlgeburt,* — of justice *Rechtsbeugung,* to procure — *abtreiben*
miscellaneous *aus Verschiedenem gemischt,* — goods *Sammelgüter*
mischievous discretion *Verständnis der Strafbarkeit, Strafmündigkeit*
misconduct *Mißverhalten*
misconstruction *falsche Auslegung*
misdemeanant *Uebeltäter*
misdemeanour *Uebertretung, Vergehen*
misdirection *unrichtige Belehrung der Jury*
misfeasance *unrichtige Ausführung gesetzmäßigerHandlungen, schuldhaftes Handeln*
misnomer *falsche Benennung*
misprision *grobes Versehen; unterlassene Anzeige eines Verbrechens eines anderen*
misrepresent *falsch darstellen*
misrepresentation *falsche Darstellung, falsche Angabe, Täuschung, falsche Auslegung*
missing *fehlend, vermißt, verschollen*
misstatement, deliberate — of facts *arglistige Täuschung*
mistake *Irrtum,* under a — *im Irrtum,* — of fact *tatsächlicher Irrtum,* — in law *rechtlicher Irrtum*
misuse, misuser *Mißbrauch*
mitigating cause *Milderungsgrund*
mitigation *Milderung*
mitter le droit *ein Recht abtreten,* — l'estate *einen Grundbesitz abtreten*
mobilise *mobilisieren*
model *Modell,* useful —, — for use *Gebrauchsmuster*
modification *Abänderung*
modify *abändern*
modus *Modus; feste jährliche Zahlung anstatt des Zehnten*
moiety *Hälfte,* at equal moieties *je zur Hälfte*
molest *belästigen*
molestation, molestment *Belästigung*
monetary *geldlich,* — parity *Münzparität*
money *Geld, Münze,* coined —, hard — *Hartgeld,* — rate *Geldkurs,* ready — *Bargeld*
moneylender *gewerbsmäßiger Geldverleiher*
monitory item *Merkposten*
monopoly *Monopol, Alleinverkaufsrecht*
monstrans de droit *Nachweis des Rechts im Prozeß gegen die Krone*
months, by *monatsweise*
moor *vertäuen, festlegen*
moot *Streitfrage, Erörterung einer Streitfrage,* to — *erörtern, anregen*
mora, — accipiendi *Gläubigerverzug, Verzug mit der Annahme der Ware,* — solvendi *Schuldnerverzug,* to put the debtor in — *den Schuldner in Verzug setzen*
moral imbecile *sittlich verkommene Person*
morals, good *gute Sitten*
moratorium *Moratorium, gesetzlicher Zahlungsaufschub, gesetzliche Zahlungsfrist*
mores, contra bonos *gegen die guten Sitten*
mortality table *Sterbetafel (Versicherung)*

mortgage *Hypothek, Belastung, Pfand, Verpfändung,* aggregate —, collective —, joint and several — *Gesamthypothek,* — bank *Hypothekenbank,* — bond *Pfandbrief, Hypothekenpfandbrief, Hypothekenobligation,* — gold bond *Gold-Hypothekenpfandbrief,* cautionary — *Sicherheitshypothek,* — certificate, — deed *Hypothekenbrief, Hypothekenurkunde,* certified —, certificated —, — with certificates *Briefhypothek,* debt secured by a — *Hypothekenschuld,* equitable — *Verpfändung, die dem Gläubiger nur bonitarischen Besitztitel gibt, Hypothek durch Hinterlegung von Urkunden,* first, second — *erste, zweite Hypothek,* — interest *Hypothekenzinsen,* legal — *Hypothek mit 20jähriger Auslösungsfrist des Verfallpfandes,* maximum — *Höchstbetragshypothek,* normal — *Verkehrshypothek,* stable value — *wertbeständige Hypothek,* uncertified —, uncertificated — *Buchhypothek,* by — *hypothekarisch,* on — security *hypothekarisch gesichert,* without — security *hypothekarisch nicht gesichert,* to — *belasten, mit Hypotheken belasten, verpfänden,* to borrow on — *auf Hypothek borgen,* to create a —, to grant a — *eine Hypothek bestellen,* to lend on — *auf Hypothek leihen,* to raise a — *eine Hypothek aufnehmen,* to encumber with mortgages *mit Hypotheken belasten,* consolidation of mortgages *Vereinigung mehrerer Hypotheken auf die verschiedenen Grundstücke eines Schuldners in einer Hand*

mortgageable *pfandbar, verpfändbar*

mortgagee *Hypothekengläubiger, Pfandgläubiger, Pfandnehmer, Pfandhaber, Hypothekar*

mortgager, mortgagor *Hypothekenschuldner, Pfandschuldner, Pfandgeber*

mortis causa *von Todes wegen*

mortmain *tote Hand*

most-favoured nation *meistbegünstigte Nation*

motion *Antrag (im Parlament usw.), mündlicher Zwischenantrag, Motion,* — for judgment *Antrag auf Erlaß sofortigen Urteils,* upon the Court's own — *von Amts wegen,* to carry a — *einen Antrag durchbringen,* to throw out a — *einen Antrag ablehnen*

motor *Motor,* — car *Automobil,* circulation of — cars *Automobilverkehr,* — lorry *Lastkraftfahrzeug,* — spirits *Betriebsstoff,* — vehicle *Kraftfahrzeug*

mouth, by word of *mündlich*

movable *bewegliches Gut,* movables *fahrende Habe, Mobilien*

move *beantragen*

mulier puisné *ehelicher Sohn bei Vorhandensein eines vorehelichen Sohns derselben Eltern*

multiple store *Warenhaus*

municipal *städtisch,* — board *Magistrat,* — code *Gemeindeordnung,* — council *Stadtrat, Magistrat,* — law *Landesrecht*

municipality *Stadtgemeinde, Stadt*

muniment of title *Besitzdokument*

murder *Mord,* — in the first degree *überlegter und vorbedachter Mord oder Mord in Verbindung mit Brandstiftung, Notzucht, Raub oder Einbruch,* — in the second degree *jeder Mord, der nicht* in the first degree *ist,* to — *morden*

murderer *Mörder*

mutilate *verstümmeln*

mutilation *Verstümmelung,* voluntary — *Selbstverstümmelung*

mutineer *Meuterer,* to — *meutern*

mutiny *Meuterei*, to — *meutern*
mutual *gegenseitig, auf Gegenseitigkeit, zweiseitig*
mutuality *Gegenseitigkeit*
mystic testament *geheimes Testament*

N

name *Name, Vorname*, Christian —, baptismal — *Taufname*, — day *Abrechnungstag*, by the — of *namens*, — and arms clause *Testamentsklausel, die Annahme eines anderen Namens und Wappens auferlegt*, to — *benennen, nennen*
national *Staatsangehöriger; national, inländisch, Landes-, National-*, fellow — *Landsmann*, National Socialism *Nationalsozialismus*, National Socialist *Nationalsozialist; nationalsozialistisch*
nationality *Staatsangehörigkeit, Nationalität*, resumption of — *Wiederaufnahme der Staatsangehörigkeit*
native *Eingeborener*, — of *gebürtig aus*
natural *natürlich, leiblich*, — person *natürliche Person, Individuum*
natural-born British subject *innerhalb der Grenzen des britischen Reichs geborene Person, britischer Untertan von Geburt*
naturalisation *Einbürgerung, Naturalisierung*, certificate of — *Einbürgerungsurkunde*, petition for — *Einbürgerungsgesuch*
naturalise *einbürgern, naturalisieren*, to become naturalised *sich einbürgern lassen*
nature *Beschaffenheit, Charakter*
naval, — agreement, — treaty *Flottenabkommen, Flottenvertrag*, — warfare *Seekriegführung*
navigable *schiffbar*
navigation *Schiffahrt, Seefahrt*, aerial — *Luftschiffahrt*, inland — *Binnenschiffahrt*, — route *Schiffahrtsstraße*, — treaty *Schiffahrtsvertrag*
necessaries *notwendiger Unterhalt, Lebensbedürfnisse, Bedarfsartikel*, bare — of life *notdürftiger Unterhalt*
necessitous *bedürftig*
necessity *Notwendigkeit; Notlage*, agent of — *Geschäftsführer ohne Auftrag*, sudden and urgent — *plötzliche und dringende Notwendigkeit*, way of — *Notweg, Weg über fremdes Grundstück, der für die Benutzung eines Grundstückes unentbehrlich ist*
need, in case of — *im Falle der Not, im Notfall*, referee in case of — *Notadressat*, reference in case of — *Notadresse*
neglect *Nachlässigkeit, Fahrlässigkeit, Vernachlässigung*, gross — *grobe Fahrlässigkeit*, persistent — of duties *beharrliche Weigerung, den Verpflichtungen nachzukommen*, to — *vernachlässigen*
neglectful *nachlässig, fahrlässig*
negligence *Nachlässigkeit, Fahrlässigkeit*, contributory — *zur Schädigung beitragende eigene Fahrlässigkeit des durch fremde Fahrlässigkeit Geschädigten*, gross — *grobe Fahrlässigkeit*
negligent *nachlässig, fahrlässig*
negligible *geringfügig*
negotiability *Begebbarkeit*
negotiable *begebbar, übertragbar*, cheque marked 'not —' *Verrechnungsscheck*, — instrument *Handelspapier*
negotiate *begeben; verhandeln, unterhandeln*, to — a loan jointly

and severally *eine Anleihe zur Gesamthaft aufnehmen*
negotiation *Begebung, Hingabe; Verhandlung, Unterhandlung*
negotiator *Unterhändler*
negotiorum gesto- (gestio) *Geschäftsführer (Geschäftsführung) ohne Auftrag*
neife *Hintersassin, Unfreie*
net *netto,* — net *rein netto,* — profit *Reingewinn*
news service *Nachrichtendienst*
next, — friend *Beistand, nächster Freund, Beistand eines Minderjährigen als Kläger,* — of kin *nächster Verwandter, Intestaterbe des beweglichen Vermögens*
nightwork *Nachtarbeit*
nisi, decree — *vorläufiges (noch nicht rechtskräftiges) Scheidungsurteil,* — prius *eine Klage vor dem* High Court; *Verhandlung vor dem Geschworenengericht in Zivilsachen*
noisome animal *durch Lärm, Aussehen oder Geruch lästiges Tier*
nolle prosequi *Zurücknahme der Klage*
nominal *nominell,* — value *Nennbetrag, Nennwert*
nominate *benennen, bezeichnen*
nomination *Benennung, Bezeichnung; Aufstellung eines Kandidaten für die Wahl*
nominee *Benannter, Vertrauensperson; die Person, an deren Leben eine Rente oder Pacht haftet*
non-acceptance *Acceptverweigerung*
non-acknowledgment *Nichtanerkennung*
non-age *Minderjährigkeit*
non-aged *minderjährig*
non-alienation *Nichtveräußerung*
non-appealable *unanfechtbar*
non-appearance *Nichterscheinen*
non-appellable *rechtskräftig*
non-Aryan *Nichtarier; nichtarisch*
non-business day *Nichtwerktag*
non-commonable *nicht dem Recht des* common *unterworfen*
non-competence *Unzuständigkeit*
non-competent *unzuständig*
non-compliance *Nichtbefolgung, Zuwiderhandlung*
non compos *unzurechnungsfähig, geisteskrank*
non-conformist *Dissident*
non-contentious *nichtstreitig*
non-delivery *Nichtlieferung, Nichtübergabe*
non-disclosure *Unterlassen der Mitteilung*
non-eligible *nicht wählbar*
non-exercise *Nichtausübung*
non-feasance *Unterlassung gesetzlich vorgeschriebener Handlungen*
non-forfeiture *Unverfallbarkeit*
non-fulfilment *Nichterfüllung*
non-indictible offence *Delikt, das im summarischen Verfahren verfolgt werden muß*
non-interest-bearing *unverzinslich*
non-joinder *Nicht-Ausdehnung einer Klage auf jemand*
non-life insurance *Sachversicherung*
non-member *Nichtmitglied*
non-observance *Nichtbeobachtung*
non-payment *Nichtzahlung*
non-performance *Nichterfüllung*
non-privileged *nicht bevorrechtet,* — separate property *Sondergut*
non-recurrent, non-recurring *einmalig, nicht wiederkehrend*
nonsuit *eine Klage zurückziehen, eine Klage abweisen,* judgment of — *Klageabweisung wegen ungenügenden Beweismaterials*
non-user *Nichtgebrauch*
notarial *notariell,* — act *notarielle Verhandlung*
notary public *(öffentlicher) Notar,* notary's office *Notariat*
note *Note, Banknote; Wechsel; Notiz, Vermerk, Anmerkung,* — of hand, promissory — *Handschein, eigener Wechsel,* —

issue *Notenausgabe*, to take — *Notiz nehmen, vermerken, notieren*, to — a bill *Acceptverweigerung auf der Rückseite eines Wechsels vermerken*

noteholder *Noteninhaber*

notice *Kündigung; Nachricht, Notiz; Ankündigung, Anmeldung, Mitteilung, Benachrichtigung*, at a months' — *mit monatlicher Kündigung*, subject to six months' — *mit halbjährlicher Kündigung*, period of — *Kündigungsfrist*, right of — *Kündigungsrecht*, to give — *kündigen* (to quit *dem Mieter*, of redemption *dem Hypothekengläubiger); ankündigen, benachrichtigen*, to give — of claim *Schaden anmelden*, to have — *Kenntnis haben*

notification *Anzeige, Anmeldung, Meldung, Mitteilung, Benachrichtigung*, public — *Bekanntmachung*

notify *anzeigen, anmelden, melden, bekanntmachen, mitteilen*

notion *Begriff*

notoriety *Offenkundigkeit*

notorious *offenkundig, notorisch*

novation *Novation, Ersetzung einer bestehenden Verpflichtung durch eine neue*

nuisance *Belästigung, Unfug, Störung, Ruhestörung, Polizeiwidrigkeit, schädigender Zustand*

null *nichtig*, — and void *nichtig, null und nichtig*

nullification *Annullierung*

nullify *annullieren*

nullity *Nichtigkeit*, action for —, — suit *Nichtigkeitsklage*, plea of — *Nichtigkeitsbeschwerde*

number *Nummer*, reference — *Aktenzeichen, Geschäftsnummer*, running —, serial — *laufende Nummer*, from among their own — *aus ihrer Mitte*

numerically *zahlenmäßig, ziffernmäßig*

nuncupative will *mündliches Testament vor Zeugen*

O

oath *Eid, Schwur*, on —, under — *eidlich, unter Eid*, in lieu of — *an Eidesstatt*, without — *unvereidigt*, to administer an —, to put a person on his — *Eid abnehmen*, to affirm in lieu of — *an Eidesstatt versichern*, to break one's — *eidbrüchig werden*, to make —, to swear an —, to take — *Eid leisten, Eid schwören*, to tender an — *Eid zuschieben*

object *Widerspruch erheben, Einspruch erheben, Einwendungen machen, beanstanden*

objection *Widerspruch, Einspruch, Einwand, Rechtseinwand, Einrede, Beanstandung*, to lodge an — *Widerspruch einreichen*, to raise an — *Einwand erheben*

obligated *verpflichtet*

obligation *Verpflichtung, Schuld, Verbindlichkeit, Obligation, Schuldverhältnis, Schuldverschreibung*, cautionary — *Garantieverpflichtung*, legal — *rechtliche Bindung*, to be under an — *verpflichtet sein*, to be under no — *nicht verpflichtet sein*, to put under an — *verpflichten*

obligatory *bindend, obligatorisch*

obligee *Berechtigter, Forderungsberechtigter*

obligor *Schuldner, Verpflichteter*

obscene, — conduct *unzüchtige Handlungen*, — literature *pornographische Literatur*, — publications *pornographische Veröffentlichungen*

observance *Einhaltung, Beobachtung*
observe *einhalten, beobachten*
obsolete *veraltet*
obtain *erhalten; erzielen, erwirken; einholen; gelten, herrschen*
occasions, on particular *in Einzelfällen*
occupancy *Besitz; Okkupation, Aneignung*
occupant *Inhaber,* — at will *prekarischer Besitzer*
occupation *Beschäftigung, Beruf; Besitz; Einnahme, Okkupation, Besetzung,* right of — *Besitzrecht*
occupy *einnehmen, besetzen, inne haben,* occupied territory *besetztes Gebiet*
offence *Vergehen, Delikt; Aergernis; Verstoß; Beleidigung,* to give — *Anstoß erregen*
offend *verstoßen, zuwiderhandeln; beleidigen,* offended party *Beleidigter*
offender *Verbrecher, Delinquent; Beleidiger,* youthful — *jugendlicher Verbrecher*
offensive *beleidigend*
offer *Angebot, Antrag, Offerte,* — price *Briefkurs,* — quotation *Briefnotiz,* to make a firm — *an die Hand geben,* to have the first — *an der Hand haben,* to — *anbieten, antragen*
office *Amt; Dienstraum, Bureau (Büro), Dienststelle, Geschäftsstelle; Geschäftsraum, Kontor,* discharge from — *Amtsenthebung,* registered — *eingetragene Niederlassung*
officer *Beamter; Offizier,* medical — *Amtsarzt*
official *Beamter; amtlich, dienstlich,* — authority, — power *Amtsgewalt,* — dress, — robe *Amtskleidung,* — duty *Amtspflicht,* — seal *Amtssiegel*
old age, — endowment *Altersversorgungs-Versicherung,* — insurance *Altersversicherung,* — pension *Altersrente*
old marks *Warenzeichen im Gebrauch vor 1875*
omission *Unterlassung, Auslassung*
omit *unterlassen, auslassen*
one-man firm *Einzelfirma*
onerous, — clause *lästige Bedingung,* — property *lästiger Besitz*
one-sided *einseitig*
onus of proof *Beweislast*
open *offen,* in — court *vor öffentlichem Gericht, in öffentlicher Sitzung,* to — *eröffnen,* to be — *offen stehen, freistehen*
opening *Eröffnung; eine sich auftuende Gelegenheit*
operate *betreiben,* operating receipts *Betriebseinnahmen,* operating revenues and expenditures *Betriebseinnahmen und -ausgaben*
operation *Wirkung, Wirksamkeit, Rechtswirksamkeit; Anwendung; Operation; Betrieb,* by — of *kraft,* by — of the law *von Gesetzes wegen,* to be in — *in Kraft sein,* to come into — *in Kraft treten,* to put into — *in Betrieb setzen,* cost of — *Betriebskosten*
operative *wirksam, rechtswirksam*
operativeness *Wirksamkeit*
opinion *Ansicht, Meinung; Gutachten,* difference of — *Meinungsverschiedenheit,* expert's — *Sachverständigen-Gutachten,* to deliver an — *ein Gutachten abgeben*
opponent *Gegner*
opposing party *Gegenpartei*
oppressive *unbillig hart*
opt *optieren,* right to — *Optionsrecht*
option *Belieben, Option, Wahl,* (options) *Prämiengeschäft, Prämie,* — to call *Vorprämie, Wahl zu kaufen,* double — *Stellgeschäft,* buyer's — to double *Nochgeschäft auf Nehmen,* sel-

ler's — to double *Nochgeschäft auf Geben*, — to put *Nachprämie, Wahl zu geben*, to have an — for *die Option haben*, at his — *nach seiner Wahl*

optional *beliebig, fakultativ*

oral *mündlich*, — hearing *mündliche Verhandlung*

ordain *verordnen*

order *Auftrag, Befehl, Anordnung; Bestellung, Order, Anweisung; Ordnung; Verordnung, Verfügung*, — of the court *Gerichtsbeschluß*, — to deliver *Lieferungsanweisung*, executive — *Ausführungsverordnung*, instrument to — *Orderpapier*, — to pay *Zahlungsanweisung*, — ticket *Bestellzettel*, to — *an Order*, to be made out to —, to be payable to — *an Order lauten, auf den Namen lauten*, to issue to — *an Order stellen*, to own — *an eigene Order*, to place an — *einen Auftrag vergeben*, to — *beauftragen, befehlen, bestellen, anordnen*

ordinance *Verordnung*

ordinary *gewöhnlich, gemein*, — court *ordentliches Gericht*

organisation *Gründung, Organisation*

organise *gründen, aufziehen, organisieren*

origin *Ursprung, Herkunft*, certificate of — *Ursprungszeugnis*, indication of — *Herkunftsbezeichnung, Ursprungsbezeichnung*, State of — *Heimatsstaat*

original *Urschrift, Original; ursprünglich*, in the — *urschriftlich*

orphan-minor *alleinstehender Minderjähriger*

otherwise *sonst, anderweitig; alias*

oust *exmittieren, außer Besitz setzen*

ouster *Immobiliarrechtsstörung*

ousterlemain *Auslieferung des Grundbesitzes an ein Mündel bei Großjährigkeit*, to — *die Krone durch Urteil außer Besitz setzen*

outbid *überbieten*

outdoor staff *im Außendienst tätige Personen*

outfit *Aussteuer, Ausstattung*

outgoing *ausscheidend*, outgoings, outgo *Ausgaben*

outlaw *Geächteter*, to — *ächten*, outlawed *geächtet, rechtlos, (am.) verjährt*

outlawry *Aechtung, Rechtlosigkeit*

outlay *Aufwendung, Auslagen*

outlet *Absatzgebiet*

outpayment *Außenzahlung*

output *Ertrag, Produktion*

outrun one's credit *seinen Kredit überschreiten*

outset, from the *von Anfang an*

outstand *ausstehen, umlaufen*

outstanding *ausstehend, unbezahlt, im Umlauf befindlich, umlaufend*, — debts, outstandings *Außenstände*

overdraw *überziehen (Konto)*

overdue *überfällig, verfallen, rückständig*

overhanging branches *Ueberhang*

overhaul *überholen, nachsehen*

overhead, — cost, — expenses *Regiekosten, allgemeine Unkosten, Handlungsunkosten*, — price *Preis einschließlich der Regiekosten*

over-indebtedness *Ueberschuldung*

over-insurance *Ueberversicherung*

overland *überland*

overleaf *umseitig*

overload *überladen*

overplus *Ueberschuß*

over-proceeds *Mehrerlös*

overreach *übervorteilen; übergreifen*

overriding charges *nicht erstattungsfähiger Teil der Anwaltskosten*

overrule *vorgehen vor, Ausschlag geben, umstoßen*

oversea, overseas *Uebersee*

overstaffed, to be *zu großes Personal haben*

overstated *zu hoch angegeben, übersetzt*

overstep *überschreiten*

overstock, to be overstocked *zu großes Lager führen*

oversubscribe *überzeichnen*

overt, — act *in verbrecherischer Absicht tatsächlich begangene Handlung*, market — *offener Markt*

owe *schulden, schuldig sein*

owing *schuldig, geschuldet*, — to *infolge von*, debts — by or — to him *seine Schulden oder Forderungen*

own *eigen*, to — *zu eigen besitzen; eingestehen*, to — order *an eigene Order*

owner *Eigentümer*, bona fide — *gutgläubiger Eigentümer*, —'s land charge, —'s equity *Eigentümergrundschuld*, managing —, representative — *Korrespondentreeder, Schiffsdisponent, Schiffsdirektor*, rightful — *rechtmäßiger Eigentümer*

ownerless *herrenlos*

ownership *Eigentum, Eigentumsrecht*, claim of — *Eigentumsanspruch*, devolution of — *Eigentumsübergang*, reputed — *anscheinendes Eigentum*, transfer of —, transmission of — *Eigentumsübertragung*, undisputed — *unbestrittenes Eigentum*, to acquire the — *Eigentum erwerben*, to convey — *Eigentum verschaffen*, to obtain — *Eigentum erlangen*, to transfer — *Eigentum übertragen*

oyer and terminer, commissions of *Anweisung an den Richter, Sachen vor den Assizes zu verhandeln*

P

package *Frachtstück, Paket*

packing *Verpackung, Packung*, defective —, improper — *mangelhafte Verpackung*, — extra, without — *ohne Verpackung*, — included *Verpackung frei*

paid-up *vollbezahlt, voll eingezahlt*

pain, under — of *bei Strafe*

pair off *abpaaren (bei einer Abstimmung im Parlament)*

pais, in — *im Lande*, conveyance in — *Uebertragung zwischen Personen an Ort und Stelle*, estoppel in — *siehe* estoppel, trial per — *Schwurgerichtsverfahren*

pander *Kuppler*

paper *Papier; Broschüre, Aufsatz, Text eines Vortrages*, — currency *Papierwährung*, — mark *Papiermark*, — money *Papiergeld*, papers *Papiere, (schriftliche) Unterlagen*

par *pari*, — of exchange *Parikurs*, above — *über pari*, at — *zu pari, zum Parikurs*, below — *unter pari*

paragraph *Paragraph, Abschnitt, Absatz*

paramount, lord *oberster Lehnsherr*

paraphernalia *Paraphernalvermögen*

parcel *Paket; Parzelle*, — goods *Stückgüter*, — of goods *Partie Waren*, — post *Paketpost*, postal — *Postsendung*, — of shares *Aktienpaket*, bill of parcels *Faktura*

parcener *Miteigentümer von Grundbesitz auf Grund von Erbfolge*

pardon *Begnadigung*

parent, — firm *Muttergesellschaft*, — house *Mutterhaus*

parental *elterlich,* — guardian *Inhaber der elterlichen Gewalt,* — power *elterliche Gewalt*

parish *Gemeinde, Kirchspiel, Pfarrbezirk*

parity *Parität*

parliament *Parlament,* act of — *Gesetz, Parlamentsakte*

parliamentary *parlamentarisch,* — grant *Bewilligung des Parlaments*

parole *mündlich; mündlich oder schriftlich aber nicht unter Siegel,* — debt *formlos eingegangene Schuld,* — evidence *mündliche Vernehmung*

part *Teil, Bestandteil,* component —, integral — *Bestandteil,* essential, non-essential component — *wesentlicher, unwesentlicher Bestandteil,* (party) of the first —, of the second — *einerseits, andererseits,* spare — *Ersatzteil*

participant *Teilnehmer, Teilhaber*

participate *sich beteiligen*

participation *Beteiligung,* — certificate *Anteilscheine*

particulars *Einzelangaben, Einzelheiten, nähere Angaben,* with full — *mit allen Einzelheiten*

partition *Teilung, Verteilung, Auseinandersetzung,* — of an inheritance *Erbauseinandersetzung,* — scheme of — *Auseinandersetzungsplan, Teilungsplan*

partner *Teilhaber, Geschäftsteilhaber, Gesellschafter,* acting —, working — *tätiger Gesellschafter,* full —, general —, personally liable —, responsible — *persönlich (unbeschränkt) haftender Gesellschafter,* managing —, chief — *geschäftsführender Gesellschafter,* sleeping —, dormant —, special — *stiller Gesellschafter,* limited — *Kommanditist,* unlimited — *Komplementär*

partnership *Gesellschaft (von 2 bis 20 Mitgliedern), Teilhaberschaft,* general — *Handelsgesellschaft mit solidarischer Haftbarkeit,* limited — *Kommanditgesellschaft,* — with limited liability *Gesellschaft mit beschränkter Haftung,* mercantile — *Handelsgesellschaft,* unlimited mercantile — *offene Handelsgesellschaft,* sleeping —, dormant — *stille Teilhaberschaft,* — contract *Gesellschaftsvertrag,* — firm *Gesellschaftsfirma,* — funds *Gesellschaftskapital, Gesellschaftskasse,* — property *Gesellschaftsvermögen,* — at will *Gesellschaft auf unbestimmte Zeit, die jederzeit durch Kündigung beendet werden kann,* contribution to — capital *Kommanditeinlage*

part-owner *Miteigentümer*

part-payment *Teilzahlung, Abschlagszahlung*

party *Partei, Person,* — to the contract *Vertragspartei,* — and — costs *Parteikosten,* — interested, — concerned *Mitbeteiligter, Interessent,* act of the parties *Parteihandlung,* third parties *Dritte,* to be a — to *beteiligt sein an*

pass *übergehen, übergeben,* to — off as *ausgeben für,* to — over *auslassen, übergehen,* to — to account *buchen,* to — an Act *ein Gesetz annehmen,* to — a resolution *beschließen*

passage *Ueberfahrt,* — contract *Ueberfahrtsvertrag,* — moneys *Ueberfahrtsgelder,* right of — *Wegerecht,* — of an Act *Annahme eines Gesetzes*

pass-book *Bankbuch, Kontobuch*

passenger *Fahrgast, Passagier,* — carriage *Personentransport,* —'s luggage *Passagiergepäck,* — ship *Personenschiff,* — tariff *Personentarif,* — traffic *Personenverkehr,* by — train *als Eilgut*

passive resistance *passiver Widerstand*

passport *Paß*

pasture, common of —, right of — *Weiderecht*

patent *Patent*, — agent, *(am.)* — attorney *Patentanwalt*, — claim *Patentanspruch*, — holder *Patentinhaber*, — law *Patentrecht*, letters — *Patent*, — office *Patentamt*, — rights *Patentrechte*, application for letters — *Patentanmeldung*, exploitation of a — *Patentverwertung*, to apply for a — *Patent anmelden*, to exploit a — *Patent verwerten*, to take out a — *patentieren lassen, ein Patent nehmen*, to work a — *Patent ausüben*, to — *patentieren*

patentable *patentfähig*

patentee *Patentinhaber*

patentor *Patentgeber*

paternity *Vaterschaft*

pattern *Muster, Probe*, to — *nach Muster, nach Probe*

pauper *unter Armenrecht Klagender*

pauperis, to sue in forma *unter Armenrecht klagen*

pawn *Pfand*

pawnable *verpfändbar, lombardfähig*

pawnbroker *Pfandleiher*

pay *zahlen, bezahlen*, to — into *einzahlen*, to — off *abzahlen, abtragen*, to — over *auszahlen*, to — up *(Aktien) einzahlen*

payable *zahlbar*, to be — to bearer *auf den Inhaber lauten*, to be — to órder *auf den Namen lauten*

pay-day *Zahltag, Kassiertag, Stichtag*

payee *derjenige, an den gezahlt wird, Zahlungsempfänger, Anweisungsempfänger, Nehmer, Wechselnehmer*

payer *Zahler*

paying agent *Zahlstelle, Zahlungsagent*

payment *Zahlung, Bezahlung, Einzahlung, Auszahlung*, — on account *Anzahlung, Abschlagszahlung*, conditions (terms) of — *Zahlungsbedingungen*, day of — *Zahlungstag*, in — *zahlungshalber, als Zahlung*, in lieu of — *an Zahlungsstatt*, means (instruments) of — *Zahlungsmittel*, order for —, — summons *Zahlungsbefehl*, place of — *Zahlungsort*, — supra protest *Zahlung unter Protest*, stoppage for — *Zahlungssperre*, time for — *Zahlungszeit*, suspension of payments *Zahlungseinstellung*, to make — *Zahlung leisten*, to suspend (stop) payments *Zahlung einstellen*, to receive in — *in Zahlung nehmen*

peace *Frieden*, breach of the — *Friedensbruch*, justice of the — *Friedensrichter*, the King's —, public — *Landfrieden*, treaty of — *Friedensvertrag*

peak, — amount *Spitze*, — performance *Spitzenleistung*

peculate *veruntreuen*

peculation *Veruntreuung*

peculator *Veruntreuer*

pecuniary *geldlich, pekuniär*, — advantage *Vermögensvorteil*, — claim *Geldforderung*, — debt *Geldschuld*, — loss *Vermögensverlust, Vermögensnachteil*, — obligations *Geldverbindlichkeiten*, — prejudice *Vermögensnachteil*

pedlar *Hausierer*

peer *Pair*

peerage *Pairschaft, hoher Adel, Pairswürde*

peeress in her own right *Inhaberin der Pairswürde aus eigenem Recht*

penal *strafbar; strafrechtlich*, — clause *Strafbestimmung*, — code *Strafgesetzbuch*, — law *Strafrecht, Strafgesetz*, — legislation

Strafgesetzgebung, — servitude *Zuchthausstrafe*

penalty *Strafe, Geldstrafe, Vertragsstrafe,* stipulated — *Vertragsstrafe*

pendency *Anhängigkeit,* — of action *Rechtshängigkeit*

pending *anhängig; während,* — at law, — in court *rechtshängig*

peppercorn rent *nur nomineller Pacht- oder Mietzins*

per cent. *Prozent*

per mil. *Promille*

per my et per tout *für das halbe und das Ganze*

per pro *per Prokura*

per tout et non per my *gemeinsam wie eine Person*

percentage *Prozentsatz, Tantieme*

peremptory term *Notfrist*

perform *leisten, erfüllen, ausführen, vollziehen, vornehmen*

performance *Leistung, Erfüllung, Ausführung, Vollziehung, Vornahme,* part — *Teilerfüllung,* — in favour of a third party *Leistung an einen Dritten,* place of — *Leistungsort, Erfüllungsort,* time of — *Leistungszeit, Erfüllungszeit,* contemporaneous —, simultaneous — *Erfüllung Zug um Zug,* specific — *effektive Erfüllung*

period *Frist; Dauer, Geltungsdauer; Zeitpunkt; Zeitabschnitt; Zeitraum, Zeitspanne, Periode*

periodical *regelmäßig wiederkehrend; Zeitschrift,* — payments *wiederkehrende Leistungen*

perishable *verderblich, leichtverderblich,* of a — nature *dem Verderb ausgesetzt*

perjure, to — one's self *meineidig werden*

perjured *meineidig*

perjurer *Meineidiger*

perjury *Meineid, Eidbruch,* to commit — *meineidig werden*

permanent *ständig, dauernd*

permissibility *Zulässigkeit*

permissible *zulässig*

permission *Erlaubnis*

permissive *gestattend*

permit *Erlaubnisschein, Passierschein; (schriftliche) Genehmigung,* to obtain the necessary permits *die erforderlichen Genehmigungen erwirken,* to — *erlauben, gestatten,* permitted *zulässig, erlaubt*

pernancy of profits *Genuß des Ertrages*

perpetrate *begehen, verüben*

perpetration *Begehung, Verübung*

perpetrator *Begeher, Verüber, Täter*

perpetual *dauernd, unkündbar*

perpetuity *ewig dauerndes Recht*

perquisite *Selbsterworbenes*

perquisites *Nebengebühren*

perquisitor *Selbsterwerber*

person *Person,* dependent — *abhängige Person,* independent — *unabhängige Person,* juristic —, legal —, artificial — *juristische Person,* natural —, physical — *natürliche Person,* young — *Jugendlicher,* in — *persönlich, in Person*

personable *rechtsfähig*

personal *persönlich; (von Vermögen) beweglich,* — in himself *in seiner Person liegend,* — representative *Erbschaftsverwalter, Nachlaßverwalter,* — share *Namensaktie,* things — *bewegliche Sachen,* to sign personally *eigenhändig unterzeichnen*

personality, legal *Rechtspersönlichkeit*

personalty *Mobiliarvermögen*

personate *sich ausgeben für*

personnel *Personal,* expenditure on — *Personalausgaben*

pertinent *zugehörig*

petition *Eingabe, Gesuch, Petition, schriftlicher Antrag,* — for the exercise of His Majesty's mercy *Gnadengesuch*, — for a divorce *Klage auf Scheidung*, — of right *Klage gegen die Krone*, right of — *Petitionsrecht*, to — *beantragen, ein Gesuch einreichen, petitionieren*

petitioner *Gesuchsteller; Kläger vor dem* Divorce Court

petty *geringfügig*

physical, — assets *Sachwerte*, — examination *körperliche Untersuchung*, — person *natürliche Person*

pickpocket *Taschendieb*

picturise *verfilmen*

piece *Stück*, — goods *Stückgut, Stückwaren*, — wages *Stücklohn, Akkordlohn*

pilfer *entwenden*

pilferage and theft risk *Diebstahlsgefahr*

pilot *Lotse; Flugzeugführer*, to — *lotsen*, to — in *einlotsen*, to — out *auslotsen*, to — through *durchlotsen*

pilotage *Lotsengeld*, — inwards *Lotsengeld beim Eingang*, — outwards *Lotsengeld beim Ausgang*, compulsory — *Lotsenzwang*

pin-money *Nadelgeld*

piracy *Seeraub, Verbrechen auf See; Verletzung des Urheberrechtes*

piscary, right of *Fischereirecht*

pithead price *Preis frei Grube*

placard *Plakat*, to — *anschlagen, öffentlich anheften*

place *Ort, Platz*, in the first — *in erster Linie*, — of discharge *Löschungsplatz*, to — *unterbringen*, to — orders *Aufträge vergeben*

placement *Unterbringung, Vergebung*

plaint *Klage, Klageschrift*

plaintiff *Kläger*, —'s counsel *Prozeßbevollmächtigter*

planning *Planung*, economic — *Planwirtschaft*

planned, — economy *Wirtschaftslenkung*, — labour *Arbeitslenkung*

plant *Anlage, Einrichtung*

plays, examiner of *Theaterzensor*

plea *Einrede, Einspruch, Einwand, Rechtseinwand, Einwendung; Gesuch, Bitte*, — in abatement *siehe unter* abatement, — of confession and avoidance *eigentliche Einrede*, dilatory — *aufschiebende Einrede*, peremptory —, — in bar *peremtorische Einrede*, permanent — *dauernde Einrede*, to put in a — *eine Einrede vorbringen, einen Einwand erheben*

plead *einwenden, vorbringen, geltend machen, plädieren*, to — a cause *eine Sache vertreten*, to — guilty *sich schuldig bekennen*

pleadings *Verhandlungen vor Gericht, Plaidoyer*, written — *Schriftsatz, Prozeßschriften*

plebiscite *Volksabstimmung*

pledge *Pfand, Verpfändung*, dead — *Faustpfand*, holder of a — *Pfandhaber*, right of — *Pfandrecht*, to accept as — *zu Pfand nehmen*, to hold as — *als Pfand haben*, to redeem a — *ein Pfand einlösen*, fit to serve as a — *pfandbar*, by way of a — *pfandweise*, to — *verpfänden*, pledged property *Pfandgut*

pledgee *Pfandgläubiger, Pfandnehmer, Pfandhaber*

pledger, pledgor *Pfandschuldner, Pfandgeber, Verpfänder*

plenary session *Vollsitzung, Plenarsitzung*

plot *Grundstück, Parzelle*

ploughbote *Recht des* copyholder *auf Holzentnahme zur Ausbesserung der landwirtschaftlichen Geräte* plurality *Mehrheit*, — of debtors and creditors *Mehrheit von Schuldnern und Gläubigern*, — of heirs *Mehrheit von Erben*

poach *wildern*, poaching *Wilddieberei*

poacher *Wilddieb*

pocket, out of — expenses *Auslagen aus eigener Tasche*

point out *hinweisen auf*

poison *Gift*, to — *vergiften*

poisoner *Giftmörder, Giftmischer*

poisoning *Vergiftung*, illuminated gas — *Leuchtgasvergiftung*

police *Polizei*, — custody *polizeiliche Verwahrung*, — officer *Polizist, Polizeibeamter*, — regulation *Polizeiverordnung*, — station *Polizeirevier*, supervision of the — *Polizeiaufsicht*, to place under — supervision *unter Polizeiaufsicht stellen*, to — *die Polizeigewalt ausüben*, Police Court *Polizeigericht*

policeman *Polizist, Schutzmann*

policy *Police, Versicherungsschein*, blank —, — form *Policenformular*, floating — *laufende, (schwebende, ambulante) Police*, free — *prämienfreie Versicherung*, —-holder *Versicherungsnehmer, Policeninhaber*, undivided —-holders' profit *Dividendenreserve*, open — *offene Police, Police ohne Wertangabe*, — reserve *Prämienreserve, Deckungskapital*, running general — *laufende Pauschalpolice*, subsequent — *Nachversicherung*, valued — *taxierte Police, Police mit Wertangabe*, voidance of — *Rücktritt von einer Versicherung*, voyage — *Reisepolice*, world-wide — *Weltpolice*, — year *Versicherungsjahr*

political *politisch*, — law *Staatsrecht*, — offender *politischer Verbrecher*

poll *namentliche Abstimmung*, deed — *einseitiger Vertrag, einseitige Erklärung*

polling district *Abstimmungsbezirk*

pool *Vereinigung mehrerer Personen zu einer Unternehmung auf Anteile zu gleicher Beteiligung an Gewinn und Verlust entsprechend dem Anteil, Ring*

poor, — laws *Armengesetz*, — rate *Armensteuer*, — relief *Armenfürsorge*

port *Hafen*, — of call *Anlegehafen*, — charges, — dues *Hafengeld*, — of delivery, — of discharge *Löschungshafen*, — of departure *Abgangshafen*, — of emergency (distress, refuge) *Nothafen*, — of entry *Eingangshafen*, free — *Freihafen*, home —, — of registry *Heimathafen*, inner — *Binnenhafen*, — of lading, — of shipment *Einschiffungshafen*, — of loading *Ladungshafen*, — warden *Hafenkapitän, Hafenmeister*, to call at a —, to touch a — *einen Hafen anlaufen*

portage *Frachtlohn*

portfolio *Portefeuille*

portion *Teil, Anteil*, compulsory —, legal — *Pflichtteil*, claim to a compulsory — *Pflichtteilsanspruch*, right to a compulsory — *Pflichtteilsrecht*

position as per *Stand vom*

possess *besitzen*

possession *Besitz*, actual —, — in fact *tatsächlicher Besitz*, adverse — *fehlerhafter, nichtberechtigter Besitz, Ersitzung*, constructive — *fingierter Besitz*, direct — *unmittelbarer Besitz*, faulty — *fehlerhafter Besitz*, indirect — *mittelbarer Besitz*, lawful — *rechtmäßiger Besitz*, legal — *Besitzrecht*, to be in — *im Besitz sein*, to enter into —, to take — *in Besitz nehmen*, to hold —

besitzen, to put into — *in Besitz setzen*

possessor *Besitzer, Inhaber,* —'s assistant *Besitzgehilfe,* —'s servant *Besitzdiener,* adverse — *nichtberechtigter Besitzer*

possessory *besitzrechtlich, besitzmäßig, possessorisch,* — property *besitzmäßiges Eigentum,* — title *Besitztitel*

post *Post,* — office *Postamt,* to — *aufgeben, aufliefern, zur Post geben*

postage *Porto*

postal, — cheque *Postscheck,* — cheque account *Postscheckkonto,* — cheque traffic *Postscheckverkehr,* — order *Postanweisung,* — parcel (packet) *Postsendung,* secrecy of the — service *Postgeheimnis,* Postal Union *Weltpostverein*

post-date *nachdatieren*

posted, to keep — as to *fortlaufend unterrichten über*

poster *Anschlagzettel, Plakat*

posthumous *nachgeboren; nach dem Tode des Verfassers veröffentlicht*

postmark *Poststempel*

post-mortem examination *Leichenschau*

postnatus *zweiter Sohn*

post-obit bond *Schuldschein mit der Verpflichtung der Zahlung nach dem Tode einer Person*

postponable *aufschiebbar*

postpone *aufschieben*

postponement *Aufschiebung*

post-stamp *Briefmarke, Freimarke*

post-war *Nachkriegs-,* — times *Nachkriegszeit*

potestative condition *Potestativbedingung*

poundage *nach dem Gewicht erhobener Zoll; Pfändungsgebühr des Sheriffs*

power *Gewalt, Befugnis, Macht; Mandat,* — of agency *Vertretungsbefugnis,* (written) — of agency *Vollmachtsurkunde,* — of attorney, full — *Vollmacht,* parental — *elterliche Gewalt*

Powers, the Allied and Associated — *die alliierten und assoziierten Mächte,* the Central — *die Mittelmächte*

practicability *praktische Ausführbarkeit, Tunlichkeit, Durchführbarkeit*

practicable *praktisch ausführbar, tunlich, durchführbar*

practical *praktisch*

practice *Praxis*

practise *praktizieren, ausüben, verwerten*

practitioner, general *praktischer Arzt*

precarious *aufkündbar, nicht sicher*

precedence *Vorrang, Priorität,* order of — *Rangordnung*

precedent *Präzedenz, Präjudiz, Vorentscheidung, Präzedenzfall,* without — *ohne Präzedenz,* case in — *Präzedenzfall*

pre-censorship *Vorzensur*

preciput, by way of *als Voraus*

preclude *ausschließen*

preclusion *Ausschluß*

predecease *vorher sterben*

predecessor *Vorgänger,* — in title *Rechtsvorgänger*

pre-emption *Vorkauf,* right of — *Vorkaufsrecht,* real right of — *dingliches Vorkaufsrecht*

prefer *vorziehen; vorbringen,* to — a claim *eine Forderung geltend machen,* preferred *Vorzugs-*

preference *Vorzug, Vorrang, Priorität,* — share *Vorzugsaktie,* — shareholder *Inhaber von Vorzugsaktien, Vorzugsaktionär*

preferential *bevorrechtigt,* — payments in bankruptcy *bevorrechtigte Zahlungen im Konkurs,* — creditor *Vorzugsgläubiger,* — duty

Vorzugszoll, — right *Vorzugsrecht*, — share *Vorzugsaktie*, — tariff *Vorzugstarif*, by way of —, benefit *als Voraus*
pregnancy *Schwangerschaft*
pregnant *schwanger*
prejudge *präjudizieren*
prejudice *Nachteil, Schaden, Rechtsnachteil, Präjudiz*, without — *unbeschadet; ohne Präjudiz, mit Vorbehalt der Rechte, ohne Obligo*, to — *schädigen, verletzen, beeinträchtigen, präjudizieren*
prejudicial *nachteilig, schädlich, benachteiligend*, — inquiry *Voruntersuchung*
preliminary *vorläufig*, — examination *Vorverhör*, — inquiry *Voruntersuchung*, — proceedings *Vorverfahren*
premature *vorzeitig*
premeditated *vorbedacht*
premeditation *Vorbedacht, Ueberlegung*
premises *Geschäftsräume, Wohnräume, Grundstück, Anwesen; die eingangs dargelegten Umstände*
premium *Agio, Aufgeld; Prämie; Versicherungsbeitrag*, — paying period *Dauer der Prämienzahlung*, at a — *über pari*
prepare *herstellen, aufstellen, vorbereiten*
prepared *bereit*
prepay *vorausbezahlen*
prepayment *Vorausbezahlung*
prepense, with malice *böswillig und mit Vorbedacht*
prepossessor *Vorbesitzer*
prerogative *Hoheitsrecht*, — of the crown, royal — *königliches Vorrecht*
prescribed *vorgeschrieben; verjährt*
prescription *Vorschrift; Verjährung, zum Recht gewordene Gewohnheit; ärztliches Rezept*, interruption of —, suspension of — *Unterbrechung, Hemmung der Verjährung*, period of — *Verjährungsfrist*, positive — *Acquisitivverjährung*, by — *durch langjährige Ausübung*
prescriptive *durch Verjährung erworben*
present *vorzeigen, einreichen, präsentieren*
presentation *Vorzeigung, Einreichung, Präsentation*
presenter *Vorzeiger, Einreicher, Präsentant*
presentment *Erklärung der Geschworenen*
presents, these *vorliegendes Schriftstück*
preside *präsidieren, den Vorsitz haben*
president *Präsident*
press, — copy *Preßkopie*, — laws *Preßgesetze*, liberty of the — *Pressefreiheit*, the Press *die Presse*
pressure *Druck*, to exercise — *einen Druck ausüben*
presumable *vermutlich*
presume *vermuten, annehmen, voraussetzen, unterstellen*
presumption *Vermutung*, — of law *Rechtsvermutung*
presumptive *mutmaßlich*, heir — to the throne *mutmaßlicher Thronerbe*, — loss *Verschollenheit (eines Schiffes)*, — proof of death *Todespräsumption*
pretence, in *zum Schein*
pretences, false *Vorspiegelung falscher Tatsachen*
pretended transaction *Scheingeschäft*
prevail *ausschlaggebend sein, vorherrschen*, prevailing circumstances *herrschende Verhältnisse*
prevarication *Einverständnis mit der Gegenpartei*
preventive custody *Schutzhaft*

pre-war *Vorkriegs-, Friedens-,* — times *Vorkriegszeit*

price *Preis,* buying — *Kaufpreis,* closing — *letzter Kurs, Schlußkurs,* contracted — *Lieferpreis,* middle — *mittlerer Kurs, Mittelkurs,* office of — control *Preisbildungsstelle,* opening — *erster Kurs, Anfangskurs,* selling — *Verkaufspreis,* at best — *bestens,* fall of prices *Preissturz,* office for supervision of prices *Preisüberwachungsstelle*

price-cutting *Preisdrückerei*

price-list *Preisliste; Kurszettel*

prima facie evidence *Rechtsvermutung, glaubhafter Beweis, widerlegbarer Beweis*

primage *Primage, Kaplaken, Vorkosten, Primgeld*

prime, — cost *Einkaufspreis, Gestehungspreis, Kostenpreis,* — entry *vorläufige Zollangabe,* — minister *Premierminister*

principal *Vollmachtgeber, Auftraggeber, Kommittent, Dienstberechtigter, Arbeitgeber, Prinzipal; Haupttäter; Kapital (im Gegensatz zu den Zinsen),* — debtor *Hauptschuldner*

principle *Grundsatz,* on —, of — *grundsätzlich*

priority *Vorrang, Priorität,* to take — *Vorrang haben*

prisage *altes Prisenrecht*

prison *Gefängnis*

prisoner *Gefangener, Angeklagter*

private *privat,* — credit *Personalkredit,* — law *Privatrecht,* — person *Privatperson,* — property *Privatvermögen, Privateigentum,* a — soldier *gemeiner Soldat,* by — contract *freihändig*

privateer *Kaperschiff; Kapitän eines Kaperschiffes*

privilege *Vorrecht, Sonderrecht, Privileg,* writ of — *Befehl jemand aus der Haft zu entlassen*

privileged *bevorrechtigt*

privity *Mitwissen; gemeinsame Interessenbeziehung, Mitbeteiligung,* — of estate *Gemeinschaft des Interesses am Grundbesitz*

privy *mitwissend; mitbeteiligt; privat, geheim,* Privy Council *Geheimer Rat, Staatsrat,* Privy Councillor *Mitglied des Geheimen Rats,* Lord Privy Seal *Lord-Geheimsiegelbewahrer*

prize *Prise, Beute; Preis in einem Wettbewerb,* — competition *Preisbewerbung,* — court *Prisengericht,* — money *Prisengeld,* — of war *Kriegsprise,* to condemn as lawful —, to declare a lawful — *als gute Prise erklären,* to make — *als Prise aufbringen*

probate *gerichtliche Testamentsbestätigung, richterliche Anerkennung des Testaments; gerichtliche Abschrift des geprüften Testaments,* Probate Court *Nachlaßgericht,* Probate, Divorce and Admiralty Division, *eine Abteilung des* High Court, to — a will *ein Testament gerichtlich bestätigen lassen*

probation *bedingte Freisprechung; Probe; Beweisführung,* on — *auf Bewährung, mit Bewährungsfrist*

procedure *Verfahren, Prozeßverfahren*

proceed *vorgehen, verfahren, Prozeßverfahren einleiten,* to — against *belangen,* to — from *ausgehen von,* to — to *zu etwas schreiten; sich begeben*

proceedings *Verfahren,* preliminary — *vorbereitendes Verfahren,* written — *Akten,* to institute — *Prozeßverfahren einleiten,* to take legal — *Klage erheben, Prozeß anhängen,* costs of the — *Prozeßkosten,* to order to bear the costs of the — *die Prozeßkosten auferlegen*

proceeds *Erlös, Ertrag*
process *Zustellungsurkunde; (Patent) Verfahren*
prochein amy *nächster Freund, Beistand eines Minderjährigen als Kläger*
proclamation *Bekanntmachung*
proctor *Prokurator, Anwalt an geistlichen und Admiralitätsgerichten; Beamter, der das Recht hat, nach Erlaß eines* decree nisi *zu intervenieren*
procuration *Prokura,* power of — *Prokura,* to give —, to create a power of — *Prokura erteilen,* to have the — *Prokura haben,* to sign by — *per Prokura zeichnen,* by — *in Vollmacht,* joint — *Kollektivprokura*
procure *verschaffen, vermitteln; kuppeln*
procurer *Kuppler*
prodigal *Verschwender*
prodigality *Verschwendung*
produce *Erzeugnis, Produkt,* — broker *Produktenmakler,* Produce Exchange *Warenbörse, Produktenbörse,* to — *erzeugen, herstellen; vorlegen, beibringen*
product *Produkt, Erzeugnis,* natural products *Rohprodukte*
production *Erzeugung, Herstellung; Vorlegung, Beibringung,* cost of — *Herstellungspreis*
productive *ertragsfähig, produktiv*
productivity *Ertragsfähigkeit, Produktivität*
profanation of the Sabbath *Entheiligung des Sonntags*
profession *Beruf*
professional *gewerbsmäßig*
profit *Gewinn,* interest — *Zinsgewinn,* loss of —, — lost *entgangener Gewinn,* — and loss account *Gewinn- und Verlustrechnung,* share in the — *Gewinnanteil,* — à prendre *Recht etwas wegzunehmen, im Gegensatz zur Benutzung,* — sharing scheme *Gewinnverteilungs-System,* trading — *Geschäftsgewinn,* profits *Nutzungen,* net profits *Reingewinn*
profitable *gewinnbringend*
profiteer, war — *Kriegsgewinnler*
prohibit *verbieten, untersagen*
prohibition *Verbot,* statutory — *gesetzliches Verbot,* — of trade *Handelsverbot,* writ of — *Verfügung, durch die ein Gericht höherer Instanz ein Verfahren vor einem Gericht niederer Instanz aussetzt*
prohibitive *prohibitiv*
prolong *prolongieren, verlängern*
prolongation *Prolongation, Verlängerung*
promise *Versprechen, Leistungsversprechen, vertragliche Hauptleistung,* — of marriage *Heiratsversprechen,* conditional — *bedingte Zusage,* to — *versprechen, zusichern*
promisee *Versprechensempfänger*
promiser, promisor *Versprechensgeber*
promissory, — note *eigener Wechsel, Eigenwechsel, Solawechsel, Verpflichtungsschein, Schuldschein, Promesse,* — oath *Eid der Parlamentsmitglieder*
promote *fördern, gründen; befördern*
promoter *Förderer, Gründer*
promotion *Förderung, Gründung; Beförderung*
promulgate *verkünden*
promulgation *Verkündung*
pronounce *verkünden, aussprechen*
pronouncement *Verkündung*
proof *Beweis, Nachweis, Beleg;* (of debts) *(Konkurs) Anmeldung,* burden of —, onus of — *Beweislast,* documentary — *Beweismittel,* to furnish — *Beweis liefern*

propaganda *Propaganda, Reklame, Werbung*
proper *gehörig, ordnungsmäßig, geeignet, tauglich, richtig*
property *Eigentum, Grundstück, Grundbesitz, Vermögen, Vermögensgegenstand, Guthaben,* division of — *Vermögensauseinandersetzung,* free —, privileged — *freies Vermögen,* immovable — *unbewegliches Vermögen,* inventory of — *Vermögensverzeichnis,* management of — *Vermögensverwaltung,* movable —, personal — *bewegliches Vermögen,* possessory — *besitzmäßiges Eigentum,* private — *Privateigentum, Privatvermögen,* privileged separate — *Vorbehaltsgut,* real — *Grundbesitz,* — register *Grundstücksregister,* — tax *Vermögenssteuer*
proportion *Verhältnis,* in — *im Verhältnis, anteilig*
proportionate *verhältnismäßig, angemessen*
proposal *Vorschlag, Antrag*
proposer *Antragender, Antragsteller*
propound, to — a question *eine Frage vorlegen,* to — a will *auf Anerkennung eines Testaments klagen*
proprietary, — articles *Markenartikel,* — possession *Eigenbesitz,* — possessor *Eigenbesitzer,* — rights *Eigentumsrechte*
proprietor *Eigentümer*
proprietorship register *Verzeichnis der Grundstücksberechtigten, Rechte und Beschränkungen*
pro rata *anteilsmäßig, anteilig, verhältnismäßig*
prorate *(am.) anteilsmäßig verteilen*
prorogation *Vertagung zur nächsten Session*
prorogue *vertagen*
prosecute *verfolgen, verklagen, belangen; betreiben*
prosecution *Verfolgung,* malicious — *böswillige Erhebung einer Klage, arglistige gerichtliche Verfolgung,* witness for the — *Belastungszeuge,* to discharge from — *außer Verfolgung setzen*
prosecutor, public *öffentlicher Ankläger, Staatsanwalt*
prospective *bevorstehend, in Aussicht stehend, zukünftig*
prospectus *Prospekt*
prosperity *Wohlstand,* index of — *Wohlstandsindex*
protect *schützen, wahren; honorieren*
protection *Schutz, Wahrung,* order of — *Schutzverfügung,* to find — *honoriert werden*
protective rights *Schutzrechte*
protectorate *Protektorat, Schutzgebiet*
protest *Einspruch, Protest, Wechselprotest, Verwahrung,* under — *unter Protest,* without — *ohne Protest,* to enter a — *Protest aufnehmen lassen, Einspruch erheben, Verwahrung einlegen,* to make a — *Protest erheben, Verklarung ablegen,* — charges *Protestkosten,* — for non-payment *Protest mangels Zahlung,* time for — *Protestfrist,* to — *protestieren, Verwahrung einlegen*
protestable *protestierbar*
protested, to get — *protestieren lassen,* to be returned — *unter Protest zurückkommen,* to be — at once *sofort zum Protest*
protocol *Protokoll,* to declare on the — *zu Protokoll erklären*
protract *verschleppen, hinziehen*
provable *beweisbar; anmeldbar (beim Konkurs zu berücksichtigen)*
prove *beweisen, nachweisen; anmelden (beim Konkurs),* to — satisfactorily *glaubhaft machen,*

to — the will *das Testament prüfen und bestätigen*

provide *bestimmen, vorsehen; beibringen,* to — for the payment *Anschaffung machen*

provided *vorausgesetzt, unter der Voraussetzung,* — always *immer vorausgesetzt*

provision *Verfügung, Bestimmung, Vorschrift; Anschaffung, Deckung*

provisional *vorläufig, einstweilig, provisorisch, interimistisch,* — decree *einstweilige Verfügung,* — receipt *Interimsquittung*

proviso *Klausel, Vorbehalt,* — clause *Vorbehaltsklausel,* with a — *vorbehaltlich*

provocation *Herausforderung, Reizung*

provoke *herausfordern, reizen*

proxy *Stellvertreter, Stellvertretung, Mandatar,* by — *in Vertretung, in Vollmacht*

public *öffentlich,* — body *öffentlich-rechtliche Anstalt,* — citation *öffentliche Zustellung,* — faith *öffentlicher Glaube,* under — law *öffentlichen Rechts, öffentlich-rechtlich,* — utilities *öffentliche Werke, öffentliche Versorgungsgesellschaften*

publication *Bekanntmachung, Veröffentlichung, Verkündung,* right of — *Verlagsrecht*

publish *bekanntmachen, veröffentlichen, verkünden; verlegen*

publisher *Verleger*

puffer *Mittelsperson oder Preissteigerer bei Auktionen*

puisne judge *Richter am ehemaligen* Superior Court of Common Law; *jüngerer Richter des Kollegiums*

punishability, punishableness, *Strafbarkeit, Straffälligkeit*

punishable *strafbar, straffällig*

punishment *Strafe, Bestrafung,* capital — *Todesstrafe,* corporal — *Körperstrafe,* to incur — *in Strafe verfallen*

pur Auter Vie *auf Lebenszeit eines Dritten*

purchasable *käuflich*

purchase *Kauf, Ankauf, Einkauf, käufliche Erwerbung, Erwerb, Anschaffung,* to — *kaufen, ankaufen, einkaufen, käuflich erwerben, anschaffen,* — money *Kaufgeld, Kaufpreis; Einlage, einmalige Prämie,* deferred — money *Restkaufgeld,* — price *Kaufpreis,* at 20 years' — *zum Zwanzigfachen des Jahresertrags*

purchaser *Käufer, Erwerber*

purchasing power *Kaufkraft*

pursuance, in — of *im Verfolg von*

pursuant to *gemäß*

purveyor *Lieferant*

put, option to — *Rückprämie, Wahl zu geben,* — of more *Nochgeschäft auf Geben,* — and call *Stellgeschäft*

putative *vermeintlich*

Pyx, trial of the *Münzprüfung*

Q

quadruplicate, in *in vierfacher Ausfertigung*

qualification *Befähigung, Qualifizierung; Einschränkung,* certificate of — *Befähigungszeugnis*

qualify *befähigen, qualifizieren, Befähigung durch Ablegung einer Prüfung nachweisen; einschränken,* qualified *gewissen Bedingungen unterliegend, bedingt, eingeschränkt*

quality *Eigenschaft, Qualität,* first-class — *prima Qualität,* good — *gute Qualität,* medium, middling

— *mittlere Qualität,* inferior — *schlechte Qualität*
quantity *Menge, Quantität,* — of an estate *Umfang des Rechtes des Grundeigentümers*
quarantine *Quarantäne,* — expenses *Quarantänegelder*
quarter day *Quartalstag*
quash *aufheben, umstoßen, niederschlagen, anullieren*
queen regnant *regierende Königin*
querulous person *Querulant*
query *Frage,* list of queries *Fragebogen*
question *verhören, vernehmen*
questioning *Verhör, Vernehmung, Befragung*
quit *räumen,* notice to — *Kündigung*
quit-rent *Pachtgeld für Schriftsassenlehen an Stelle von Dienstleistung*
quittance, to give one's — to *Entlastung erteilen*
quorum *Mindestzahl zur Beschlußfähigkeit,* it is a — *beschlußfähig,* to have no — *nicht beschlußfähig sein*
quota *Quota, Kontingent*
quotation *Kurs, Kursnotierung, Börsenpreis, Börsennotiz, Marktpreis, Notierung; Angebot, Offerte; Anführung, Zitat,* demand — *Geldnotiz,* mean — *Mittelkurs,* offer — *Briefnotiz,* official — *amtliche Notiz,* list of quotations *Kurszettel*
quote *notieren, anbieten; anführen, zitieren,* to be quoted *notieren, an der Börse gehandelt werden*

R

race-betting tax *Wettsteuer*
racial German *volksdeutsch*
rack-rent *Pachtzins, der dem Nutzungswert gleichkommt*
radiogram *Funktelegramm*
raffle *Ausspielung,* — contract *Ausspielvertrag*
raid *Razzia; Ueberfall, Einfall,* air — *Luftangriff*
rail, by *per Eisenbahn*
railway *Eisenbahn,* — bonds *Eisenbahn-Obligationen,* direct — connection *Eisenbahnanschluß,* light —, small gauge — *Kleinbahn,* — system *Eisenbahnnetz,* — traffic regulations *Eisenbahn-Verkehrsordnung*
raise *erheben,* to — money *Geld aufnehmen*
rally *Erholung nach Rückschlag*
rank *Stand, Rang,* to — *rangieren,* to — alike *gleichen Rang haben*
rape *Notzucht,* — and murder *Lustmord*
rata, pro, *anteilsmäßig, anteilig, verhältnismäßig*
ratability, rateability *Zollpflichtigkeit, Steuerbarkeit; Abschätzbarkeit*
ratable, rateable *zollpflichtig, steuerbar; abschätzbar; verhältnismäßig,* — value of a property *steuerbarer Mietertragwert eines Grundstückes*
rate *Satz, Preis; Gemeindeumlage, Kreisumlage,* buying — *Geldkurs,* — of exchange *Kurs,* — of interest *Zinssatz, Zinsfuß,* selling — *Briefkurs,* at the — of *zum Kurs von*
ratification *Bestätigung, Ratifizierung*
ratify *bestätigen, ratifizieren*
ratio *Verhältnis,* definite — *festes Verhältnis,* operating — *Betriebskoeffizient*
rationalisation *Rationalisierung*
ravishment *Raub einer Person*

raw material *Rohmaterial*
re, in *in Sachen*
reach *erreichen, zugehen*
read *lesen, verlesen,* to — aloud *verlesen, vorlesen,* to — over *vorlesen,* — aloud, agreed to, and signed *vorgelesen, genehmigt, unterschrieben*
readily calculated sum *Pauschale*
reading, first, second *erste, zweite Lesung*
ready money *Bargeld*
real *dinglich,* — estate *Grundbesitz, Grund und Boden,* — estate register *Grundbuch,* — property *Grundbesitz,* — servitude *Grunddienstbarkeit*
realisable *realisierbar*
realisation *Verwertung, Realisation, Verwirklichung*
realise *verwerten, realisieren, verwirklichen*
reason *Grund,* by — of *auf Grund von,* reasons *Urteilsgründe*
reasonable *angemessen, billig,* a — time beforehand *eine angemessene Zeit vorher*
reasonableness *Angemessenheit, Billigkeit*
re-assign *rückübertragen, zurückzedieren, wiederabtreten*
re-assignment *Rückübertragung, Wiederabtretung*
re-attachment *Wiederverhaftung*
rebate *Preisnachlaß, Rabatt*
rebuttable presumption *Rechtsvermutung*
rebutter *Quadruplik, Antwort des Beklagten auf die Triplik*
rebutting evidence *Beweis, den eine Partei erbringt um den Beweis der Gegenpartei zu widerlegen*
recall *Aufkündigung,* to — *aufkündigen, außer Kurs setzen*
recapitulate *zusammenfassen*
recapitulation *Zusammenfassung*
recapitulatory *zusammenfassend*
recaption *Recht auf eigenmächtige Wiedererlangung eines vorenthaltenen Familienmitglieds*
recapture *Wiederaufbringung*
receipt *Empfang, Eingang, Einnahme; Quittung, Empfangsschein, Empfangsbestätigung,* against — *gegen Quittung,* to acknowledge — *den Empfang bestätigen,* to — *quittieren,* to — in duplicate *doppelt für einfach quittieren*
receiver *Verwalter, Zwangsverwalter, Einzieher, Sequesterbeamter,* official — *amtlicher Verwalter,* appointment of — *Einsetzung der Zwangsverwaltung,* — of stolen goods *Hehler*
receivership *Zwangsverwaltung, Amt des Zwangsverwalters,* — proceedings *Zwangsverwaltungs-Verfahren,* to be put into — *unter Geschäftsaufsicht gestellt werden*
receiving order *Einleitungsbeschluß, Konkurseröffnungsbeschluß, Sequestrationsbefehl*
receptacle *Behälter, Behältnis*
receptive *aufnahmefähig, aufnahmewillig*
recess *Ferien (Parlament)*
re-charter *Unterfrachtvertrag*
recidivist *rückfälliger Verbrecher*
recipient *Bedachter, Empfänger*
reciprocal *gegenseitig, zweiseitig*
reciprocity *Gegenseitigkeit*
recital *grundlegende Erklärung (im Vertrag); Inventarverzeichnis*
reckless conduct *unverantwortliche Handlungsweise*
reclaim *zurückfordern, reklamieren*
reclaimant *Reklamant*
reclamation *Zurückforderung, Reklamation*
recognisance *Eventual-Schuldanerkenntnis gegenüber der Behörde, Schuldschein mit Resolutivbedingung, Anerkenntnis, Verpflichtung*
recognise *anerkennen*

recommend *empfehlen, vorschlagen, befürworten*

recommendation *Empfehlung, Vorschlag, Befürwortung*

reconcilable *vereinbar*

recondition *instandsetzen, wiederherstellen*

reconditioning *Instandsetzung, Wiederherstellung*

reconstitution *Umorganisierung*

reconstruction *Wiederaufbau, Sanierung*

reconversion *Rückumwandlung*

reconvey *rückübertragen, rückübereignen*

reconveyance *Rückübertragung, Rückübereignung*

record *Verhandlung, Niederschrift, Aufzeichnung, Protokoll,* on — *aktenkundig,* to — *beurkunden, aufzeichnen,* to leave on — *protokollieren lassen,* to place on — *zu Protokoll geben,* to take down on — *protokollieren,* to — *protokollieren, zu Protokoll nehmen,* records *Akten, Prozeßakten; Archiv,* Court of Record *Gericht, wo die Verhandlung protokolliert wird*

recorder *Protokollführer, Registerführer*

recording by the registrar *Beurkundung des Personenstandes*

recoup *schadlos halten,* to — one's losses *Verluste ausgleichen*

recoupment *Schadloshaltung*

recourse *Regreß, Rückgriff, Rekurs,* person liable to — *Regreßpflichtiger,* person seeking — *Regreßnehmer,* right of — *Regreßrecht,* to have — *Regreß nehmen,* to have — to *sich an jemand halten,* without — *ohne Regreß; ohne Obligo*

recover *einziehen, eintreiben, beitreiben, wiedererlangen, Regreß nehmen,* to — judgment *Urteil erwirken*

recoverable *einziehbar, eintreibbar, beitreibbar, einbringlich,* — by law *klagbar,* debts — by law *klagbare Schulden*

recoverableness *Beitreibbarkeit*

recoveree *Regreßpflichtiger*

recoveror *Regreßnehmer*

recovery *Einziehung, Eintreibung, Beitreibung, Wiedererlangung,* — of damages *Schadensersatz, Regreß,* to seek — *Regreß nehmen,* right of — *Regreßrecht*

recrimination *Gegenbeschuldigung*

recurrent, recurring *regelmäßig wiederkehrend*

reddendum *Vorbehalt bezüglich einer Wiederabtretung*

redeem *einlösen, ablösen, tilgen, amortisieren, einziehen*

redeemable *einlösbar, ablösbar, tilgbar, einziehbar, kündbar*

redeliver *zurückliefern*

redelivery *Rücklieferung*

redemption *Einlösung, Ablösung, Wiedereinlösung, Tilgung, Rückzahlung, Einziehung, Amortisation, Rückkauf, (Hypothek) Löschung,* date of — *Einlösungstag,* price of — *Einlösungspreis,* — proceedings *Einlösungsverfahren,* right (equity) of — *Ablösungsrecht, Rückkaufsrecht,* — rights *Auslosungsrechte,* — suit *Wiedereinlösungsklage,* — sum *Ablösungssumme,* to draw for — *zur Einlösung auslosen*

rediscount *rediskontieren, weitergeben*

redraft *Rückwechsel, Ritratte, Ricambio*

redraw *zurücktrassieren*

redress *Abhilfe,* legal — *Rechtshilfe,* to have one's — against *sich an jemand halten, Regreß nehmen,* to — *abhelfen, abstellen*

reduce *herabsetzen, ermäßigen, vermindern, kürzen*

reduction *Herabsetzung, Ermäßigung, Verminderung, Kürzung, Preisnachlaß,* — into possession *Umwandlung einer* chose in action *in eine* chose in possession, — of prices *Preisabbau,* tax — *Steuererleichterung, Steuersenkung*

reduplication, mechanical *mechanische Vervielfältigung*

re-election *Wiederwahl*

re-eligible *wiederwählbar*

re-entry *Wiederinbesitznahme, Wiedereintritt, vorzeitige Auflösung des Pachtvertrages*

re-examination *nochmalige Prüfung; zweite Zeugenvernehmung*

re-exchange *Ricambio, Rückwechsel*

re-exportation *Wiederausfuhr*

re-express in *umstellen auf*

refer to *sich beziehen auf, sich berufen auf, hinweisen auf, verweisen auf*

referee *sachverständiger Spezial-Richter,* medical — *Vertrauensarzt,* official — *amtlicher Begutachter oder Schiedsrichter*

reference *Hinweis, Bezugnahme, Verweisung, Berufung; Aktenzeichen; Ueberweisung an den Schiedsrichter, Auftrag,* — number *Aktenzeichen, Geschäftsnummer,* terms of — *Auftrag,* with — to *unter Bezugnahme auf*

referendum *Volksentscheid*

reformatory *Besserungsanstalt,*

refractoriness *Widersetzlichkeit, Widerspenstigkeit*

refractory *widersetzlich, widerspenstig*

refrain from *Abstand nehmen von, sich enthalten, unterlassen*

refresher *von Tag zu Tag zahlbare Zusatzgebühr an den plädierenden Anwalt*

refuge, port of *Schutzhafen*

refugee *Flüchtling*

refund *Rückzahlung, Rückerstattung, Vergütung,* to — *zurückzahlen, zurückerstatten, vergüten,* to — one's self *sich bezahlt machen*

refusal *Ablehnung, Zurückweisung, Weigerung, abschlägiger Bescheid,* to give the — *an die Hand geben,* to have the — *an der Hand haben*

refuse *ablehnen, zurückweisen, sich weigern*

refutation *Widerlegung*

refute *widerlegen*

regime, contractual — *vertragsmäßiges Güterrecht,* matrimonial — *eheliches Güterrecht,* statutory — *gesetzliches Güterrecht*

register *Register,* — office *Standesamt,* — port *Registerhafen,* to — *eintragen, registrieren, registrieren lassen; anwerben*

registrar *Registerführer; Standesbeamter; ein richterlicher Beamter*

registration *Eintragung,* compulsory — *Eintragungszwang,* — office *Handelsregisteramt*

registry *Registratur; Standesamt; Eintragung,* certificate of — *Eintragungsbescheinigung,* — court *Registergericht,* transfer of — *Registerübertragung,* — anew *Neueintragung*

regular *ordentlich, regelmäßig*

regulated, to be — by *sich bestimmen nach*

regulation *Ordnung, Statut, Vorschrift, Verordnung*

rehear *nochmals untersuchen, nochmals verhandeln*

rehearing *Revision, nochmalige Untersuchung, nochmalige Verhandlung*

reimburse *erstatten, zurückerstatten, wiedererstatten, zurückzahlen, vergüten, Auslagen erstatten*

reimbursement *Erstattung, Rückzahlung, Rückvergütung*

reinstate *wiedereinsetzen*
reinstatement *Wiedereinsetzung*
reinsurance *Rückversicherung, Rückdeckung; Nachversicherung*
reinsure *rückversichern, nachversichern*
reinsured *Rückversicherter*
reinsurer *Rückversicherer, übernehmende Gesellschaft*
reinvest *wiederanlegen, neu anlegen*
reinvestment *Wiederanlage, Neuanlage*
reject *zurückweisen, verwerfen*
rejection *Zurückweisung, Verwerfung*
rejoinder *Erwiderung, Duplik, Antwort des Beklagten auf die Replik*
reland *wieder an Land schaffen*
relate *sich beziehen,* to — back *rückwirken*
related *verwandt,* — by blood *blutsverwandt,* — by marriage *verschwägert*
relation *Verhältnis, Beziehung; Verwandter,* — back *Rückwirkung*
relationship *Verhältnis, Verwandtschaft, Verwandtschaftsverhältnis*
relative (by blood) *Verwandter*
relator *derjenige, welcher einen anderen wegen unrechtmäßigen Einnehmens eines Amts oder einer Gerechtsame zwecks Strafverfolgung anzeigt*
release *Entlassung, Freigabe, Verzicht, Befreiung, Entbindung, Entlastung,* to — *freigeben, befreien, entbinden, entheben, entlasten,* to — from the oath *vom Eid entbinden*
relevant *erheblich,* — to *anwendbar auf*
reliable *zuverlässig*
relict *Witwe*
relief *Rechtshilfe; Schadensersatz; Abhilfe; Unterstützung; Fürsorge,* interlocutory — *vorläufiger Rechtsschutz,* poor — *Armenfürsorge,* — sought *Klageantrag, Klagebegehren,* — for unemployed *Arbeitslosenunterstützung,* — work *Notstandsarbeiten*
relinquish *aufgeben, verzichten*
relinquishment *Aufgabe, Verzicht,* upon — of rights *bei Verzicht auf Rechte*
reload *wieder beladen, umschlagen*
rely *sich verlassen, sich stützen*
rem, claim ad *dinglicher Anspruch*
remainder *Anfallsrecht durch Einsetzung, Anwartschaft, Nacherbschaft,* estate in — *Grundbesitz, der erst in Kraft tritt, nachdem ein anderer abgelaufen ist*
remainderman *Nacherbe von Land auf Grund von Testament oder Verschreibung, eingesetzter Erbe von Grundbesitz, Anwärter*
remand *in Untersuchungshaft zurückschicken, zurückstellen,* compensated by retain on — *unter Anrechnung der Untersuchungshaft*
remarry *sich wiederverheiraten*
remedy *Rechtsmittel, Abhilfe, Rechtsbehelf,* to — an omission *nachholen*
remember in one's will *im Testament bedenken*
remind *mahnen*
reminder *Mahnung*
remission of a debt *Schulderlaß*
remit *übermitteln, überweisen, übermachen, übersenden,* to — a debt *eine Schuld erlassen, nachlassen*
remittance *Uebersendung, Ueberweisung, Rimesse, Geldsendung*
remittee *Empfänger*
remitter *Uebersender, Remittent; Wiedereinsetzung in ein früheres Recht oder Anrecht*
remonstrance *Abmahnung*
remonstrate *Vorstellungen machen*
remoteness *Mangel unmittelbaren Zusammenhangs*

removal *Beseitigung, Entfernung, Verlegung, Versetzung, Entlassung*
remove *beseitigen, entfernen, verlegen, versetzen, entlassen*
remunerate *belohnen*
remuneration *Belohnung, Entgelt, Vergütung*
renew *erneuern, prolongieren*
renewal *Erneuerung, Prolongation,* — commission *Inkassoprovision,* — coupon *Erneuerungsschein,* — notice *Prämienrechnung,* — premium *Folgeprämie*
renounce *verzichten, sich (einer Sache) begeben, aufgeben*
renovate *erneuern*
renovation *Erneuerung,* — fund *Erneuerungsfonds*
rent *Pachtzins, Mietzins, Pachtgeld, Miete,* — charge *Grundrente,* — lying in render *Pachtgeld als Bringeschuld,* — lying in prender *Pachtgeld als Holschuld,* to — *pachten, mieten*
rental *Pachtertrag, Mietertrag*
rent-seck *Recht des Eigentümers auf Pachtzahlung ohne andere Rechte*
renunciation *Verzicht, Verzichtleistung*
renvoy *Rückverweisung*
reopening *Wiedereröffnung,* — of a case *Wiederaufnahme eines Verfahrens*
reorganisation *Neuregelung, Umstellung, Sanierung, Reorganisation*
reorganise *neu regeln, umstellen, sanieren, reorganisieren*
reparation *Wiedergutmachung, Reparation*
repatriate *repatriieren*
repatriation *Repatriierung*
repay *zurückzahlen*
repayable *rückzahlbar*
repayment *Rückzahlung*
repeal *außer Kraft setzen*
replace *ersetzen*
replacement costs *Wiederbeschaffungskosten*
replevin *Wiedererlangung eines im Wege der Selbsthilfe gepfändeten Gegenstandes unter Kautionsstellung,* action of — *Klage auf Wiedererlangung von Sachen und Schadensersatz bei unzulässiger Selbstpfändung, Klage auf Rückerstattung genommener Pfänder*
replevisor *der Eigentümer des genommenen Pfandes (siehe replevin) und Kläger*
replevy *gepfändete Gegenstände unter Kautionsstellung wiedererlangen*
replication *Replik*
reply *Replik*
report *Bericht, Geschäftsbericht, Rechenschaftsbericht; Meldung, Anzeige; Protokoll; Gutachten,* to draft the — *Protokoll aufnehmen,* to have a — made *zu Protokoll geben,* to — *berichten, melden, anzeigen*
reporter *Berichterstatter*
repossess *herausgeben; wieder besitzen*
represent *vertreten; erklären, darstellen,* to — judicially and extrajudicially *gerichtlich und außergerichtlich vertreten*
representation *Vertretung, Stellvertretung; Erklärung, Darstellung, Angabe,* not according to — *nicht der Angabe entsprechend,* representations *Vorhaltungen, Vorstellungen,* to make representations *vorstellig werden*
representative *Vertreter, Stellvertreter, Vertrauensmann,* legal — *gesetzlicher Vertreter,* personal — *Erbschaftsverwalter,* — authority *Vertretungsmacht,* — proceedings *Verfahren, bei dem die Parteiinteressen durch einen von meh-*

reren als Vertreter wahrgenommen werden

reprieve *Strafaufschub, Aussetzung der Vollziehung eines Todesurteils*

reprimand *Verweis, Rüge,* to — *verweisen, Verweis erteilen*

reprint *wieder drucken, abdrucken*

reprisal *Recht auf eigenmächtige Wiedererlangung einer vorenthaltenen beweglichen Sache; Vergeltungsrecht, Retorsion; Repressalie*

reproduce *vervielfältigen; wieder vorlegen*

reproduction cost new *Wiederbeschaffungswert*

repudiate *zurückweisen*

repudiation *Zurückweisung*

repurchase *Wiederkauf, Rückkauf,* bill held under a — agreement *Pensionswechsel,* to — *wieder kaufen, zurückkaufen*

repurchaser *Wiederkäufer*

reputation *Ruf, guter Ruf, Leumund*

repute, held in good, evil — *gut, schlecht beleumdet*

request *Ersuchen, Aufforderung, Gesuch,* to — *ersuchen, auffordern,* at the — of *auf Ersuchen von*

require *erfordern, verlangen,* to be required *gehalten sein*

requirement *Erfordernis, Bedürfnis,* to comply with the requirements *den Voraussetzungen entsprechen*

requisition *Beitreibung, Requisition, Requirierung,* to — *requirieren,* requisitions on title *weitere Ermittelungen nach Empfang des* abstract of title

re-registration *Wiedereintragung*

resale *Wiederverkauf, Weiterverkauf, Weiterveräußerung,* right of — *Wiederverkaufsrecht*

rescind *aufheben, umstoßen, ungültig erklären, kündigen; zurücktreten,* to — a judgment *ein Urteil kassieren*

rescission *Aufhebung, Umstoßung, Wandelung; Rücktritt,* right of — *Rücktrittsrecht*

resell *wiederverkaufen, weiterverkaufen, weiterveräußern*

reseller *Wiederverkäufer*

reservation *Vorbehalt, Ausbedingung,* mental — *stiller Vorbehalt,* with a — *vorbehaltlich*

reserve *Reserve, Rücklage, Rückstellung,* — fund *Reservefonds,* latent —, hidden — *stille Reserve,* specific — *Rücklage zu bestimmtem Zweck,* special — fund *Sonderrücklage,* to — *sich vorbehalten, reservieren; zurückstellen; ausbedingen,* all rights reserved *unter Vorbehalt aller Rechte, alle Rechte vorbehalten,* reserved price *Mindestpreis (bei Auktionen)*

resettlement *Neueinrichtung einer Familienstiftung*

reside *wohnen, seinen Wohnsitz haben*

residence *Wohnsitz, ständiger Aufenthalt, Wohnung,* life-long — right *lebenslängliches Wohnrecht,* place of — *Wohnort*

resident *wohnhaft; Einwohner, Bewohner,* German — *(in Deutschland) Inländer*

residuary, — legacy *Vermächtnis des Vermögensrestes,* — legatee *Bedachter, der den Ueberrest erhält*

residue *Rest, Ueberrest, Ueberschuß; übrig bleibender Nachlaßrest*

resign *zurücktreten, verzichten, sein Amt niederlegen*

resignation *Rücktritt*

resolution *Beschluß,* special — *qualifizierter Beschluß,* to offer a — *eine Resolution einbringen,* to pass a — *beschließen*

resolve *beschließen*

resort, last *höchste Instanz*

respite *Aufschub; Aufschub der Vollstreckung eines Todesurteils; Zahlungsaufschub, Stundung, Frist, Nachfrist, Moratorium,* to — *stunden*

respondent *Beklagter in Ehescheidungssachen und in Berufungs- oder Revisionssachen*

respondentia *Großaventurvertrag, uneigentliche Bodmerei, Darlehen auf die Fracht des Schiffes*

response *Klagebeantwortung*

responsibility *Verantwortung, Verantwortlichkeit, Haftung, Haftbarkeit*

responsible *verantwortlich, haftbar,* to be — for *aufkommen für,* to hold — *verantwortlich machen*

restitution *Zurückerstattung, Wiedererstattung, Herausgabe, Wiedereinsetzung,* action for — *Restitutionsklage,* — in kind *Individualrückgewähr,* suit for — of conjugal rights (conjugal community) *Klage auf Wiederherstellung der ehelichen Gemeinschaft*

restoration to the former condition *Wiederherstellung des früheren Zustandes*

restore *wiederherstellen; zurückgeben; wieder in Kraft setzen,* to — to the former condition *den früheren Zustand wiederherstellen*

restrain *beschränken; zurückhalten; verbieten*

restraint *Beschränkung,* — on anticipation *beschränkte Verfügungsfreiheit über das Vorbehaltsgut,* — of the liberty of a free man *Freiheitsberaubung,* — of princes *Beschlagnahme von hoher Hand,* — of trade *Konkurrenzverbot*

restriction *Beschränkung*

restrictive endorsement *die Begebbarkeit ausschließendes Indossament*

resume *wiederaufnehmen, wiederannehmen*

resummons *nochmalige Vorladung*

resumption *Wiederaufnahme, Wiederannahme,* declaration of — *Erklärung der Wiederannahme der Staatsangehörigkeit*

retail, — dealer *Kleinhändler,* — trade *Kleinhandel*

retain *zurückbehalten, einbehalten*

retainer *Prozeßvollmacht, Honorar zur Sicherung der Dienste des Anwalts im voraus,* remedy by — *Ernennung des Gläubigers zum Vermögensverwalter zwecks bevorrechtigter Befriedigung,* — of solicitors *Mandat des Sachwalters,* right of —, — of debts *Recht des Testamentsvollstreckers, sich zunächst selbst zu befriedigen*

retaliation *Vergeltung,* measures of — *Vergeltungsmaßnahmen, Repressalien*

retaliatory measures *Vergeltungsmaßnahmen, Repressalien*

retention *Zurückbehaltung,* right of — *Zurückbehaltungsrecht*

retire *zurücktreten, austreten, ausscheiden, sich zurückziehen; einziehen,* retired, on the retired list *außer Dienst*

retirement *Rücktritt, Austritt*

retransfer *Rückübertragung,* to — *zurückübertragen*

retrial *Wiederaufnahme, neue Verhandlung*

retroactive *rückwirkend,* — force *rückwirkende Kraft*

retrocession *Rückzession*

return *Herausgabe, Rückgabe, Rückgewähr, Zurückgewährung, Rückvergütung; Rückkehr; Bericht; Wiederzustellung der Prozeßakten; Wahl zum Parlament,* annual — *Jahresbericht, Jahresausweis,* bank — *Bankausweis,* — cargo *Rückfracht,* in — for *(Leistung) gegen,* to — *herausgeben, zurückgeben, zurückerstatten, zurückgewähren, retournieren; zurückkehren; ins Parlament wählen,* returns *Einnahme, Einkünfte, Ertrag, Nutzungsertrag; Umsatz; Retourwaren,* — and allowances *(Bilanz) Retouren und Rabatte*

returning officer *Beamter eines Bezirks, der mit den Vorbereitungen zur Wahl beauftragt ist, Wahlkommissar*

revalorise *aufwerten*

revalorisation *Aufwertung*

revaluation *(am.) Aufwertung*

revenue *Einkommen,* public — *Staatseinkünfte, Steuereinkünfte,* — office *Steueramt, Finanzamt*

reversal of judgment *Aufhebung eines Urteils durch den* Court of Appeal

reverse *aufheben, umstoßen*

reversion *Heimfall, Rückfall; Rückfall eines Immobils an den Vorbesitzer,* right of — *Heimfallrecht, Rückfallrecht*

reversionary *heimfällig,* — heir *Nacherbe,* — legacy *Nachvermächtnis,* — legatee *Nachvermächtnisnehmer,* — right *Heimfallrecht,* — succession *Nacherbfolge*

reversioner *Anwärter*

revert *heimfallen, zurückfallen,* to — to *zurückkommen auf*

reverter *Rückfall eines Immobils an den Vorbesitzer*

revertibility *Heimfälligkeit*

revertible *heimfällig*

review *nachprüfen*

revile the ordinances of the Church *kirchliche Verordnungen herabsetzen*

revise *verbessern, durchsehen*

revision of a judgment *Wiederaufnahme eines Verfahrens*

revival *Erneuerung*

revive *erneuern, wieder in Kraft setzen, wiederaufleben, wiederaufleben lassen*

revocability *Widerruflichkeit*

revocable *widerruflich*

revocation *Widerruf, Aufhebung,* — of a contract (purchase) *Kündigung eines Vertrages (Kaufes)*

revoke *widerrufen, aufheben*

reward *Belohnung; Finderlohn,* promise of — *Auslobung,* to announce a —, to promise a — *eine Belohnung aussetzen,* to — *belohnen*

rider *Allonge; Zettel, der einem Schriftstück als Zusatz oder Korrektur beigeheftet ist*

right *Recht, Anrecht, Berechtigung,* alteration of — *Rechtsänderung,* forfeiture of a — *Rechtsverwirkung,* personal —, obligatory —, — in personam *obligatorisches Recht,* — in rem, real — *dingliches Recht,* by — *von Rechts wegen,* in one's own — *aus eigenem Recht,* to abandon (waive) a — *ein Recht aufgeben,* to avail one's self of a — *von einem Recht Gebrauch machen,* to be within one's — *im Recht sein,* to forfeit a — *eines Rechts verlustig gehen,* to reserve a — *Recht vorbehalten,* all rights reserved *alle Rechte vorbehalten,* cum rights *einschließlich Bezugsrechte,* ex rights *ausschließlich Bezugsrechte,* without rights *rechtlos,* absence of rights *Rechtlosigkeit,* capacity for rights *Rechtsfähigkeit,* to pursue rights in rem *dingliche Rechte verfolgen*

rightful *rechtmäßig*

rightfulness *Rechtmäßigkeit*

riot *Zusammenrottung, Aufruhr, Auflauf,* to cause a — *einen Auflauf verursachen, sich zusammenrotten*

rise *steigen,* to operate for a — *auf Hausse spekulieren*

risk *Risiko, Gefahr,* abnormal — *erhöhtes Risiko,* flat — *Pauschalsatz (Versicherung),* the —, had attached *die Gefahr hatte begonnen,* to run the — *Risiko laufen,* to take the — *Risiko übernehmen,* for your account and — *für Ihre Rechnung und Gefahr,* war — *Kriegsgefahr, Kriegsrisiko*

rivercraft *Flußfahrzeuge*

roads, roadstead *Reede*

rob *berauben*

robbery *Raub,* murder and — *Raubmord,* — with violence *Beraubung und Körperverletzung, Raub unter Anwendung von Gewalt*

rock-bottom price *äußerster Preis*

rogatory, letters *Ersuchen eines Gerichts um kommissarische Zeugenvernehmung im Ausland, Rechtshilfe-Ersuchen*

rogue *Landstreicher, Bettler, Spitzbube,* incorrigible — *unverbesserlicher Vagabund*

roll *Rolle, Register; Gerichtsprotokoll, Parlamentsprotokoll,* — of deeds *Urkundenregister*

rolling, — capital *Betriebskapital,* — stock *rollendes Material*

rotation *Amtswechsel*

roughly *rund, ungefähr*

round, in — figures *rund*

round-up *Razzia*

royalty *fürstliche Persönlichkeit; Tantieme; (laufende) Abgabe*

rule *Regel, Bestimmung, Ordnung, Rechtsvorschrift; richterliche Verfügung,* — of court *Gerichtsbefehl, Prozeßordnung,* rules of procedure *Prozeßordnung*

rummaging of a ship *Zolluntersuchung eines Schiffes*

run *laufen,* rights that — with the land *Rechte, die bei einem Besitzwechsel mit dem Lande übergehen*

running *laufend,* — days *laufende Kalendertage,* — number *laufende Nummer*

rural *ländlich*

rust *Rost, Rostschaden*

S

sabotage *Sabotage,* to — *sabotieren*

safe-conduct *freies Geleite, Schutzgeleite,* letter of — *Geleitbrief*

safeguard *Schutz, Schutzmaßnahme, Sicherung,* to — *sichern*

sagging market *nachgebende Tendenz*

sail *auslaufen, abfahren*

salability, saleability *Verkäuflichkeit, Gangbarkeit*

salable, saleable *verkäuflich, gangbar,* — value *Verkaufswert*

salary *Gehalt*

sale *Verkauf, Veräußerung, Absatz,* forced — *Zwangsversteigerung,* private — *freihändiger Verkauf,* bill of — *Verkaufsbrief,* bill of — by way of security *schriftliche Erklärung über eine Sicherungsübereignung im kaufmännischen Verkehr,* conditions (terms) of — *Verkaufsbedingungen,* contract of — *Kaufvertrag,* — on approval, — on sale or return *Kauf auf Probe,* — according to sample, — by sample *Kauf nach Probe,* — according to pattern *Kauf nach Muster,* — on inspection *Kauf auf Besicht,* sales *Umsatz, (Bilanz) Abgänge,* sales manager *Vertriebsleiter,* Sale of Goods Act *Warenkaufsgesetz*

salesman *Verkäufer*

salvage *Bergung; Bergelohn, Rettungsgeld; das geborgene Gut,* — charges *Bergungsausgaben,* — loss *Versicherungsschaden nach Abzug der geborgenen Waren,* —

money *Bergelohn*, — office *Bergungsamt*, to — *bergen*

salvor *Berger*

sample *Probe, Muster*, to be according to —, to be up to — *nach Probe sein*, to draw (retain) — *Probe nehmen*, — collection *Musterkollektion*, — signature *Probe-Unterschrift*

sanction *bestätigen, ratifizieren, sanktionieren*

sans recours *ohne Obligo*

satisfaction *Befriedigung*, preferential — *bevorzugte Befriedigung*

satisfy *befriedigen*

save *bergen, retten; sparen*

saving *Vorbehalt*

savings, — bank *Sparkasse, Sparbank*, — deposits *Spareinlagen*

scale *Waage*, on a large — *in großem Maßstab*, sliding — *gleitende Skala*, to — *staffeln*

scandal *ehrenrührige Behauptung; Aergernis*

schedule *Aufstellung, Tabelle, Verzeichnis, Liste, Formular*

scheme *Plan*

scope *Raum, Gesichtskreis, Geschäftskreis, Wirkungskreis*, to come within the — of *unter etwa fallen*

Scotland Yard *das Polizeipräsidium von London in New Scotland Yard, Whitehall*

scrap *verschrotten*

scrip *Interimsschein, Interimsaktie, Genußschein*

script *Original-Schriftstück; testamentarisches Schriftstück*

scrutiny *Wahlprüfung*

sea *See*, by — *auf dem Seeweg*, — insurance *Seeversicherung*, — mark *Seezeichen*, — policy *Schiffspolice*, — risk, perils of the — *Seegefahr*, — ship *Seeschiff*, — transport *Seetransport*

sea-going *seefahrend*

seal *Siegel*, great — *Großsiegel*, privy — *Geheimsiegel*, raised — *Blindsiegel*, to affix the — *Siegel beifügen*, to break the — *Siegel erbrechen*, to put under — *Siegel anlegen*, to remove the — *Siegel abnehmen*, to — *siegeln, versiegeln*

seaman *Seemann (der nicht den Rang eines Schiffsoffiziers hat)*, —'s custom *Seemannsbrauch*

seaport *Seehafen*

search *Durchsuchung*, right of — *Durchsuchungsrecht; Schürfrecht*, — warrant *Haussuchungsbefehl*, to — *durchsuchen*

seasonal business *Saisongeschäft*

seat *Sitz*, — in parliament *Sitz im Parlament*

seaworthiness *Seetüchtigkeit*

seaworthy *seetüchtig*

second of exchange *Sekundawechsel*

secondary *sekundär*, — punishment *Nebenstrafe*

secrecy, official *Amtsverschwiegenheit*

secret *Geheimnis; geheim*, — partner *Teilhaber, dessen Beteiligung nach außen nicht in die Erscheinung tritt*

secretary *Sekretär, Sekretärin*

section *Abschnitt, Paragraph; Abteilung, Sektion, Referat*

secure *sichern, decken*, to — a business *einen Abschluß vermitteln*, secured *gesichert, gedeckt; absonderungsberechtigt*

security *Sicherheit, Deckung, Kaution, Pfand*, — held *bestelltes Pfand*, hypothecary — *Pfandsicherheit*, material — *dingliche Sicherheit*, stock exchange — *börsengängiges Wertpapier*, by way of —*pfandweise*, to take as — *zu Pfand nehmen*, to provide a — *eine Kaution stellen*, to stand

— *bürgen, haften,* securities *Papiere, Wertpapiere, Effekten*

sedition *Aufreizung zu Aufstand, Aufwiegelung*

seditious *aufwieglerisch*

seduce *verführen*

seduction *Verführung*

seigniorage *Schlagschatz*

seigniorial *lehnsherrlich,* — rights *lehnsherrliche, Rechte*

seigniory *Herrschaft des Lehnsherrn*

seised *im Besitz,* to be — in the demesne as of fee (freehold) *das Land gleich einem Lehen (Freigrundstück) in Besitz haben*

seisin *tatsächlicher Besitz von Grundbesitz, Besitzrecht an Immobilien,* livery of — *Investitur, Einweisung in den lehnsrechtlichen Besitz*

seize *in Beschlag nehmen, mit Beschlag belegen, miteinziehen, pfänden*

seizure *Beschlagnahme, Pfändung,* actual — *Beschlagnahme durch Handanlegung,* constructive — *Verbot des Fortschaffens*

selection, at his *nach seiner Wahl, nach seinem Belieben*

self-censorship *Selbstzensur*

self-defence *Selbstverteidigung*

self-determination *Selbstbestimmung,* right of — *Selbstbestimmungsrecht*

self-governing *mit Selbstverwaltung*

self-government *Selbstverwaltung*

self-help *Selbsthilfe*

self-murder *Selbstmord*

self-preservation *Selbsterhaltung,* right of — *Selbsterhaltungsrecht*

self-retention *Selbstbehalt*

self-supporting *selbständig, unabhängig*

sell *verkaufen, veräußern, vertreiben,* sole right to — *Alleinverkaufsrecht, Monopol,* to — out *ausverkaufen*

seller *Verkäufer,* sellers over *(Börse) mehr Brief als Geld*

selling, — price *Verkaufspreis,* — rate *Briefkurs,* — value *Verkaufswert*

semi-annual *halbjährlich*

semi-manufactured goods *Halbfabrikate*

sender *Absender, Versender, Uebersender*

seniority *höheres Dienstalter*

sentence *Urteil,* concurrent — *zusammenfallendes Urteil (Entlassung des Gefangenen bei doppelter Verurteilung nach Ablauf der längern der beiden Strafen),* cumulative — *verstärktes Urteil (die zweite Strafe bei doppelter Verurteilung beginnt nach Ablauf der ersten Strafe),* qualified — *bedingte Verurteilung,* to — *verurteilen*

separate *getrennt, gesondert, selbständig*

separation *Trennung, Ehetrennung,* judicial — *gerichtliche Trennung,* — from bed and board *Trennung von Tisch und Bett,* — order *Anordnung der gerichtlichen Trennung*

sequester *sequestieren; enteignen, konfiszieren*

sequestrable *sequestrierbar*

sequestration *Sequestration; Enteignung*

sequestrator *Sequester*

serf *Leibeigener*

serial number *laufende Nummer*

servants, domestic —, menial — *Gesinde, Dienstboten*

serve, to — upon *zustellen,* to — one's time *eine Gefängnisstrafe verbüßen, seine Strafe absitzen*

service *Dienst, Amt, Tätigkeit, Dienstleistung; Zustellung; Verkehr, Verkehrslinie,* address for — *Zustellungsadresse,* contract for, contract of hiring and —

Dienstvertrag, — of the debt *Schuldendienst*, loan — *Anleihedienst*, — parts *Ersatzteile*, — and suit *Lehnsdienst und Gefolgschaft*, sent herewith for — *zur gefälligen Bedienung*, to render a — *einen Dienst leisten*

servient tenement *dienendes Grundstück, mit Servituten belastetes Grundstück*

servitude *Dienstbarkeit, Servitut*, personal — *persönliche Dienstbarkeit*, restricted personal — *beschränkte persönliche Dienstbarkeit*, penal — *eine Freiheitsstrafe, etwa: Zuchthaus*

session *Tagung, Session, Sitzungsperiode*

set *Satz, Serie*, full — of documents *vollständiger Satz Dokumente*, to — aside *außer Kraft setzen; beiseite legen*, to — off *aufrechnen, verrechnen, anrechnen*

setback *Rückschlag*

set-off *Aufrechnung, Verrechnung*, — item *Gegenposten*

settle *regeln, bezahlen, erledigen, begleichen, abrechnen; beilegen, vergleichen*, to — on *verschreiben*

settlement *Regelung, Bezahlung, Erledigung, Begleichung, Abrechnung, Zahlungsausgleich; Beilegung, Vergleich; Verschreibung, Leibgedinge; Siedlung*, agricultural — *landwirtschaftliche Siedlung*, fortnightly — *Medioabrechnung*, full — *Abgeltung*, monthly — *Ultimoabrechnung*, special — *Sonderliquidation*, to accept in — *zum Ausgleich annehmen*

settler *Siedler; Errichter eines settlement (Verschreibung)*, —'s holding *Siedlung, Siedlerparzelle*

settling day *Zahltag, Abrechnungstag, Stichtag*

severable *teilbar*

severally *einzeln, gesondert*

severalty *Gesondertheit*, (several tenancy) *Sonderbesitz*

severance *Aussonderung*

severity, unreasonable *unbillige Härte*

shack, common of *Weiderecht nach der Ernte*

sham contract *Scheinvertrag*

share *Anteil*, — in the loss *Verlustanteil*, — in the profit *Gewinnanteil*, to take a — *Anteil übernehmen*, equally — and — alike, in equal shares *zu gleichen Teilen*

share *Aktie, Anteilschein*, — capital *Aktienkapital*, — certificate *Aktienschein, Aktienurkunde, Aktienzertifikat*, — company *Aktiengesellschaft*, — warrant *Aktienbrief, Aktienschein, Interimsschein, Aktienbezugschein*, common —, ordinary — *Stammaktie*, deferred — *Aktie mit Minderrechten*, junior, senior — *junge, alte Aktie*, original —, founder's — *Gründeraktie*, personal —, registered — *Namensaktie*, preference —, *(am.)* preferred — *Vorzugsaktie*, voting — *stimmberechtigte Aktie*

sharebroker *Aktienmakler*

shareholder *Aktieninhaber, Aktionär, Gesellschafter*

share-pusher *jemand, der Aktien durch Rundschreiben oder Anzeigen zum Verkauf bringt*

shark *Gauner*

sheet *Bogen; Bordereau*

sheriff *Sheriff, erster Beamter der Krone in der Grafschaft*

ship *Schiff*, —'s clearance inwards (outwards) *Bescheinigung des Zollamts, daß alle Abgaben für das heimkehrende (abfahrende) Schiff bezahlt sind*, —'s creditor *Schiffsgläubiger*, —'s husband *Korrespondentreeder, Schiffsdisponent, Schiffsdirektor*, —'s inventory *Schiffsinventar*, —'s master *Schiffer*, —'s officer *Schiffsoffizier*, —'s papers *Schiffspapiere*, —'s part *Schiffsparte*, —'s protest *Verklarung*, —'s receipt *Empfangsbescheinigung des Schiffers*, — register *Schiffsregister*, to — *verschiffen, verfrachten, befrachten, verladen, abladen, versenden*

shipbroker *Schiffsmakler*

ship-load *Schiffsladung*

shipmaster *Schiffer, Kapitän*

shipment *Verschiffung, Verfrachtung, Befrachtung, Ladung, Schiffsladung, Sendung*, place of — *Ladestelle*, port of — *Verladehafen, Einschiffungshafen*

shipowner *Reeder, Schiffseigentümer*, into custody of the — *an den Reeder*

shipper *Verschiffer, Verfrachter, Befrachter, Verlader, Ablader*

shipping *Schiffahrt*, — company *Schiffahrtsgesellschaft, Reederei*, co-ownership — company *Partenreederei*, — documents *Schiffspapiere, Verladepapiere*, — weight *Abladegewicht*

shipwreck *Schiffbruch*

shooting rights *Jagdrechte*

shop *Laden*

shop assistant *Verkäufer*

shop-lifter *Ladendieb*

shop-lifting *Ladendiebstahl*

shopman *Verkäufer*

short *kurzfristig*

shortage *Fehlbetrag; Knappheit*, — of money *Geldknappheit*

short-dated, short-term, short-time *kurzfristig*

shorthand *Stenographie*, to write — *stenographieren*, — notes *stenographische Aufzeichnungen*

shortweight *Fehlgewicht, Gewichtsmanko*

show *ausweisen*, on a — of hands *durch Handaufheben*, — rooms *Ausstellungsräume*

shrievalty *Amt (und Amtsdauer) des Sheriffs*

shrinkage *Schwinden, Schwund*

shunting price *Ausweichkurs*

shut-down *Betriebseinstellung, Stillegung*, to shut down *stillegen*

sick, — fund *Krankenkasse*, — pay *Krankengeld*

siding *Anschlußgleis*

siege, state of *Belagerungszustand*, to declare a state of — *den Belagerungszustand verhängen*

sight *Sicht*, on (at) — *bei Sicht, nach Sicht*, eight days after — *acht Tage nach Sicht*, at short, long — *auf kurze, lange Sicht*, — draft, — bill *Sichtwechsel*, rate for — exchange on Berlin *Satz für Sichtwechsel auf Berlin*

sign *zeichnen, unterzeichnen*, to — personally *eigenhändig unterzeichnen*, — manual *Handzeichen, Unterschrift des Souveräns*

signatory *Unterzeichner (eines Staatsvertrags)*

signature *Unterschrift, Namensunterschrift*, autograph — *eigenhändige Unterschrift*, to have the — *Prokura haben*

signet, privy *königliches Handsiegel*

simultaneous *gleichzeitig*, — invention *gleichzeitige Erfindung (durch verschiedene Erfinder)*, — performance *Erfüllung Zug um Zug*

sine die, to adjourn *unbestimmt vertagen*

singular successor *Sondernachfolger*

sinking fund *Tilgung, Tilgungsfonds*

Sir *(mit folgendem Vornamen) Prädikat der* baronets *und* knights

site *Bauplatz*, plan of — *Lageplan*

sitting *Sitzung, Tagung*

situate, situated *belegen, gelegen*

skilled workman *gelernter Arbeiter*

skipper *Kapitän eines Handelsschiffes*

slack *flau*

slackness *Flauheit*

slander *üble Nachrede, Verleumdung, Ehrverletzung*, verbal — *mündliche Ehrenkränkung*, — of title *Angaben zur Widerlegung des Besitzrechts*, to — *verleumden*

slanderer *Verleumder*

slanderous *verleumderisch*

sleeping partner *stiller Teilhaber*

sliding scale *gleitende Skala*

slip *Zettel, Schein*, credit — *Einzahlungsschein*, transfer — *Girozettel*

smart-money *Schmerzensgeld*

smuggle *schmuggeln, Schleichhandel treiben*

smuggling *Schmuggel, Schleichhandel*

socage estate *weltlicher Lehnbesitz, Bauernlehen*

social *sozial*, — charges *Soziallasten*, — expenditure *Sozialausgaben*, — relief *Sozialfürsorge*

society *Gesellschaft, Verein*, cooperative — *Genossenschaft, Konsumverein*, industrial and provident — *Produktions- und Konsumverein*, friendly — *gemeinnütziger Wohlfahrtsverein*, registered — *eingetragener Verein*

sojourn *Aufenthalt*

sold note *Verkaufsnote*

sole *alleinig*, — agent *Alleinvertreter*, — holder *Alleininhaber*, — owner *Alleineigentümer, Alleininhaber*

solemn, in — form *in feierlicher Form*

solicit *um etwas ansuchen, begehren*

solicitation *Ansuchen*

solicitor *(nicht plädierender) Rechtsanwalt, Sachwalter*, — general *Kronjurist, Vertreter des* attorney general, —'s fee *Anwaltsgebühren*, — and client costs *Anwaltskosten*

solidarity *Gesamtverbindlichkeit*

solvency *Zahlungsfähigkeit*

solvent *zahlungsfähig*

sound *fehlerfrei, gesund*, of — mind and memory *im Besitze der geistigen Fähigkeiten und des Gedächtnisses*

sound in damages *auf Schadensersatz lauten*

soundness *Fehlerfreiheit, Bonität*

sovereign *Landesherr, Staatsoberhaupt, Souverain, Herrscher; ein Geldstück im Wert von einem Pfund Sterling in Gold*, — power *Staatshoheit*

sovereignty *Souveränität*

spare parts *Ersatzteile*

Speaker *Sprecher (Präsident) des Unterhauses*

special, — case *Formulierung der Rechtsfragen*, — meeting *außerordentliche Versammlung*, — partner *stiller Teilhaber*

specialist *Aktienmakler; Spezialist, Fachmann*

speciality *Spezialität*

specialty, contract of *gesiegelter Vertrag*

specie, bill of — *Sortenzettel*, in — *in bar, in natura, effektiv*

species *Gattung*, — of currency *Geldsorten*

specific *spezifisch*, — performance *Naturalerfüllung, effektive, spezifische Erfüllung*

specification *genaue Aufstellung, nähere Angabe, Spezifikation; Patentschrift*

specify *näher angeben, spezifizieren*

specimen *Muster, Probestück*, — copy *Musterexemplar, Probeexemplar*

speculate *spekulieren*

speculation *Spekulation*

speculative profits *imaginärer Gewinn*

spinster *unverheiratete Frau, (in Urkunden) ledig*
spiritual *geistlich*, lords — *geistliche Mitglieder des Oberhauses*, — tenure *geistliches Lehen*
spoil *verderben*
spontaneous combustion *Selbstentzündung*
sporting rights *Jagdrecht*
spot, on the — *an Ort und Stelle*, — bargain *Locogeschäft*
spouse *Ehegatte, Ehegattin*, the spouses *die Eheleute*
spread over *verteilen auf*
spurious *unecht, untergeschoben*
spuriousness *Unechtheit*
spy *Spion*, to — *spionieren*
stabilisation *Stabilisierung*
stabilise *stabilisieren*
stability *Stabilität*, to endanger the — *die Stabilität gefährden*
stable value, of *wertbeständig*
staff *Personal, Stab*
stake *Einsatz*, at — *auf dem Spiele*
stake-holder *Einsatz-Verwahrer*
stamp *Stempel, Stempelmarke; Briefmarke*, — collected *Stempelgebühr gezahlt*, — duty *Stempelabgabe, Stempelgebühr, Stempelpflicht, Stempelsteuer*, free from — duty *stempelfrei*, to — *stempeln*
standard *Maßstab, Norm*, — of coinage *Münzfuß, Währung*, — of life *Lebensstandard*, — price *Normalpreis, Einheitspreis*, — wages *Tariflohn*, — weight *Normalgewicht*
standardisation *Normierung*
standardise *normieren*
standing *Ruf, Ansehen*
standstill *Stillstand*, Standstill Agreement *Stillhalte-Abkommen*
Stannary *Berggericht der Zinngruben*
staple commodities *Stapelware*
State *Staat, (am.)* — Department *Ministerium des Aeußeren*, minister of — *Staatsminister*, secretary of — *Staatssekretär*
state *Stand, Zustand, Verfassung, Status*, to — *angeben, erklären, darlegen*, to — one's self to be *sich ausgeben für*
statement *Aufstellung, Angabe, Darlegung, Erklärung, Rechenschaftsbericht*, — of account *Rechnungsauszug, Kontoauszug*, — of affairs *Bericht über die Vermögens- oder Geschäftslage*, — of claim *Darlegung des Klageanspruchs, Klageschrift*, — of facts *Sachverhalt, Tatbestand*, operating — *Geschäftsbericht, Gewinn- und Verlustrechnung*, — of particulars *nähere Angaben*
stationary *stationär*
stationery *Schreibwaren*
statistician *Statistiker*
statistics *Statistik*
status *Stand, Status*, legal — *rechtliche Stellung*, personal — *Familienstand*
statute *Gesetz, Statut, (am.) Gesellschaftsvertrag*, — book *Gesetzbuch*, — law *Gesetzesrecht, kodifiziertes Recht*
statute-barred *verjährt*
statutory *gesetzlich, statutarisch*, — declaration *eidesstattliche Versicherung*, — heir *gesetzlicher Erbe*
stay *Einstellung, Aussetzung, Inhibierung*, to — *einstellen, aussetzen, inhibieren*
steward *Administrator, Gutsverwalter, Rentmeister*
stipulate *bedingen, ausbedingen, vereinbaren, stipulieren, festlegen*
stipulation *Bedingung, Vertragsklausel, Bestimmung, Ausbedingung*, — to the contrary *gegenteilige Bestimmung*
stirpes, per *nach Stämmen*
stock *Lager, Vorrat, Lagerbestand, Bestand, Inventar; Kapital,*

Grundkapital, — book *Lagerbuch*, capital — *Aktienkapital, Gesellschaftskapital*, — certificate *Aktienbrief*, — company *Kapitalgesellschaft*, joint — company *Aktiengesellschaft*, farm —, appurtenant — *landwirtschaftliches Inventar*, live — *lebendes Inventar*, registered (inscribed) — *Namenspapier*, rolling — *rollendes Material*, — in trade *Warenlager, Lagerbestand*, to take — *Inventar aufnehmen*, to be in — *auf Lager sein, vorrätig sein*, to — *auf Lager halten, vorrätig halten*, stocks *Effekten, Börsenpapiere, Fonds*

Stock Exchange *Effektenbörse, Fondsbörse*, — — list *Kurszettel*

stockbroker *Effektenmakler, Fondsmakler, Aktienmakler*

stockholder *Aktieninhaber, Aktionär; Kapitalist*, stockholders company *Aktiengesellschaft*

stock-taking *Bestandsaufnahme*, cash — *Kassenrevision*

stolen goods *Diebsgut, Sore*

stop *einstellen, aussetzen, niederschlagen, sperren, inhibieren*, — order *Drittverbot; Verkaufsorder bei Erreichung eines bestimmten Preises*, to — payments *die Zahlungen einstellen*

stoppage *Hemmung, Stockung, Sperre*, — in transitu *Anhalten bereits abgeschickter Waren*, right of — in transitu *Verfolgungsrecht*, — of letters *Briefsperre*

storage *Lagergeld, Lagerung*

store *Lager*, — book *Lagerbuch*, department —, multiple — *Warenhaus*, to — *lagern*

storehouse *Lagerhaus*

store-keeper *Lagerhalter*

storeroom *Vorratsraum, Lager*

stowage *Stauung, Stauerlohn*

street, — price *Freiverkehrskurs*, — vending *Straßenverkauf*

strength, on the — of *auf Grund von*

strike *Ausstand, Streik*, to — *streiken*, to — off *streichen*

striker *Ausständiger, Streikender*

stupefy (by drugs) *betäuben*

stuprum *Notzucht*

style *Firma*, to trade under the — of, to be styled *firmieren*

sub-agency *Unteragentur*

sub-agent *Unteragent, Zwischenspediteur*

sub-committee *Unterausschuß*

sub-concession *Unterkonzession*

sub-contract *Nebenvertrag*

subinfeudation *Unterbelehnung, Afterbelehnung*

subject *Untertan, Staatsangehöriger*, — matter *Gegenstand*, to be — *unterworfen sein, unterliegen*, — to *nach Maßgabe, vorausgesetzt, unbeschadet, vorbehaltlich*, — to explicit provisions to the contrary *soweit nicht ausdrücklich etwas anderes bestimmt ist*

sub-lease *Untermiete, Aftervermietung*

sublet *weitervermieten, untervermieten*

sub-licence *Unterlizenz*

submit *vorlegen, unterbreiten; sich unterwerfen*, to — to *dulden*

sub-office *Nebenstelle*

subordinate *Untergebener*

suborn *erfolgreich zu einem Verbrechen verleiten, bestechen*, to — witnesses *Zeugen zum Meineid verleiten*

subornation *Verleitung, Bestechung*

suborner *Verleiter, Bestecher*

sub-paragraph *Absatz*

subpoena *Ladung von Zeugen unter Strafandrohung*, to — *unter Strafandrohung vorladen*

sub-purchaser *mittelbarer Käufer*

subrogation *Unterschiebung (einer Person oder Sache)*

subscribe *unterschreiben, unterzeichnen; zeichnen, subskribieren, Beiträge leisten; abonnieren*
subscriber *Unterschreiber; Zeichner; Abonnent*
subscription *Unterschrift, Unterzeichnung, Zeichnung, Subskription,* — right *Bezugsrecht*
subsequent *nachträglich, nachfolgend*
subsidiary company *Nebengesellschaft, Untergesellschaft*
subsistence *Unterhalt*
substandard *minderwertig*
substantiate *erhärten, begründen*
substantiation *Erhärtung, Begründung*
substantive law *materielles Recht*
substitute *Stellvertreter, Ersatz, Ersatzmann, Substitut; Nachvermächtnisnehmer,* to — *ersetzen, an die Stelle setzen, substituieren; unterschieben*
substitution *Ersetzung, Substituierung; Unterschiebung*
substitutional heir *Ersatzerbe*
succeed *nachfolgen, beerben; obsiegen, Erfolg haben,* to — to the rights *in Rechte eintreten*
successful *erfolgreich, obsiegend*
succession *Nachfolge, Erbfolge, Erbgang, Intestaterbfolge, Beerbung; Erbfall,* — per capites *Erbfolge nach Kopfteilen,* — per stirpes *Erbfolge nach Stämmen,* — duty *Erbschaftssteuer,* order of — *Erbfolgeordnung,* — State *Nachfolgestaat*
successor *Nachfolger, Rechtsnachfolger, Erbe,* — in right, — in title *Rechtsnachfolger*
sue *klagen, verklagen, belangen,* capable to —, entitled to — *aktiv legitimiert,* capable to be sued *passiv legitimiert,* capacity to —, title to — *Aktivlegitimation,* capacity to be sued *Passivlegitimation,* to — for damages *auf Schadensersatz klagen,* to — for a divorce *auf Scheidung klagen,* to — for performance *auf Erfüllung klagen,* to —, labour and travel *klagen*
sufferance, estate at — *Grundbesitz, dessen Besitzer rechtmäßig in den Besitz gekommen ist, ihn aber unrechtmäßig innehat,* tenant by — *ein solcher Besitzer,* in — *notleidend*
sufficiency *Hinlänglichkeit*
sufficient *genügend, hinlänglich*
suffrage *Wahlrecht,* female — *Frauenwahlrecht*
suicidal *selbstmörderisch*
suicide *Selbstmord; Selbstmörder*
suing and labouring clause *Klage- und Arbeits-Klausel*
suit *Klage, Prozeß,* — of court *Hoffahrt des Lehnsmanns,* in — *streitbefangen*
suitable *geeignet*
suitor *Prozeßführender*
sum up *resumieren, zusammenfassen*
summarise *zusammenfassen*
summary *Zusammenstellung; summarisch,* — court *Schnellgericht,* — procedure *summarisches Verfahren, beschleunigtes Verfahren,* — schedule *Zusammenstellung*
summer-time *Sommerzeit*
summon *laden, vorladen, vor Gericht laden, auffordern, einberufen*
summons *Ladung, Aufforderung,* — for directions *Gesuch um Vorschriften,* public — *Aufgebot,* writ of — *die Klage einleitender Schriftsatz, Prozeßladung,* writ of — to appear *Vorladung,* to — *eine Ladung zustellen*
superscription *Ueberschrift*
supertax *Zuschlag zur Einkommensteuer*
supervise *beaufsichtigen*
supervising, — authority *Aufsichtsbehörde,* — officer *Kontrollbeamter*

supervision *Aufsicht,* judicial — *Geschäftsaufsicht*
supervisor *Aufsichtsperson,* board of supervisors *Aufsichtsrat*
supplement *Nachtrag, Ergänzung,* to — *ergänzen*
supplemental *ergänzend*
supplementation *Ergänzung*
supplementary *ergänzend*
supplier *Lieferant*
supply *Lieferung,* to — *liefern,* (with) *beliefern (mit), versorgen (mit)*
support *Unterstützung, Unterhalt; Lebensbedürfnisse,* in — of *zum Beweise von, zur Begründung von,* to — *stützen, unterstützen*
supposititious *untergeschoben*
suppress *unterdrücken, verheimlichen*
suppression *Unterdrückung, Verheimlichung*
supreme owner *Obereigentümer*
surcharge *Zuschlaggebühr; ein vom Rechnungsprüfer beanstandeter Betrag, der ersetzt werden muß*
surety *Bürge, Bürgschaft, Aval,* to make one's self — *sich verbürgen*
suretyship *Bürgschaft, Verbürgung,* contract of — *Bürgschaft, Bürgschaftsvertrag*
surface, outer *Außenseite*
surname *Nachname, Zuname, Familienname, Vatersname*
surplus *Mehrbetrag, Ueberschuß,* export — *Ausfuhr-Ueberschuß*
surrebutter *Quintuplik, Antwort des Klägers auf den* rebutter
surrejoinder *Triplik, Antwort des Klägers auf die Duplik*
surrender *Aufgabe, Uebergabe, Herausgabe, Rückgabe, Einreichung, Einlieferung, Auslieferung, Auflassung; Aufgabe einer Versicherung gegen Rückzahlung eines Teils der gezahlten Prämiensumme,* — value *Wert einer Versicherung für eine solche Rückzahlung, Rückkaufswert, Rückvergütungswert,* to — *aufgeben, übergeben, herausgeben, zurückgeben, einreichen, einliefern, ausliefern, überlassen, überreichen, überantworten*
surrenderee *derjenige, an welchen abgetreten wird*
surrenderor *derjenige, welcher abtritt*
surtax *Zuschlaggebühr*
survey *Besichtigung,* to — *besichtigen; vermessen*
surveyor *Besichtiger; Landvermesser; amtlich bestellter Sachverständiger für Schiffe*
survive *überleben*
surviving *überlebend*
survivor *Ueberlebender*
survivorship, right of *Recht des Ueberlebenden*
suspect *verdächtig,* to — *im Verdacht haben*
suspected *verdächtig,* to be — *im Verdacht stehen*
suspend *einstellen, aussetzen, suspendieren*
suspense items (in credit, in debit) *Posten zur Rechnungsabgrenzung*
suspension *Einstellung, Aussetzung, Suspension,* notice of — *Benachrichtigung über die Zahlungseinstellung,* — of sentence *Urteilsaufschub, Strafaufschub*
suspicious *verdächtig,* — fact *Verdachtsmoment*
suspiciousness *Verdächtigkeit*
swap transaction *Schwapgeschäft*
swear *schwören; vereidigen,* to — to *beschwören, beeidigen*
swindler *Schwindler*
sworn *eidlich, beschworen, beeidigt; vereidigt*
syndic *Syndikus*
syndical transactions *Konsortialgeschäfte*
syndicate *Syndikat, Konsortium*

T

table *Tabelle*, — of contents *Inhaltsverzeichnis*
tabular statement *Aufstellung in Tabellenform*
tacit *stillschweigend*
tacking of mortgages *Vereinigung von Hypotheken verschiedenen Ranges*
tail *siehe unter* estate
take, to — up *abnehmen, einlösen*, to — out *abschließen*, to — out a patent *patentieren lassen*, to — over *übernehmen, abnehmen*
taking-over price *Uebernahmepreis*
talesman *Hilfsgeschworener*
talon *Talon, Erneuerungsschein*
tampering of witnesses *Beredung von Zeugen*
tangible *körperlich*
tape-price *telegraphisch mitgeteilter Börsenpreis*
tare *Tara*, — weight *Taragewicht*
tariff *Tarif, Taxe*
tax *Steuer, Abgabe*, — assessment *Steuerveranlagung, Steuerbescheid*, — exemption *Steuerfreiheit*, — scrip *Steuergutschein*, to — *besteuern*, to — the costs *die Gerichtskosten festsetzen*
taxability *Steuerbarkeit*
taxable *steuerbar*, — capacity *Steuerkraft*
taxation *Besteuerung, Steueraufkommen*, (of costs) *Feststellung der Gerichtskosten*, certificate of — *Kostenfestsetzungsbeschluß*, exempt from — *steuerfrei*
taxpayer *Steuerzahler*
teaching, denominational *Unterricht in Konfessionsschulen*, undenominational — *Unterricht in konfessionslosen Schulen*
telegraphic address *Telegrammadresse*
teller *Auszähler*
temporal, lords *weltliche Mitglieder des Oberhauses*
temporary *zeitweilig, vorübergehend, einstweilig, interimistisch, nichtständig*, — provision *Uebergangsbestimmung*
tenancy *Besitz, Inhaberschaft (von Grundbesitz), Pachtbesitz, Mietbesitz*, contract of — *Pachtvertrag, Mietvertrag*, — in common *Eigentum oder Besitz zur gesamten Hand*, joint — *Mitbesitz, Miteigentum (zu ideellen Teilen)*, life — *lebenslänglicher Nießbrauch von Grundbesitz*
tenant *Pächter, Mieter, Inhaber, Bewohner; Lehnsmann*, — in chief to the king *Lehnsmann des Königs*, — for life *Nutznießer von Grundbesitz auf Lebenszeit*, — paravail *Unterlehnsmann*
tender *Angebot, Offerte, Lieferangebot; Angebot der Herausgabe*, legal — *gesetzliches Zahlungsmittel*, to — *anbieten, andienen*, to invite tenders *ausschreiben*
tenement *beständiger Besitz (Grundbesitz)*, dominant — *berechtigtes, herrschendes Grundstück*, servient — *belastetes, dienendes Grundstück*
tenor *Inhalt, Tenor*, of the same — *gleichlautend, gleichen Inhalts*
tenure (feudal—) *Lehen, Besitz, Lehnbesitz, Lehnsverhältnis*, — of land *Pacht*, apron-string — *Kunkellehen, Weiberlehen*, — in capite *Kronlehen*, free — *freies Lehen*, — in frankalmoigne *geistlicher Lehnbesitz*, — in socage *weltlicher Lehnbesitz*
term *Frist; Bedingung; Ausdruck; Umlaufszeit, Geltungsdauer; Mietzeit, Pachtzeit; Ziel, Termin*, —

day *Termin*, — for years absolute *Recht auf Zeit*, terms and conditions *Bestimmungen und Bedingungen*, easy terms *Zahlungserleichterungen*
terminable *kündbar*
terminate *beenden, aufhören, aufheben, kündigen*
termination *Beendigung, Aufhebung, Kündigung*
terminology *Terminologie*, legal — *Rechtssprache*
termor *Pächter, Besitzer von Grundbesitz auf Zeit*
terrier *Flurbuch*
territorial waters *Hoheitsgewässer, Gewässer innerhalb der Hoheitsgrenze*
territory *Gebiet*, occupied — *besetztes Gebiet*
test case *ein zur Probe durchgeführter Fall, Probefall*
testator *Erblasser, Testator*
testatrix *Erblasserin, Testatrix*
teste *Beglaubigungsformel am Schluß eines Gerichtsbefehls*
testify *zeugen*, to — to *bezeugen*
testimonial *Zeugnis, Attest*
testimony *Aussage, Zeugnis*
theft *Diebstahl*
thief *Dieb*
thing *Sache*, law of things *Sachenrecht*
third, — party, — person *Dritter*, — party notice *Streitverkündung*, to give — party notice *den Streit verkünden*
threat *Bedrohung, (mündliche) Drohung*, by threats *durch Drohung*
through bill of lading *Durchkonnossement*
throw out *ablehnen (Antrag)*
ticket *Zettel, Schein, Karte*, — of leave system *bedingte Strafentlassung*
till *Ladenkasse*
time *Zeit, Frist*, — bargain *Zeitgeschäft*, lapse of — *Zeitablauf*, — limit *Zeitbeschränkung*, limitation of — *Zeitbestimmung*, loss of — *Zeitverlust, Zeitversäumnis*, — policy *Zeitpolice*, period of — *Zeitraum*, short — *Kurzarbeit*, — transactions *Termingeschäfte*, — wages *Zeitlohn*, for the — being *derzeitig, gegenwärtig, bis auf weiteres*, from — to — *jeweils, jeweilig, von Zeit zu Zeit*, for a — certain *auf eine im voraus bestimmte Zeit*, — allowed, — fixed *gewährte Frist*, in due — *rechtzeitig*, in — *zur Zeit, fristgerecht*, out of — *verspätet, nicht rechtzeitig, nicht fristgerecht*
tithes *Zehent, Zehentrechte*, commutation of — *Zehentablösung*
title *Recht, Anrecht, Titel, Rechtstitel, verbriefter Anspruch, Berechtigung*, — deed *Besitzurkunde*, possessory — *Besitztitel, Besitzrecht*, qualified — *bedingtes Recht*, unity of — *Gleichheit des Rechtstitels* guarantee for a good — *Haftung für Mängel im Recht*
toll *Wegezoll*, dock — *Dock- und Kanalgebühren*, — traverse *Chausseegeld*
ton gross *Bruttotonne*
tonnage *Tonnage, Tonnengehalt, Ladegewicht; Tonnengeld*, — dues *Tonnengeld*, gross — *Bruttotonnengehalt*
tort *unerlaubte Handlung, Delikt*
tort-feasor *Missetäter, Uebeltäter*
tortious *unerlaubt, unrechtmäßig, rechtswidrig*
total *Gesamtbetrag*, to — *im Ganzen betragen*
touch *berühren, anlaufen (einen Hafen)*, to — the capital *das Kapital angreifen*
towage *Schlepplohn; Schleppschiffahrt*

trace *auffinden, ausfindig machen*
track of land *Stück Land, Gelände*
trade *Handel, Gewerbe, Handwerk,* balance of — *Handelsbilanz,* — bill *Warenwechsel,* — custom *Handelsbrauch,* free — *Freihandel,* illicit — *Schleichhandel, Schwarzhandel,* — law *Gewerberecht,* — line *Gewerbezweig,* mercantile — *Handelsgewerbe,* — name *Handelsname, Firmenname, Firma,* prohibition of — *Handelsverbot,* — price *Handelspreis,* restraint of — *Beschränkung der Gewerbefreiheit, Konkurrenzverbot,* — union *Gewerkschaft,* Board of Trade, *(am.)* Department of Trade *Handelsministerium,* to — *handeln, Handel treiben*
trade-mark *Schutzmarke, Handelsmarke, Warenzeichen, Fabrikzeichen,* to register a — *ein Warenzeichen anmelden*
trade-marked goods *Markenware*
trader *Händler; Kauffahrteischiff,* mercantile — *Kaufmann*
tradesman *Händler*
trading, — expenses *Handelsunkosten,* — with the enemy *geschäftlicher oder anderer Verkehr von Inländern mit Personen, die im feindlichen Ausland wohnhaft sind oder Geschäfte betreiben*
traffic *Verkehr*
trafficking in votes *Stimmkauf*
trailer *Beiwagen*
training *Schulung*
traitor *Verräter, Hochverräter*
transact *erledigen, verrichten,* to — business *Geschäfte erledigen*
transaction *Geschäft*
transcript *Abschrift (eines Wechsels, einer Urkunde)*
transfer *Uebertragung, Zession; Umbuchung, Umschreibung; Ueberweisung, Auszahlung; Transferierung,* — account *Girokonto,* to — *übertragen, zedieren; umbuchen, umschreiben; überweisen, auszahlen; transferieren,* to — over the exchanges *in Devisen transferieren*
transferable *übertragbar, zedierbar; transferierbar*
transferee *Erwerber, Zessionar, Indossat*
transference *Indossement*
transferor, transferrer *Uebertragender, Zedent, Indossant,* — by delivery *Tradent durch Uebergabe*
transform *umwandeln*
transformable *umwandelbar*
transformation *Umwandlung*
transgress *überschreiten, übertreten, Uebertretung begehen*
transgression *Uebertretung*
transit *Durchgangsverkehr, Durchfuhr,* — duties *Durchgangszölle,* goods in — *Durchgangsgüter,* in —, in transitu *auf dem Transport,* transport in —, — trade *Durchgangsverkehr, Durchfuhr*
transition (transitional) period *Uebergangszeit*
transitory provision *Uebergangsbestimmung*
transmissible *übertragbar; vererblich*
transmission *Uebermittelung, Uebermachung, Uebergang*
transmit *übergeben, übermitteln, übermachen, übersenden*
transmitter *(Radio) Sender*
transoceanic *überseeisch*
transport *Beförderung, Transport,* — tax *Beförderungssteuer,* vehicle of — *Beförderungsmittel,* Ministry of Transport *Verkehrsministerium,* to — *transportieren*
transportation *Verschickung, Deportation; Beförderung, Transport,* facilities of — *Transportmittel, Beförderungsmittel*
transship *umladen, umschlagen*

transsshipment *Umladung*, place of — *Umschlagsplatz*, port of — *Umschlaghafen*

traveller *Reisender, Handlungsreisender*

travelling expenses *Reisekosten*

traverse *Ableugnung, negative Litiskontestation*, to — *spezielle Tatsachen leugnen*

treason *Verrat*, high —, capital — *Hochverrat*

treasure *Schatz*, — trove *Schatzfund, gefundener Schatz*

treasurer *Schatzmeister*

Treasury *Schatzamt*, First Lord of the — *Erster Lord des Schatzamts (Premierminister)*, — bill *Schatzwechsel*, — bond *Schatzschein*

treaty *Vertrag, Staatsvertrag*, — of commerce *Handelsvertrag*, — of peace *Friedensvertrag*

trespass *Uebergriff, Eingriff, Uebertretung, Rechtsverletzung, Besitzstörung*, action of — *Besitzstörungsklage*, — upon land *Landfrevel*, — upon property *Eigentumsfrevel*, to — *überschreiten, übertreten, Uebertretung begehen*

trial *Verhandlung, Gerichtsverhandlung, Verhör*, — of issue of fact *gesonderte Verhandlung über tatsächliche Fragen*, notice of — *Benachrichtigung an den Beklagten über Zeit und Ort der Hauptverhandlung*, new — *Wiedereröffnung des Verfahrens*

trial *Versuch, Probe*, on — *zur Probe*, — order *Probebestellung*, — trip *Probefahrt*

tribunal *Gericht, Gerichtshof*

trior *vom Gericht zur Prüfung der Ablehnug von Geschworenen bestellte Person*

triplicate *drittes Exemplar, Triplikat*

trover *rechtswidrige Besitzentziehung*, action of — *Fundklage, Klage auf Schadenersatz wegen unbefugter Wegnahme oder rechtswidriger Vorenthaltung von Sachen, Klage auf Erstattung des Werts einer widerrechtlich zurückbehaltenen Sache, Zurückforderung*

troy weight *Goldgewicht*

truck *Entlohnung der Arbeiter in Waren statt Geld; Eisenbahngüterwagen, Lastwagen*

trust *Treuhand, Treuhänderschaft, Treuhandverhältnis, Treubesitz*, fideicommissum, *Treugut; Kartell, Trust;* — agreement, — arrangement *Treuhand-Vereinbarung*, — company *Treuhand-Gesellschaft*, — deed *Vollmacht, Treuhand-Uebertragung*, — estate, — property *Treuhandbesitz, Treuhandeigentum*, express — *im Wege ausdrücklicher Parteihandlung errichtetes Treuhandverhältnis*, — receipt *Urkunde, gegen welche die finanzierende Bank dem Kunden das Konnossement überläßt*, breach of — *Verletzung der Pflichten des Treuhänders*, successor in the — *Nachfolger als Treuhänder*, to resign from the — *als Treuhänder zurücktreten*, in —, upon — *zu treuen Händen*, on — *auf Treu und Glauben*

trustee *Treuhänder, Vertrauensperson, Betrauter, Verwalter, Pfleger, Kurator*, — in bankruptcy *Konkursverwalter*, public — *öffentlicher Treuhänder; Treuhänder für das feindliche Vermögen*

trusteeship *Treuhänderschaft*

trustworthiness *Glaubwürdigkeit, Vertrauenswürdigkeit*

trustworthy *glaubwürdig, vertrauenswürdig*

tug, — steamer, steam — *Schlepper*

turbary, common of *Torfstichrecht*
turnover *Umsatz*
tutelage *Vormundschaft*
type *Typus, Typ, Marke*
typescript *Schriftstück in Maschinenschrift*
typewritten *in Maschinenschrift hergestellt*

U

uberimmae fidei, contract *Vertrag, bei dem jede Partei verpflichtet ist, der anderen Mitteilung von allen wesentlichen Tatsachen zu machen*
ullage *Schwund oder Leckage bei Behältnissen, die Flüssigkeit enthalten*
ultra vires, act *Handlung, die eine Ueberschreitung der Befugnisse bedeutet*
umpire *Oberschiedsrichter, unparteiischer Obmann eines Schiedsgerichts*
unable *unfähig, außerstande*
unanimous *einstimmig*, — resolution *einstimmiger Beschluß*
unapportionable *unteilbar*
unassignable *unübertragbar*
unauthorised *unbefugt*
unavailed *nicht in Anspruch genommen*
unavoidable *unanfechtbar, unumstößlich*
unblemished character, of *unbescholten*
uncalled *noch nicht eingefordert*
unclaimed *herrenlos, nicht eingefordert*
unconditional *unbedingt, bedingungslos*
uncore prist *Erklärung eines Beklagten, daß er noch bereit sei zu erfüllen*
undercut *unterschreiten (Preise)*
underinsure *unterversichern*
underlease *Unterverpachtung, Afterverpachtung, Untervermietung, Aftervermietung*
underlessee *Unterpächter*
underprice *Schleuderpreis*
understanding *Verständigung, Vernehmen*, upon (with) the — *unter der Voraussetzung*
undertake *unternehmen; übernehmen, sich verpflichten, verbürgen*
undertaker *Bestattungsunternehmer*
undertaking *Unternehmen, Betrieb; Revers*, large — *Großbetrieb*, small — *Kleinbetrieb*
undervalue *Minderwert*
underweight *Mangel an Gewicht, Mindergewicht, Fehlgewicht*
underwrite *unterschreiben*
underwriter *Unterschreiber, Versicherer*, Lloyd's underwriters *Versicherer, Mitglieder von Lloyd's*
underwriting commission *Vermittelungsgebühr*
undischarged *unentlastet*
undisclosed principal *Auftraggeber, dessen Name von dem für ihn auftretenden Beauftragten nicht genannt wird*
undisputed *unbestritten, unstreitig*
undivided shares, community by *Gemeinschaft nach Bruchteilen*
undue *unzulässig*, — influence *ungebührlicher Einfluß Dritter*
unemployed *arbeitslos, erwerbslos*
unemployment *Arbeitslosigkeit, Erwerbslosigkeit*, — insurance *Arbeitslosen-Versicherung, Erwerbslosen-Versicherung*
unencumbered *schuldenfrei*
unenforceable *unklagbar, unvollstreckbar*
unfair *unlauter*, — competition *unlauterer Wettbewerb*
unfit *ungeeignet*
unfounded *unbegründet*

unfunded *nicht fundiert, unfundiert,* — debt *schwebende Schuld*
unilateral *einseitig*
unincorparated society *nicht eingetragene Körperschaft*
uninsurable *unversicherbar*
unintermittedly *ununterbrochen*
union *Verband, Verein*
unit *Einheit*
Universal Postal Union *Weltpostverein*
unjustified *ungerechtfertigt*
unlawful *ungesetzmäßig, ungesetzlich, unerlaubt, unrechtmäßig, gesetzwidrig, widerrechtlich*
unlawfulness *Ungesetzlichkeit, Unrechtmäßigkeit*
unless and until *solange nicht*
unlimited *unbeschränkt*
unliquidated *nicht ziffernmäßig festgestellt*
unload *löschen, ausladen*
unloading *Löschung, Ausladung*
unmaintainable *unhaltbar*
unmarketable *ungangbar*
unmarried *unverheiratet, ledig*
unmerchantable *nicht handelbar, ungangbar*
unnatural *widernatürlich*
unofficial *nichtamtlich*
unpacked *unverpackt*
unprofitable *unrentabel,* — nature *Unrentabilität*
unqualified *unbeschränkt, uneingeschränkt*
unquoted *unnotiert*
unreasonable *unbillig, unangemessen*
unreasonableness *Unbilligkeit, Unangemessenheit*
unrebuttable *unwiderleglich*
unrestricted *unbeschränkt*
unsalable, unsaleable *unverkäuflich, ungangbar*
unseal *Siegel abnehmen, entsiegeln*
unseaworthiness *Seeuntüchtigkeit*
unseaworthy *seeuntüchtig*
unserviceable *untauglich*
unseverable *unteilbar, untrennbar*
unsound mind, of *geisteskrank, geistesgestört, geistesverwirrt*
unsoundness of mind *Geisteskrankheit*
unstable *unbeständig*
unsuccessful *ohne Erfolg, fruchtlos*
unsuitable *ungeeignet*
unsworn *unbeeidigt, unvereidigt*
untenable *unhaltbar*
untenableness *Unhaltbarkeit*
unthrifty *verschwenderisch*
untraceable *unauffindbar, nicht feststellbar,* — person *Verschollener*
untransferable *unübertragbar*
unused *ungebraucht*
unworthy *unwürdig,* — of credit *unglaubwürdig*
uphold *aufrechterhalten*
upkeep *Unterhaltung,* structural — *bauliche Unterhaltung*
upset price *festgesetzter Mindestpreis bei Versteigerungen*
urban district *Stadtbezirk*
urge *auf etwas drängen, beschleunigen*
urgency *Dringlichkeit*
urgent *dringend, dringlich*
usage *Brauch, Gebrauch, Usance*
use *Nutzen, Gebrauch, Benutzung, Verwendung; bonitarisches Eigentum, Nutzungsrecht,* loss of — *entgangene Benutzung,* to — *verwenden*
useable life *Lebenszeit (Sachen)*
useful *brauchbar,* — model *Gebrauchsmuster*
useless *unbrauchbar,* to render — *unbrauchbar machen*
user *Gebraucher, Benutzer,* loss of — *entgangene Benutzung*
usher *Gerichtsdiener*
usual *gewöhnlich, üblich, gebräuchlich*
usucapt *ersitzen*
usucaption *Ersitzung*
usufruct *Nießbrauch, Nutznießung,* to — *nutznießen*

usufructuary *Nießbraucher, Nutznießer*
usurer *Wucherer*
usurious interest *Wucherzinsen*
usury *Wucher*, to practice — *Wucher treiben*
utilisation *Verwendung*
utilise *verwenden*
utility, model of — *Gebrauchsmuster*, of public — *gemeinnützig*, public utilities *öffentliche Werke, öffentliche Versorgungsgesellschaften*
vacate *räumen*
vacation *Annullierung; Ferien*
vagabond *Landstreicher, Vagabund*
valid *gültig, rechtsgültig*, — in law *rechtsgültig*
validate *rechtswirksam machen*
validity *Gültigkeit, Rechtsgültigkeit*
valuables *Wertsachen*
valuation *Schätzung, Bewertung, Abschätzung*
value *Wert, Preis; Valuta*, — received *Wert erhalten*, — in myself *Wert in mir selbst*, — in account *Wert in Rechnung*, diminution of — *Wertminderung*, market — *Marktwert, Marktpreis, Kurswert*, nominal —, face — *Nennwert*, ordinary — *gemeiner Wert*, present — *Barwert*, of stable — *wertbeständig*, for — *unentgeltlich*, of a — of *im Werte von*, to — *bewerten, taxieren*
valuer *Taxator, Abschätzer*
variation in price *Kursschwankung*
variety *Sorte, Marke, Qualität*
vary *schwanken, sich verändern*, to — a decision *ein Urteil abändern*
vault, in *in den Tresoren*
vendee *Käufer*
vendor *Verkäufer*
venture *Unternehmen*
venue *Ort, an dem im Zivilprozeß die Verhandlung stattfindet, Gerichtsstand für die Verhandlung; Zuständigkeitsbezirk*
verbal *mündlich, wörtlich*, — injury, — insult *wörtliche Beleidigung*, — slander *Ehrenkränkung*
verbatim *wörtlich*
verdict *Urteil, Urteilsspruch, Wahrspruch der Geschworenen*, — board *Spruchkammer*
verification *Ueberprüfung, Nachprüfung; Beglaubigung, Beurkundung*
verify *überprüfen, nachprüfen; beglaubigen, beurkunden*
vessel *Schiff*, alongside — *längsseit Seeschiff*
vest in *übertragen, übergehen, übertragen sein auf*
Vesting Order *Uebertragungs-Anordnung*
vexation *Chicane*
vexatious *chicanös*
vice *Laster*, inherent — *innerer Verderb*
victuals *Nahrungsmittel, Lebensmittel*
vifgage *lebendes Pfand*
villein *Hintersasse*
villenage *Hintersassengut*
vindicate *rechtfertigen*
vindication *Rechtfertigung*
violate *übertreten, verletzen*
violation *Uebertretung, Verletzung*
violence, physical *Tätlichkeiten*
virtue, by — of *kraft*
vital *lebenswichtig. (am.)* — statistics *Personenstands-Statistik*
viva voce *mündlich*
void *nichtig, ungültig, unwirksam, kraftlos*, null and — *nichtig, null und nichtig*, to become — *außer Kraft treten*, to declare — *kraftlos erklären*
voidable *anfechtbar*
voidness *Nichtigkeit, Ungültigkeit*
voire dire, examination upon the *Befragung eines Zeugen, ob er unfähig sei Zeugnis abzulegen*
volition *Wille*

volume of imports, exports *Umfang der Einfuhr, Ausfuhr*

voluntary *freiwillig*

volunteer *unentgeltlicher Erwerber*

vote *Stimme*, casting —, deciding — *ausschlaggebende Stimme*, three-quarters — *Dreiviertelmehrheit*, a — was taken for and against *es wurde abgestimmt über*, to — *stimmen, abstimmen, beschließen*, to — down *ablehnen (Parlament)*, entitled to — *stimmberechtigt*, parity of votes *Stimmengleichheit*, to carry votes *mit Stimmrechten ausgestattet sein*

voting *Abstimmung, Wahlgang*, first, second — *erster, zweiter Wahlgang*, plural — *Pluralwahlrecht*, vocational — *Wahlrecht nach Berufen*, — power *Stimmrecht*

vouch *gewährleisten, verbürgen; bezeugen; auffordern Gewährsmann oder Zeuge zu sein*

vouchee *Bürge, Gewährsmann*

voucher *Beleg, Zeugnis*

vcyage *Seereise*, long — *große Fahrt*, — policy *Reisepolice*

W

wager *Wette*, — policy *Wettpolice*

wages *Arbeitslohn; Heuer*, job —, piece — *Akkordlohn, Stücklohn*, time — *Zeitlohn*

waif *vom Dieb aufgegebene Sache*

waiting period *Wartezeit*

waive *verzichten, aufgeben, nicht geltend machen*

waiver *Verzicht, Verzichtleistung*

war *Krieg*, — booty *Kriegsbeute*, — damage *Kriegsschaden*, imminent danger of — *drohende Kriegsgefahr*, declaration of — *Kriegserklärung*, great —, world — *Weltkrieg*, — legislation *Kriegsgesetzgebung*, (exceptional) — measure *(außerordentliche) Kriegsmaßnahme*, molestation of — *Kriegsbelästigung*, prisoner of — *Kriegsgefangener*, — requirements *Kriegsbedürfnisse*, — risk, risk of — *Kriegsgefahr*, state of — *Kriegszustand*, Ministry of War, War Office, *(am.)* War Department *Kriegsministerium*

ward *Mündel, Pflegling, Pflegebefohlener; Abteilung oder Station eines Krankenhauses;* — of court *Mündel unter dem Schutze des Gerichts*, — in Chancery *Mündel unter dem Schutze des* Court of Chancery

wardship *Lehnsvormundschaft*, — and marriage *Recht der Lehnsvormundschaft und Verheiratung des minderjährigen Erben des Lehens*

warehouse *Lagerhaus, Speicher, Niederlage*, ex — *ab Lager*, — money, — charge *Lagergeld*, — warrant, — receipt *Lagerschein*, to — *lagern, einlagern*

warehouseman *Lagerhalter*, —'s rent *Lagergeld*

warehousing *Lagergeschäft*, — charges *Lagerkosten*

warfare *Kriegführung*, maritime (naval) — *Seekriegführung*

warn *mahnen, warnen, androhen*

warning *Mahnung, Warnung, Androhung*, to give — *kündigen*

warrant *Gerichtsbefehl, Vollziehungsbefehl, Vollmacht; Steckbrief*, — of arrest *Haftbefehl*, dividend — *Dividendenschein*, share — *Aktienschein*, to take out a — against *jemand steckbrieflich verfolgen*, warehouse — *Lagerschein, Lagerpfandschein*, to — *verbürgen, haften, einstehen, garantieren, gewährleisten,* warranted *garantiert*

warrantable by law *gesetzlich erlaubt*

warranty *Gewähr, Gewährleistung, Gewährschaft, Qualitätsgewähr, Zusicherung,* — for fitness *Gewährleistung der Eignung,* — of title *Gewährleistung für Rechtsmängel*

warren, free *Recht der Jagd auf Kleingetier*

waste *Verschlechtrung eines Grundstücks, eines Nachlasses oder dgl. durch Begehung oder Unterlassung von Handlungen,* to — *verderben und vernichten*

wasting of the assets *Verschlechterung des Nachlasses*

waterway *Wasserstraße*

waveson *seetriftige Güter*

way, — -bill *Frachtbrief, Frachtgutverzeichnis, Beförderungsschein,* right of — *Wegerecht, Straßenrecht*

way-leave *Wegerecht für Bergwerke*

wear and tear *Abnutzung*

wearing apparel and bedding *Kleidungsstücke und Betten*

weight *Gewicht, Last, Nachdruck,* allowance of — *Gutgewicht,* reduction of — *Gewichtsverlust,* short — *Manko an Gewicht, Fehlgewicht*

wharf *Kai*

wharfage *Kaigebühr*

wharfinger *Kaimeister, Kaibesitzer,* —'s receipt *Kai-Ablieferungsbescheinigung*

whip *Einpeitscher (einer Partei)*

whipping *Peitschen, Prügelstrafe*

white slave traffic *Mädchenhandel*

wholesale trade *Großhandel, Engroshandel*

wholesaler *Großhändler*

wild animals, liability for damage by *Haftung des Tierhalters für Schaden durch wilde oder bösartige Tiere*

wilful *vorsätzlich, wissentlich,* — act *Vorsatz,* — default *vorsätzliche Verabsäumung*

will, last — *Testament, letzter Wille,* joint — *gemeinschaftliches Testament,* nuncupatory — *mündliches Testament,* by — *testamentarisch,* at — *auf Widerruf, widerruflich,* of one's own free — *freiwillig*

willingness, guilty *schuldbares Geneigtsein zu einem Vergehen*

win *obsiegen, gewinnen*

wind up *abwickeln, liquidieren*

winding-up *Abwicklung, Liquidation*

wire *telegraphieren,* by — *telegraphisch*

wireless *drahtlos,* to — *drahtlos telegraphieren,* secret — station *Geheimsender, Schwarzsender*

withdraw *zurückziehen, zurücktreten, ausscheiden; abheben; entziehen; widerrufen*

withdrawal *Zurückziehung, Rücktritt, Ausscheiden; Abhebung; Entziehung; Widerruf*

withhold *vorenthalten, einbehalten,* to — at source *an der Quelle besteuern*

witness *Zeuge,* — box *Zeugenstand,* to bear — *Zeugnis ablegen,* to call a — *einen Zeugen benennen,* to hear a — *einen Zeugen vernehmen,* to produce a — *einen Zeugen stellen,* to — *als Zeuge unterschreiben,* — my hand and seal *urkundlich unter meiner Unterschrift und meinem Siegel,* in — whereof *zu Urkund dessen*

woman, single — *unverheiratete Frau,* married — *verheiratete Frau,* divorced — *geschiedene Frau*

woolsack *Wollsack, Sitz des Lordkanzlers im Oberhaus*

wording *Fassung, Wortlaut*

words, in *in Buchstaben, in Worten*

work *Arbeit,* contract for —, contract for — and labour *Werkvertrag,* contract for —, labour and materials *Werklieferungsvertrag,* works *Werke, Fabrik,* works council *Betriebsrat*

workhouse *Arbeitshaus, Armenhaus*

working, — arrangements *Betriebseinrichtungen,* — capital *Betriebskapital,* — day *Arbeitstag, Werktag,* — expenses *Betriebskosten,* — hours *Arbeitsstunden,* — place *Arbeitsraum,* — week *Arbeitswoche,* in good — order *betriebsfähig*

workman *(industrieller) Arbeiter*

Workmen's Compensation Act *Gesetz betreffend Unfall-Entschädigung der Arbeiter*

workshop *Werkstatt,* — experience *Fabrikationserfahrung*

worm *Wurmfraß*

wrapper *Umschlag*

wreck *Strandgut, Wrack*

writ *Gerichtsbefehl,* (of summons) *Ladung, die den Prozeß einleitet*

write, to — down *(teilweise) abschreiben, herabsetzen,* to — off *(ganz) abschreiben*

writing *Schriftstück,* in — *schriftlich*

wrong *Unrecht, unerlaubte Handlung*

wrongfully *zu Unrecht*

Y

yield *Ertrag, Aufkommen,* total — *Gesamtaufkommen,* to — *abwerfen; nachgeben; überlassen*

youthful offender *jugendlicher Verbrecher*

Teil II

Deutsch-Englisch

Part II

German-English

A

abändern to alter, to modify, to amend, *(Urteil)* to vary, — *in* to change into
Abänderung alteration, modification, amendment, varying
Abandon abandonment, dereliction
Abandonerklärung declaration of abandonment
Abandonfrist period allowed for abandonment
abandonnieren to abandon, to relinquish
Abandonnist abandoner
Abbau (Beamte) dismissal, *(Bergwerk)* working, *(Gesetze)* withdrawel, *(Preise)* reduction, *(Verwaltung)* retrenchment
abbauen to dissmiss; to work; to withdraw; to reduce; to retrench
Abbaurecht (Bergwerk) exploitation
abbestellen to cancel an order
Abbitte apology, — *leisten* to apologise
Abdankungsurkunde deed of abdication, instrument of abdication
abdecken to pay in full, to make full payment
abdrucken to reprint
aberkennen to abjudicate; to dispossess by judgment, *Rechte* — to deprive of rights, *Schadensersatz* — to disallow compensation
Aberkennung abjudication; dispossession, — *der bürgerlichen Rechte* deprivation (loss) of civic rights
abfassen to draw up, to frame
Abfassung draft, drafting, framing
abfinden to pay off, to settle, *(Gläubiger)* to compound with, *(Töchter)* to settle on, *(Verluste)* to indemnify for, to compensate for
Abfindung settlement, lump sum settlement; arrangement; indemnification, *(Gläubiger)* composition
Abfindungsgeld indemnity
Abfluß efflux, flowing off
abfordern to claim
abführen (Gelder) to pay over
Abgabe (Steuer) impost, duty, tax, *(Wechsel)* draft, *(laufende)* royalty
abgabenfrei duty-free, free of duty, exempt from taxes; royalty-free
Abgabenfreiheit immunity from taxes
abgabenpflichtig dutiable
Abgang (Bilanz) reduction, *Abgänge* sales
Abgangshafen port of departure
abgeben (Wechsel) to draw, *(Erklärung)* to deliver, to make
Abgeltung full settlement, *in* — *von* in discharge of
abgesonderte Befriedigung, Recht auf preferential right to satisfaction
abhanden kommen to be lost
abhängig dependent (on)
abheben to draw, to draw out, to withdraw
Abhebung withdrawal
abhelfen to redress
Abhilfe remedy, redress, relief
abholen to take away, to call for
Abkommen agreement, arrangement, convention

Abkömmling descendant, *anteilsberechtigter* — participating descendant
Abkunft extraction
Abladegewicht shipping weight
Abladekonnossement shipped bill of lading
abladen to ship
Ablader shipper
Abladung shipment
Abladungsort loading port
Abladungszeit time of shipment
Ablauf expiration, expiry, lapse, *mit dem* — upon the expiration
ablaufen to expire, to lapse
ablegen (Akten) to file, *Rechnung* — to render account, *Zeugnis* — to bear witness (testimony)
ablehnen to decline, to refuse, *(Geschworene)* to challenge (jurymen), *(Antrag, durch Behörden)* to dismiss, to reject, *(im Parlament)* to throw out, to vote down
Ablehnung refusal, challenge, dismissal, rejection, — *eines Richters wegen Besorgnis der Befangenheit* challenge of a judge on account of presumed partiality, challenge for favour
ableugnen to deny, to abnegate
Ableugnung denial, abnegation
Ableugnungseid oath of abnegation, denial by oath
abliefern to deliver
Ablieferung delivery, actual delivery
ablösbar redeemable
ablösen (Schuld) to redeem, to liquidate, to discharge, *(Strafe)* to commute, *(Lehen)* to enfranchise
Ablösung redemption, liquidation, discharge; commutation; enfranchisement
Ablösungsrecht right of redemption
Ablösungssumme (Anleihen) redemption sum
abmachen to agree, to arrange
Abmachung agreement, arrangement, stipulation
Abmahnung remonstrance
Abnahme acceptance, taking-over, *(Eid)* administration, *(durch die Baupolizei)* inspection and approval (by the Police authorities, by the town surveyor)
Abnahmeverzug, im — sein to be in default with taking delivery
abnehmen to accept, to take delivery of, to take over, to take up, *(Eid)* to administer
Abnehmer buyer, customer, purchaser
Abnutzung wear and tear
abordnen to delegate
Abordnung delegation
abrechnen to settle accounts *(abziehen)* to deduct
Abrechnung settlement of accounts, (agreed) account stated; liquidation settlement; clearing
Abrechnungsstelle clearing-house
Abrechnungstag settling-day, ticket-day, name-day
Abrechnungsverkehr clearing system
Abrede, in — stellen to deny
Abrüstung disarmament, reduction of military forces
Absatz sale, *(im Text)* paragraph, sub-paragraph
Absatzgebiet market, outlet
abschaffen to abolish, to abrogate
Abschaffung abolition, abrogation
abschätzbar ratable
Abschätzbarkeit ratability
abschätzen to value, to appraise, to estimate
Abschätzer valuer, appraiser
Abschätzung valuation, appraisement, estimate
abschieben (Personen) to evacuate
Abschiebung evacuation
abschlägiger Bescheid refusal
Abschlagsverteilung (Konkurs) payment of a dividend, preliminary distribution

Abschlagszahlung instalment, payment on account, part-payment
abschließen to conclude, to close, to make, *(Police)* to take out, *(Kauf, Verkauf)* to complete, to effect, to execute, *Geschäft* — to close the deal
Abschluß conclusion; completion, — *des Kaufs, des Verkaufs* execution of the purchase, of the sale, — *vermitteln* to secure a business
Abschlußkosten initial expense
Abschlußprovision introductory commission
***abschneiden**, jemand Einreden* to deprive a person of a defence
Abschnitt *(Talon)* counterfoil, *(Text)* paragraph, section, *(Stükkelung)* denomination, *(Wechsel)* bill
abschreiben to write off, *(herabsetzen)* to write down, to deduct, *(eine Abschrift machen)* to copy
Abschreibung deduction, depreciation, amount written off as depreciation, debit entry
Abschrift copy, *(eines Wechsels, einer Urkunde auch)* transcript
abschwören to deny upon oath; to abjure
Abschwörung denial upon oath; abjuration
absehen von to dispense with
absenden to dispatch, so send off, to forward
Absender sender, consignor
Absendung dispatch
absetzen to remove, to dismiss, *(Rechnung)* to deduct
Absetzung removal, dismissal; deduction, *einstweilige* — suspension
Absicht intention, intent, *in böser* — maliciously, *ohne böse* — innocently
absichtlich intentionally, on purpose, deliberately
Absonderung separate satisfaction
absonderungsberechtigt secured
absperren to bar, to block
abstammen to be descended (from)
Abstand nehmen to dispense (with), to refrain (from), to discontinue
Abstandnahme discontinuance
Abstandsgeld compensation, indemnification, indemnity, forfeit
abstehen to desist from
abstellen *(Uebelstand)* to redress, — *auf* to direct to
abstimmen to vote
Abstimmung voting, *(im Parlament)* division, *namentliche* — poll
abstreichen *(in einer Liste)* to check
Abstufung gradation
Abteilung department, *(des Gerichts)* division, *(Grundbuch)* section
abtreiben to produce abortion, to procure miscarriage
Abtreibung production of abortion
abtretbar cessible
Abtretbarkeit cessibility
abtreten to assign, to convey, to cede
Abtretung assignment, conveyance, cession
Abtretungserklärung declaration of assignment
Abtretungsurkunde deed of assignment, deed of conveyance
aburteilen to abjudicate
Aburteilung abjudication
Abwanderung des Kapitals exodus (migration) of capital
abweichen to deviate, to depart
Abweichung deviation, departure
abweisen *(Klage)* to dismiss, to nonsuit, *kostenfällig (kostenpflichtig)* — to dismiss with costs
Abweisung dismissal, non-suit
abwenden to avert, to avoid
abwerfen to yield
abwerten to devalorise
Abwertung devalorisation, *(am.)* devaluation

Abwesenheitspfleger curator absentis

abwickeln to wind up, to liquidate, to close down

Abwickelung winding-up, liquidation

abzahlen to pay off, to pay instalments

Abzahlungsgeschäft hire-purchase business

Abzahlungsrate payment on account, instalment

abziehbar deductible

abziehen to deduct, to discount

Abzug deduction, discount

Accept acceptance, — *einholen* to procure acceptance, *zum — senden* to send for acceptance, *mit — versehen* to provide with acceptance, *zum — vorzeigen* to present for acceptance, *mangels* — in default of acceptance, *eigene Accepte (Bilanz)* bills payable

Acceptant acceptor

acceptieren to accept, — *lassen* to get accepted

Acceptverweigerung non-acceptance

Achsenmächte Axis Powers

Achtstundentag eight hours day

ächten to outlaw

Acquisitivverjährung positive prescription

adoptieren to adopt

Adoption adoption

Adoptivkind adopted child

Adressat addressee

Adresse address

Adreßbuch directory

Advokat advocate, lawyer

Afterbelehnung subinfeudation

Aftervermietung underlease, sublease

Afterverpachtung underlease

Agent agent

Agentur agency

Agio premium

Agiogewinn profit from premiums

Agnat agnate

Akkord composition

Akkordarbeit job work

akkordieren (mit Gläubigern) to compound

Akkordlohn piece wages, job wages

akkreditieren to open a credit with, to credit; to accredit with

Akkreditiv letter of credit, documentary credit, confirmed credit

Akten deeds, files, records, acts, written proceedings, documents, legal papers, rolls, *zu den — nehmen* to file, to take on file

aktenkundig on the record

Aktenzeichen reference, reference-number

Aktie share, *alte* — senior share, *junge* — junior share, — *mit Minderrechten* deferred share, *stimmberechtigte* — voting share

Aktienbezugschein share warrant

Aktienbrief share warrant, share certificate, stock certificate

Aktienbuch register of members

Aktiengesellschaft share company, company by shares, joint stock company, incorporated company (having a capital divided into shares), stockholders company

Aktienkapital capital stock, share capital

Aktienmakler sharebroker, stockbroker

Aktienpaket parcel of shares, lot of shares

Aktienschein share warrant, share certificate, stock

Aktienurkunde share certificate

Aktienzeichnung application for shares, subscription

Aktienzertifikat share certificate

Aktienzuteilung allotment of shares

Aktionär shareholder, stockholder

aktiv legitimiert entitled to sue

Aktiva und Passiva assets and liabilities

Aktivlegitimation title to sue

Aktivmasse assets
Aktivposten credit item, asset
Aktivum asset
Aktivvermögen assets
Akz... siehe Acc...
alias otherwise
Alimente alimony, *(für die geschiedene Frau)* separation allowance
alimentieren to maintain
Alkoholschmuggler (am.) bootlegger
allein, — handeln to act alone, — *vertreten* to represent singly
Alleinberechtigung exclusive right
Alleineigentümer sole owner
Alleininhaber sole owner, sole holder
Alleinverkauf exclusive sale
Alleinverkaufsrecht sole (exclusive) right to sell, monopoly
Alleinvertreter sole agent
allgemein bekannt a matter of common knowledge
Allgemeinunkosten overhead expenses
Allod allodium
Allodialvermögen allodial property
allodifizieren to allodify
Allonge rider
Altbesitz old holding
Altenteil annuity charged on immovables upon transfer to a child
Altersrente old age pension
Altersversicherung old age insurance
Amendement amendment
Amnestie amnesty, act of grace
Amortisation amortisation, redemption, *(Wechsel)* extinction
Amortisationsdarlehen amortisation loan
Amortisationsgelder sinking-fund
Amortisationszahlung sinking-fund payment
amortisieren to redeem
Amt office, *von Amts wegen* ex officio; upon the Court's own motion
Amtsanmaßung (unjustified) assumption of office
Amtsanwalt official (Government, district) attorney
Amtsarzt medical officer
Amtsdauer term of office
Amtsenthebung discharge from office
Amtsgericht local court, *(in England)* county court
Amtsgewalt official authority, official power
Amtskleidung official dress, official robe
Amtspflicht official duty, official function
Amtsrichter local court judge
Amtssiegel official seal
Amtsunfähigkeit incapacity to hold public office
Amtsunterschlagung embezzlement of public funds
Amtsvergehen delinquency in office, malversation in the discharge of official duties, abuse of office
Amtsverschwiegenheit official secrecy
Amtswechsel rotation
anberaumen (Termin) to fix (appoint) a day (hearing), *(Versammlung)* to call (a meeting)
anbieten to offer, to tender, to quote
andererseits (von einer Vertragspartei) party of the second part
andienen to tender
Andienungsklausel clause as to notice of delivery
androhen to warn of
Androhung warning, *nach vorheriger* — after having previously given notice of intention
aneignen to appropriate
Aneignung appropriation; acquisition of ownership
Aneignungsberechtigter person entitled to appropriation
Anerbenrecht right of a single heir under local law

anerkennen to acknowledge, to admit, to recognise

Anerkenntnis acknowledgment, admission, recognisance

Anerkenntnisurteil consent judgment, judgment by confession

Anerkennung acknowledgment, admission, recognisance; legitimation, authentication

Anfall devolution, accrual

anfallen to devolve upon, to accrue, *anfallende Devisen* incoming foreign exchange

Anfang, von — an from the outset, ab initio

Anfangskosten initial expense

Anfangskurs opening price

anfechtbar avoidable, voidable, impugnable, defeasible

anfechten to contest; to avoid, to defeat, *(Entscheidung)* to impugn, to attack, to appeal from

Anfechtung avoidance, impugnment

Anfechtungserklärung declaration of avoidance

Anfechtungsgegner party subject to avoidance, party subject to having his act declared voidable

Anfechtungsgrund ground for avoidance, cause for impugnment

Anfechtungsklage action for avoidance

Anfechtungsrecht right of avoidance; law as to avoidance of transactions intended to defeat creditors

anführen to quote, to cite

Angabe statement, declaration, representation, *falsche* — misrepresentation, *nähere* — specification, statement of particulars, *nach* — by description, *nicht der — entsprechend* not according to representation

angeben to state, to declare, *(näher)* to specify

angeborenes Recht inherent right

Angebot offer, tender, quotation

Angehörige family, relations, *unterhaltsberechtigte* — dependents

angeht, an Alle, die es — to all whom it may concern, *für Rechnung wen es* — for account of whom it may concern

Angeklagter prisoner, accused, delinquent

Angelegenheit matter, affair, concern, case

angemessen adequate, appropriate, reasonable, *eine angemessene Frist setzen* to name a reasonable period, *angemessene Zeit vorher* a reasonable time before

Angemessenheit adequacy, appropriateness, reasonableness

Angestellter employee

Angewiesener drawee

angleichen to assimilate

angliedern to affiliate

Angliederung affiliation

angreifen, das Kapital to touch the capital

anhaften to attach

anhaftend inherent in, attaching to

Anhang appendix, annex, supplement

anhängig pending, — *werden* to commence

Anhängigkeit pendency

anhäufen to accumulate

Anhäufung accumulation

anheften to attach, to affix, *(öffentlich)* to placard

anheimfallen to devolve upon

anhören to hear

Anhörung hearing

Ankauf purchase

ankaufen to purchase

Anklage charge; prosecution

Anklagebank dock

Anklagebeschluß indictment

Anklagegründe heads of the charge

anklagen to accuse of, to charge with; to arraign for, to indict of; to inculpate; to bring an action

against, *(verklagen)* to demand judgment against
Anklageschrift bill of indictment
ankündigen to give notice
Ankündigung notice
Ankunft, behaltene safe arrival
Anlage (Geld) investment, *(zu einem Schriftstück)* enclosure, appendix, *(Beleg)* exhibit, *(Einrichtung)* plant
Anlagekapital invested capital
Anlagepapiere stocks suitable for investment
Anlagevermögen fixed assets
anlaufen (Hafen) to call at a port, to touch
Anlegehafen port of call
anlegen (Geld) to invest
Anleihe loan, *äußere* — external loan, *innere* — internal loan
Anleihe-Ablösungsschuld loan redemption debt
Anleihe-Beratungsstelle Loan Advisory Board
Anleihedienst loan service
Annuität annuity, *ungeschützte Annuitäten* unconditional annuities
anmeldbar (im Konkurs) provable (in bankruptcy)
anmelden to notify, *(im Konkurs)* to prove (debts), *Schaden* — to give notice of claim
Anmeldung notification, notice, *(im Konkurs)* proof (of debts)
Anmeldungsfrist period for notification
Anmerkung note, foot-note
Annahme acceptance, *(Voraussetzung)* assumption, — *an Kindesstatt* adoption, — *eines Gesetzes* passage of an Act, — *verweigern* to refuse to take delivery
Annahmeprotest protest for non-acceptance
Annahmeverzug, im — sein to be in default of acceptance
Annahmezwang obligation to accept
annehmen to accept, *(voraussetzen)* to assume, *an Kindesstatt* — to adopt, *ein Gesetz* — to pass an Act
anordnen to order, to direct, to instruct
Anordnung order, direction, instruction
anpassen to adapt
anrechnen to deduct from, to credit on, to set off with, *(auf verschiedene Schulden)* to apply to, *sich — lassen* to allow to be deducted
Anrechnung deduction, application, sett-off
Anrecht right, title, claim
anreizen to abet, to instigate
Anreizung abetment, instigation
ansammeln to accumulate
Ansammlung accumulation
anschaffen to purchase
Anschaffung (Kauf) purchase, *(Zahlung)* provision, — *machen (zahlen)* to provide for the payment
Anschaffungspreis purchase price
Anschlag (Attentat) attempt upon a person's life, attempted assassination, *(Plakat)* placard, poster, *(Kostenanschlag)* estimate
anschlagen, öffentlich to placard
Anschlagzettel placard, poster
Anschlußberufung einlegen to cross-appeal
Anschlußgleis siding
Anschrift address
anschuldigen to accuse (of)
Anschuldigung accusation, *falsche* — false accusation
Ansehen standing
Ansicht opinion, *zur* — on approval
Anspruch claim (for), title (to), right of action, — *haben auf* to be entitled to, *einen — aufgeben* to give up (abandon, relinquish) a claim, *einen — aufrechterhalten* to keep up a claim, *einen — erheben* to make (lodge, prefer) a claim, *einen — geltend*

machen to enforce a claim, *in — nehmen (Kredit)* to avail, *nicht in — genommen* unavailed

Anspruchsverjährung limitation of claims

Anstalt institution

ansteckende Krankheit contagious disease

anstellen to engage, to employ

Anstellung employment

anstiften to instigate, to abet

Anstifter instigator, abettor

Anstiftung instigation, abetment

Anstoß nehmen an to take exception to

Ansuchen solicitation

ansuchen to solicit

Anteil share, portion; interest, *— am Gewinn* share in the profit, *— am Kapital* holding in the capital, *— am Verlust* share in the loss, *einen — übernehmen* to take a share, *zu gleichen Anteilen* in equal shares

anteilig pro rata, in proportion, proportionate

anteilsberechtigt participating, entitled to a share

Anteilschein share certificate, participation certificate

Antrag application, request; proposal, offer, *(im Prozeß)* application, *(im Parlament und Prozeß)* motion, *einen — stellen* to make an application, *(im Parlament)* to move, *einen — ablehnen (im Parlament)* to throw out a motion

Antragsdelikt offence liable to prosecution only on the information of the person injured

Antragsformular application form

Antragsteller applicant, person applying; proposer

antreten (Beweis) to offer evidence, *(Erbschaft)* to accept, *(Amt)* to enter upon the duties. *(Stellung)* to take up employment

Antwortschrift answer

anvertrauen to give in charge

Anverwandter, nächster next of kin

anwachsen to accrue

Anwachsung accrual

Anwachsungsrecht right accruing by reason of survivorship

Anwalt lawyer, advocate, *(nicht plädierender)* solicitor, attorney-at-law, *(plädierender)* barrister, counsel, *einen — befragen* to take counsel's opinion

Anwaltsgebühren counsel's fee, solicitor's fee

Anwaltskosten solicitor and client costs

Anwärter reversioner, expectant

Anwartschaft expectancy, *(Grundbesitz)* remainder

anweisen to direct, to instruct, *(Zahlung)* to assign

Anweisender drawer

Anweisung direction, instruction, order, order to pay (deliver)

Anweisungsempfänger payer

anwendbar applicable, relevant, available

Anwendbarkeit applicableness, applicability

anwenden to apply; to exercise

Anwendung application, *— finden* to apply, *entsprechende — finden* to apply mutatis mutandis, *— unter Zwang* enforcement

anwerben to engage, *(Soldaten)* to levy

anzahlen to pay on account

Anzahlung payment on account, deposit, cash deposit

Anzeige notice, notification, *(Inserat)* advertisement, *(Denunziation)* information

anzeigen to notify, *(inserieren)* to advertise, *(denunzieren)* to inform

Arbeit work, labour, employment, *(Aufgabe)* job, *gelernte —* skilled labour, *ungelernte —* unskilled labour

Arbeiter workman, labourer; hand, *gelernter* — skilled workman, *ungelernter* — unskilled workman
Arbeiterpartei labour party
Arbeitgeber employer, principal
Arbeitnehmer employee
Arbeitsamt labour office
Arbeitsbereich sphere of activity (operation)
Arbeitsbeschaffung provision of employment
Arbeitsdienst labour service
Arbeitsdienstpflicht labour conscription
Arbeitseinkommen income derived from work, earned income
arbeitsfähig able, capable to work
Arbeitsfähigkeit capacity to work
Arbeitshaus workhouse
Arbeitslager labour camp
Arbeitslenkung planned labour
Arbeitslohn wages
arbeitslos unemployed
Arbeitslosen-Unterstützung dole, unemployment relief, relief for unemployed
Arbeitslosen-Versicherung unemployment insurance
Arbeitslosigkeit unemployment
Arbeitsnachweis labour exchange
Arbeitsraum, Arbeitsstätte working place
Arbeitsrecht labour law
arbeitsscheu idle and disorderly
Arbeitsstreitigkeiten industrial disputes
Arbeitsstunden working hours
Arbeitstag working day
arbeitsunfähig disabled
Arbeitsvermittelung labour exchange
Arbeitsvertrag labour contract, contract for work and labour, contract for employment
Arbeitswoche working week
Arbeitszeit hours of work
Arbitrage arbitration
arbitrieren to settle by arbitration
Archiv records
Aergernis scandal, offence, breach of the peace
Arglist malice, *(bei Verzug)* aggravated liability attached to intentional default
arglistig malicious, with intent to deceive, fraudulent, — *verschweigen* to conceal intentionally, *arglistige Täuschung* misrepresentation with intent to deceive, deliberate misstatement of facts, fraud
Argument argument
argumentieren to argue
Arier, arisch Aryan
Armenfürsorge poor relief
Armengesetz poor law
Armenhaus workhouse
Armenrecht, unter — klagen to sue in forma pauperis, to appear as a poor person, *unter — Klagender* pauper, — *gewähren* to grant leave to sue in forma pauperis
Armensteuer poor rate
Armutszeugnis certificate of poverty
arrangieren, sich mit den Gläubigern to compound (arrange, settle) with one's creditors
Arrest arrest, arrestment, attachment, seizure, *(Sachen)* distraint, *dinglicher* — real arrestment, *offener* — public embargo, *vorläufiger* — provisional remedy, *mit — belegen* to attach, to distrain, so seize
Arrestbefehl warrant for arrest
Arrestvollziehung distraint
Art kind, description
Assessor junior assistant judge
Assisengericht court of assizes
Associé partner
assoziieren, sich to enter into partnership
Attentat attempt upon a person's life, attempted assassination
Attest, ärztliches medical certificate

aufbewahren to keep in custody, *(zurückbehalten)* to retain

Aufbewahrung (safe) custody, safekeeping, *in — geben* to place in custody, *in — haben* to hold in custody, *in — nehmen* to take charge of

aufbringen (Schiff) to capture, to detain

Aufbringung capture, detention

Aufbringungsumlage industrial charge

aufdecken to disclose

Aufdeckung disclosure

Aufenthalt residence, sojourn, abode, *gewöhnlicher* — usual place of abode

Aufenthalts-Erlaubnis, Erteilung der aliens' registration

Aufenthaltsort place of sojourn, *(dauernder)* residence

Aufenthaltsrisiko lying-still risk

auferlegen to impose, *(im Urteil die Kosten)* to order to pay (bear) the costs of the proceedings, *auferlegt* incumbent on

Auferlegung imposition

auffangen, einen Brief to intercept a letter

auffinden to trace, to discover

auffordern to summon, to invite, to request

Aufforderung demand, request, requisition, *(Vorladung)* summons, *(zum Verbrechen)* incitement

Aufgabe abandonment, relinquishment, surrender, *(Anzeige)* advice, *(Arbeit)* task, job

aufgeben to give up, to abandon, to relinquish, to surrender, *(verzichten)* to waive, to renounce, *(anzeigen)* to advise, *(auf der Post)* to post, to mail

Aufgebot public summons (citation), *(zur Heirat)* public notice; banns, *— bestellen* to ask the banns

Aufgebotstermin day fixed by public summons

Aufgebotsverfahren procedure by public summons (citation), *im* — by public notice, *im Wege des Aufgebotsverfahrens* by process of public citation

Aufgeld premium

aufheben to terminate, to revoke, to repeal, to abolish, *(Vertrag, Anordnung, Hypothek)* to cancel, *(Vertrag, Urteil)* to rescind, to annul, *(Urteil)* to reverse, to quash, *(Vollstreckung)* to discontinue, *(Vertrag, Gemeinschaft)* to dissolve, *(Erwerbsfähigkeit)* to destroy

Aufhebung termination, revocation, cancellation, rescission, annulment, abolition, defeasance, discontinuance, dissolution, *— der ehelichen Gemeinschaft (durch Urteil)* judicial separation

aufkommen für to answer for, to be answerable for, to be responsible for

Aufkommen yield

aufkündbar subject to notice; precarious

aufkündigen to give notice, *(Hypothek)* to call in

aufladen to load

Auflage imposition, charge, burden, *testamentarische* — testamentary burden

auflassen to convey (by agreement)

Auflassung conveyance (by agreement)

Auflauf riot

auflaufen (Zinsen) to accrue

auflegen (zur Zeichnung) to issue, to invite subscriptions, *(ein Schiff)* to lay up

aufliegen to be incumbent on, *(Schiffe)* to be laid up

auflösen to dissolve, *(Verbände)* to disband

Auflösung dissolution

aufnahmefähig, aufnahmewillig receptive

Aufnahmefähigkeit capacity of absorption
Aufnahmewilligkeit willingness of absorption
aufnehmen (absorbieren) to absorb, *(Geld)* to raise, *(in die Firma)* to admit into, *(einverleiben)* to embody in, *(Urkunde)* to draw up, *eine Anleihe zur Gesamthaft* — to negotiate a loan jointly and severally
aufrechnen mit, gegen to set off with, against
Aufrechnung set-off
aufrecht erhalten to maintain, *(Entscheidung)* to confirm
aufreizen to incite
Aufreizung (zum Verbrechen) incitement
Aufruf (von Noten) calling in, *(öffentlicher)* proclamation, *(Zeugen)* calling of witnesses
aufrufen to call in, to call
Aufruhr riot, revolt
aufschiebbar postponable
aufschieben to postpone, to defer, to adjourn
Aufschiebung postponement, adjournment, suspension, — *des Urteils* arrest of judgment
Aufschlag extra charge, additional charge; *(Versicherung)* loading
Aufschub delay, respite, *(der Vollstreckung des Urteils)* suspension (of sentence), *einen — gewähren* to grant a delay (respite)
Aufsicht supervision
Aufsichtsamt für Privatversicherung Supervisory Board for Private Insurance
Aufsichtsausschuß committee of inspection
Aufsichtsbehörde supervising authority
Aufsichtsperson supervisor
Aufsichtsrat board of supervisors, board of control, board of trustees
Aufsichtsratsmitglied member of the board
Aufsichtsratssitzung board meeting
Aufstellung statement, schedule, *genaue* — specification
Auftrag order, instruction, commission, mandate; contract of agency, *im — von* on behalf of, by order of, *einen — vergeben* to place an order with
Auftraggeber mandator, principal, client, customer, committer
auftreten als to act as
Aufwand expenditure
Aufwendung outlay, expenditure, *Aufwendungen machen* to incur outlays, *Aufwendungen bestreiten* to defray the expenses
aufwerten to revalorise
Aufwertung revalorisation, *(am.)* revaluation
Aufwertungsgesetz Revalorisation Act, *(am.)* law of revaluation
Aufwertungshypothek revalorised mortgage
Aufwertungsstelle revalorisation office
aufzeichnen to note down, to record
Aufzeichnung record, *stenographische* — shorthand notes
aufziehen (eine Gesellschaft) to organise
Augenschein inspection, examination; real evidence, *in — nehmen* to inspect, to examine
Augenzeuge eye-witness
Auktion sale by auction, public sale
Auktionator auctioneer
ausantworten to surrender
ausarbeiten to elaborate, to draw up
ausbedingen to stipulate, to reserve
Ausbedingung stipulation, reservation
ausbeuten to exploit
Ausbeutung exploitation

ausbilden to train

Ausbildung training

ausbringen (Pfändung) to levy

ausdehnen, die Klage — auf to join as defendant

ausdrücklich express, expressed, explicit

auseinandersetzen, sich to settle accounts

Auseinandersetzung liquidation (of association), *(über das Erbe)* partition (division) of an inheritance

Auseinandersetzungsplan scheme of partition

Auseisungskosten charges for cutting passages through ice

Ausfall loss, deficiency, *— bei der Zwangversteigerung* deficiency from the compulsory sale by auction

ausfallen to be deficient

ausfertigen to draw up, to execute, to engross

Ausfertigung office copy, official copy, original copy, *in doppelter —* in duplicate, in duplicate copies, *in dreifacher —* in triplicate, in triplicate copies, *— erteilen* to deliver a copy

ausfindig machen to discover, to trace

ausfolgen to deliver

Ausfolgung delivery

Ausfolgungsprotest protest for non-delivery

Ausfuhr exportation, export

ausführbar, praktisch practicable

Ausführbarkeit, praktische practicability

Ausfuhrbeschränkung restriction on the exportation

ausführen to carry out, *(Waren)* to export

Ausfuhrprämie premium on export, bounty for export; drawback

Ausfuhr-Ueberschuß export surplus, excess of export over import

Ausführungsbestimmungen zu einem Gesetz provisions for the execution of an Act, ordinance to give effect to an Act, administrative regulations

Ausführungsgesetz statute providing for the introduction of an Act

Ausführungsverordnung executive decree (order)

Ausfuhrverbot prohibition of exportation

Ausfuhrzoll export duty

ausfüllen to fill in, to fill up, to complete

Ausgabe issue, *(Geld)* expenditure; outgoings, outgo

Ausgang issue, *am — des Rechtsstreits interessiert sein* to have interest (to be interested) in the result of the suit

ausgeben to issue, *(Geld)* to spend, to expend, *— für* to pass off as, *sich — für* to personate

ausgehen (von einer Sache) to proceed from, *(von einer Person)* to emanate from

Ausgehverbot (nachts) curfew

Ausgleich, zum in settlement of, to balance, *zum — annehmen* to accept in settlement

ausgleichen (verrechnen) to clear, *(schlichten)* to adjust, *Verluste —* to recoup one's losses

Ausgleichsamt clearing office

Ausgleichspflicht (bei Erbschaft) hotchpot duty

Ausgleichsverfahren clearing procedure

Ausgleichung, zur — bringen (bei Erbschaft) to bring into hotchpot

aushändigen to hand over, to deliver

Aushändigung handing-over, delivery

ausladen to unload

Ausladung discharge, unloading

Auslagen disbursements, outlay, *— aus eigener Tasche* out of pocket expenses

Ausland foreign countries, *im —* abroad, *im — zahlbar* payable abroad
Auslandanleihe external loan
Ausländer alien, foreigner, *befreundeter, verbündeter —* alien friend, *feindlicher —* alien enemy
Auslandhandel foreign trade
ausländisch alien, foreign
Auslandscheck foreign cheque
Auslandschiff foreign-going ship
Auslandwechsel foreign bill
auslaufen (Schiff) to sail, *(Behältnis)* to leak
auslegen to interpret, to construe, *(Geld)* to disburse, *(zur Ansicht)* to expose
Auslegung interpretation, construction, *falsche —* misinterpretation, misconstruction
ausliefern to deliver, to deliver up, to surrender, to hand over
Auslieferung delivery, surrender, *(Person)* extradition
Auslieferungsanweisung delivery order
Auslieferungsprovision commission on redelivery
Auslobung public promise of reward
auslosen to draw, to draw by lot, *zur Einlösung —* to draw for redemption
Auslosung drawing, redemption (by lot)
Auslosungsrechte redemption rights
auslotsen to pilot out
Ausnahme exception, exemption
Ausnahmebestimmungen exceptional provisions
ausnehmen von to except, to exempt from
ausnutzen to take advantage of, *(Patente usw.)* to exploit
Ausreise-Erlaubnis exit permit
Aussage deposition, evidence, declaration, statement, testimony, *zum Gegenstand der — machen* to depose unto
aussagen to depose, to declare, to state
ausscheiden to retire, to withdraw
ausscheidend outgoing
Ausschlag geben to overrule
ausschlagen to disclaim
ausschlaggebend sein to be decisive, to prevail, *ausschlaggebenden Einfluß haben* to control, *ausschlaggebende Stimme* casting vote, decisive vote
Ausschlagung disclaimer
ausschließen to preclude, to exclude, to bar, *(ausweisen)* to expel
Ausschließung preclusion, exclusion; expulsion, *unter — des Rechtsweges* to the exclusion of ordinary legal proceedings
Ausschluß exclusion, *unter —* to the exclusion of
Ausschlußurteil decree of exclusion, decree for avoidance
ausschreiben to invite tenders
Ausschreibung invitation for tenders
Ausschuß committee
ausschütten to distribute
Ausschüttung distribution
Außendienst, im — tätige Personen agency staff, outdoor staff
Außenhandelsstelle foreign trade department
Außenseite outside, outer surface
Außenstände outstanding debts, outstandings
Außenzahlung outpayment
Außenstelle branch office
Außenzölle customs
außeramtlich extra-official
außerehelich illegitimate
außergerichtlich extra-judicial, out of court, *außergerichtliche Regelung* settlement out of court, *gerichtlich und — vertreten* to represent in judicial proceedings and in all other affairs
äußerlich erkennbar discoverable from the outward condition

außerordentlich extraordinary, exceptional, *außerordentliche Kriegsmaßnahme* exceptional war measure, *außerordentliche Versammlung* extraordinary (special) meeting

aussetzen (eine Rente) to allow, *(im Testament)* to bequeath, *(das Verfahren)* to stay, to suspend, *eine Belohnung* — to announce a reward

Aussetzung, — *eines Kindes* exposure of a child, — *auf See* exposure at sea, — *des Urteils* arrest of judgment, — *des Verfahrens stay of proceedings*

Aussonderungsrecht right of privilege, right of separation, right of severance

aussperren to lock out

Aussperrung lock-out

Ausspielung raffle

Ausspielvertrag raffle contract

Ausstand strike

ausständig on strike

Ausständiger striker

ausstatten to endow

ausstehen to outstand

ausstehend outstanding

ausstellen to draw up, to make out, *(Wechsel)* to issue, to create, *(eigenen Wechsel)* to make, *(Tratte)* to draw, *zum Verkauf* — to expose for sale

Aussteller (Wechsel) maker, drawer

Ausstellung (Wechsel) issue, making, drawing, *(zum Verkauf)* exposition, *(Schau von Gegenständen)* exhibition

Ausstellungsort place of issue (making, drawing)

Ausstellungsräume show rooms

Ausstellungstag date of issue

Ausstellungszeit time of issue

Aussteuer endowment, *(Mitgift)* dowry, marriage-portion

Aussteuer-Versicherung children's endowment

ausstreichen to cancel, to strike out, to cross out

austreten to retire, to withdraw

Austritt retirement, withdrawal

Austrocknung evaporation

ausüben to exercise, to practise, *(Erfindung)* to work on

Ausübung exercise

ausverkaufen to sell out, to clear

Ausverkauf sale, clearing, clearing sale

Auswanderer emigrant

auswandern to emigrate

Auswanderung emigration

Auswärtiges Amt Foreign Office, *(am.)* State Department

Ausweichkurs shunting price

Ausweis proof of identity

ausweisen (Bilanz) to show, *(des Landes verweisen)* to expel, *sich* — to prove one's identity

Ausweiskarte identification card

Ausweisung expulsion

auszahlen to pay over

Auszähler teller

Auszahlung payment; transfer, — *London* cable transfer London

Auszählung counting of votes

Auszahlungskurs rate of issue

Auszug extract, abstract, statement

Autokasko-Versicherung motor vehicles insurance

Automobil motor car, motor vehicle

Automobilsteuer tax on motor cars

Automobilverkehr circulation of motor cars

Aval surety, guarantee, suretyship, contingent liability, collateral acceptance

avalieren to stand security

Avalist surety (guarantor) on a bill of exchange

Avalvermerk note of suretyship

Avis advice

Avisbrief letter of advice

avisieren to advise

B

Bagatellgericht base-court
Bagatellklage petty cause
Bahn, per by rail
Baisse, auf — spekulieren to operate for a fall, to bear
Baissespekulation bear transaction
Baissier bear
Bank bank, banking-house, *— für internationalen Zahlungsausgleich* Bank for International Settlements
Bankausweis bank return
Bankbuch passbook
Bankdeckung bank cover
Bankdepot-Gesetz Act regulating deposit of securities with banks
Bankdiskont bank rate, bank discount
Bankenkomitee banking committee
bankgarantiert with the guarantee of a bank
Bankgeheimnis secrecy on the bank's affairs
Bankguthaben deposit with a bank
Bankhaus banking-house
Bankier banker
Bankiergeschäft banking transaction
Bankkonto banking account
bankmäßig bank-like
Banknote bank-note
Bankrott bankruptcy, failure, *einfacher (schuldhafter) —* culpable bankruptcy, *betrügerischer —* fraudulent bankruptcy, *— machen* to become a bankrupt
bankrott bankrupt, *sich — erklären* to file a petition in bankruptcy
Bankschulden indebtedness to banks
Bankunternehmen banking institution
Bankverbindung bank, banker, correspondents, banking connection
Bankwesen banking
bar in cash; in specie, *gegen —* for cash
Barbankguthaben cash with bankers
Barbestand cash in hand
Bardeckung cash cover
Bardepot deposit made in specie
Bargeld cash, ready money; specie
bargeldlos without the passing of actual cash, cashless
Barguthaben cash asset
Barkauf cash purchase
Barren (einzelner Gold- oder Silberbarren) ingot, *(Gesamtheit von ungemünztem Gold oder Silber)* bullion
Barsaldo cash balance
Barscheck cheque payable in cash
Barvermögen cash assets
Barvorrat stock of money
Barwert cash value, present value
Barzahlung cash payment, *gegen —* against cash
Bau building, structure; construction, *im — befindlich* under construction
Bauerlaubnis-Vertrag (auf Grund eines Patentes) license agreement
Baugenossenschaft building society
Baukosten building cost
Baumaterial building material
Bauplatz site
Baupolizei board of surveyors
baupolizeilich genehmigt approved by the town surveyor
Bausparkasse building society
Bautätigkeit building activity
Bauunternehmer building contractor
Bauwert value of the building
beabsichtigen to intend, to contemplate
Beamter official, officer
beanspruchbar claimable
beanspruchen to claim
Beanspruchender claimant
beanstanden to object to, to reject, *(Vollmacht)* to demur to

Beanstandung objection, rejection, demurrer

beantragen to apply for, to move, to petition, *(vor Gericht)* to request the Court

bearbeiten to have the matter in hand, *(Handarbeit)* to work upon

beaufsichtigen to supervise

beauftragen to charge, to commission, to instruct, to order, to direct

Beauftragter mandatary, mandatory agent

bebaut built upon, *bebaute Fläche* area covered with buildings

Bedachter beneficiary, recipient, *(im Testament)* legatee, *(Grundbesitz)* devisee

Bedarfsartikel necessaries

bedenken, jemand to provide for, *im Testament* — to remember in one's will

Bedenken doubt, scruple, — *haben* to hesitate

Bedenkzeit time for consideration

Bedeutung importance; significance, acceptation

Bedienung, zur gefälligen sent herewith for service

bedingen to stipulate, to contract for, *bedingt* conditional upon; contingent

Bedingung condition, term, *auflösende* — condition subsequent, *aufschiebende* — condition precedent, *ausdrückliche* — condition expressed, condition in deed, *notwendige* — necessary condition, *uneigentliche* — unreal condition, *unmögliche* — impossible condition, *am Grundstück haftende* — condition inherent

Bedrohung menace, threat

Bedürfnis requirement

bedürftig necessitous

Bedürftigkeit poverty, distress

beeiden, beeidigen to confirm by oath, to take an oath upon, *beeidigte Aussage* sworn evidence, evidence by oath, *(schriftliche)* affidavit

Beeidigung confirmation by oath

Beeinflussung, ungehörige undue influence

beeinträchtigen to prejudice, to encroach upon, to impair, to infringe

Beeinträchtigung prejudice, injury, enchroachment, infringement

beerben to be heir of, to succeed to

Beerbung succession

befähigen to qualify

Befähigung qualification, — *durch Ablegung einer Prüfung nachweisen* to qualify

Befähigungszeugnis certificate of qualification

befangen, im Streit in dispute

Befangenheit, einen Richter wegen Besorgnis der — ablehnen to challenge a judge on account of presumed partiality

befassen, sich — mit to deal with, to engage in, *befaßt sein* to have in hand, *das Gericht ist mit der Sache befaßt* the matter is before the court

befördern to forward, to convey, *(in eine höhere Stellung)* to promote

Beförderung forwarding, conveyance, transport, carriage; promotion

Beförderungskosten freight charges

Beförderungsmittel vehicle of transport

Beförderungsschein way bill

Beförderungssteuer transport tax, transportation tax

befrachten to freight, to ship

Befrachter freighter, affreighter, shipper, consignor

Befrachtung freight, affreightment

befreien to release, to relieve; to exonerate, to clear from; to dispense from, *(ausnehmen)* to

exempt from, *befreit von* exempt from
Befreiung release; dispensation, — *von Steuer* exemption from tax
befriedigen to satisfy
Befriedigung satisfaction, *(vorzugsweise)* preferential satisfaction, *aus der Sicherheit — suchen* to have recourse to the security
befristet subject to a stipulation as to time, *befristete Einlage* time deposit
Befugnis authority, competence, competency, right, power, discretion, *die Befugnisse sind ausschließlich* the authorities are exclusive
befugt sein to have discretion (authority)
Befund findings
befürworten to recommend
Befürwortung recommendation
begebbar negotiable
Begebbarkeit negotiability
begeben (Wechsel) to negotiate, to endorse, *sich* — to proceed to, *sich (einer Sache)* — to renounce
Begebung negotiation, issue
begehen to commit
Begeher (Verbrechen) perpetrator
Begehren application; claim
begehren to solicit; to claim
Beginn des Geschäfts commencement of the business
beglaubigen to attest, to authenticate, *(amtlich)* to legalise, *(bescheinigen)* to certify
Beglaubigung attestation, authentication, *(amtliche)* legalisation, *(Bescheinigung)* certification
Beglaubigungsschreiben credentials, letters of credence
Begnadigung pardon
Begriff notion, conception, idea
begründen to establish, to constitute; *(Gründe anführen)* to substantiate, *(errichten)* to create
begründet established, substantiated, well-founded; available, — *auf* based upon, *in der Person* — arising out of circumstances connected with a person personally
Begründung substantiation, justification, arguments, *(des Urteils)* grounds, reasons, *mit der* — on the ground, *zur* — in support of, — *eines Schuldverhältnisses* creation of an obligation
Begründungsfrist period for giving grounds
begünstigen to favour, to support, *(billigen)* to countenance, *(ein Verbrechen)* to abet
Begünstiger (eines Verbrechens) accomplice, accessory, abettor
Begünstigter beneficiary
Begünstigung support, countenance, *(eines Verbrechens)* complicity, abetment
behaftet mit affected with
behaltene Ankunft (Fahrt) safe arrival (course)
Behälter, Behältnis container, receptacle
behaupten to contend, to allege, to state, to affirm, to assert, to maintain
Behauptung contention, allegation, statement, affirmation, assertion
Behörde (public) authority
behufs with a view to, for the purpose of
beibringen to produce, to furnish, to adduce
Beibringung production
Beibuch counter-book
beiderseitig bilateral
beidrücken (Siegel) to affix
beifügen to enclose, to attach, to annex, to affix
Beihilfe assistance
beilegen to settle, to adjust
Beilegung settlement adjustment
beimessen to attribute, *Glauben* — to give credit to

beiseiteschaffen to remove
Beisitzer assessor
Beistand (eines Minderjährigen) next friend, supplementary guardian
Beitrag contribution, *Beiträge leisten* to contribute towards, to subscribe to
beitragen to contribute towards
Beitragsleistung contribution
beitragspflichtig contributory
Beitragspflichtiger contributory
beitreibbar recoverable, *nicht* — irrecoverable
Beitreibbarkeit recoverableness
beitreiben to recover, *(militärisch)* to requisition
Beitreibung recovery; requisition
beitreten to join, to adhere to, to adopt, *(einem Abkommen)* to accede, *(Rechtsstreit)* to be joined, *jemandes Ansicht* — to concur with a person in an opinion
beiwohnen to attend, to assist at, to be present at
bejahen to answer in the affirmative
bekanntmachen to publish, to notify, to make known
Bekanntmachung (public) notification, publication, proclamation
bekennen, sich schuldig to plead guilty
Bekenntnis confession, *(religiöses)* religious denomination
Beklagter defendant, *(in Ehescheidungssachen und in Berufungs- oder Revisionssachen)* respondent
bekräftigen to corroborate
Bekräftigungseid confirmatory oath
bekunden to depose
Bekundung deposition
Belagerungszustand state of siege, *den — verhängen* to declare a state of siege
belangen to proceed against, to sue, to prosecute, to indict
belassen, jemandem to leave in the hands of
belasten to charge with, *(in den Büchern)* to debit with, *(Grundbesitz)* to encumber, to mortgage, *belastetes Grundstück (mit Hypothek)* encumbered property, *(mit Servitut)* servient tenement, *belastend* incriminating
belästigen to molest
Belästigung molestation, molestment
Belastung charge, encumbrance, mortgage, lien, *schwebende* — floating charge
Belastungszeuge witness for the prosecution
Beleg, Belegschein document, voucher, proof
belegen to prove, to support by documentary evidence, *(Preis)* to make up
belegen (gelegen) situate, situated, *Recht der belegenen Sache* lex rei situs
Belegschaft staff, workers
belehnen to enfeoff
Belehner feoffor, feudatory
Belehnter feoffee
Belehnung foeffment, enfeoffment
Belehrung (Eidesbelehrung, Rechtsbelehrung) caution
beleidigen to insult, to offend, to give offence
beleidigend insulting, offensive
Beleidiger offender
Beleidigter the offended party, the injured party
Beleidigung insult, *(durch schriftliche oder gedruckte Veröffentlichung)* libel
beleihen to grant a loan on
Beleihungsgrenze loan limit
Beleihungswert loan value
beleumdet, gut, schlecht held in good, evil repute
Belieben discretion, option, selection, *nach* — at the discretion of, *dem — überlassen* to leave to the

discretion, *im — stehen* to be in the discretion of
beliebig optional
beliefern (mit) to supply, to provide, to furnish (with)
belohnen to reward, to remunerate
Belohnung reward, remuneration
bemängeln to complain of, to find fault with
bemessen nach to measure by
Bemühungen exertions
benachrichtigen to inform, to advise, to notify, to give notice
Benachrichtigung information, advice, notice, notification
benachteiligen to injure, to damage, to prejudice, *benachteiligt* disadvantageously affected
benachteiligend prejudicial
Benachteiligung injury, damage, prejudice
Benannter nominee
Benefiziar beneficiary, *(eines Treuhandverhältnisses)* cestui que trust, *(Grundstück)* cestui que use
benefiziarisch beneficial
benennen to name, to nominate
Benennung nomination
Benutzung use, user
Benzinsteuer tax on petrol
beobachten (befolgen) to observe, to comply with, to follow
beraten to advise, *sich — mit* to consult
Berater adviser, *(Anwalt)* counsel
Beratung advice, *(Anwalt)* consultation
Beratungsstelle advisory board
berauben to rob (of)
berechnen (in Rechnung stellen) to charge, *(ausrechnen)* to compute, to calculate
Berechnung charge, *(Ausrechnung)* computation, calculation
berechtigen to entitle to, to authorise, *berechtigt* entitled, justified, just, legitimate
Berechtigter person entitled; obligee
Berechtigung right, title, authority, authorisation
bereichern to enrich, *sich — an* to benefit of
Bereicherung enrichment, benefit, *ungerechtfertigte —* undue enrichment, unjustified benefit
bereit prepared
Bergbau mining
Bergbaugesellschaft mining company
bergen to save, to salvage
Bergelohn salvage money
Berger salvor
Bergrecht mining law, *Bergrechte* mining rights
Bergung salvage, *Ausgaben für —* salvage charges
Bergungsamt salvage office
Bergwerk mine
Bericht report, advice, account, returns, *laut —* as per advice, as advised
berichten to report, to notify
Berichterstatter reporter
Berichterstattung report
berichtigen to adjust, to amend, to correct, *(Schuld)* to satisfy
Berichtigung adjustment, amendment, correction, *(Schuld)* satisfaction
Berücksichtigung, unter in consideration of
Beruf profession, calling, *(Gewerbe)* trade, *(Beschäftigung)* occupation
berufen to call, to convoke, to convene, *sich — auf* to refer to, to invoke, to plead, *berufen sein* to be entitled to
Berufsgenossenschaft professional cooperative society
Berufung (Einberufung) convocation, *(Bezugnahme)* reference, *(gerichtliche)* appeal, application, *— einlegen* to appeal, to give notice of appeal, to take an appeal from, to lodge an

appeal against, *sich der — anschließen* to cross-appeal, — *kann eingelegt werden* an appeal lies

Berufungsabteilung appelate division

Berufungsausschuß appeal board

Berufungsbeklagter appellee, defendant in the appeal, defendant in the court of appeal, respondent

berufungsfähig appealable

Berufungsfrist time for appealing, period for appeal

Berufungsgericht court of appeal

Berufungsgrund (Erbschaft) title to inherit

Berufungsklage appeal

Berufungskläger appellant, plaintiff in the appeal, plaintiff in the court of appeal, appealer

Berufungsrecht appellate right, right of appeal

beruhen auf to be based upon, to derive from, to be due to

beruhigen, sich — bei to acquiesce in, *(Urteil)* to accept

beschädigen to damage, to injure, *(verstümmeln)* to mutilate

Beschädigter injured person

Beschädigung damage, injury

Beschaffenheit condition, state, nature

beschäftigen to employ, *sich — mit* to deal with, *(nur von Personen)* to be engaged in

Beschäftigung occupation, employ, employment, work, trade

bescheinigen to certify, to attest

Bescheinigung certificate, certification, attestation

Beschenkter donee

beschimpfen to insult

Beschimpfung insult

Beschlag, mit — belegen, in — nehmen to seize, to attach, to arrest, to put under arrest, to distrain, to levy a distress on, *(Bücher, Zeitungen mit — belegen und verbieten)* to ban

Beschlagnahme seizure, attachment, arrest, arrestment, distraint, distress, sequestration

Beschlagnahme-Verfügung charging order

beschleunigen to expedite, *(drängen)* to urge

beschleunigtes Verfahren summary procedure

Beschleunigung expedition

beschließen to decide, *(Versammlung)* to resolve, to vote, to pass a resolution

Beschluß decision, *(Gericht)* order, *(einer Versammlung)* resolution, *qualifizierter* — special resolution

beschlußfähig (Versammlung) it is a quorum, *nicht — sein* to have no quorum

Beschlußfassung über einen Bericht, über die Jahresrechnung und Entlastung adoption of a report, of accounts

beschneiden, Metallgeld to clip the coin

beschränken to limit, to restrict

beschränkt, — geschäftsfähig limited in disposing capacity, — *haftbar sein* to have a limited liability

Beschränkung limitation, restriction

beschuldigen to charge with, to incriminate

Beschuldigung charge, incrimination

Beschwerde complaint, *(beim Gericht)* appeal, — *führen (bei)* to lodge a complaint with, *(über)* to complain of

Beschwerdeführer complainant

Beschwerdegericht court of appeal

Beschwerdepunkt subject of complaint

Beschwerdeweg, den — einschlagen to make complaints

beschweren to charge with, *(Grundbesitz)* to encumber with, *(kränken)* to aggrieve, *sich* — to complain of
Beschwerter person charged; person aggrieved
Beschwerung charge, encumbrance
beschwören to swear to, to confirm by oath, to make one's oath upon
besetzen to occupy, *besetztes Gebiet* occupied territory
Besetzung occupation
Besicht, auf on inspection
besichtigen to examine, to inspect, to survey
Besichtigung examination, inspection, survey
Besitz possession, *(Grundbesitz)* estate, *(Eigentum)* property, *fehlerhafter* — faulty possession, *fingierter* — constructive possession, *geduldeter* — estate at (by) sufferance, *mittelbarer* — indirect possession, *unmittelbarer* — direct possession, *nichtberechtigter* — adverse possession, *ungestörter* — quiet enjoyment, *zugestandener* — estate at will, *im — sein* to be in possession, *in — nehmen* to take possession, to enter into posession, *in — setzen* to put into possession, — *ergreifen* to appropriate, *(Grundbesitz)* to enter on, *aus dem — bringen* to dispossess, to expropriate, to eject, to evict
Besitzaufgabe dereliction
Besitzdiener possessor's servant
Besitzdokument (Lehen) muniment of title
besitzen to possess, to hold, to hold possession
Besitzentziehung dispossession, expropriation
Besitzer possessor, holder, *legitimierter* — holder in due course, *nichtberechtigter* — adverse possessor, *prekarischer* — occupant at will, *unentgeltlicher* — holder for value
Besitzergreifung, Vorrecht zur — (Grundstück) prior right of entry
Besitzgehilfe possessor's assistant
besitzmäßiges Eigentum possessory property
Besitzrecht legal possession, right of occupation
Besitzstand estate
Besitzstörung trespass
Besitzstörungsklage action of trespass
Besitztitel title deed, possessory title, right of occupation
Besitzurkunde title
besorgen to attend to, to take care of, to be in charge of
Besserungsanstalt reformatory
Besserungsschein promise in writing to pay upon improvement of the debtor's financial circumstances
Bestallung certificate of appointment
Bestand stock, stock in hand; balance in hand; holding, *rechtlicher* — legal substantiality, *Bestände* inventories
Bestandsaufnahme stock-taking
Bestandteil part, component part, integral part, *wesentlicher* — essential component part, *unwesentlicher* — non-essential component part, *zum — machen* to make a part of
bestätigen to confirm; to ratify, *(Empfang)* to acknowledge (receipt), *(Urteil)* to uphold, to confirm
Bestätigung confirmation, ratification, acknowledgment
Bestätigungsurteil confirmatory decision
bestechen to bribe, to corrupt, *(Zeugen)* to suborn
bestechlich corruptible

Bestechung bribery, corruption, ***(Zeugen)*** subornation

Bestechungsversuch attempt of bribery

bestellen (errichten) to create, ***(gewähren)*** to grant, ***(ernennen)*** to appoint, to nominate, ***(in Auftrag geben)*** to order, ***(Sicherheit)*** to deposit, ***bestelltes Pfand*** security held

Besteller employer, customer

Bestellung creation; appointment, ***(Auftrag)*** order

Besten, zum — von for the benefit of

bestens at best price

besteuern to tax, ***an der Quelle —*** to withhold at source

Besteuerung taxation

Besthaupt heriot

bestimmen to determine, to fix, ***(veranlassen)*** to induce, ***(Gesetz und Vertrag)*** to provide, ***(angeben)*** to specify, ***— für*** to destine to, to appropriate to, ***sich — nach*** to be regulated by

bestimmt appointed, fixed; prescribed; definite, positive; specified, ***genau —*** exactly defined, ***— für*** intended for, ***bestimmte Person*** particular person

Bestimmung (im Gesetz und Vertrag) provision, ***(im Vertrag)*** term, clause, stipulation, ***gegenteilige —*** stipulation to the contrary, ***(einer Frist)*** limitation, ***(des Gerichts, der Person)*** designation, ***(des Werts)*** estimate, ***(Ziel)*** destination, ***— von Waren zur Erfüllung des Vertrags*** appropriation of goods to the contract, ***mit der — daß*** subject to the condition that

Bestimmungshafen port of destination

Bestimmungsort place of destination

Bestrafung punishment

bestreitbar contestable, disputable

Bestreitbarkeit contestability, disputability

bestreiten to contest, to deny, to dispute, to join issue with, to traverse, ***(Ausgaben)*** to defray, to discharge out of, ***die Zuständigkeit des Gerichts —*** to object to the jurisdiction of the Court

Bestreitung contestation, joinder of issue, ***allgemeine —*** general issue

Bestreitungsgründe grounds of contestation

betagt due on a certain date, subject to a limitation of time

betäuben to stupefy (by drugs)

beteiligen, sich to participate in

beteiligt sein an to have an interest in, to be interested in, to be concerned in, to be a party to

Beteiligter party interested, party concerned

Beteiligung interest, holding, participation

Beteiligungsgesellschaft holding company

beteuern to affirm

Beteuerung (solemn) affirmation, assurance

betrauen to entrust (with)

Betrauter trustee, fiduciary

betreiben to prosecute, ***ein Geschäft —*** to carry on business, ***einen Prozeß —*** to sue, to proceed against

Betreiben, auf at the instigation of

Betretungsfall, im if caught in the act

Betrieb operation, working, ***(Unternehmen)*** undertaking, establishment, ***den — einstellen*** to close down, to shut down, ***in — setzen*** to put into operation

Betriebseinnahmen operating (current) receipts, ***— und Ausgaben*** operating revenues and expenditures

Betriebseinrichtungen working arrangements

Betriebsertrag operating earnings
betriebsfähig, betriebsfertig in good working (running) order (condition)
Betriebsfähigkeit working order
Betriebsführer head (leader) of an undertaking, business leader
Betriebskapital rolling capital, working capital
Betriebskoeffizient operating ratio
Betriebskosten working expenses, cost of operation, *laufende —* running expenses
Betriebsrat works council
Betriebsunfall working accident
Betrug fraud, deceit, *(einfacher)* cheating
betrügen to deceive, to cheat
Betrüger impostor; defrauder, *religiöser —* religious impostor
betrügerisch fraudulent, *betrügerische Absicht* fraudulent intent, *betrügerischer Bankrott* fraudulent bankruptcy
betrunken inebriate, drunken
Betrunkener drunken person
Betrunkenheit intoxication, drunkenness
Bettelei mendicity
beurkunden to authenticate, to record, to legalise
Beurkundung authentication, recording, legalisation, *— des Personenstandes* recording by the registrar
Beute booty, *(Schiff)* prize, *als gute — erklären* to declare a lawful prize, to condemn as lawful prize
bevollmächtigen to authorise, to empower, *bevollmächtigt sein* to have power of attorney
Bevollmächtigter authorised agent, agent with full power, mandatory, proxy, attorney
Bevollmächtigung authorisation
bevorrechtigt preferential, privileged, secured
bevorschussen to make advances on
bevorstehend imminent, prospective
bewaffneten Widerstand leisten to offer armed resistance
bewahren, vor Schaden to keep protected from damage
Bewährungsfrist suspension of the execution of a sentence and subsequent remission of the penalty in case of good conduct, *mit —* on probation
beweglich movable, *bewegliches Gut* movable, *bewegliche Sachen* movables, things personal
Beweis proof, evidence, *widerlegbarer —* prima facie evidence, *schwerwiegender —* strong evidence, *— antreten* to produce evidence, *— aufnehmen* to take evidence, to hear evidence, *als — dienen* to evidence, to serve as evidence, *— liefern* to furnish proof, *unter — stellen* to require the production of proof
Beweisaufnahme evidence, taking of evidence
Beweisbeschluß directions for evidence, order for evidence
beweisen to prove, to evidence
beweisfällig sein to be deemed to have failed to produce evidence
Beweisfrist period granted to produce proof
Beweisgrund argument
Beweiskraft conclusive force
beweiskräftig conclusive
Beweislast burden of proof, onus of proof, onus probandi, *er hat die —* the onus of proof lies upon him, *die — umkehren* to put the burden of proof on the other party
Beweismaterial documentary evidence
Beweismittel evidence, documentary proof
Beweisrecht law of evidence
Beweisstück document

Beweistermin day fixed for the taking of evidence
bewerten to value
Bewertung valuation
bewilligen to grant, to concede
Bewilligung grant
bewirtschaften (z. B. Devisen) to control, *bewirtschaftete Waren* goods produced in planned economy
Bewirtschaftung control
bewohnen to inhabit
Bewohner inhabitant, tenant
bezahlen to pay, *im voraus* — to prepay
bezahlt machen, sich to refund (reimburse) one's self
Bezahlung payment
bezeichnen to designate, to describe; to nominate, to denominate
Bezeichnung designation, description; nomination, denomination
bezetteln to label
bezeugen to testify to, *(Zeuge sein)* to witness
bezichtigen to accuse of, to charge with
Bezichtigung accusation
beziehen to order and buy, *(Wechsel)* to draw, *sich — auf* to refer to
Bezieher drawer
Bezirk district
Bezirksgericht district court
Bezogener drawee
Bezüge emoluments
Bezugnahme, unter — auf with reference to
Bezugsrecht subscription right, — *ausüben (Aktien)* to exercise a call, *einschließlich Bezugsrechte* cum rights, *ausschließlich Bezugsrechte* ex rights
Bezugschein (Aktien) share warrant
bieten to bid
Bieter bidder
Bigamie bigamy
Bilanz balance sheet, *versicherungstechnische* — actuarial valuation balance sheet, — *aufstellen, genehmigen, prüfen* to draw up, to approve of, to audit the balance sheet, *die — ziehen* to strike the balance
Bilanzierungsverpflichtung obligation as to balancing of the books
bilanzmäßig as shown by the balance sheet
Bilanzstichtag date of effect of the balance sheet
Bilanzsumme balance sheet total
Bilanzverschleierung cooking of the balance sheet
bildende Künste formative arts
billig equitable, reasonable, fair, *(Preis)* cheap, inexpensive
billigen to approve of, to consent to, to agree to
Billigkeit equity, equitableness, *nach* — according to equity, *nach Recht und* — according to right and justice
Billigkeitsrecht equity
Billigung approval, *zur* — on approval
bindend binding upon, obligatory
Bindung, rechtliche legal obligation
Binnengewässer inland waters
Binnenhafen inner port
Binnenmarkt home market
Binnenschiffahrt inland navigation
Binnenschiffsverkehr traffic in inland waters
bis, — einschließlich to and including, — *zu* not exceeding
blanko in blank
Blankoaccept blank acceptance, inchoate instrument
Blankoindossament blank endorsement, *mit — versehen* to endorse in blank
Blankovollmacht unlimited power
Blankowechsel blank bill
Blindsiegel raised seal
Blockade blockade, *die — brechen* to run the blockade
Blutschande incest
blutschänderisch incestuous

blutsverwandt related by blood
Blutsverwandter relative by blood, *(Erbe)* heir
Blutsverwandtschaft in gerader Linie lineal consanguinity, — *in der Seitenlinie* collateral consanguinity
Boden, Grund und land
Bodenkreditanstalt, Bodenkreditinstitut land mortgage bank, land credit institution
Bodenwert value of the land, ground value
Bodmerei bottomry
Bodmereibrief bottomry bond, bill of adventure
Bodmereigeber bottomry lender, bottomrer
Bodmereigeschäft bottomry transaction
Bodmereigläubiger bottomry creditor
Bodmereiprämie bottomry premium
Bodmereireise bottomry voyage
Bodmereischuld bottomry debt
Bonität soundness, trustworthiness
Bonus bonus
Bord, an on board ship
Bordereau sheet
Bordkonnossement shipped bill of lading
Börse Exchange, *(Fondsbörse)* Stock Exchange, bourse, *an der — gehandelt werden* to be negotiated, to be quoted, *an der — zulassen* to list on Stock Exchange
Börsenaushang posting on Exchange
Börsenbesuch attendance on Exchange
Börsenbesucher person attending on *Exchange*
börsenfähig marketable
börsengängig sein to be quoted on the Exchange, *nicht — —* to have not a quoted price on the Exchange, *börsengängiges Wertpapier* stock exchange security
Börsengesetz Stock Exchange Act
Börsenordnung Exchange regulations
Börsenpapiere stocks
Börsenplatz Exchange town
Börsenpreis Exchange price, quotation, — *haben* to be quoted on the Exchange
Börsenregister bourse register
Börsenspekulation Exchange speculation
Börsenspiel Exchange gambling
Börsensteuer bourse tax
Börsenumsatzsteuer tax on bourse (Stock Exchange) transactions
Börsenusance rule of the Stock Exchange, customs of the Exchange
Börsenverkehr Exchange dealings
Börsenversammlung Exchange assembly
Börsenvorstand committee of the Exchange
böswillig malicious, *böswillige Handlungsweise* reckless conduct, malicious act, *böswillige Schädigung* damage done recklessly
Böswilligkeit malice, *(bei Verzug)* aggravated liability attached to intentional default
Brandkasse fire insurance office
Brandkassenschein fire insurance policy
Brandstiftung arson
Brandstifter incendiary
Brandversicherungssumme fire insurance value
Brandzeichen brand, *mit Brandzeichen versehen* to brand
Brauch usage, custom
Brief letter, *(Börse)* asked, sellers offered
Briefgeheimnis inviolability of letters
Briefgrundschuld certified (certificated) charge

Briefhypothek mortgage with certificates, certified (certificated) mortgage
Briefkurs offer price, asked price, rate asked, selling rate
Briefmarke stamp, post-stamp
Briefnotiz offer quotation
Briefsperre stoppage of letters
Bringschuld debt payable in the domicile of the creditor
Bruch (Vertrag) breach, *(der Ware)* breakage, *(der Porzellanwaren)* discrepancies
Bruchteil fraction, fractional part, aliquot part, *Gemeinschaft nach Bruchteilen* community by undivided shares
brutto gross
Bruttoeinnahme gross receipts
Bruttoertrag gross proceeds
Bruttogewinn gross profits
Bruttotonne ton gross
Bruttotonnengehalt gross tonnage
Buch, zu — stehen mit the book value is, to stand in the books at
buchen to enter (in the books), to pass to account, *gleichlautend* — to enter in conformity
Bücherrevisor accountant, auditor, *konzessionierter* — chartered accountant
Buchforderung book-debt, uncertified (uncertificated) claim
Buchführung bookkeeping
Buchgrundschuld uncertified (uncertificated) charge
Buchhalter bookkeeper, accountant
Buchhypothek uncertified (uncertificated) mortgage
Buchprüfer accountant, auditor
Buchstaben, in in words
Buchung entry
Budget budget
Büdnerrecht right of cottager
Bulkwaren (Bulkladung) bulk commodity
Bundesgenosse ally
Bundesstaat Federal State
Bureau office
Bureauinventar office furniture and fixtures
Bürge surety, bail, guarantor
bürgen to guarantee, to stand security
Bürger citizen
bürgerlich civil, *— tot* civiliter mortuus, *bürgerliche Ehrenrechte* civic rights, *bürgerliches Gericht, Gesetzbuch, Recht* civil court, code, law
Bürgermeister mayor
Bürgerrecht citizenship
Bürgschaft surety, guarantee, suretyship, *fortlaufende* — continuing guarantee, — *übernehmen für* to become surety for
Bürgschaftserklärung declaration of suretyship
Bürgschaftssumme bail
Bürgschaftsversprechen guarantee
Büro office
Buße fine, — *auferlegen* to fine

C

Charteparlie charter-party
Charter charter, — *auf Zeit* time charter
Charterer charterer
chartern to charter
Chausseegeld toll
Chicane vexation, *(im Prozeß)* chicanery, — *und Belästigung* annoyance and worry
Chicaneverbot prohibition of chicanery
chicanös vexatious
Chiffre cipher
chiffriert in cipher
Courtage brokerage

D

Dachgesellschaft, Dachorganisation holding company, umbrella company

dahingestellt sein lassen to leave undecided

Darlegung statement

Darlehen loan, loan for consumption, loan of money, *festes* — fixed loan, *ungesichertes* — loan on personal security

Darlehnsgeber lender

Darlehnsgeschäft loan transaction

Darlehnshypothek mortgage securing a loan

Darlehnskonto borrowed money

Darlehnsnehmer borrower

Darlehnsprovision commission on loan

Darleiher lender

Darleihung loan

Darstellung representation, *falsche* — misrepresentation

datieren to date; to date from, to be dated

Datowechsel bill payable after date, after-date bill

Datum date, *gleichen Datums* of even date

Dauer period

Dauerertrag permanent income

dauernd permanent

Dazwischentreten intervention

dazwischentreten to intervene

Debatte discussion *(Parlament)* debate, *Schluß der* — cloture

Debet debit

Debetposten debit item

Debetsaldo debit balance

debitieren to debit

Debitor debtor

dechiffrieren to decipher

decken to cover, to secure

Deckladung deck cargo

Decksgüter deck-stowed goods

Deckung security, cover, *(am.)* collateral, *(der Währung)* backing, — *anschaffen für* to provide for the payment of

Deckungshypothek covering mortgage

Deckungskapital *(Versicherung)* policy reserve

Deckungsmittel funds to cover

defekt damaged

Defizit deficiency, debit balance

Deflation deflation

Deklaration entry

deklarieren to enter

Delcredere delcredere, guarantee

Delcredereprovision delcredere commission

Delegation delegation

delegieren to delegate

Delegierter delegate

Delikt offence; tort, *vollendetes* — complete offence

Deliktsklage action of trespass (deceit)

Delinquent offender

Denkschrift memorandum

Denunziant informer

denunzieren to inform

Deponent depositor; bailor

deponieren to deposit

Deport backwardation

Deportation transportation

Depositar depositary

Depositenbank deposit bank, bank of deposit

Depositengelder deposit money

Depositenkasse branch office of a bank

Depositenkonto deposit account

Depot deposit, *im* — on deposit

Depotauszug extract from the deposit account

Depotgeschäft deposit transaction

Depotquittung deposit receipt

Devalvierung devaluation

Devisen foreign exchange, foreign currency, *(im engeren Sinne)* foreign bills, foreign values, drafts on foreign countries, bills of exchange payable abroad

Devisenausländer (in Deutschland) non-German resident

Devisenbank foreign exchange bank

Devisenbehörde foreign exchange control board

Devisenbewirtschaftung foreign exchange control

Devisengesetze foreign exchange law

Deviseninländer (in Deutschland) German resident

Devisenrecht foreign exchange law

Devisenstelle, Devisenbewirtschaftungsstelle foreign exchange office

Devisen-Termingeschäfte forward exchange transactions, future transactions in foreign currency

Devisenvergehen contravention of foreign exchange law

Devisenverordnung foreign exchange decree

Dezernent chief of the sectional department

Diäten diurnal stipends, daily fees (allowances)

Dieb thief, *(Räuber)* robber, *(Einbrecher)* burglar

Diebstahl theft, *(Einbruchsdiebstahl bei Nacht)* burglary, *einfacher, geringer, schwerer* — simple, petty, grand larceny

Diebstahlsgefahr pilferage and theft risk

Dienst service, *außer* — retired, *einen — leisten* to render a service, *sich der Dienste jemandes bedienen* to employ

Dienstbarkeit (Grundbesitz) burden, easement, servitude, *persönliche* — personal servitude, *beschränkte persönliche* — restricted personal servitude

Dienstberechtigter master, principal, employer

Dienstherr master, employer

Dienstleistung service, *zur — Verpflichteter* employee

Dienststelle department, office

Dienstverhältnis service relation (relationship), relation between employer and employee

Dienstverpflichtung compulsory work

Dienstvertrag contract of (for) service, contract between master and servant, contract of hiring and service

Dienstweg, auf dem by the official channels

Dienstwohnung official residence

Dienstzeugnis character

Differenz difference, *(Rest)* balance

Differenzeinwand plea of gaming, defence of gambling (in differences)

Differenzgeschäft time-bargain, contract to pay differences, gamble (speculation) in differences

dinglich real, — *berechtigt* possessing a title under real property, *dinglicher Anspruch* claim ad rem

Diplom diploma

Disagio discount

Disagiogewinn profit through discount

Diskont discount

diskontfähig capable of being discounted

diskontieren to discount

Diskontobank discount bank

Diskontsatz rate of discount

Diskontwechsel discount bill

Dispache average statement, average adjustment

Dispacheur averager, average stater, average adjuster, arbitrator of averages

Disposition disposal, disposition

Dispositionsrecht right of disposal

Dispositionsurkunde document of title

Disqualifikation disqualification
disqualifizieren to disqualify
Dissident dissenter, nonconformist
Distanzfracht distance freight
Disziplinarverfahren disciplinary proceedings
Dividende dividend
Dividendenberechtigung, mit with dividend rights, entitled to dividends
Dividendenerklärung declaration of dividends
Dividendenpapier dividend-bearing stock
Dividendenreserve (Versicherung) undivided policyholders' profit
Dividendenschein dividend coupon (warrant)
Dock dock
Dockempfangsschein dock receipt
Dokumententratte documentary draft
Dolmetscher interpreter, *vereidigter* — sworn interpreter
Domizil domicile
Domiziliant domiciliant
Domiziliat domicilee
Domiziliatenwechsel definitely domiciled bill
domizilieren to domicile, to make payable
Domizilwechsel domiciled bill, addressed bill
Donatar donee
Donation donation
Doppel duplicate
Doppelehe bigamy
doppelsinnig equivocal, ambiguous
doppelt double, — *belasten* to charge twice, — *für einfach* in duplicate
Doppelversicherung double insurance
Dotation endowment
dotieren to endow
drahten to wire
drahtlos wireless, — *telegraphieren* to wireless
Draufgabe, Draufgeld earnest, earnest money
Dreißigsten, Recht des right of a member of the family and household of a deceased to be maintained during the first thirty days after the death of the deceased
Dreiviertelmehrheit three to one majority, three-quarters vote
dringend, dringlich urgent
Dringlichkeit urgency
Drittansprecher interpleader
Dritter third person (party), *im Namen — klagen* to bring actions in autre droit
Drittschuldner garnishee
Drittverbot stop order
drohend (bevorstehend) imminent
Drohung (mündliche) threat, *(tätliche)* assault, *durch* — by threats
Druck (Zwang) pressure, *einen — ausüben* to exercise pressure
dulden to suffer, to submit to
Duplik rejoinder
Duplikat duplicate
durchbringen, einen Antrag to carry a motion
Durchfuhr transit, transport in transit
durchführbar practicable
Durchführbarkeit practicability
durchführen to give effect to, to carry into effect
Durchführung execution
Durchführungsverordnung administrative decree, executive decree
Durchfuhrzölle transit duties
Durchgangsgüter goods in transit
Durchgangsverkehr transit, transport in transit, transit trade
Durchkonnossement through bill of lading
durchlotsen to pilot through
Durchschlag carbon copy
durchsehen to revise

durchsetzen to enforce
durchstreichen to strike out, to cancel
Durchstreichung cancellation
durchsuchen to search
Durchsuchung search, *(Haussuchung)* domiciliary visit
Durchsuchungsrecht right of search

E

echt genuine, authentic
Echtheit genuineness, authenticity
Effekten (Papiere) stocka, securities, *(Eigentum)* effects
Effektenbestand stocks on hand
Effektenbörse Stock Exchange
Effektengirobank stock clearing bank
Effektenlombards securities and loans given on stocks
Effektenmakler stockbroker
Effektenscheck cheque on shares held in a clearing-house
effektiv actual, in specie, *effektive Erfüllung* specific performance
Ehe marriage, matrimony, *Kind erster* — child by the first marriage
Ehebrecher adulterer
Ehebrecherin adulteress
Ehebruch adultery, criminal conversation
Ehedispens marriage license
Ehegatte husband, *Ehegattin* wife, *Ehegatten* husband and wife; spouses
Ehehindernis impediment to marriage
Eheleute husband and wife; married couple; spouses
ehelich matrimonial, conjugal, *(legitim)* legitimate, — *zusammenleben* to live together as husband and wife; to cohabit, *eheliche Gemeinschaft* conjugal community, *Aufhebung der ehelichen Gemeinschaft* dissolution of conjugal community, *Klage auf Wiederherstellung der ehelichen Gemeinschaft* suit for restitution of conjugal rights (conjugal community), *eheliches Güterrecht* matrimonial regime, *eheliches Leben* conjugal life
Ehelichkeit legitimacy
Ehelichkeitserklärung declaration of legitimation
Ehepaar married couple
Ehescheidung divorce
Ehescheidungsgericht divorce court
Ehescheidungsklage divorce suit, petition for divorce
Ehescheidungsurteil (vorläufiges) decree nisi, *(endgültiges)* judicial decree of divorce
Eheschließung marriage, conclusion of marriage, celebration of marriage
Ehetrennung (durch Urteil) judicial separation
Eheverlassung desertion
Eheversprechen promise of marriage, *Bruch des Eheversprechens* breach of promise of marriage
Ehevertrag marriage contract, marriage deed, *(Verschreibung)* marriage settlement
ehewidrige Beziehungen criminal conversation, — — *unterhalten* to entertain relations inconsistent with marriage
Ehrenaccept. acceptance for honour
Ehrenannahme acceptance for honour
Ehrenannehmer acceptor for honour
Ehrengericht court of honour
Ehrenkränkung defamation, *(mündliche)* slander, verbal slander, *(schriftliche)* libel
Ehrenrechte, bürgerliche, civic (civil) rights, honorary civic functions, *auf Verlust der bürgerlichen Ehrenrechte erkennen* to

pass sentence of loss of civic rights, *Verlust (Aberkennung) der bürgerlichen* — deprivation of civic rights
ehrenrührig dishonourable
Ehrenwort word of honour, parole
Ehrenzahler payer for honour
Ehrenzahlung payment for honour
ehrlos infamous, dishonourable
Ehrverletzung insult, defamation, slander
Eid oath, — *abnehmen* to administer an oath to, to put a person on his oath, — *auferlegen* to require a person to make oath, — *leisten*, — *schwören* to swear an oath, to make oath, to take one's oath upon, — *zuschieben* to tender an oath to
Eidbruch perjury
eidbrüchig werden to break one's oath
Eidesbelehrung caution
Eidesformel form of oath
Eidesleister juror
Eidesstatt, an — in lieu of oath, an — *versichern* to affirm in lieu of oath
eidesstattliche Erklärung, eidesstattliche Versicherung statutory declaration, declaration in lieu of oath, affirmation, affidavit, *Abgeber einer eidesstattlichen Erklärung* affiant
Eideszuschiebung tender of an oath
eidlich sworn, on oath, under oath, — *aussagen* to depose, to declare upon oath, *eidliche Aussage* sworn deposition, sworn evidence, *schriftliche eidliche Erklärung* affidavit, *eine eidliche Erklärung abgeben* to swear an affidavit
eigen, zu — besitzen to own
Eigenbesitz proprietary possession
Eigenbesitzer proprietary possessor
eigene Order, an to own order
eigener Wechsel promissory note
eigenhändig with one's own hand; autograph; manual, — *unterschreiben* to affix one's signature, to sign personally, *eigenhändiges Testament* holograph will, *eigenhändige Unterschrift* autograph signature
Eigenhändlerklausel 'all transactions are for my own account' clause
Eigenmacht, verbotene unlawful interference
eigenmächtig arbitrary
Eigenschaft quality; capacity, *in meiner — als* in my capacity as
Eigentum property, *(Recht)* ownership, — *zur gesamten Hand* co-ownership, *anscheinendes* — reputed ownership, *erbrechtlich beschränktes* — estate in tail, *freies — (Grundbesitz)* freehold, *unbestrittenes* — undisputed ownership, — *erlangen* to obtain ownership, — *erwerben* to acquire (obtain) the ownership, — *übertragen* to transfer ownership, *ins — übergehen* to become the property of, — *verschaffen* to convey ownership, *Erhaltung des Eigentums* preservation of the property
Eigentümer owner, proprietor, *gutgläubiger* — bona fide owner, *rechtmäßiger* — rightful owner
Eigentümer-Grundschuld owner's land charge, owner's equity
Eigentümerhypothek mortgage in favour of the owner
Eigentumsanspruch claim of ownership
Eigentumsfrevel trespass on property
Eigentumsrecht ownership, right of ownership, *Eigentumsrechte* proprietary rights
Eigentumstitel document of title

Eigentumsübergang devolution of ownership, passing of the property

Eigentumsübertragung transfer of ownership, transmission of ownership

Eigentumsvorbehalt reservation of ownership

Eigenwechsel promissory note

Eilbestellung express delivery

Eilgut express goods, *als* — by passenger train

Einäscherung cremation

einbehalten to retain, to withhold

einberufen to call, to convoke, to convene, to summon

einbrechen to commit burglary

Einbrecher (bei Nacht) burglar, *(am Tage)* housebreaker

einbrennen, ein Zeichen to brand

einbringen to contribute to (towards), to bring in (into), to put in, *(in einen gemieteten Raum)* to bring upon, *(im Parlament)* to introduce

Einbringung von Sachen bei Gastwirten delivery of things to innkeepers

Einbruch, Einbruchsdiebstahl (nächtlicher) burglary, *(bei Tage)* housebreaking

einbürgern to naturalise

Einbürgerung naturalisation

Einbuße loss

einbüßen to lose

einerseits on the one hand; of the one part

Einfamilienhaus one family house

einfordern (Zahlungen auf Aktien) to call in

Einforderung call

Einfuhr importation, import

einführen to import; to introduce

Einfuhrschein free import permit

Einführungsgesetz Introductory Act

Einführungskosten cost of introducing

Einfuhrverbot prohibition of importation

Einfuhrzoll import duty

Eingabe petition

Eingang receipt, *den — anmelden (Zoll)* to enter, *vorbehaltlich des Eingangs* subject to receipt

Eingangsanmeldung (Zoll) entry, *die — annehmen* to pass the entry

Eingangshafen port of entry

eingebrachtes Gut contributed property, contribution, dowry

eingefrorene Kredite frozen credits

eingehen, die Ehe to conclude a marriage, *einen Vergleich* to make an agreement (arrangement, a composition), *(mit Gläubigern)* to compound, *eine Verpflichtung* to enter into an engagement, to assume (incur) a liability (an obligation), *einen Vertrag* to make (enter into, conclude) a contract

eingestehen to own

eingreifen in (Rechte, Besitz) to encroach upon

eingreifend in in derogation of

Eingriff encroachment, trespass

einhalten to observe

Einhaltung observance, *unter — der gesetzlichen Frist* subject to the *statutory term*

Einheit unit

Einheitskurs single figure quotation

Einheitspreis standard price, uniform price

Einheitswert uniform taxation value

einholen (Genehmigung) to obtain

einig sein to agree, to be agreed

einigen, sich to agree upon

Einigung agreement, arrangement, *(Sachenrecht)* real agreement

einkassieren to collect, to cash, to encash

Einkassierung collection, *zur* — for collection

Einkäufer buyer

Einkaufskommissionär commission agent
Einkaufspreis purchase price, cost price, prime cost, first cost
Einkommen income
einkommen um etwas to apply for something
Einkommensteuer income-tax
Einkommensteuer-Erklärung income-tax return
Einkommensteuer-Veranlagung assessment for income-tax
Einkommensteuer-Zuschlag supertax
Einkünfte (des Staats) revenue
Einlage contribution, *(Bank)* deposit, *(Versicherung)* purchase money
Einlagerer bailer
einlassen, sich (Klage) to appear, to defend (an action)
Einlassung appearance, defence
Einlassungsfrist time allowed for appearance
einlegen to contribute, to deposit, *Berufung* — to appeal
einleiten to institute
Einleitung institution
Einleitungsbeschluß (Konkurs) receiving order
einliefern to deliver, to surrender
Einlieferung delivery, surrender
Einlieferungsattest certificate of delivery
einlösbar redeemable, *in Gold* — convertible into gold
einlösen to pay, to redeem, to honour, to discharge, to take up
Einlösung payment, redemption, discharge, *zur — auslosen* to draw for redemption
Einlösungspflicht obligation to cash
Einlösungspreis redemption price
Einlösungstag, Einlösungstermin redemption date
Einlösungsverfahren redemption proceedings
einlotsen to pilot in
einmalig non-recurring, to be made but once
Einnahme earnings, income, returns, receipts, — *und Ausgabe* income and expenditure
einquartieren to billet (soldiers)
einräumen to grant, to concede, to accord, *(Recht auch)* to create
Einräumung (Kredit) grant
einrechnen to include in
Einrede plea, defence; — *geltend machen* to set up a defence, — *vorbringen* to put in a plea, *aufschiebende* — dilatory plea, *dauernde* — permanent plea (defence), *eigentliche* — plea of confession and avoidance, *peremtorische* — peremptory plea, plea in bar
einreichen to deliver, to file, to lodge, to present; to surrender
Einreichung delivery, filing, presentation; surrender
Einreiseerlaubnis permission to enter
Einsatz stake
einschalten to interpose, *(einfügen)* to insert
Einschaltung interposition, *(Einfügung)* insertion
Einschiffungshafen port of lading, port of shipment
einschlägig applicable
einschreiten to interfere
Einschreiten interference
Einschuß advance, contribution
einsehen (Einsicht nehmen) to inspect
einseitig one-sided, unilateral
einsetzen to appoint; to institute, *(aufnehmen)* to include, *(in den Büchern)* to enter, *in die Bilanz* — to set down on the balance sheet
Einsetzung appointment; institution; inclusion
Einsicht (Verständnis) discernment
Einsichtnahme inspection

Einspruch plea, objection, protest, — *erheben* to object, to demur, to enter a protest, to intervene, to show cause against, to take objection
Einspruchserhebung intervention
Einstandspreis prime cost, cost price
einstehen to guarantee, to warrant against
einstellen to stop, to discontinue, to suspend, *(Gerichtsverfahren)* to close, to stay, *Geschäftstätigkeit* — to discontinue business operations, *die Zahlungen* — to stop payments, *die Bank stellt die Zahlungen ein* the bank closes its doors
Einstellung discontinuation, suspension; stay, *(Haltung)* attitude, — *des Konkurses* annulment of the bankrupty
einstimmig unanimous, *einstimmiger Beschluß* unanimous resolution
einstweilig temporary, provisional, interim, *einstweilige Verfügung* provisional decree, *(gerichtliche)* interim injunction
Eintrag tun to prejudice, to impair
eintragen to enter, to register, — *lassen* to register
Eintragung entry, registration
Eintragungsbescheinigung certificate of registry
Eintragungsbewilligung authorisation (authority) for registration
Eintragungsformel formula of registration
Eintragungszwang compulsory registration
eintreibbar recoverable; exigible
eintreiben to recover
Eintreibung recovery
eintreten (Ereignis) to occur, *(Notwendigkeit)* to arise, *in Rechte* — to succeed to the rights, *als Teilhaber* — to join a firm, to enter into partnership
einverleiben to incorporate, to absorb
Einvernehmen, in gegenseitigem — *(im — mit)* conjointly (with), in communication (with)
einverstanden sein, sich — erklären to agree
Einverständnis agreement, consent, — *mit der Gegenpartei* prevarication
Einwand plea, defence, objection, *einen — erheben* to put in a plea, to raise an objection
einwandern to immigrate
Einwanderer immigrant
Einwanderung immigration
einweisen in (einen Besitz u. dgl.) to give full control over (a property)
einwenden to plead
Einwendung plea, defence, objection, *Einwendungen machen,* to object, to demur
Einwendungsverfahren proceedings on an objection
einwilligen to consent to, to approve of, to acquiesce in
Einwilligung consent, approval, acquiescence
Einwohner inhabitant, resident; denizen
Einwohnermeldeamt residents registration office
Einwurf objection, — *abweisen* to refute a plea
einzahlen to pay (into), to deposit, *(Aktien)* to pay up
Einzahler depositor
Einzahlung payment, deposit
Einzahlungsschein credit slip
Einzelangaben particulars
Einzelfällen, in on particular occasions
Einzelfirma one-man firm, single firm
Einzelhaft solitary confinement
Einzelhandel retail trade
Einzelhändler retail trader

Einzelheiten particulars, details, *mit allen —* with full particulars
Einzelkaufmann single merchant (trader)
Einzelkonzession individual concession
einzeln individual
Einzelperson, private private individual
einziehbar recoverable, redeemable
einziehen (behördlich) to seize, to confiscate, *(Steuern)* to collect, *(Forderungen)* to collect, to recover, *(Schuldverschreibungen)* to redeem, to retire, *(Aktien)* to cancel, *(Paß u. dgl.)* to order to be returned
Einziehung seizure, confiscation, collection, recovery, redemption, retirement, cancellation
Eisenbahn railway, *per —* by rail
Eisenbahnanschluß direct railway connection
Eisenbahn-Frachtdokument railroad bill of lading
Eisenbahnnetz railway system
Eisenbahn-Obligationen railway bonds
Eisenbahn-Verkehrsordnung railway traffic regulations
elterlich parental, *elterliche Gewalt* parental power, *Inhaber der elterlichen Gewalt* parental guardian
Embargo embargo, detainment, *— legen* to lay (put, impose) an embargo, *— aufheben* to remove, (raise, take off) the embargo
Emission issue, *innere —* internal issue
Emissionskurs issue price
Emissionsmarkt market of issue
Empfang receipt, *— bestätigen* to acknowledge receipt
Empfänger receiver, recipient, consignee, remittee
Empfängniszeit period of possible conception
empfangsbedürftige Willenserklärung declaration of intention requiring communication
Empfangsbescheinigung receipt, acknowledgment of receipt
Empfangsschein receipt, certificate of receipt
Empfehlung recommendation
Endalter (Versicherung) maturity age
enden (beendigen, aufkündigen) to determine
Endtermin final day, dies ad quem
Endurteil final judgment
Endverfügung final order
Endwert accumulated amount
Engagement (Anstellung) engagement, *(Verpflichtung)* commitment
engagieren to engage, *sich —* to commit one's self
Enquete inquiry, inquest
entbinden (Verpflichtung) to release from; to exonerate, *vom Eid —* to release from the oath
Entbindung release, *(Geburt)* confinement
enteignen to expropriate, to dispossess
Enteignung expropriation, dispossession
Enteignungsrechtes, in Ausübung des — in Besitz nehmen to take by exercise of power of eminent domain
enterben to disinherit
Enterbung disinheritance
entfallen auf to fall to the share of, to be apportioned to
entführen to abduct, to elope with, *sich — lassen* to elope
Entführer abductor
Entführung abduction, *(freiwilliges Entlaufen)* elopement
entgangene Nutznießung loss of use (user)
entgangener Gewinn profit lost

entgegensetzen, eine Tatsache — to avail one's self of a fact, to plead against, *Einwendungen* — to meet by defences

entgegenstehen to prevent, *soweit nicht Rechte Dritter* — reserving (without prejudice to) the rights of third parties, *eine Einrede steht entgegen* there is a defence

Entgelt consideration, remuneration; value, — *in Geld oder Geldeswert* valuable consideration

entgeltlich for value, for a consideration

Enthaftung release from prison; release from liability

enthalten, sich to forbear, to refrain

Enthaltungspflicht duty of forbearance

Enthauptung beheading, decapitation

entheben to release from

entkräften to invalidate

entlassen to dismiss, to discharge

Entlassung dismissal, discharge, removal

entlasten to discharge, to release, to exonerate, *entlasteter Gemeinschuldner* certified bankrupt

Entlastung discharge, release, exoneration, *zu meiner* — to the discharge of my account, — *erteilen* to grant discharge, to give one's acquittance

Entlastungsbeschluß order of discharge

Entlastungsbeweis exculpatory evidence

Entlastungsverfügung order of discharge

Entlastungszeuge witness for the defence

entleihen to borrow

Entleiher borrower

entmündigen to place under guardianship; to interdict

Entmündigter person placed under guardianship; person interdicted

Entmündigung placing under guardianship; interdiction

Entmündigungsgrund cause of interdiction

Entnazifizierung denazification

entnehmen (Geld) to draw, *(schließen)* to infer from

entschädigen to indemnify, to compensate

Entschädigung indemnification, indemnity, compensation, *gegen* — for a consideration

Entschädigungsanspruch claim for damages, claim for compensation, claim for indemnification

entscheiden to decide, to pass judgment (for, against), to determine

entscheidend decisive

Entscheidung decision, *(nur gerichtliche)* judgment, sentence, verdict, *(Schiedsgericht)* award

Entscheidungsgründe reasons for the decision, conclusions of law

entschuldbar excusable

entschuldigen to excuse, *sich* — to apologise

Entschuldigung apology

Entschuldung progressive release from indebtedness

entsiegeln to unseal, to take off (remove) the seal

entsprechen to correspond to, to comply with, to be in accordance with

entstehen to come into being, to arise, to be created, *(Ausgaben)* to be incurred

entwenden to abstract, to misappropriate, to pilfer, *(unterschlagen)* to embezzle

Entwendung abstraction, misappropriation, pilfering; embezzlement

entwerfen to draft

entwerten (eine Marke) to deface, *(Wertpapiere)* to cancel, *ent-*

wertet (geringer im Wert) depreciated
Entwertung depreciation, devaluation; defacement, cancellation
Entwurf draft
entziehen to withdraw from, to deprive of
Entziehung withdrawal, deprivation, — *der Rechtsfähigkeit* withdrawal of juristic personality
erachten to deem
Erbauseinandersetzung partition of the inheritance
Erbausschlagung disclaimer of inheritance
Erbbaurecht heritable building rights
erbberechtigt entitled to inherit, *erbberechtigte Deszendenten* heritable issue
Erbe heir *(eigentlich der blutsverwandte Lehnserbe),* successor, successor in right, successor in title, inheritor, *(von Grundbesitz auf Grund testamentarischer Verfügung)* devisee, *(Leibeserbe)* heir of the body, *gesetzlicher* — statutory heir, heir at law, *Eigenschaft als* — heirship, *Feststellung der Eigenschaft als* — determination of heirship, *das* — inheritance, estate
erbeigen inherited
Erbeinsetzung appointment of an heir
erben to inherit, to succeed to
Erbengemeinschaft community of heirs
Erbeslegitimation proof of heirship
erbfähig capable of succeeding
Erbfall accrual of an inheritance, heritage, succession
Erbfolge succession, — *nach Kopfteilen* succession per capites, — *nach Stämmen* succession per stirpes
Erbfolgeordnung order of succession
Erbgang succession
Erbgegenstand heirloom
erbgesund of healthy stock
Erbhof entailed freehold farm
Erbhofbauer owner of an entailed freehold farm property
Erbin heiress, inheritrix
Erblasser testator; deceased, decedent
Erblasserin testatrix; deceased, decedent
Erblehen fee
erblich hereditary, *(vererblich)* inheritable
Erblichkeit hereditariness
erblos without heir, heirless
Erbmasse estate
Erbpacht heritable lease
Erbrecht law (right) of inheritance (succession)
erbringen, Beweis to furnish (produce) evidence
Erbschaft inheritance
Erbschaftsanfall devolution of an inheritance
Erbschaftsanspruch claim to an inheritance, claim to the estate of a deceased person, petitio hereditatis
Erbschaftsbesitzer possessor of the inheritance
Erbschaftskauf purchase of an inheritance
Erbschaftssteuer death duties, inheritance tax (duty), succession duty
Erbschaftsverwalter personal representative
Erbschein certificate of inheritance, *(am.)* heir's certificate
Erbstück (Land) hereditament, *(Schmuck usw.)* heirloom
Erbteil share in the inheritance, hereditary portion, *gemeinschaftliches* — joint share in the inheritance, *gesetzliches* — statutory portion
Erbteilung partition of the inheritance

erbunwürdig unworthy to inherit
Erbunwürdigkeit unworthiness to inherit
Erbvergleich settlement of claims to an inheritance
Erbvertrag contract of inheritance, testamentary contract
Erbverzicht renunciation of the inheritance
Erbzinsgut customary tenure
Erdrosseln garrotting
Erfassung seizure
Erfindung, eine — ausüben to work on an invention
erfordern to require
Erfordernis requirement, *den Erfordernissen entsprechen* to comply with the requirements
erfüllen to fulfil, to perform, to comply with, to discharge
Erfüllung fulfilment, performance, discharge, *— Zug um Zug* contemporaneous (simultaneous) performance
Erfüllungsgehilfe agent
erfüllungshalber on account of performance
Erfüllungsinteresse interest in the performance
Erfüllungsort place of performance
Erfüllungsstatt, an in lieu of performance
ergänzen to supplement
Ergänzung supplementation, *— des Pflichtteils* augmentation of the compulsory portion
Ergänzungsgeschworener supplementary juror
Ergänzungspfändung second distress
Ergebnis result
Ergreifung apprehension
Erhalt receipt
erhalten to receive, *(bewahren)* to preserve
Erhaltung preservation
erhärten to substantiate
Erhärtung substantiation
erheben (Steuern) to levy (against), *(Anspruch)* to raise, to put forward, *(Gelder)* to collect, *Klage* — to bring an action
erheblich considerable, serious, relevant, material
Erhebungsbeschränkung restraint on anticipation
Erholung (nach Rückschlag) rally, recovery
erkennen (urteilen) to decide, to find, to adjudge, *(gutschreiben)* to credit
Erkenntnis decision, judgment; sentence, verdict; adjudgment, *(der Geschworenen)* findings
erklären to declare, to state
Erklärender declarant
Erklärung declaration, statement, *grundlegende — (im Vertrag)* recitals
Erklärungstag contango continuation day, carrying-over day, making-up day
Erklärungstheorie doctrine of declared intention
erlassen to release from; to dispense with, *(Schuld)* to remit, *(herausgeben)* to issue
Erlaß (Dekret) decree, *(Schuld)* remission, *(Herausgabe)* issue
Erlaubnis permission, authorisation, leave
Erlaubnisschein permit
erlaubt permitted, *gesetzlich* — warrantable by law
erläutern to explain, to elucidate
Erläuterung explanation, elucidatiom
erleben to be alive at the time
Erlebensfall, im — zahlbarer Bonus maturity bonus
Erlebenswahrscheinlichkeit probability of survival
erledigen to dispose of, *Geschäfte* — to transact business
Erleichterung (Schiff) lightening
Erlös proceeds
erloschen extinct

erlöschen to be extinguished, to expire

Erlöschen extinction, expiration, *(Hypothek)* discharge, — *einer Vollmacht* extinction of a power of attorney

ermächtigen to empower, to authorise

Ermächtigung authorisation, authority

Ermangelung, in — von in default of, in the absence of, failing

ermäßigen to reduce

Ermäßigung reduction

Ermessen discretion, *nach billigem* — in an equitable manner, *nach seinem (freien)* — in his (absolute) discretion, *richterliches* — judicial discretion

Ermittelung investigation, *Ermittelungen anstellen* to institute investigations

Ernährungsamt food office

ernennen to appoint (to an office)

Ernennung appointment

erneuern to renew, to revive, *(Sachen)* to renovate

Erneuerung renewal, revival, renovation

Erneuerungsfonds renovation fund

Erneuerungsschein renewal coupon, certificate of renewal, talon

eröffnen to institute, to open

Eröffnung institution, opening

Eröffnungsbeschluß *(Konkurs)* receiving order

Eröffnungsprotokoll minutes of the proceedings

erörtern to discuss, *(Streitfragen)* to moot

erpressen to blackmail; to extort (from)

Erpresser blackmailer

Erpressung blackmailing; extortion

errechnen to calculate, to compute

errichten to constitute, to create

Errichtung constitution, creation

Errichtungsprotokoll minutes of the proceedings

Errungenschaft joint property acquired by husband and wife, income and profits

Errungenschaftsgemeinschaft joint ownership (community) of acquired property, community of income and profits

Ersatz substitute; surrogate, — *leisten* to make compensation (restitution)

Ersatzanspruch claim for compensation

Ersatzdeckung substitute security

Ersatzerbe substitutional heir

Ersatzmann substitute, *(regelmäßiger)* alternate

Ersatzpflicht duty to make compensation

Ersatzteile service parts, repair parts, spare parts

Ersatzzustellung substituted service

erscheinen *(vor Gericht)* to appear

Erschienener party present, *(vor Gericht)* appearer

ersetzen to replace, to take the place of, *(Geld)* to reimburse, to refund, *(Schaden)* to compensate, *(an die Stelle setzen)* to substitute

ersitzen to acquire by usucaption

Ersitzung usucaption, adverse possession

erstatten to make restitution, *(Auslagen)* to reimburse

Erstattung restitution, reimbursement

Erstattungspflicht liability to make restitution

erstehen to purchase

Ersteher purchaser

erstklassig first class, *(am.)* prime, *(Wertpapiere)* gilt-edged

erststellig first, ranking as a first mortgage

Erstversicherer ceding company

ersuchen to request

Ersuchen request, requisition, demand, *auf — von* at the request of
ertappen, auf frischer Tat to catch in the act
erteilen to deliver, to furnish, to give, to confer, to grant
Ertrag proceeds, returns, yield, output
ertragsfähig productive
Ertragsfähigkeit productivity
Ertragswert income value, value based on the returns
Erwachsener adult
erwägen to consider
Erwägung consideration
Erwerb acquisition, *(käuflicher)* purchase, *— von Todes wegen* acquisition mortis causa
erwerben to acquire, to purchase
Erwerber acquirer, purchaser; transferee, assignee, alienee, *unentgeltlicher —* volunteer
Erwerbsgesellschaft trading association, *Erwerbs- und Wirtschaftsgenossenschaft* co-operative society
erwerbslos unemployed
Erwerbslosen-Unterstützung dole, relief for unemployed
Erwerbslosen-Versicherung unemployment insurance
Erwerbslosigkeit unemployment
Erwerbsunfähigkeit disability
Erwerbsurkunde title deed, transfer deed
erwerbswirtschaftlich operating on a profit basis
Erwiderung (Antwort auf die Replik) rejoinder
erwirken to obtain, to apply for, to petition for, *Urteil —* to obtain (recover) judgment
erzeugen to produce
Erzeugnis produce, *künstlerisches —* artistic work, *literarisches —* literary work
Erziehung education, tuition
erzielen to obtain
Etappe (Heeresetappe) base
Etikette label, *(Zeremoniell)* etiquette
etikettieren to label
Exekution execution, *— vollstrecken* to put in an execution, to levy distress upon
Exekutionsbefehl warrant of distress
Exemplar copy, *(Wechsel) in mehreren Exemplaren* in sets
exhumieren to exhume
Exmission eviction, ejection
exmittieren to evict, to eject
expatriieren to expatriate
Expatriierung expatriation
Expektant expectant
Export exportation
Exporteur exporter
Exporthandel export trade
exportieren to export
Expreßgut, per by passenger train
exterritorial extraterritorial, exterritorial
Exterritorialität extraterritoriality, exterritoriality

F

Fabrik manufactory, factory
Fabrikant manufacturer
Fabrikat manufactured article
Fabrikationserfahrung workshop experience
Fabrikzeichen trade-mark, mark of fabric, *— anmelden* to register a trade-mark
fabrizieren to manufacture, to make
Fachkenntnis special knowledge
Fachmann expert, specialist
fähig capable
Fähigkeit capacity, power
Fahrerflucht decamping of driver
Fahrgast passenger

fahrlässig negligent, neglectful, *grob* — by gross negligence
Fahrlässigkeit negligence, *grobe* — gross negligence
Fahrnis movables, chose in possession
Fahrnisgemeinschaft community of movables, community of goods and chattels
Fahrt, behaltene safe course
Faktura invoice
fakturieren to invoice
fakultativ optional
Fall case
fallen to fall, *unter etwas* — to be covered by, to come under, — *lassen* to discontinue, to drop, to relinquish, to abandon, *an jemand* — to fall to the share of, to be apportioned to
fällig due, — *werden* to fall due, to become due, to mature
Fälligkeit maturity, *bei* — upon maturity, when due, *nach* — after maturity, when overdue
Fälligkeitserklärung, durch by declaring maturity
Fälligkeitstermin due-date, date of maturity
fälschen to forge, to counterfeit
Fälscher forger, counterfeiter
Falschmünzerei false coining, counterfeiting the coin
Fälschung forgery, counterfeiting; forged document, — *von Nahrungsmitteln* adulteration of provisions
Familienname surname
Familienrat family council
Familienrecht family law
familienrechtlich under family law
Familienstand personal status
Fassadenkletterer cat burglar
Fassung wording
Fassungsvermögen capacity
Fäulnis decay
Faustpfand dead pledge
Fautfracht dead freight
Fehlbetrag deficiency, deficit, difference, shortage
Fehler fault, *(Mangel)* defect
fehlerfrei free from defects, sound
Fehlerfreiheit soundness
fehlerhaft faulty; defective
Fehlgeburt abortion
Fehlgewicht short weight, underweight
Feiertag holiday
feilhalten to offer for sale, to sell
feindlich enemy, hostile, *feindlicher Ausländer* alien enemy
Feingehalt fineness, standard of fineness
Feingewicht standard of weight
Feingold fine gold
Feingoldbasis fine gold basis
Feldesstreckung exact position and dimensions of a mine
Fensterrecht right concerning windows
Ferien vacation, *(Parlament)* recess
Ferienkammer vacation court
Feriensachen cases to be dealt with during vacation
Fernscheck cheque on a place at a distance
Fertigerzeugnisse finished goods, manufactured articles
fesseln (Handfesseln anlegen) to handcuff
fest firm, fixed, *auf feste Rechnung* on firm account, *fester Preis* fixed price
Festgeld forward money, cash on deposit
Festgeldanlage fixed money investment
festgesetzt fixed
festgestellt, ziffernmäßig — liquidated, *nicht ziffernmäßig* — unliquidated
festlegen (im Vertrag) to stipulate, *(vertäuen)* to moor
Festnahme apprehension, arrest
festnehmen to apprehend, to arrest

festsetzen to fix, to settle, to determine, to establish; to stipulate
Festsetzung fixation; stipulation, *gerichtliche — der Kosten* taxation of costs
feststellbar ascertainable
feststellen to ascertain, to establish, to determine, to state
Feststellung ascertainment, *(Konkurs)* settlement
Feststellungsklage declaratory action, action for a declaration, suit for establishment (of a right)
Feststellungsurteil declaratory judgment
Festungshaft confinement in a fortress
festverzinslich bearing a fixed rate of interest, *festverzinsliche Wertpapiere* fixed-interest securities
Feuerschaden damage by fire
Feuerversicherung fire insurance
Fiktion fiction
fiktiv fictitious
Filiale branch, branch establishment
Finanz finance
Finanzamt revenue office
Finanzgruppe financial group
finanziell financial
finanzieren to finance
Finanzpolitik financial policy
Finanzwirtschaft financial economy
Findelkind foundling
Finder finder
Finderlohn reward
Fingerzeig clue
fingiert fictitious
Firma firm, firm name, trade name, style, *in* — trading as, under the style of, *bisherige* — existing trade name, old firm name, *unter unveränderter* — under the old firm name, — *anmelden* to apply for registration of a firm name
Firmenname firm name, trade name, business name
firmieren to trade under the style of, to be styled
Fischerei fishery, *freie* — free fishery
Fischereirecht right of fishing, right of piscary
Fiskus Treasury, fisc
Fixgeschäft transaction on account
Flächenraum area
Flagge flag, *das Recht der* — the law of the flag, *die — hissen* to show the colours
flau dull, slack
Flauheit slackness
Flieger pilot, airman
flott afloat, — *machen* to float
Fluchen cursing
flüchtig werden to abscond
Flüchtling refugee
Flughafen, Flugplatz aerodrome; air base
Flugroute airway
Flugsicherheit (Flugtüchtigkeit) airworthiness
Flugzeug aeroplane, airplane, *Flugzeuge (generell)* aircraft
Flugzeugführer pilot
Flurbuch land register, terrier
Flurbuchauszug extract from the terrier
Flurschaden injury done to the fields
Flußfahrzeuge rivercraft
flüssig liquid, *sein Vermögen — machen* to turn one's property into cash, to realise one's property, — *werden* to fall due, *flüssige Gelder* funds in hand, available capital, ready money, cash, *flüssiges Vermögen* liquid assets
Folgeprämie renewal premium
Fonds fund, funds, stock
Fondsbörse Stock Exchange
Fondsmakler stockbroker
fordern to claim, to demand
fördern to promote

Forderung claim; debt; chose in action, *ausstehende Forderungen* outstanding debts
Förderung promotion
Forderungsberechtigter obligee
forensisch forensic
Form form, *die — wahren* to comply with the form, *in feierlicher —* in solemn form, *gesetzliche —* form prescribed by law
Formalität formality
Formfehler formal defect
Formgültigkeit formal validity
förmlich formal
Förmlichkeit formality
Formmangel defect of (in) form, *einen — heilen* to cure a defect of form
Formular form, schedule
formulieren to draw up, to frame
Forstfrevel infringement of the forest laws
Forstfrevler offender against forest laws
Forstrecht forest law
Fortbildungsschule continuation school
fortlaufend, — unterrichten to keep informed, to keep posted, *— nummeriert* consecutively numbered, *fortlaufende Nummer* serial number, *fortlaufende Nummerierung* numbering in consecutive order
fortlocken to entice away
Fracht freight, *(Frachtgeld)* freight, carriage, cartage, *(Ladung)* cargo, load, *— durch Nachnahme* carriage forward, *— bezahlt* carriage paid
Frachtbrief way-bill, letter of carriage
Frachtdeklaration account of lading
Frachter charterer, freighter, affreighter
Frachtführer carrier, *öffentlicher —* common carrier
Frachtführer-Pfandrecht carrier's lien
Frachtgeld freight
Frachtgeschäft business of carriage by land
Frachtgut, als by goods train
Frachtkosten freight charges
Frachtlohn portage
Frachtsatz rate of freight
Frachtstück package
Frachtverlust loss of freight
Frachtvertrag contract of affreightment, *(für Schiffsfracht)* charter-party
Fragebogen list of queries, interrogatory
Fragerecht right to cross-examine
Frau woman, *(Ehefrau)* wife, *unverheiratete —* single woman, *verheiratete —* married woman, *verwitwete —* widow, *geschiedene —* divorced woman
Frauengut wife's property
Frauenwahlrecht female suffrage
frei (siehe auch Anhang), — Bahn free station, *— von Bruch, Lekkage, Beschädigung* free from breakage, leakage, damage, *— Haus* free delivered, free house, *— von Kriegsmolest* free from molestation of war, *— von Teilhaverei* free of all averages, *— Verpackung* packing included, *— gehandelt werden* to be freely negotiated
Freibeuter privateer
freibleibend without engagement
Freibrief, königlicher Royal Charter
Freigabe release
freigeben to release
freigebig by way of gift, *freigebige Schenkung* gift
Freigrundstück freehold property
Freihafen free harbour, free port
Freihandel free trade
freihändig by private contract (sale)
Freihändler free trader
Freiheitsberaubung unlawful detention, false imprisonment, restraint of the liberty of a free man

Freiheitsentziehung deprivation of liberty
Freiheitsstrafe imprisonment
freilassen to release
Freilassung release
Freimarke post-stamp
Freispruch acquittal, release, verdict of acquittal
freistehen to be open to
Freiverkehr, Freiverkehrsmarkt curb market, inofficial market, over the counter market
Freiverkehrskurs curb price
freiwillig voluntary, of one's own volition, *freiwillige Gerichtsbarkeit* non-contentious jurisdiction
Freizeichen trade-mark not in general use
Freizone free zone
fremd, für fremde Rechnung for account of a third party, *in fremdem Interesse* on behalf of another
Friedensbruch breach of the peace
Friedensrichter justice of the peace
Friedensvertrag treaty of peace
frischer Tat, auf in the act, flagrante delicto
frisieren (Rechnung, Bilanz) to cook, to doctor
Frist period, term, time, fixed time, time allowed, limit, *(Aufschub)* respite, *(Respekttage)* days of grace, period of grace, *eine angemessene — setzen* to name a reasonable period
fristgerecht in time, *nicht* — out of time
Fristgesuch dilatory plea
Fristgewährung grant of a respite
Fristverlängerung extension of time
fruchtlos unsuccessful, fruitless
früherer past, previous, prior, former, late
Führer leader
Führerprinzip principle of leadership
Fuhrlohn cartage
Fuhrmann carrier
Führung (Verhalten) conduct
Fund finding
fundiert funded
Fundklage action of trover
Funkenflug railway engine sparks
Funktelegramm radiogram
Funktion function
Fürsorge (Unterstützung) relief
Fürsorgeerziehung Borstal training, *in — geben* to remove a child from parental custody to a school or reformatory
Fusion amalgamation, merger
fusionieren to amalgamate, to merge

G

gangbar current, marketable, saleable
Gangbarkeit marketableness
ganz oder teilweise in whole or in part
Ganzes, unteilbares — indivisible entirety, *als — verkaufen* to sell as an entirety
Ganzfabrikat fully-manufactured article
Garant guarantor
Garantie guarantee, warranty
Garantiebrief letter of guarantee
Garantiefonds guarantee fund
garantieren to guarantee, to warrant, *garantiert* warranted
Garantieverpflichtung cautionary obligation
Garnierung dunnage
Gas, mit — vergiften, to gas
Gastwirt innkeeper
Gasvergiftung gas poisoning
Gatte usw. siehe Ehegatte usw.
Gattung species, class, *nach — bestimmte Ware* goods defined generically

Gattungskauf purchase of fungible things
geächtet outlawed
Geächteter outlaw
Gebäudewert value of the building
Gebiet territory, *besetztes* — occupied territory
Gebot (Versteigerung) bid
Gebrauch custom, usage, practice, *(Benutzung)* use
gebräuchlich customary, usual
Gebrauchsgegenstand article of daily use
Gebrauchsmuster design, useful model, model of utility
Gebühr fee
gebühren to be due to
Gebührenordnung tariff of fees, — *für Rechtsanwälte* Advocates Fees Act
gebührenpflichtig (Zoll) liable to duty
Gebührenvorschuß advance
gebürtig aus native of
Geburtsschein, Geburtsurkunde certificate of birth
geeignet appropriate, fit, suitable
gefährden to endanger, to imperil
Gefährdung danger, endangerment
Gefälligkeitsaccept accommodation acceptance
Gefälligkeitswechsel accommodation bill, kite
gefangen imprisoned
Gefangener prisoner
Gefangenschaft imprisonment, *(Haft)* detention, *(Gewahrsam)* custody
Gefängnis prison, jail, gaol, *(Strafe)* imprisonment
Gefängnisstrafe imprisonment
Gefängniswärter jailer
Gefolgschaft staff, workers, personnel
Gefolgschaftsmitglied member of the staff
gegen (Leistung) in return for, *(Prozeß)* versus
Gegenanspruch counter-claim
Gegenbeschuldigung recrimination
Gegenforderung counter-claim
Gegenfrage counter-question
Gegengebot counter-offer
Gegenkaperbrief letter of countermart
Gegenklage cross-claim
Gegenleistung consideration, equivalent, counter-performance, *geldwerte* — valuable consideration, *Mangelhaftigkeit einer* — failure of consideration
Gegenpartei opponent, other party, opposing party
Gegenposten counter-item
Gegenseite, von der — beansprucht adversely claimed
gegenseitig mutual, reciprocal
Gegenseitigkeit mutuality, reciprocity, *auf* — mutual
Gegenspionage counter-espionage
Gegenstand (Sache) object, thing, article, *(behandelter)* subject matter
gegenteilige Bestimmung stipulation to the contrary
gegenüberstellen (Zeugen) to confront
Gegenüberstellung (Zeugen) confrontation
Gegenuntersuchung counter-inquiry
Gegenverpflichtung counter-obligation
Gegenvormund supervising guardian
Gegenvorschlag counter-proposal
gegenwärtig present, actual
Gegenwechsel counter-bill
Gegenwert equivalent, counter-value
gegenzeichnen to countersign
Gegenzeichnung counter-signature
Gegner opponent, adversary, the other party
Gehalt salary
gehalten sein to be required
Geheimhaltungspflicht duty to observe secrecy
Geheimsender secret wireless station
gehemmt (im Prozeß) estopped

Gehilfe assistant
geistesgestört, geistesverwirrt of unsound mind
geisteskrank mentally defective, insane, of unsound mind
Geisteskranker lunativ
Geisteskrankheit insanity, lunacy, unsoundness of mind
Geistesschwäche feeble-mindedness, mental infirmity
Geistesschwacher idiot
geistig mental, *im Besitz der geistigen Fähigkeiten* of sound mind
gekreuzt crossed
Gelände land, tract of land
Geld money, *(Börse)* bid, buyers, *zu — machen* to convert into money, *Gelder* moneys, funds
Geldentwertung depreciation of the currency
Geldforderung pecuniary claim
Geldgeschäft money transaction
Geldknappheit shortage of money
Geldkurs money rate, demand price, buying rate, bid price, *zum — auf Sichtwechsel* at the buying rate for sight exchange
geldlich monetary, pecuniary
Geldnotiz demand quotation
Geldschuld pecuniary debt, money debt
Geldsendung remittance
Geldsorten species of currency
Geldstrafe fine, penalty
Geldverbindlichkeiten pecuniary obligations
Geldverleiher moneylender
Geldwert monetary value
Gelegenheitsgesellschaft association of persons combining funds for a single joint transaction with a view to profit
Geleite, freies safe-conduct
Geleitsbrief letter of safe-conduct
Geleitzug convoy
gelernter Arbeiter skilled workman
gelten to be in force; to apply, *(gültig sein)* to be valid, *— für, als* to be deemed, *— gegen* to be operative against, *— lassen gegen* to avail against, to rely upon against
geltend machen to prefer, to raise, to plead, to enforce, to assert, to raise the point, to put forward, to advance, *eine Hypothek — —* to enforce a mortgage
Geltungsdauer period, term, life
gemäß according to, pursuant to
Gemäßheit, in in accordance with
gemein common, ordinary
Gemeinde community, *(Kirche)* parish
Gemeindeordnung municipal code
Gemeinderat(Kirche) parish council
Gemeindeverwaltung local administration
Gemeindevorsteher chief communal officer
Gemeindewahlen communal elections
Gemeindewaisenrat communal orphan council
Gemeinheitsrechte rights of common
gemeinnützig intended to assist public objects, of public utility, serving public purposes, *gemeinnützige Unternehmen (Versorgungsgesellschaften)* public utilities
gemeinsam joint; jointly
Gemeinschaft community, *— zur gesamten Hand* co-ownership, *— nach Bruchteilen* community by undivided shares, *eheliche —* conjugal community, *Aufhebung der ehelichen —* dissolution of conjugal community, *häusliche —* common domestic life, *— des beweglichen Vermögens und der Errungenschaft* community of movables and of income and profits
gemeinschaftlich common, joint, *— und einzeln* joint and several, jointly and severally, *— mit* in common with, jointly with, *gemeinschaftliches Kind* child born

of the marriage, *gemeinschaftliches Testament* joint will
Gemeinschuldner bankrupt, *entlasteter* — certified bankrupt
genannt, auch . . . also known as . . .
genehmigen to consent to, to approve of, to agree to, to ratify
Genehmigung consent, approval, agreement, ratification, *(schriftliche)* permit, *staatliche* — authority of the State, *zur* — for approval, *erforderliche Genehmigungen erwirken* to obtain necessary permits
genehmigungspflichtig subject to authorisation
Generalagent agent general
Generaldirektor director general
Generalgouverneur governor-general
Generalkonsul consul general
Generalkonsulat consulate general
Generalversammlung general meeting
Generalvollmacht general power of attorney
Genosse associate
Genossenschaft company, association, partnership, mutual association, co-operative society
Genossenschaftsgesetz law of societies
Genossenschaftsregister register for co-operative associations
Genuß enjoyment, benefit, *sofortiger* — immediate benefit, *tatsächlicher* — actual enjoyment
Genußschein scrip
gerecht just, equitable
Gerechtigkeit justice, equity
Gerechtsame franchise
Gericht court, tribunal, *(die Richter)* the Bench, *vor* — in court, *vor — gehen* to go to law, to take legal proceedings
gerichtlich judicial, judiciary, at law, — *belangen* to proceed against, *Zeugen — vorladen* to summon, to subpoena witnesses, — *und außergerichtlich* in court and out of court, judicially and extrajudicially, in judicature and without, *gerichtliches Verfahren* legal proceedings
Gerichtsakten records, files, rolls
gerichtsbar justiciable
Gerichtsbarkeit jurisdiction, *freiwillige* — non-contentious jurisdiction, *inländische* — national jurisdiction, *streitige* — contentious jurisdiction
Gerichtsbefehl writ, warrant
Gerichtsbeisitzer, sachverständiger assessor
Gerichtsbeschluß decision, decree, order of the court
Gerichtsdiener usher
Gerichtsferien vacation, recess
Gerichtsgebühren law fees, court fees
Gerichtsgefängnis court prison
Gerichtshof court (of justice), tribunal
Gerichtskosten law costs, *Feststellung der* — taxation of costs
Gerichtskostengesetz Fee Regulations
gerichtskundig known to the court
Gerichtsordnung rules of court
Gerichtsschranke bar
Gerichtsschreiber clerk to the court
Gerichtsschreiberei clerk's office
Gerichtssitzung hearing, sitting of the court
Gerichtssprache legal terminology
Gerichtsstand jurisdiction, place of jurisdiction, *seinen allgemeinen — im Inland haben* to be subject to domestic jurisdiction, *örtlicher — für die Verhandlung* venue
Gerichtstafel notice-board of the court
Gerichtstag law day
Gerichtstermin hearing
Gerichtsverfahren judicial proceedings

Gerichtsverfassungsgesetz Act concerning judicial organisation, law concerning the constitution of the courts
Gerichtsverhandlung hearing, *(bei Strafsachen)* trial
Gerichtsvollzieher bailiff, officer of the court
geringfügig negligible, petty
geringwertige Münze base coin
Gesamtaufkommen total yield
Gesamtbetrag aggregate amount, total
Gesamteigentum collective property, aggregate property
Gesamterbe sole heir
Gesamtgläubiger general creditor, *(Mehrheit)* joint creditors
Gesamtgrundschuld collective charge
Gesamtgut joint property, common property
Gesamtguts-Verbindlichkeiten liabilities of the common property
Gesamthaftung joint liability
Gesamthand, zur in common
Gesamthänder co-owner
Gesamthypothek joint and several mortgage, collective mortgage, aggregate mortgage
Gesamtpreis total price, aggregate price
Gesamtprokura joint power of procuration
Gesamtschuldner general debtor; co-debtor, *(Mehrheit)* joint debtors, *als — haften* to be jointly and severally liable
Gesamtverbindlichkeit joint responsibility, solidarity, joint and several obligation
Gesamtvertretung power of collective agency
Gesamtwert total value, aggregate value
Geschädigter party aggrieved, party injured
Geschäft business, trade, *(einzelnes)* transaction, *ein — betreiben* to carry on business, to conduct a business, *Geschäfte* dealings, transactions, *Geschäfte machen* to transact business
Geschäftsabschluß balance, *(Abschluß eines Geschäfts)* conclusion of a bargain
Geschäftsanteil business share
Geschäftsaufsicht judicial supervision, *unter — gestellt werden* to be put into receivership
Geschäftsbericht business report
Geschäftsbesorgungs-Vertrag contract of agency
Geschäftsbetrieb operation of the business, business operations, *kaufmännischer —* mercantile business organisation
Geschäftsbrauch business custom, trade custom, commercial custom
Geschäftsdepression business depression
Geschäftseinlage brought-in capital, contribution
geschäftsfähig capable of disposing, responsible, competent, *beschränkt —* limited in disposing capacity
Geschäftsfähigkeit (full) disposing capacity, *beschränkte* — restricted disposing capacity
Geschäftsfreund correspondent
geschäftsführender Ausschuß executive committee, managing committee
Geschäftsführer manager, agent, *— ohne Auftrag* agent of necessity, negotiorum gestor
Geschäftsführung management (conduct) of a business, *— ohne Auftrag* agency of necessity, negotiorum gestio, management of affairs without mandate
Geschäftsgang course of business (trade), *im ordentlichen —* in the ordinary course of business
Geschäftsgebahrung business management, business policy
Geschäftsgeheimnis trade secret

Geschäftsgewinn trading profit
Geschäftsherr principal, employer
Geschäftsjahr financial year, business year, fiscal year
Geschäftskreis scope of the business
Geschäftslage state of the market
Geschäftsmann businessman
Geschäftsnachfolger successor in the business
Geschäftsname business name, trade name
Geschäftsnummer reference number
Geschäftsordnung business rules, *(Parlament)* standing orders, House Rules
Geschäftsplan technical basis
Geschäftsräume business premises, offices
Geschäftsreise business trip (tour, journey)
Geschäftssitz principal place of business
Geschäftsstelle office
Geschäftsteilhaber partner
Geschäftsträger chargé d'affaires
Geschäftsübernahme succession to a business
Geschäftsumfang extent of the business
geschäftsunfähig incapable of disposing
Geschäftsunfähigkeit incapacity of disposing
Geschäftsunkosten, allgemeine overhead expenses
Geschäftsverbindlichkeiten business obligations
Geschäftsverbindung business connection
Geschäftsverfahren, betrügerisches fraudulent manipulation
Geschäftsverkehr business dealings, business intercourse, *im gewöhnlichen* — in the ordinary course of business
Geschäftsvorgänger predecessor in the business
Geschäftswert (Firmenwert) goodwill
Geschäftszeichen journal number
Geschäftszeit business hours, office hours
Geschäftszweig branch, line of business
Geschenk gift, *bedingtes* — conditional gift, gift sub modo, *unbedingtes* — absolute gift
Geschenkgeber donor
Geschenknehmer donee
Geschwister brothers and sisters, *vollbürtige* — brothers and sisters of whole (full) blood, *halbbürtige* — brothers and sisters of half blood
Geschwisterkinder cousins-german
Geschworenenbank jury box
Geschworenengericht jury court, *(Assisen)* court of assizes
Geschworenenliste jury panel
Geschworenen-Obmann foreman of a jury
Geschworenen-Verzeichnis array
Geschworener juryman, juror, *Geschworene (kollektiv)* jury
Gesellschaft company; corporation, *(mit wenigen Teilhabern)* partnership; association, *abhängige* — subsidiary company, — *mit beschränkter Haftung* partnership with limited liability, limited partnership, limited company, limited liability company, private limited company, non-stock company, — *mit unbeschränkter Haftung* unlimited company, *gesetzlich zugelassene* — incorporated company, — *mit begrenzter Aktienhaftung* company limited by shares, — *mit begrenzter Nachschußpflicht* company limited by guarantee, *übernehmende* — accepting company, re-insurer
Gesellschafter partner, member of a partnership; shareholder, stockholder, *geschäftsführender* —

managing partner, chief partner, *persönlich (unbeschränkt) haftender* — personally liable partner, responsible partner, general partner, full partner, *stiller* — sleeping (dormant) partner, special partner, *tätiger* — acting partner, working partner

Gesellschafter-Versammlung meeting of the shareholders

Gesellschaftsbeschluß resolution of the association

Gesellschaftsblätter journals selected by the company for publication of notices

Gesellschaftsfirma partnership firm

Gesellschaftskapital stock capital, capital stock, stock in trade, partnership funds

Gesellschaftskasse partnership funds

Gesellschaftsrecht company law

Gesellschaftssteuer company tax

Gesellschaftsteilung dissolution of a partnership

Gesellschaftsvermögen partnership property, capital (assets) of a company

Gesellschaftsvertrag contract of partnership, partnership contract, *(am.)* statute, *(fundamentale Bedingungen)* memorandum of association, *(innere Regulationen)* articles of association; deed of settlement

Gesetz Act (of Parliament), statute, law, *das — umgehen* to evade the law, *das — verletzen* to infringe (violate) the law, *dem — zuwiderhandeln* to contravene the law, *von Gesetzes wegen* by the operation of the law

Gesetzbuch code, statute-book, *bürgerliches* — civil code

Gesetzentwurf bill

Gesetzesauslegung interpretation of law

Gesetzeskraft legal force

Gesetzesübertretung transgression of the law, contravention of the law

Gesetzesverletzung breach of the law, violation of the law

gesetzgebend legislative, *gesetzgebende Versammlung* legislative assembly

Gesetzgeber legislator

Gesetzgebung legislation

Gesetzgebungsgewalt legislative power

gesetzlich lawful, legal, legitimate; statutory

Gesetzlichkeit lawfulness, legality, legitimateness, legitimacy

gesetzmäßig lawful, legal, legitimate

Gesetzmäßigkeit lawfulness, legality, legitimateness, legitimacy

gesetzwidrig unlawful, illegal, contrary to law

Gesetzwidrigkeit unlawfulness, illegality

Gesinde servants, domestic servants, menial servants

gesondert separate, earmarked

Gesondertheit severalty

gestaffelte Steuer tax levied on a sliding scale

Geständnis avowal, confession, *umfassendes* — full confession

gestattend permissive

gestehen to confess

Gestehungspreis prime cost

Gestell (Verpackung) crate

Gesuch request, petition, application

Gesuchsteller petitioner, applicant

Getreidebörse Corn Exchange

getrennt separate, — *leben* to live apart

gewagt risky

Gewähr guarantee, warranty, security

gewähren to grant

Gewährfrist period of warranty

gewährleisten to warrant

Gewährleistung warranty, — *für Rechtsmängel* warranty of title, — *für Sachmängel* warranty against defect of quality
Gewahrsam custody
Gewährschaft warranty
Gewährung grant
Gewalt power, authority, *mit* — by force, forcibly, *elterliche* — parental power, *höhere* — act of God, vis major, force majeure, *tatsächliche* — actual control
Gewerbe trade
Gewerbefreiheit, Beschränkung der restraint of trade
Gewerbeordnung trade regulations statute, industrial law (code)
Gewerberecht trade law
Gewerbe-Unfallversicherungsgesetz industrial accident insurance act
Gewerbezweig trade line
gewerbliche Eigentumsrechte rights of industrial property
gewerbsmäßig in the regular course of trade, professional
Gewerkschaft trade union, *(Bergbau-Gesellschaft)* mining company
gewerkschaftlich trade unionist
Gewicht weight
Gewichtsmanko shortweight
Gewichtsverlust reduction of weight
Gewinn profit, earnings, *buchmäßiger* — book-profit, *entgangener* — profit lost, loss of profit, *imaginärer* — speculative profits, *versteckter* — hidden profits, — *und Verlustrechnung* profit and loss account, *Gewinne feststellen* to certify earnings
Gewinnanteil share in the profit, dividend, bonus
Gewinn-Anteilschein dividend coupon, dividend warrant
gewinnbringend profitable
gewinnsüchtige Absicht purpose of gain, purpose of making a profit
Gewinnverteilung distribution of profits, division of profits
Gewinn-Verteilungsplan profit sharing scheme
Gewinnvortrag profit brought forward
Gewohnheitsrecht right founded upon custom; consuetudinary law, *(in England)* common law, *örtliches* — local custom, *auf* — *beruhend* customary
gewöhnlich ordinary, usual, customary
Giftmischer, Giftmörder poisoner
Giftmord murder by poison
Girant endorser, *(der Vormann)* preceding endorser, prior holder, *(der Nachmann)* subsequent endorser, successive holder
Girat endorsee
girierbar endorsable
girieren to endorse
Giro endorsement, *durch* — *übertragbar* transferable by endorsement, endorsable, *durch* — *übertragen* to pass by endorsement
Girobank clearing bank
Girogelder deposits made on drawing (transfer) accounts
Giroguthaben sum standing to a person's credit on a transfer account
Girokonto drawing account, transfer account
Giroüberweisung payment by transfer
Giroumschreibung re-endorsement, transfer by entries
Giroverbindlichkeiten liabilities by endorsement
Giroverkehr clearing business
Girozentrale central clearing office, central transfer agency
Girozettel transfer slip
glatte Rechnung machen to pay in full
Glauben, in gutem — in good faith, bona fide, *in bösem* — in bad faith, mala fide, *öffentlicher* — *des Grundbuchs* public faith

(credit) of the land register, *auf Treu und* — on trust

glaubhaft machen to prove satisfactorily, to give prima facie evidence, *glaubhafter Beweis* prima facie evidence

Gläubiger creditor, obligee, — *befriedigen* to satisfy the creditors, — *zusammenberufen* to convoke the creditors, *bevorrechtigter* — preferred (privileged) creditor, creditor by priority, *mit Gläubigern übereinkommen* to compound, to make a composition

Gläubigeranfechtung creditor's suits

Gläubigerausschuß committee of inspection

Gläubigerbegünstigung fraudulent preference

Gläubigerland creditor country

Gläubigerversammlung creditors' meeting, assembly of creditors

Gläubiger-Verzug creditor's delay, mora accipiendi

glaubwürdig credible, worthy of credit, trustworthy

Glaubwürdigkeit credibility, credit, trustworthiness

gleich (entsprechend) equalling, *zu gleichen Teilen* in (at) equal parts (shares), equally share and share alike

gleichlautend concurrent, of the same tenor, identical, — *buchen* to enter in conformity

Gleichschaltung co-ordination, unification, integration

gleichstellen to equalise

gleichwertig mit equivalent to

gleichzeitig simultaneous, contemporaneous

gleitende Skala sliding scale

Glücksspiel game of hazard

Gnade grace, mercy

Gnadenakt act of grace

Gnadengesuch petition for pardon, petition for the exercise of His Majesty's mercy

Gnadenweg, auf dem by special grace, by way of grace

Goldabfluß gold drain, gold efflux

Goldanhäufung hoarding of gold

Goldbarren gold bullion

Goldbestand gold reserve, gold stock, *Goldbestände* gold holdings

Goldbewegung gold movement

Golddeckung gold backing, gold cover

Golddevisen gold exchange, devisen interchangeable with gold

Goldgewicht troy weight

Goldhypothek gold mortgage

Gold-Hypothekenpfandbrief, durch erste Hypothek gesicherter first mortgage gold bond

Goldkernwährung gold exchange standard

Goldmark gold mark

Goldmünzparität monetary gold parity

Goldparität gold parity

Goldpfandbrief gold bond, gold mortgage bond

Goldreserve gold reserve

Goldumstellung des Mark-Kapitals conversion of the capital into gold marks

Goldzufluß gold inflow

Gotteslästerung blasphemy

Grabschändung robbing of a grave

Gratifikation gratuity, bonus

gratis gratuitously

Gratisaktien bonus ordinary shares

Grenzlinie boundary line

grob gross

Großbetrieb large undertaking

Großhandel wholesale trade

Großhändler wholesale dealer

großjährig of age, of full age

Großjähriger person of full age, major

Großjährigkeit full age, majority

Grube mine, *Preis frei* — pithead price

Grund- basic

Grund ground, basis, *(Motiv)* reason, *(Rechtsgrund)* argument, *(Ursache)* cause, *auf —* on the ground of, by reason of; on the strength of; under; according to, in accordance with, *(kraft)* by virtue of, *zu — legen* to take as basis, *wichtiger —* grave reason, cogent ground, *aus guten Gründen* on good grounds
Grund und Boden real estate, land
Grundakten documents filed in support of the application for registration
Grundbesitz real estate, land, landed property, real property, *beschränkter —* particular estate
Grundbesitzer landlord, *beschränkter —* particular tenant
Grundbuch land register, real estate register, official title register
Grundbuchamt land register office, office of the land registry
Grundbuchauszug extract from the land register
Grundbuchblatt folio of the land register
Grundbuchordnung Land Registration Act
Grundbuchrichter land registry judge
Grunddienstbarkeit real servitude, *(Praedialservitut)* easement
Grundeigentum real property
gründen to establish, to found, *(eine Gesellschaft)* to organise, to promote, to float, *— auf* to base upon, *sich — auf* to be based upon
Gründer founder, promoter
Gründeraktien founder's shares
Grunderwerbssteuer tax on real estate transactions
Grundherr landlord
Grundkapital original capital, capital stock
Grundkredit credit on real estate
Grundlage basis
Grundprinzipien basic principles
Grundrente rent charge
grundsätzlich on principle, of principle
Grundschuld land charge
Grundschuldbrief certificate of land charge
Grundsteuer land tax
Grundsteuerkataster official real estate tax survey
Grundstück property, real estate, *(Parzelle)* plot, *berechtigtes, herrschendes —* dominant tenement, *belastetes, dienendes —* servient tenement, *landwirtschaftliches —* agricultural land
Grundstücksgeschäfte real estate transactions
Grundstücksgesellschaft real estate company
Grundstücks-Pfandrecht lien on real estate, *(Gesetz)* law of lien on real estate
Gründung foundation, establishment, *(einer Gesellschaft)* organisation, promotion, formation
Gründungsakt memorandum of association
Gründungsauslagen preliminary expenses
Gründungsfonds foundation fund
Gründungsurkunde einer Aktiengesellschaft memorandum of association, *(am.)* statute
Grundzüge main features
Gruppe group
gültig valid
Gültigkeit validity, legality, lawfulness
Gültigkeitsdauer period (term) of validity
Gunsten, zu meinen — in my favour
Gut property
Gutachten opinion, *(technisch, medizinisch)* report, *schriftliches —* opinion delivered in writing, *ein — abgeben* to deliver an opinion, to make a report

Güte, Vorschlag zur conciliatory proposal
Güter goods
Gütergemeinschaft community of goods, *fortgesetzte* — continued community of goods
Gütergemeinschaftsteilung partition of a common fund
Güterrecht, eheliches matrimonial regime, *gesetzliches* statutory regime, *vertragsmäßiges* contractual regime
Güterrechtsregister marriage property register
Gütertarif freight tariff
Gütertransport carriage of goods
Gütertrennung separation of property
Güterverkehr freight traffic
Güteverfahren conciliatory proceedings
Gutgewicht allowance of weight
gutgläubig in good faith, bona fide, *gutgläubiger Inhaber* bona fide holder
Guthaben credit balance, outstanding debt, sum standing to a person's credit; deposits in banks, assets, *kein* — no assets
Guthabensalden auf Kundenkonten (Bilanz) customers' accounts in credit
gütlich amicable
gutsagen to answer for
gutschreiben to credit, to place (pass, carry) to the credit
Gutschrift credit, credit entry

H

Habe property, effects, *fahrende* — movables, *unbewegliche* — immovables
Haben credit
Hafen port, harbour
Hafenbehörde port authority
Hafengeld port (harbour) dues
Hafenkapitän harbour master
Hafensperre harbour barrage
Haft detention, custody
haftbar liable, responsible, answerable, *beschränkt — sein* to have a limited liability, *unbeschränkt — sein* to be liable without limitation
Haftbarkeit liability, responsibility
Haftbefehl order of arrest, warrant of arrest, warrant for the apprehension of a person
haften to be liable (responsible, answerable) for, *(einstehen)* to guarantee, to warrant against, to stand security, *(anhaften)* to attach, *beschränkt* — to have a limited liability, *unbeschränkt* — to be liable without limitation, *als Gesamtschuldner* — to be liable jointly and severally, to be liable as joint debtors, *für Verluste* — to cover losses, *auf Schadensersatz* — to be liable in damages, *mit seinem ganzen Vermögen* — to be liable in one's whole estate, *mit Schiff und Fracht* — to be liable to the extent of ship and freight
Haftpflicht liability, responsibility, — *des Unternehmers* employer's liability
haftpflichtig liable, responsible
Haftung liability, responsibility, guarantee, *(Gewähr)* warranty, *Gesellschaft mit beschränkter* — limited liability company *(siehe auch unter Gesellschaft)*
halbbürtig of half blood
Halbbürtigkeit half blood
Halbfabrikat semi-manufactured article
halbjährlich semi-annual
halbmonatlich bi-monthly, fortnightly

halbpart fifty-fifty

Hälfte moiety, *je zur —* at equal moieties

halten, sich an jemand to have recourse to, to have one's redress against, to look to a person for something

Hammerschlagrecht right to have access to the neighbouring land for the purpose of affixing planks to buildings standing on one's own land

hamstern to hoard

Hand hand, *tote —* mortmain, dead hand, *zur treuen —, zu treuen Händen* in (on, upon) trust, *durch Verfügung von hoher —* by the exercise of power of eminent domain, *an die — geben* to make a firm offer, to give the refusal, *an der — haben* to have the first offer, to have the refusal

Handaufheben, durch on a show of hands

handbetrieben hand-operated

Handel trade, commerce, traffic, *(einzelnes Geschäft)* bargain, *— treiben* to trade, *— mit dem Feinde* trading with the enemy

handelbar merchantable, *nicht —* unmerchantable

handeln to act, *(Handel treiben)* to trade, to negotiate, *— mit* to deal in, *— von* to deal of

Handelsagent mercantile agent

Handelsbilanz trade balance, balance of trade, *aktive —* favourable trade balance, excess of export over import, *passive —* adverse trade balance, excess of import over export

Handelsbrauch commercial custom, trade custom, commercial usage

Handelsbücher books of account

Handelsflotte merchant fleet

Handelsgericht commercial court, court of commerce

Handelsgerichtsbarkeit commercial jurisdiction

Handelsgeschäft mercantile business, *(Vertrag)* mercantile contract, *Handelsgeschäfte* mercantile transactions

Handelsgesellschaft trading company, mercantile partnership (association), *offene —* private firm, unlimited mercantile partnership, *— mit solidarischer Haftbarkeit* general partnership

Handelsgesetz commercial law

Handelsgesetzbuch commercial code

Handelsgesetzgebung commercial legislation

Handelsgewerbe mercantile trade

Handelsgewicht avoirdupois

Handelsgut mercantile goods

Handelskammer chamber of commerce, *(beim Gericht)* commercial chamber

Handelskauf purchase and sale

Handelsmakler broker, mercantile broker

Handelsmarine mercantile marine

Handelsmarke trade-mark

Handelsministerium Ministry for Commerce and Trade, *(in England)* Board of Trade, *(in Amerika)* Department of Commerce

Handelsname trade-name

Handelspapier negotiable instrument

Handelspreis trade price

Handelsrecht commercial law, mercantile law, merchant law

Handelsregister commercial register, trade register, *Anmeldung zum —* notification for registration

Handelsrichter commercial court judge

Handelssache mercantile matter, commercial affair, *Kammer für Handelssachen* commercial chamber

Handelsschiffskapitän master, master mariner, skipper

Handelssperre commercial prohibition
handelsüblich in accordance with mercantile custom, usual in trade
Handels- und Gewerbetreibende persons engaged in commerce and trade
Handelsunkosten trading expenses
Handelsunternehmen commercial undertaking (enterprise)
Handelsverbot prohibition of trade
Handelsverkehr traffic, commercial intercourse
Handelsvertrag treaty of commerce, commercial treaty
Handelsvertreter mercantile agent
Handelswert, gemeiner ordinary market value
handeltreibend trading
Handgeld earnest, earnest money
Handhabung handling
Händler tradesman, dealer, trader
Handlung act, *gerichtliche* — judicial act, *unerlaubte* — tort, wrongful act
Handlungsagent mercantile agent
Handlungsbevollmächtigter employee authorised to sign on behalf of the company
handlungsfähig capable of performing legal acts, capable of incurring liabilities, capable for acts-in-law
Handlungsfähigkeit capacity for performing legal acts
Handlungsgehilfe mercantile employee, clerk
Handlungslehrling apprentice
Handlungsreisender commercial traveller, travelling salesman
handlungsunfähig incapable of performing legal acts
Handlungsunfähigkeit incapacity for performing legal acts
Handlungsvollmacht mercantile (commercial) power of agency
Handschein note of hand, promissory note
Handwerk trade, craft
Handwerker artisan, artificer, craftsman
Handzeichen mark, sign manual
Härte hardship, *unbillige* — unreasonable severity
Hartgeld coined money
Hauptaktionär chief (principal) shareholder
Hauptabteilung division
Hauptanspruch principal claim
Hauptbeweis main proof
Hauptbuch ledger
Haupterbe chief heir
Hauptgeschäft chief office, head office
Hauptgläubiger principal creditor
Hauptmangel principal defect
Hauptniederlassung chief establishment
Hauptsache principal thing, *zur — verhandeln* to deal with a case upon its merits
Hauptschuldner principal debtor
Hauptverbindlichkeit principal obligation
Hauptverfahren main proceedings
Hauptverhandlung (in Strafsachen) trial
Hauptversammlung general meeting
Hauptwirtschaftsamt central economic office
Hauptzeuge principal witness
Hausfriedensbruch disturbance of domestic peace and security
Hausgrundstück house and lot
Haushaltsausgleich budget equilibration
Haushaltsentwurf draft budget
Hausrecht right to maintain order
Hausierer hawker, pedlar
Hausse, auf — spekulieren to operate for a rise, to bull
Haussespekulation bull transaction
Haussier bull
Haussuchung domiciliary visit
Haussuchungsbefehl search warrant
Hauswirt landlord

Hauszinssteuer house rent tax, rents tax
Havarie, Haverei average, — *große* general average, gross average, *besondere* — particular average, — *kleine* small, petty average, — *aufmachen* to adjust the average, — *leiden* to suffer average, *Ersatz für* — *erhalten* to recover average, *frei von* — free of average
Haverei-Aufmachung adjustment of average
Havereibeiträge average contributions
Havereigelder outlays necessitated by cases of average
Havereiklausel average clause
Havereirechnung average account
Havereiverteilung distribution of average
Hegezeit close-time
Hehler receiver of stolen goods
Hehlerei receiving of stolen goods
heilen (Mängel) to cure
Heimathafen home port, port of registry
Heimatstaat State of origin
Heimfall reversion, escheat
heimfallen to revert, to escheat
heimfällig reversionary, revertible, escheatable
Heimfälligkeit revertibility
Heimfallsgut escheat
Heimfallsrecht reversionary right, right of reversion, escheatage, *dem* — *unterworfen* caduciary
Heimtücke-Gesetz law concerning seditious treachery
heimlich clandestine
Heiratsgut marriage portion
Heiratsregister marriage register
Heiratsurkunde certificate of marriage
Heiratsversprechen promise of marriage
hemmen to suspend; to stay; to estop from, *einen Prozeß durch Einwendungen* — to bar, *durch frühere Handlungen gehemmt sein* to be estopped
Hemmung suspension, *(der Klage)* estoppel, restraint
herabsetzen to reduce
Herabsetzung reduction
herantreten an jemand to approach a person
herausfordern to provoke
Herausforderung provocation
Herausgabe restitution, return, delivery, surrender
herausgeben to deliver up, to return, to surrender, *(Bücher)* to publish, *(erlassen)* to issue
Herausgeber editor
Herkommen custom
herkömmlich customary
Herkunft origin
Herkunftsbezeichnung indication of origin
Heroldsamt Herald's College, College of Arms
herrenlos ownerless, derelict, unclaimed
Herrschaft dominion
herrschen to rule, *(vorherrschen)* to prevail, *herrschende Verhältnisse* prevailing circumstances
herstellen to prepare, to make
Herstellung restitution, *(Erzeugung)* production, *(Fabrikation)* making
Herstellungskosten, Herstellungspreis cost of production, cost of producing, cost of manufacture
Heuer hire, wages
heuern to engage
Heuervertrag contract of hire, contract respecting the crew's wages
Hilfeleistung (in Seenot) maritime assistance
Hilfsgeschäft auxiliary transaction
Hilfslohn reward in the case of maritime assistance
Hilfsrichter assistant judge
hinausschieben to defer

Hindernis, gesetzliches legal impediment
hinfällig werden to fail, to lapse, to be annulled
Hinfälligkeit caducity
Hingabe delivery, *(Wechsel)* negotiation
Hingabevertrag bailment
hingeben to deliver, *(Wechsel)* to negotiate
hinhalten to delay
hinlänglich sufficient
Hinlänglichkeit sufficiency
Hinrichtung execution
Hinterbliebene surviving dependents, *(Witwe)* relict
Hinterbliebenen-Versorgung provision for dependents
hinterlassen to leave, to bequeath
Hinterlassenschaft property left, estate, inheritance
hinterlegen to deposit with, to lodge with
Hinterleger depositor
Hinterlegung deposit, lodgment
Hinterlegungsschein deposit receipt, certificate of deposit
Hinterlegungsstelle lodgment office; office for deposits, depositary
Hinterlegungssumme deposit
Hintersasse villein
Hintersassengut villenage
hinterziehen to defraud, *Steuern* — to defraud the revenue
Hinweis reference
hinweisen to point out, — *auf* to refer to
hinzurechnen to add
hinzuwählen to co-opt
hinzuziehen to employ, *(Arzt usw.)* to consult
Hochstapler swindler, crook
Höchstbetrag maximum amount
Höchstbetragshypothek maximum mortgage
Höchstgrenze limit
Höchstkurs highest price, highest rate
Höchstpreis maximum price, maximum rate
Höchstzahl maximum number
Hochverrat high treason, capital treason
Hochverräter traitor
Hoheit (des Staates) sovereignty
Hoheitsgewässer territorial waters
Hoheitsrecht prerogative, sovereign right
hoher Hand, durch Verfügung von — — by government order, by the exercise of power of eminent domain, *Beschlagnahme von* — — restraint of princes, arrest of princes and rulers
Höker hawker, pedlar
Holschuld debt payable in the domicile of the debtor
Honorar fee
honorieren to honour, to discharge, to protect, to pay, to take up, to meet, *nicht* — to refuse to pay
honoriert werden to find protection
Hörensagen hearsay
horten to hoard
Hypothek mortgage, *erste, zweite* — first, second mortgage, *wertbeständige* — stable value mortgage, *eine* — *aufnehmen* to raise a mortgage, *auf* — *borgen, leihen* to borrow, lend on mortgage, *eine* — *bestellen* to create (grant) a mortgage, *mit Hypotheken belasten* to encumber with mortgages, to mortgage
hypothekarisch hypothecary, by mortgage, — *gesichert* on mortgage security, — *nicht gesichert* without mortgage security, *hypothekarisches Darlehen* loan on mortgage
Hypothekarkredit credit on mortgage
Hypothekenbank mortgage bank, land-mortgage bank

Hypothekenbankgesetz Mortgage Bank Act, mortgage bank law
Hypothekenbrief mortgage deed, mortgage certificate
Hypothekenforderung hypothecary claim
Hypothekengläubiger mortgagee
Hypothekenobligation mortgage bond
Hypothekenpfandbrief mortgage bond
Hypothekenregister mortgage register
Hypothekenschuld mortgage debt, hypothecary debt, debt secured by a mortgage
Hypothekenschuldner mortgager, mortgagor
Hypothekenurkunde mortgage deed, mortgage certificate
Hypothekenzinsen mortgage interest

I

identifizieren to identify
Identifizierung identification
Identität identity, — *feststellen* to prove the identity, to identify
identisch identical
imaginärer Gewinn speculative profits
Immobiliarkredit credit on real estate
Immobiliarvertrag contract for real estate
Immobilie real estate
Immobilienmakler land broker, land agent, estate agent
Immunität immunity, exemption
Import importation
Importeur importer
Importhandel import trade
importieren to import
Inbesitznahme (Grundstück) entry
Indemnitätserklärung letter of indemnity
Indizienbeweis (proof by means of) circumstantial evidence
Individualrückgewähr restitution in kind
individuell individual
Individuum individual, natural person
indossabel endorsable
Indossament endorsement, *durch — übertragbar* transferable by endorsement, endorsable, — *nach Protest* endorsement supra protest, *mit — versehen* to endorse
Indossaments-Verpflichtungen liabilities in respect of endorsements on bills of exchange
Indossant endorser, *(Vormann)* preceding endorser, prior holder, *(Nachmann)* subsequent endorser, successive holder
Indossat, Indossatar endorsee, holder by endorsement
indossieren to endorse
Industrie industry
Industrie- und Handelskammer chamber of industry and commerce
Industriebelastung charge on industries, industrial charge
Industriekredite industrial credits
Industrie-Obligationen industrial debentures
Industrie-Unternehmen industrial concern
industriell industrial
Industrieller industrialist
Inflation inflation
Inhaber holder, *(Wertpapiere auch)* bearer, *(Besitzer)* possessor, *(Grundbesitz)* tenant, *legitimierter* — lawful holder, — *für Waren* holder for value, *auf den — lauten* to be payable to bearer
Inhaber-Aktienschein share warrant to bearer

Inhaberpapier instrument to bearer
Inhaberschaft (Grundbesitz) tenancy
Inhaberscheck bearer-cheque
Inhaber-Schuldverschreibung bond payable to bearer
Inhaftierung imprisonment
Inhalt contents; tenor, *gleichen Inhalts* of the same tenor
Inhaltsverzeichnis table of contents, index
inhibieren to inhibit, to enjoin, to stay (stop) proceedings
Inhibierung inhibition; estoppel, stay of proceedings
Inkasso collection, encashment, *zum* — for collection
Inkassogeschäft collecting business
Inkassomandat mandate for collection
Inkassoprovision (Versicherung) renewal commission
Inkassowechsel bill to be cashed
inkorporiert incorporated
Inkrafttreten coming into force
Inland, im — geführtes Konto inland account
Inland-Anleihe internal loan
Inländer (in Deutschland) German resident
inländisch domestic, national, *(von Personen, in Deutschland)* resident in Germany
Inlandhandel home trade
Inlandswert domestic value
Inlandwechsel inland bill
Innendienst, im — tätiges Personal indoor staff
Innung guild
Inserat advertisement
inserieren to advertise
insolvent insolvent
Insolvenz insolvency
Instanz instance, resort, *Gericht erster* — court of first instance, court below, lower court, *zweite* —, *höhere* — court above, higher court, superior court, court of appeal, *höchste* — last resort, supreme court of appeal, *Gerichtsbarkeit erster* — original jurisdiction
Intendantur commissariat
interalliiert interallied
Interesse interest, *im eigenen* — on one's own behalf, *in fremdem* — on behalf of another, *öffentliches* — public interest, — *an der Lieferung* interest involved in punctual delivery, *versicherbares* — insurable interest, *Interessen (Zinsen)* interest
Interessenbeziehung, gemeinsame privity
Interessen-Gemeinschaft combine
Interessent party interested (concerned); prospective customer
interimistisch interim, temporary, provisional
Interimsquittung provisional receipt
Interimsschein scrip, share warrant, interim (provisional) certificate
internieren to intern
Internierung internment
Internierungslager internment camp
Intervenient intervener
intervenieren to intervene, to interpose, to interfere
Intervention intervention, interposition; estoppage, interpleader
Interventionsklage interpleader summons
Intestaterbe abintestate heir
Intestaterbfolge succession
Intestaterbrecht (Grundbesitz) title by descent
invalide disabled
Invalidenversicherung insurance of the disabled
Invalidität incapacity for work, disability
Inventar stock, inventory, articles mentioned in the inventory, inventory and equipment, *landwirtschaftliches* — appurtenant stock, farm stock, *lebendes* — live stock, — *aufnehmen* to take stock

Inventarerrichtung filing of an inventory
Inventarfrist inventory period
inventarisieren to put down in an inventory
Inventarverzeichnis inventory
Inventur, Inventuraufnahme stocktaking
Irrenanstalt lunatic asylum
Irrtum mistake, *im* — under a mistake, *rechtlicher* — mistake of law, *tatsächlicher* — mistake of fact, *Irrtümer vorbehalten* errors and omissions excepted (E. O. E.)

J

Jagdgesetze game laws
Jagdrecht sporting rights, shooting rights
Jahresabschluß annual settlement of accounts; (annual) balance sheet
Jahresausweis, Jahresbericht annual report, annual return
Jahresbilanz annual balance sheet
Jahresgewinn annual profit; profit of the year
Jahresliste der Geschworenen annual jury list
Jahresübersicht annual summary
Jahrgeld annuity
jeweilig, jeweils from time to time
Jugendgericht juvenile court
Jugendlicher young person, *jugendlicher Verbrecher* juvenile offender
Jurist jurist, lawyer
juristisch juristic, *juristische Person* juristic person, legal entity, corporate body, artificial person
Justiz justice
Justizministerium Ministry of Justice

K

kabeln to cable
Kabeltelegramm cablegram
Kabinettsorder order in council
Kai quay, wharf
Kai-Ablieferungsbescheinigung wharfinger's receipt
Kaibesitzer, Kaimeister wharfinger
Kaigebühr wharfage
Kammergericht Superior Court of Justice *(in Berlin)*
Kanal channel, *(künstlicher)* canal, *(im Hafen)* cut
kanonisch canonic, canonical, *kanonisches R cht* canon-law
Kanzlei chancery
Kanzler chancellor
Kaper, Kaperschiff privateer
Kaperbrief letter of mart, letter of marque and reprisal
kapern to capture
Kapital capital, *(im Gegensatz zu Zinsen)* principal, *(einer Aktiengesellschaft)* stock, *Anteil am* — holding in the capital, *totes* — dead capital
Kapitalabfindung settlement in a lump sum
Kapitalabwanderung exodus (migration) of capital
Kapitalanlage investment
Kapitalaufwand capital expenditure
Kapitalausfuhr export of capital
Kapitalbetrag principal amount
Kapitalbewegung capital movement, movement of funds
Kapitalbildung accumulation of capital, formation of capital
Kapitalerhöhung increase of capital
Kapitalertrag revenue from capital, capital yield

Kapitalertragsteuer capital return tax, tax on revenue from capital, tax on capital yield
Kapitalflucht flight of capital
Kapitalgesellschaft stock company
Kapitalherabsetzung reduction of capital
Kapitalismus capitalism
Kapitalist capitalist; stockholder
Kapitalmangel shortage of money
Kapitalrückzahlung repayment of capital
Kapitalverkehrsteuer tax on transfer of capital
Kapitalversicherung auf den Erlebensfall pure endowment, *auf den Todesfall* assurance payable in case of death
Kapitalzahlungsverzug delayed payment of capital
Kapitän eines Handelsschiffes skipper, master; master mariner
Kaplaken primage
Kartell trust, pool
Kaskoversicherung insurance on the hull (and appurtenances), insurance on the body
Kassabuch cash book
Kassageschäft cash bargain, *Kassageschäfte* cash operations, dealings in cash
Kassapreis cash price
Kassationshof supreme court of appeal
Kassa-Usancegeschäfte foreign exchange cash transactions
Kasse (Ladenkasse) till, *gemeinsame* — joint purse, *per* — for cash
Kassenbestand cash balance
Kassenlage cash position
Kassenrevision cash stock-taking
Kassenschein treasury bond
kassieren (Urteil) to rescind
Kassiertag pay-day
Kataster land register, cadastre, *(Steuerkataster)* register of assessment
Kauf purchase, — *auf Besicht* sale on inspection, — *nach Muster* sale according to pattern, — *auf Probe* sale on approval, — *nach Probe* sale according to sample, sale by sample
Kaufauftrag order to buy
kaufen to buy, to purchase
Käufer buyer, purchaser, vendee, *mittelbarer* — sub-purchaser
Kauffahrtei merchant shipping
Kauffahrteischiff merchant ship
Kaufgeld purchase money, *(Kaufschilling)* earnest money
Kaufkraft purchasing power
käuflich purchasable
kauflustig disposed to buy
Kauflustiger prospective buyer, would-be buyer
Kaufmann mercantile trader, *(selbständiger Großkaufmann)* merchant
kaufmännisch commercial, mercantile
Kaufnote bought note
Kaufpreis purchase price
Kaufschilling earnest money
Kaufvereinbarung agreement to sell
Kaufvertrag contract of sale
Kaufwilliger prospective buyer, would-be buyer
kausal causal, causative of
Kausalnexus, Kausalzusammenhang interdependency of cause and effect, causal concatenation, causal connection
Kaution security, deposit, *eine — stellen* to provide a security
Kellerwechsel fictitious bill
kennen mußte ought to have known
Kenner expert, *(Kunstkenner)* connoisseur
Kennkarte identification card
Kenntnis knowledge, cognisance, — *bestreiten* to disclaim all knowledge, — *haben* to have notice, to have cognisance of, *zur* —

nehmen to take cognisance of, *in — setzen* to inform
Kennzeichen mark, *besondere —* distinguishing marks (features)
kentern to capsize
Kettenhandel chain trade
Kinderarbeit child labour
Kinderraub kidnapping, *(am.)* baby-snatching
Kinderschutz protection of children
Kindesstatt, Annahme an — adoption, *an — annehmen* to adopt, *an — Annehmender* adoptor
Kindesunterschiebung substitution of a child
Kirchenpatronatsrecht advowson
Kirchenrecht canon law, ecclesiastical law
kirchenrechtlich canonistic
Kirchensteuer church-rate
Kladde day-book
Klagantrag relief sought
klagbar actionable by law, enforceable, *— werden* to proceed, to take legal proceedings, to bring an action, *klagbare Schulden* debts recoverable by law
Klage action, suit; cause; claim, charge, *(auf Scheidung)* petition (for a divorce), *im Wege der —* by means of an action at law, *— ist nicht gegeben* no action will lie
Klageabweisung dismissal of the claim, nonsuit
Klagebeantwortung response, defence
Klagebegehren claim, relief sought
Klagebegründung statement of claim
Klageeinlassung appearance
Klagegrund cause of action
klagen to bring an action, to sue, *im Namen Dritter —* to bring actions in autre droit, *auf Erfüllung —* to sue for performance, *auf Schadensersatz —* to sue for damages, *auf Scheidung —* to sue for a divorce, *auf Unterlassung —* to apply for an injunction
Klagepunkt point of claim
Kläger plaintiff; claimant; prosecutor
Klagerecht right of action; chose in action
Klageschrift memorial, plaint, statement of claim, plaintiff's declaration
Klageverjährung limitation of action
Klageverwerfung rejection of the claim
klarieren to clear
Klarierung clearance
Klarierungsschein bill of clearance
klarstellen to establish
Klassenjustiz class justice
Klausel clause, proviso, condition
Kleidungsstücke und Betten wearing apparel and bedding
Kleinbahn light railway, small gauge railway
Kleinbetrieb small undertaking
Kleingewerbe small trade
Kleinhandel retail trade
Kleinhändler retail dealer
Kleinrentner small investor; impoverished capitalist
Kleptomane cleptomaniac
Kleptomanie cleptomania
Klient client
Knappheit shortage, scarcity
Knebeln gagging
kodifizieren to codify
Kodifizierung codification
Kodizill codicil
kodizillarisch codicillary
Kollektivprokura joint procuration, collective procuration
Kollektivversicherung group insurance
Kollision, — von Ansprüchen concurrency of claims, *— von Gesetzen* conflict of laws
Kollisionsnormen principles of law concerning the conflict of laws
Kollusion collusion

kollusionsverdächtige Personen conjunct persons
Kommanditeinlage contribution to partnership capital
Kommanditgesellschaft limited partnership, — *auf Aktien* share company en commandite, partnership limited by shares (having one or more general partners)
Kommanditist limited partner, commanditist
Kommerzialisierung commercialisation
Kommissar commissioner
kommissarisch on commission
Kommission commission, committee, *in* — on consignment, on commission, *in — geben* to consign
Kommissionär agent, commission agent
Kommissionsgeschäft agency, commission business; transaction on commission
Kommissionsrimesse remittance for account of another
kommissionsweise on commission
Kommittent principal
Kommunalanleihe municipal loan
Kommunalverband communal union
Kompagnie company
Kompagnon partner
Komplementär general partner, personally liable partner, unlimited partner
Komplott conspiracy
Kompromiß compromise
kondemnieren to condemn
Kondemnierung condemnation
Konfession religious denomination
Konfiskation confiscation
konfiszieren to confiscate
konform conformable, in conformity
Konjunktur market condition; business revival
Konjunkturgewinn market profit
Konjunkturschwankungen market fluctuations (vacillations)
Konkurrent rival; competitor
Konkurrenz rival business, *(Wettbewerb)* competition, — *der Gesetze* applicability of more than one law, conflict of laws
Konkurrenzklausel clause concerning competition
Konkurrenzunternehmen rival undertaking
Konkurrenzverbot restraint of trade
konkurrieren mit to compete with
Konkurs bankruptcy, failure (under a court order), — *anmelden* to file one's petition in bankruptcy, — *eröffnen* to institute bankruptcy proceedings
Konkursantrag petition in bankruptcy
Konkursbenachrichtigung bankruptcy notice
Konkurserklärung adjudication of bankruptcy
Konkurseröffnung adjudication of bankruptcy, institution of bankruptcy proceedings
Konkurseröffnungsbeschluß order of adjudication, receiving order
Konkursgericht court of bankruptcy
Konkursgläubiger bankruptcy creditor
Konkursgrund act of bankruptcy
Konkurshandlung act of bankruptcy
Konkursmasse bankrupt's estate, bankruptcy estate
Konkursordnung Bankruptcy Act
Konkurspfleger trustee in bankruptcy
Konkursrecht law of bankruptcy
Konkurstabelle schedule of claims, bankruptcy schedule, *zur — anmelden* to prove, to notify for settlement in the bankruptcy proceedings
Konkursverfahren bankruptcy proceedings, — *eröffnen* to institute bankruptcy proceedings, to ad-

judicate (adjudge) bankrupt, *das — ergreift* the bankruptcy proceedings embrace

Konkursvermerk note of the bankruptcy

Konkursverwalter trustee in bankruptcy, trustee of the bankrupt's estate

Konkursverzicht withdrawal of the bankruptcy

Können, nach bestem to the best of (my) ability

Konnossement bill of lading

Konsignation consignment, consignation

Konsignator consignee

Konsignent consignor, consigner

konsignieren to consign

Konsortialgeschäfte syndical transactions

Konsortium syndicate

konstituierend constituent

Konsul consul

Konsulargerichtsbarkeit jurisdiction by consular tribunals

Konsulat consulate

Konsum consumption

Konsument consumer

konsumierbar consumable

konsumieren to consume

Konsumverein co-operative society

Kontantgeschäfte dealings for cash, cash operations

Konterbande contraband

Kontingent quota

kontingentieren to fix a quota

Konto account, *— abschließen* to balance an account, *— aufstellen* to make up an account, *— ausgleichen* to settle an account, *— belasten* to charge an account, *— entlasten* to discharge an account, *— eröffnen* to open an account, *— führen* to keep an account, *offenes — haben* to have an open account, *— schließen, — sperren* to close an account, *a — zahlen* to pay on account

Kontoauszug statement of account, extract-account, abstract-account

Kontobuch account-book, *(Bankbuch)* pass-book

Kontoinhaber holder of an account

Kontokorrent current account

Kontrahent contracting party

Kontrakt siehe Vertrag

Kontraktbruch breach of contract

kontraktlich (stipulated) by contract, contractual

kontraktwidrig contrary to contract

Kontribution contribution

Kontrollbeamter supervising officer

Kontrolle control

kontrollieren to control, *(Rechnungen)* to check

Kontrollrat Control Council

Konvention convention

Konventionalstrafe stipulated penalty

konvertieren to convert

Konvertierung conversion

Konzentrationslager concentration camp

Konzern group, combine

Konzerngesellschaft associate company, affiliated company

Konzession concession, license, *— erlangen, erteilen, nachsuchen* to obtain, grant, solicit (apply for) a license

Konzessionar, Konzessionsinhaber concessionaire, licensee

Kopf, auf den per head, *nach Köpfen abstimmen* to vote according to the majority of the individual votes present

Kopfteilen, nach per capites

Kopie copy, duplicate

körperlich tangible; physical, corporal, bodily, *körperliche Untersuchung* physical examination, *körperliche Verletzung* bodily injury

Körperschaft corporation, corporate body

Körperschaftsrechten, mit incorporate

Körperschaftssteuer corporation tax, corporation income tax

Körperstrafe corporal punishment

Körperverletzung bodily (personal) injury, bodily harm

korrespektive Verfügungen correspective testamentary dispositions of husband and wife

Korrespondentreeder managing owner, ship's husband, representative owner

Korrespondenz correspondence, letters exchanged, exchange of letters

korrespondieren to correspond, to exchange letters

Kostbarkeiten valuables, precious objects

Kosten cost, *(Gerichtskosten)* costs, *(Ausgaben)* expenses, *auf meine —* at my expense, *— auferlegen (durch Gerichtsbeschluß)* to order to bear the costs, *die — werden gegen einander aufgehoben* each party to bear their own costs, *— gerichtlich festsetzen* to tax, *— sparen* to save expenses, *— und Fracht* cost and freight (c. f.), *—, Versicherung und Fracht* cost, insurance and freight (c. i. f.)

Kostenanschlag estimate (of cost)

kostenfällig abweisen to dismiss with costs

kostenfrei free of charges

Kostenfestsetzungsbeschluß certificate of taxation

kostenpflichtig abweisen to dismiss with costs

Kostenpreis cost price, prime cost

Kostenrechnung bill of costs, bill of charges, *das Gericht stellt die — fest* the court taxes the bill of costs

Kostenvorschuß advance of the costs, security for costs

kostspielig expensive

kraft by virtue of, by operation of, *— Gesetzes* by operation of the law

Kraft force, *in —* in force, *in — setzen* to put into force, *wieder in — setzen* to revive, to restore, *in — treten* to come into force, to come into operation, *außer — treten* to become void, to become inoperative, to go out of force, to cease, *außer — setzen* to set aside, to invalidate, *(Gesetz)* to repeal, *Tag des Inkrafttretens* effective date

Kraftfahrzeuge motor vehicles

kraftlos invalid, void, inoperative, ineffective, *— erklären* to cancel, to invalidate, to declare void

Kraftloserklärung declaration of invalidity, cancellation

Krankengeld sick pay

Krankenkasse sick fund

Krankenversicherung insurance against sickness

Kredit credit

Kreditauftrag instruction to give credit, mandatum crediti

Kreditbank loan-bank

Kreditbedarf demand for credits

Kreditbrief letter of credit

Kredithebung promotion of credit

kreditieren to credit, to pass (place, carry) to the credit

Kreditinstitut credit institution

Kreditlinie credit line, *offene —* credit line not utilised, unavailed credit line

Kreditnehmer borrower

Kreditnote credit-note

Kreditor creditor, *Kreditoren (Bilanz)* accounts payable

Kreditposten credit item

Kreditsaldo credit balance

kreuzen, einen Scheck to cross a cheque

Kreuzverhör (Verhör durch die Gegenseite) cross-examination, *ins — nehmen* to cross-examine, to cross-question
Kreuzvermerk crossing
Kridar bankrupt
Kriegführung warfare
Kriegsanleihe war loan
Kriegsartikel military law
Kriegsbedürfnisse war requirements
Kriegsbelästigung molestation of war
Kriegsbeschädigter disabled soldier
Kriegsbeute war booty
Kriegserklärung declaration of war
Kriegsgebrauch usage of war
Kriegsgefahr war risk, risk of war, *drohende* — imminent danger of war
Kriegsgefangener prisoner of war
Kriegsgericht court martial
Kriegsgesetzgebung war legislation
Kriegsgewinn war profits
Kriegsgewinnler war profiteer
Kriegsmaßnahme war measure, *außerordentliche* — exceptional war measure
Kriegsmaterial war material
Kriegsrecht martial law
Kriegsschaden war damage
Kriegsversehrter disabled soldier
Kriegszustand state of war
Kriminalabteilung criminal department, *(der Londoner Polizeibehörde)* Criminal Investigation Department
Kriminalgerichtsbarkeit criminal jurisdiction
Kriminalgesetzbuch penal code, criminal code
Kriminalpolizei detective police
Kriminalpolizist detective
Kriminalprozeß criminal case
Krone, Recht der royal prerogative
Kronlehen tenure in capite
Kronzeuge approver, king's evidence
Kühlhaus, im — aufbewahren to coldstore
Kühlhauslagerung coldstorage
kündbar subject to notice, terminable; redeemable, callable
Kunde customer, client
Kundenwechsel (Bilanz) bills receivable
kündigen to give notice, to terminate, *(dem Mieter)* to give notice to quit, *(Anleihe, Darlehen)* to recall, *(Hypothek dem Schuldner)* to enforce, *(Hypothek dem Gläubiger)* to give notice of redemption, to pay off, *(Vertrag)* to rescind, to dissolve, to revoke, *(Staatsvertrag)* to denounce a treaty
Kündigung notice, termination; recall; revocation, *dreimonatliche* — three months' notice
Kündigungsfrist period (term) of notice, time allowed for notice, *gesetzliche* — statutory term of notice, *mit halbjährlicher* — subject to six months' notice, *mit monatlicher* — at a month's notice, *ohne* — without observance of any term of notice
Kündigungsgelder fixed deposits
Kündigungsgrund cause for giving notice
Kündigungsrecht right of notice, *(Emissionsbank)* right to call, *(Obligationen)* option to redeem
Kundschaft the customers, clientèle, connection, — *und Firmenwert* goodwill
Kunkellehen apron-string tenure, fief female
Kunstgegenstände objects of art
künstlerische Eigentumsrechte rights of artistic property
Kuppelei procuring, pandering
Kuppler procurer, pander
Kuratel, jemand unter — stellen to appoint a trustee (guardian) over a person

Kurator curator, trustee
Kuratorium board of trustees, advisory board
Kurs rate of exchange, *(Wertpapiere)* quotation, price listed, *zum — von* at the rate of, *amtlicher —* official rate of exchange, *fester —* fixed rate, *erster, mittlerer, letzter —* opening, middle, closing price, *höchster und niedrigster —* market range, *nomineller —* nominal exchange, *bezahlter —* real exchange, *in — setzen* to put in circulation, *außer — setzen* to withdraw from circulation, to take out of circulation, to recall, *(Geld)* to demonetise, *den — amtlich feststellen* to fix the official quotation
Kursdifferenz difference of exchange
kursfähig of lawful currency
Kursgewinn profit by exchange, appreciation
Kursmakler official broker
Kursnotierung quotation
Kursschwankung fluctuation of exchange, variation of price
Kursverlust loss by exchange, depreciation
Kurswert market value
Kurszettel list of quotations, Stock Exchange list, price list
Kurzarbeit short time work
Kurzarbeiter short time worker
kürzen to deduct from, to reduce
kurzfristig short-dated, short-term, short-time, short
Kürzung deduction, reduction
Küstenfahrer coaster
Küstenschiffahrt coasting trade
Kux share in a mine

L

Ladebuch cargo book
Ladefähigkeit capacity
laden (Schiff) to load, *(vor Gericht)* to summon, to serve a summons upon, to cite, *(Zeugen)* to call a witness, *(Zeugen unter Strafandrohung)* to subpoena
Ladendieb shop-lifter
Ladendiebstahl shop-lifting
Ladepforte cargo port
Ladeplatz port of shipment
Laderaum hold, cargo hold
Ladeschein carriage note, carrier's receipt, dock warrant
Ladestelle place of shipment
Ladezeit loading days
Ladung (vor Gericht) summons, citation, *(Zeugen unter Strafandrohung)* subpoena, *(Fracht)* cargo, freight, *— einnehmen* to take in cargo, *— löschen* to discharge (unload) a cargo, *geborgene —* cargo saved, *lose —* shifting cargo, *schwimmende —* floating cargo
Ladungsempfänger consignee of the cargo
Ladungshafen port of loading, port of lading
Lageplan plan of site
Lager stock, store, *auf — halten* to stock, *auf — sein* to be in stock, *ab —* ex warehouse
Lagerbestand stock, stock in trade, goods on hand
Lagerbuch stock-book, store-book
Lagergeld storage, warehouse money, warehouse charge, warehouseman's rent
Lagergeschäft warehousing business
Lagerhalter warehouseman,, storekeeper
Lagerhaus warehouse, storehouse
Lagerkosten warehousing charges, storage
lagern to warehouse, to store, *im Kühlhaus —* to coldstore

Lagerpfandschein warrant
Lagerschein (warehouse) warrant, warehouse receipt; dock warrant
Lagerung storage
Laienrichter lay judge
Land, an — schaffen to land, *wieder an — schaffen* to reland
Landbesitz estate
Landbestellbezirk country delivery district
Landesgericht national court
Landesgesetz law of the land, national law, municipal law
landesgesetzlich by State legislation
Landesprodukt agricultural produce
Landesrecht national law, law of the land, municipal law
Landesregierung government of the country, State government
Landesverrat treason
Landfracht carriage, freight
Landfrevel trespass on land
Landfrieden public peace
Landfriedensbruch breach of the peace
Landgericht district court, regional court
Landgut farm, estate
ländlich rural
Landrecht national civil law, *(in England)* Common Law
Landrichter district court judge
Landstreicher vagabond
Landtag diet
Landtransport conveyance by land
Landungsbrücke pier
Landungshafen port of landing
Landwirt farmer
Landwirtschaft agriculture
langfristig long-dated, long-term, long-time, long
langjährig of long standing
längsseit Seeschiff alongside vessel
Last burden, weight; charge, encumbrance, *zur — fallen* to fall upon, *zu meinen Lasten* at my charge (debit), *zu Lasten eines Kontos* as a charge against an account
lästige Bedingung onerous clause, *lästiger Besitz* onerous property
Lastkraftfahrzeug motor lorry
laufen (Wechsel) to run
laufend current, *laufende Ausgaben* current expenses, *laufende Geschäfte* current transactions, *laufende Kalendertage* running days, *laufende Nummer* running number, serial number, *laufende Rechnung* current account, *laufende Reise* current voyage
Laufzeit period, *(Wechsel)* time to pass before a bill falls due
Laufzettel circular
laut according to, as per
lauten, auf den Inhaber — to be payable to bearer, to be in bearer form, *auf den Namen* — to be payable to order, to be made out in the name of the holder, *an Order* — to be made out to order, *auf Reichsmark* — to be expressed in Reichsmarks, *auf Schadensersatz* — to sound in damages
Leben, verbundene (Versicherung) joint life
Lebenden, unter inter vivos
lebendes und totes Eigentum animate and inanimate property
Lebensbedürfnisse necessaries, *(Unterhalt)* support
Lebensgefahr danger to life
Lebensgemeinschaft, eheliche conjugal community
lebenslänglich for life, life-long
Lebensstandard standard of life
Lebensmittel victuals, food stuffs
Lebensmittel - Knappheit food shortage
Lebensmittel-Schiebung defraudation of food-stuffs
Lebensstellung station in life, social status, *(Dauerstellung)* permanent employment

Lebensversicherung life assurance, *große* — ordinary life assurance
Lebensversicherungspolice life policy
lebenswichtig vital
Lebenszeit lifetime, natural life, *(Sachen)* useable life
Lebzeiten, auf — for life, *bei seinen* — in his lifetime
Leckage leakage
lecken to leak
ledig unmarried, *lediger Mann* bachelor, *ledige Frau* spinster
legalisieren to legalise
Legalisierung legalisation
Legat legacy, bequest
legitim legitimate
Legitimation legitimation; proof of identity; title
legitimieren to legitimate, *sich* — to prove one's identity, *aktiv legitimiert* entitled to sue, *passiv legitimiert* capable to be sued, *legitimierter Inhaber* lawful holder
Legitimierung legitimation
Legitimität legitimacy
Lehen fee, fief, feudal tenure, *freies* — free tenure, *eigentliches (militärisches)* — proper feud, *uneigentliches (nichtmilitärisches)* — improper feud
Lehnbesitz, geistlicher frankalmoigne estate, tenure in frankalmoigne, *weltlicher* socage estate, tenure in socage
Lehnseid fealty
Lehnsherr feoffor, liege lord, *(Zwischenlehnsherr)* mesne lord, *oberster* — lord paramount
lehnsherrlich seignorial, *lehnsherrliche Rechte* seignorial rights
Lehnsmann feoffee, vassal, liege; tenant
Lehnsrecht feudal law
lehnsrechtlich under feudal law
Lehnsverhältnis tenure
Lehrling apprentice
Lehrvertrag contract of apprenticeship, master and apprentice
Lehrzeit apprenticeship
Leibesfrucht child en ventre sa mère, child in womb, nasciturus
Leibesstrafe corporal punishment
Leibgedinge life-annuity, settlement, *(Wittum)* jointure
leiblich natural
Leibrente life-annuity
Leibrentenempfänger annuitant
Leibrentenvertrag annuity agreement
Leiche corpse
Leichenschau post-mortem examination
Leichenverbrennung cremation
Leichter lighter, barge
Leichtergebühr, Leichtergeld lighterage
Leichterschiffer lighterman
leichtverderblich perishable
Leihe loan for use, loan of goods
leihen to lend
Leiher lender
Leihvertrag contract of loan for use
leihweise as a loan
leisten to perform, *Eid* — to swear an oath, *Sicherheit* — to furnish security, *Vorschüsse* — to make advances, *Zahlung* — to make payment
Leistung performance, — *an einen Dritten* performance in favour of a third, — *auf Grund der Versicherung* benefit under policy
Leistungsort place of performance
Leistungsversprechen promise
Leistungswucher, excessive price demanded for services rendered
Leistungszeit time of performance
Lenkung control
Lesung, erste, zweite first, second reading
letzter Wille last will
letztwillige Verfügung testamentary disposition, *(Verfügung von Todes*

wegen) disposition mortis causa, *letztwillige Zuwendung* testamentary gift, gift by will
Leuchtgasvergiftung illuminant gas poisoning
leugnen to deny
Leumundszeugnis (certificate of) character
lichter Augenblick lucid interval
Lichtrecht right concerning access of light
Liebhaberwert amateur value
Lieferangebot tender
Lieferant purveyor, contractor, supplier
lieferbar deliverable
Lieferbedingungen terms (conditions) of delivery
liefern to deliver, to supply
Lieferpreis contracted price
Lieferschein bill of delivery, delivery-note
Lieferung delivery, supply
Lieferungskurs making-up price
Lieferzeit time of delivery
Liegegeld demurrage
Liegenschaft real property
Liegenschaftsrecht right to real property
Liegezeit days on demurrage
Limit limit
limitieren to limit
Linie, in gerader — in the direct line, *in aufsteigender* — in the ascending line, *in absteigender* — in the descending line, *in erster* — in the first place
Liquidation liquidation, winding-up, *(Rechnung)* bill
Liquidationskurs making-up price
Liquidationsplan scheme of liquidation
liquidieren to liquidate, to wind up, to settle, *(in Rechnung stellen)* to charge, *liquidiert werden* to go into liquidation, *freiwillig liquidiert werden* to go into voluntary liquidation
Liste list, schedule, *schwarze* — black list
literarische Eigentumsrechte rights of literary property
Lizenz license, *ausschließliche* — exclusive license
Lizenzgeber licenser
Lizenzgebühr license fee
Linzenzinhaber, Lizenznehmer licensee
Locogeschäft spot bargain
Logbuch log-book
Lohnhöhe level of wages
Lohnsteuer tax deductible from wages
Lohnsummensteuer tax on total of wages paid
Lohntüte pay-packet
Lombard-Darlehen advance on loans secured by deposit, loans against collateral
lombardfähig pawnable
Lombardgeschäft transaction by way of pledge, advancing of money on security, accepting things on pawn
lombardieren to deposit as security; to advance money on securities
Lombardzinsfuß interest to be charged on advances, rate chargeable on loans advanced on pledge
Los lot, *durch das — entscheiden* to decide by lot
Lospapier lottery bond
löschen (Schuld) to cancel, to liquidate, to extinguish, *(Hypothek)* to cancel, to pay off, *(Schiff)* to unload, to discharge, *(in Leichter)* to lighter
Löschung (Hypothek) cancellation, *(Schiff)* unloading, discharge
Löschungsbewilligung (Hypothek) authorisation (authority) for cancellation, *(Schiff)* dock warrant
Löschungshafen port of delivery, port of discharge

Löschungsplatz place of discharge
Löschzeit lay-days, days for discharging
Loskaufskosten expenses of redemption
Lotse pilot
lotsen to pilot
Lotsengeld pilotage, *(beim Eingang)* pilotage inwards, *(beim Ausgang)* pilotage outwards
Lotsenzwang compulsory pilotage
Luftangriff air-raid
Luftpost air mail
Luftschiff airship
Luftschiffahrt aerial navigation
Luftschutz air-raid precautions
Luftschutzkeller, Luftschutzraum air-raid shelter
Luftverbindung, Luftverkehr communication by air
Lustmord rape and murder

M

Mächte, alliierte und assoziierte, allied and associated powers
Magistrat municipal board
Mädchenhandel white slave traffic
mahnen to remind, to warn; to ask the payment
Mahnung reminder, warning
Mahnverfahren hortatory proceedings
Majestätsbeleidigung lese-majesty, crimen laesae majestatis
Makler broker
Maklergebühr brokerage
Maklernotiz contract-note, broker's note
Maklervertrag brokerage agreement
Mandant mandator
Mandat mandate, power
Mandatar mandatory, proxy
Mandatarmacht mandatory power
Mangel defect, deficiency, fault, defect of quality, — *an Gewicht* underweight, — *im Recht* defect of title, *Haftung für Mängel im Recht* guarantee for a good title, *wegen Mangels an Beweisen* in default of evidence
Mängelanzeige demonstration of defects
mangelfrei free from defects
mangelhaft defective, faulty
Mangelhaftigkeit defectiveness, faultiness
Mängelrüge complaint, disapproval
mangels in default of, in the absence of, failing, — *Annahme* for non-acceptance, — *Zahlung* for non-payment
Mangelware scarce goods, goods of short supply
Manifest manifest
manifestieren to swear an affidavit on one's insolvency, to take the oath of manifestation
Manko deficiency, — *an Gewicht* shortweight
männlich male
Mannschaft crew
Mantelschreiben covering letter
Mantelvertrag covering agreement
Mappe (Umschlag) folder
Marke (Briefmarke) stamp, *(Handelsmarke, Zeichen)* mark, trade mark, *(Sorte)* variety, brand, make, type
Markenartikel proprietary articles
Markenrechte rights to trade marks
Markforderung mark claim
Markt market, *freier* — open market, *offener* — public market, *auf offenem* — in market overt
marktfähig marketable
Marktlage position of the market
Marktpreis market price, market value, quotation
Marktwert market value
Maschinenschrift, in — hergestellt type-written

Masse estate, assets
Masseanspruch preferential claim
Massegläubiger preferential creditor
Massenartikel bulk article
Massenfabrikation mass production
Masseschuld preferential debt
Masseverwalter trustee in bankruptcy
Maßgabe, nach subject to
Maßstab standard, *in großem —* on a large scale
Maßzahl index number
Material material, *das rollende —* the rolling stock
materiell berechtigt beneficially interested
materielles Recht substantive law
Matrikel, sich in die — eines Konsulats eintragen lassen to register at a consulate
Maximalbetrag maximum, limit
Medioabrechnung fortnightly settlement
Mehraufwand additional expenditure; excess of outlays
Mehrausfuhr surplus (increase) of exports
Mehrbedarf surplus demand
Mehrbetrag excess, surplus
Mehreinfuhr surplus (increase) of imports
Mehrerlös over-proceeds
Mehrgewinn increased profit; excess of profit
Mehrheit majority, plurality, *(Parlament) arbeitsfähige —* working majority, *— von Erben* plurality of heirs, *— von Schuldnern und Gläubigern* plurality of debtors and creditors
Mehrkosten additional cost
Mehrleistung (einer Versicherungsanstalt) extended benefit
Mehrpreis surplus price
Meineid perjury, false oath
meineidig perjured, *— werden* to commit perjury, to perjure one's self
Meineidiger perjurer
Meinungsverschiedenheit difference of opinion
meistbegünstigte Nation most-favoured nation
meistbietend versteigern to sell by auction
Meistbietender highest bidder, *dem Meistbietenden zuschlagen* to allot to the highest bidder
Meistgebot highest bid
melden to report, to notify
Meldepflicht genügen to satisfy registry obligations
Meldestelle control office
Meldung report, notification
Memorandum memorandum
Menge quantity
Menschenraub kidnapping
Menschentötung homicide
Merkblatt leaflet
Merkposten monitory item
Merkzeichen mark
Messe fair
Metallbestand metal reserve, stock of precious metals
Metallgeld coined metal
metrisches System metric system
Meuchelmord assassination
Meuchelmörder assassin
Meuterei mutiny
Meuterer mutineer
meutern to mutiny, to mutineer
Mietbesitz tenancy
Miete rent, (ordinary) lease, *(Sache)* hire
mieten (Haus) to rent, *(Sache)* to hire, *(Schiff)* to charter
Mieter (Grundbesitz) tenant, lessee, *(Sache)* hirer, *(Schiff)* charterer
Mietertrag rental
Mietverhältnis lease
Mietvertrag lease, contract of (ordinary) lease, contract of tenancy
Mietwert rental value
Mietzeit term
Mietzins rent

mildernde Umstände extenuating circumstances
Milderungsgrund mitigating cause
Militärbehörde military authority
Militärpersonen military people, soldiers
militärpflichtig liable to serve in the army
Militär-Strafgesetzbuch penal code for the Army and Navy
Miliz militia
Minderausgabe smaller expenditure, decrease of expenses
Minderbetrag deficit, deficiency, less amount, cash short
Mindereinnahme smaller receipts, decrease of receipts
Minderertrag decrease of yield
Mindergebot lower bid
Mindergewicht shortness of weight, underweight
Minderheit minority
minderjährig under age
Minderjähriger minor, infant
Minderjährigkeit minority, infancy
mindern to reduce, *Rechte* — to impair rights
Minderkaufmann lesser mercantile trader, petty trader
Minderung reduction, diminution, *(Verschlechterung)* deterioration
Minderungsklage action for abatement of the purchase money in consequence of the inferior value of the goods
Minderwert undervalue
minderwertig inferior; substandard
Minderwertigkeit inferiority, *geistige* — mental defectiveness
Minderwertklausel clause as to allowance for variations from standard
Mindestgebot lowest bid
Mindestkurs minimum rate
Mindestpreis minimum price, *(bei Versteigerung)* reserved price
Mindestzahl zur Beschlußfähigkeit quorum
Minensperre mine barrage
Minimalbetrag minimum
Minister minister, cabinet minister
Ministerpräsident President of the Council, *(Premierminister)* Prime Minister
Ministerrat Cabinet Council
Mißachtung des Gerichts contempt of court
Mißbrauch abuse, misuse, misuser
Missetäter tort-feasor
Mißhandlung ill-usage, ill-treatment, maltreatment, beating, cruelty, deeds done in the body, *grobe* — gross ill-treatment, *tätliche* — assault and battery, — *von Kindern* cruelty to children, *andauernde* — persistent cruelty
Mißtrauensvotum want of confidence vote, vote of censure
Mißverhalten misconduct
Mitbeklagter co-defendant, *(in Ehescheidungssachen)* co-respondent
Mitbenutzungsrecht right of joint use
Mitbesitz joint possession
Mitbeteiligter party interested, party concerned
Mitbürge co-surety, joint surety, joint bail
Miteigentum co-ownership
Miteigentümer co-owner, part-owner, joint proprietor
Miterbe co-heir
Mitgebrauch joint use
mitgerechnet included
Mitgift marriage portion, dowry
Mitgläubiger co-creditor
Mitglied member
Mitgliedschaft membership
Mitherausgeber joint editor, co-editor
mitinteressiert privy
Mitreeder co-owner of a ship
Mittäter accessory, accomplice
Mittäterschaft accomplicity
Mitte, aus ihrer from among their own number

mitteilen to inform, to notify, to communicate, to advise, to disclose
Mitteilhaber co-partner
Mitteilung information, notification, communication
Mitteilungspflicht obligation to give notice
mittelbar indirect
mittelfristig medium-term
Mittelkurs medium rate, middle price, mean quotation
Mittelsmann middleman
Mittelsperson mediator, middleman
mittlerer medium, middling, average, — *Art und Güte* of average kind and quality
mitunterschreiben to co-sign
Mitunterzeichner *(Staatsvertrag)* co-signatory
mitverklagt joined as respondent
Mitverschluß, *unter — der Bank verwahren* to keep under lock in co-operation with the bank
Mitvormund co-guardian
Mitwirkung co-operation; concurrence, *(Gericht) unter — von* consisting of
mitwissend privy
mobil floating; movable
Mobiliarvermögen personalty
Mobilien movables
mobilisierbar mobilisable
Modell model, design
Monatserster first of the month
monatsweise by months
Monopol monopoly, exclusive right
Montage erection
Montagekosten erection cost
Moratorium moratorium, respite
Mord murder, assassination, *(Menschentötung)* homicide
morden to murder, to assassinate
Mörder murderer, assassin
Mündel ward
Mündelgeld money belonging to a ward
mündelsicher sufficiently safe for investment of trust money, *mündelsichere Papiere* legal investment for trust moneys, trustee securities, *(allgemein)* gilt-edged securities
Mündelvermögen estate of a ward
mundieren to engross
mündlich verbal, oral, by word of mouth, — *verhandeln* to hear arguments, *mündliche Verhandlung* oral hearing, *mündliche Vernehmung* parole evidence
Mundraub theft of comestibles
Münze coin, money, coined money, *(Münzgießerei)* mint
Münzgeld coinage
Münzverschlechterung debasement
Muster pattern, design, *(Probe)* sample, specimen, *nach —* to pattern
Musterexemplar specimen copy
Musterkollektion collection of samples
Musterschutz copyright in designs, trade-mark protection
mutmaßlich presumptive
Muttergesellschaft principal company, parent firm
Mutterhaus parent house
Mutung mining claim

N

Nachbörse business done after official hours, business done in the street, curb market
Nachbürge collateral surety, surety of a surety
nachdatieren to post-date
Nacheid oath sworn after making the deposition
Nacherbe reversionary heir, *(Grundbesitz)* remainderman
Nacherbeinsetzung appointment of a reversionary heir

Nacherbfolge reversionary succession
Nachfolge succession
nachfolgen to succeed
Nachfolger successor
Nachfolgestaat Succession State
Nachfrage demand
Nachfrist respite, period of grace
Nachfristklausel clause as to allowing time
nachgeben, in einem Punkte to concede a point, *nachgebende Tendenz* sagging market
nachgeboren posthumous, after-born; puisne, *nachgeborener Sohn (jüngerer Sohn)* younger son
Nachgiro after-endorsement
nachholen to remedy an omission
Nachkomme descendant
nachkommen (Vorschrift) to comply with, *(Verpflichtung)* to meet
Nachkommenschaft issue, descendants
Nachkriegs- post-war
Nachkriegszeit post-war times
Nachlaß estate, inheritance, property left
nachlassen (vererben) to leave, to bequeath, *(Schuld)* to remit
Nachlaßgegenstände objects belonging to the estate
Nachlaßgericht (in England) Probate Court, *(in Amerika)* Surrogate Court
Nachlaßgläubiger creditor of the estate
Nachlaßgut, übrigbleibendes residue
nachlässig negligent, neglectful
Nachlässigkeit neglect, negligence
Nachlaßkonkurs bankruptcy of the estate, bankruptcy proceedings against the estate
Nachlaßpfleger curator of the estate
Nachlaßpflegschaft curatorship of the estate
Nachlaßsteuer death duties, *(Erbschaftssteuer)* inheritance tax (duty)
Nachlaßverbindlichkeit liability of the estate
Nachlaßverschlechterung wasting of the assets
Nachlaßvertrag composition, arrangement
Nachlaßverwalter administrator of the estate
Nachlaßverwaltung administration of the estate
Nachlaßverzeichnis inventory of the estate
Nachleistung subsequent performance (service)
Nachmann (Indossant) subsequent endorser, successive holder
Nachnahme cash on delivery, collection on delivery, *durch — erheben* to charge forward, to collect on delivery, *zahlbar durch —* payable on delivery
nachpfänden to levy on
Nachprotest-Indossament endorsement after protest
nachprüfen to verify, to inquire into; to check
Nachprüfung verification
nachrechnen to verify
Nachrede, üble malicious slander
Nachricht notice, advice, information
Nachrichtenamt intelligence department
Nachrichtendienst intelligence service, news service
Nachschuß increase of margin deposited, additional payment, supplementary payment
Nachsicht indulgence
Nachsichtwechsel after-sight bill
nachstehend hereinafter
Nachtarbeit nightwork
Nachteil injury, prejudice, loss, disadvantage, *zum —* to the detriment

nachteilig disadvantageous, prejudicial
Nachtrag supplement, annex, *(zum Testament)* codicil, *(zur Patentschrift)* amendment
nachträglich subsequent
Nachtragspolice additional policy
Nachtragsverteilung supplementary distribution
Nachvermächtnis reversionary legacy
Nachvermächtnisnehmer substitute, reversionary legatee
nachversichern to re-insure; to increase the sum insured
Nachversicherung re-insurance; increase of the sum insured, subsequent policy
Nachwahl by-election
Nachweis proof, *den — führen* to furnish evidence, *— des Zahlungsverzuges* proof of default in payment
nachweisen to prove, *(überführen)* to convict (of a crime)
Nachzahlung additional payment, supplementary payment, *verlangte — auf Aktien* call
Nachzettel codicil
Nadelgeld pin-money
Näheres particulars
Näherrecht prior (better) claim
Nahrungsmittel victuals, food stuffs
Name name, *im Namen von* in the name of, on behalf of
namens on behalf of, *(mit Namen)* by the name of
Namensaktie personal share, registered share
Namensänderung change of the name
Namensobligation registered bond
Namenspapier registered stock, instrument to a named person
Namensrecht right to the name
Namensscheck cheque to a particular payee
Namensunterschrift signature
Nationale (im Paß) description
Nationalität nationality
Nationalökonomie political, social economy
Natura, in in kind, in specie
Naturalisationsurkunde certificate of naturalisation
naturalisieren to naturalise
Naturalisierung naturalisation
Naturalisierungsgesuch petition (application) for naturalisation
Naturalerfüllung specific performance
Naturalleistung payment in kind
Naturereignisse acts of God
Nebenausgaben incidental expenses, expenses incident to
Nebenbürgschaft collateral security
Nebendeckung collateral security
Nebengebühren perquisites
Nebengesellschaft subsidiary company
nebenherlaufend incidental
Nebenintervenient co-intervener, *als — beitreten* to co-operate as intervening party
Nebenklage incidental action
Nebenkläger co-plaintiff
Nebenkosten incidental expenses
Nebenleistung accessory act of performance, accessory consideration
Nebensicherheit collateral security
nebenstehend, wie as per margin
Nebenstelle sub-office
Nebenstrafe secondary punishment
Nebenumstände collateral facts (circumstances)
Nebenvertrag sub-contract
Nebenvormund co-guardian, second guardian
Nehmer (Wechsel) payee, taker
Nennbetrag face value, nominal value '
Nennwert face value, nominal value, *(Abschnitt)* denomination
netto net, *rein —* net net

neue, auf — Rechnung vortragen to carry forward to a new account
Neueintragung registry anew
Neuerwerb after-acquired property
Neugeschäft new business
neutral neutral
Neutralität neutrality
Neuwert value when new
nichtamtlich inofficial, unofficial
Nichtanerkennung non-acknowledgment, disavowal
Nicht-Arier, nicht-arisch non-Aryan
Nichtausübung non-exercise
Nichtbeobachtung non-observance
nichtberechtigt not entitled, without title; disqualified
nichtbevorrechtigt (Aktien) deferred
Nichterfüllung non-performance, non-fulfilment, default
Nichterscheinen non-appearance, default
Nichtgebrauch non-user
nichtig void, null and void, invalid, *(Grund)* futile
Nichtigkeit nullity, voidness; futility
Nichtigkeitsbeschwerde plea of nullity
Nichtigkeitserklärung annulment, cancellation, declaration of nullity, *(Urteil)* reversion
Nichtigkeitsklage action for nullity
Nichtmitglied non-member
nichtrechtsfähiger Verein unincorporated society
nichtstreitig non-contentious
Nichtübergabe non-delivery
nichtständig temporary
Nichtveräußerung non-alienation
Nichtwerktag non-business day
Nichtwissen ignorance
Nichtzahlung non-payment
Niederlage deposit, *(Lager)* warehouse, depot
Niederlassung establishment, branch establishment, place of business, *eingetragene* — registered office
Niederlassungsrecht right of domicile
niederlegen (Amt) to resign
niederschlagen (Verfahren) to stop, to quash, *(Kosten)* to cancel
Niederschlagung quashing, cancellation
Niederschrift record
Niedrigstkurs lowest price
Nießbrauch usufruct
Nießbraucher usufructuary
Nochgeschäft, — auf Geben put of more, seller's option to double, — *auf Nehmen* call of more, buyer's option to double
nominal nominal
Nominalbetrag, Nominalwert nominal value, face value
Norm standard
Normalgewicht standard of weight
Normalwert standard of value, normal value
Normativbestimmung general rule
normen to standardise
Normung standardisation
Nostroguthaben credit balance with bank and bankers
Not distress, emergency, *im Falle der* — in case of need
Notadressat (Wechsel) ref ree in case of need
Notadresse reference in case of need
Notar notary public
Notariat notary's office
Notariatsgebühr notarial fee
notariell notarial, before a notary, attested (drawn up) by a notary, *notarielle Urkunde, notarielle Verhandlung* notarial act
notdürftiger Unterhalt bare necessaries of life
Note note, bank-note
Notenausgabe note issue
Notenbank bank of issue, note bank
Notendeckung note cover, cover for notes issued
Noteninhaber note-holder

Notenprivileg privilege of issuing notes
Notenumlauf, ungedeckter uncovered note circulation
Notfall case of need
Notfrist peremptory term
Notgeld emergency money
Notgesetzgebung emergency legislation
Nothafen port of emergency (distress, refuge)
notieren (Preis) to quote, to be quoted
Notierung quotation
Nötigung constraint
Notiz note, notice, *(Börsennotiz)* quotation, *amtliche —* official quotation, official price, *— nehmen* to take note (notice)
Notklausel emergency clause
Notlage necessity, distress, emergency
notleidend (Wechsel) dishonoured, in sufferance, in abeyance, in default
notorisch notorious
Notstand distress
Notstandsarbeit relief work
Notstandsmaßnahmen emergency measures
Notverordnung emergency decree
Notweg way of necessity
Notwehr necessary defence, *in —* in self-defence, se defendendo
Notzucht rape, indecent assault, stuprum
notzüchtigen to assault a female
Novation novation
null und nichtig null and void
Nummer, laufende running number, serial number
nutzbar available
Nutzen profit, benefit, *entgangener —* loss of profit, profit lost
nutznießen to hold in usufruct, to have the benefit of
Nutznießer usufructuary, beneficiary
Nutznießung usufruct, *— auf Lebenszeit* life interest
Nutzungen emoluments, profits
Nutzungsertrag revenue
Nutzungsrecht right of use, beneficial interest

O

obdachlos homeless
Obduktion judicial dissection, post-mortem examination
Oberaufsicht inspectorship
Obereigentümer supreme owner
Oberkommissar high commissioner
Oberkommission high commission
Oberlandesgericht court of appeal, superior provincial court
Oberlehnsherr lord paramount
Oberschiedsrichter umpire
Obhut custody
obliegen to be incumbent upon
Obliegenheit duty
Obligation obligation, *(Schuldverschreibung)* bond, debenture
Obligationär bondholder
Obligationsgläubiger obligee
Obligationsschuldner obligor
obligatorisch obligatory, compulsory, binding
Obligo, ohne without prejudice, *(Wechsel)* without recourse
Obmann (der Geschworenen) foreman of the jury, *(Schiedsgericht)* umpire
obsiegen to win, to succeed, to be successful
offen, — legen to disclose, *— stehen (unbezahlt sein)* to be due, *zur Einsicht — stehen* to be open for inspection
offenbaren to disclose
Offenbarung disclosure
Offenbarungseid oath of manifestation (disclosure)

offenkundig manifest, notorious
Offenkundigkeit manifestness, notoriety
Offenlegung disclosure
öffentlich public, *öffentlicher Glaube des Grundbuchs* public faith (credit) of the land register, *öffentliche Ordnung* public order, *öffentlichen Rechts* of public law, under public law, *in öffentlicher Sitzung, vor öffentlichem Gericht* in open court, *öffentliche Zustellung* public citation
Öffentlichkeit, Ausschluß der exclusion of publicity
öffentlich-rechtlich of public law, under public law, publici juris, *öffentlich-rechtliche Anstalt* public body, *Gesellschaft öffentlichen Rechts (am.)* public law corporation, *öffentlich-rechtliche Körperschaft* public service corporation
Offerte offer, tender, quotation
Ohrenzeuge ear-witness
Okkupation occupation, occupancy
optieren to opt
Option option, *eine — haben* to have an option for
Optionsrecht right to opt
ordentlich regular, proper, *ordentliches Gericht* ordinary court, *ordentlicher Kaufmann* careful mercantile trader *ordentliches Verfahren* ordinary proceeding, *ordentliche Versammlung* ordinary (regular) meeting
Order order, *an —* to order, *an — lauten* to be made out to order, *an — stellen* to issue to order, *an eigene —* to own order
Orderpapier instrument to order
Orderscheck cheque to order
Ordnung order; regulations, rules, *öffentliche —* public order, *Erben erster —* heirs of the first class
ordnungsmäßig proper, due, regular
Ordnungsstrafe disciplinary penalty, fine for contravention of a bylaw
Organe (einer Gesellschaft) bodies, officers
Organisation organisation
organisieren to organise
Original original
Ort place, *an — und Stelle* on the spot
örtlich local
Ortsbestellbezirk town delivery district
Ortsgebrauch local custom
ortsüblich in accordance with local custom, *ortsübliche Preise* prices customary in the place, *ortsübliche Vorschriften* customary local rules

P

Pacht lease, usufructuary lease, tenancy, tenure of land, *in — geben* to lease, to let by lease, *in — nehmen* to lease, to take by lease
Pacht- und Leihgesetz lend-lease
Pachtbesitz leasehold, tenancy
pachten to lease, to take on lease, to rent
Pächter leaseholder, lessee, tenant
Pachtertrag rental
Pachtgeld rent
Pachtgrundstück leasehold property
Pachtung lease
Pachtverhältnis lease
Pachtvertrag lease, contract of (usufructuary) lease, contract of tenancy
pachtweise on lease
Pachtwert rental value
Pachtzeit term (of lease)

Pachtzins rent
Packung packing
Paket parcel, package
Paketpost parcel post
Pakt agreement, pact, compact
Papiere (Effekten) securities
Papiergeld paper money
Papiermark paper mark
Papierwährung paper currency
Paragraph paragraph; section
Paraphernalvermögen paraphernalia
paraphieren to initial
pari par, *über* — above par, at a premium, *unter* — below par, at a discount, *zu* — at par
Parikurs par of exchange, *zum* — at par
Parität parity
Parlament parliament
parlamentarisch parliamentary
Partei party
Parteihandlung act of the parties
Parteikosten party and party costs
Partenreederei co-ownership shipping company
Partie lot
Partieverkauf sale by lots
Partiewaren parcel (lot) of goods, job lot
Parzelle lot, parcel
Paß passport
Passagier passenger
Passagiergepäck passenger's luggage
Passierschein permit
passiv legitimiert capable to be sued
Passiva liabilities
Passivlegitimation capacity to be sued
Passivmasse liabilities
Passivposten debit item, liability
Passivsaldo debit balance
Passivum liability
Patent patent, letters patent, — *anmelden* to apply for a patent, — *ausüben* to work a patent, — *nehmen* to take out a patent, — *verwerten* to exploit a patent
Patentamt patent office
Patentanmeldung application for letters patent, *Unterlagen zur* — documents for application
Patentanspruch claim
Patentanwalt patent agent, *(am.)* patent attorney
Patentbeschreibung specification
patentfähig patentable
Patentgeber patentor
Patentgebühr patent fee
patentieren to patent, — *lassen* to take out a patent
Patentinhaber patent-holder, patentee
Patentrechte patent rights
Patentschrift specification
Patentschutz patent protection; protection of patents
Patentverletzungsklage suit for infringement
Patentverwertung exploitation of a patent
Patrimonium patrimony
Pauschale, Pauschsumme lump sum, readily calculated sum
Pauschalfracht lump sum freight
Pauschalpolice, laufende running general policy
Pauschalsatz (Versicherung) flat risk
pekuniär pecuniary
Pensionswechsel bill held under a repurchase agreement
per (mit folgendem Datum) as of, as on, — *einige Tage* for a few days, — *morgen* for to-morrow
peremtorischer Einwand bar, plea in bar
Person person, party, individual, *abhängige* — dependent person, *unabhängige* — independent person, *juristische* — juristic person, legal person, legal entity, corporate body, artificial person, *natürliche* — physical person, na-

tural person, *von — bekannt* of known identity, *in seiner — liegend* personal in himself

Personal staff, personnel

Personalabteilung personnel department

Personalarrest attachment, order of attachment, order of committal

Personalausgaben expenditure on personnel

Personalgesellschaft private company

Personalkredit private credit

Personenstandes, Beurkundung des recording by the registrar

Personenstands-Gesetz registration of personal status Act

Personenstands-Statistik (am.) vital statistics

Personentarif passenger tariff

Personenverkehr passenger traffic

Personenverwechselung mistaken identity

persönlich personal, in person, in personam, individually, *— bekannt* of known identity

Pertinenzien dependencies

Petent petitioner

Petition petition

petitionieren to petition

Petitionsrecht right of petition

Pfand pledge, pledged object, pawn; security, collateral; mortgage, *— einlösen* to redeem a pledge, *als — haben* to hold in pledge, *zu — nehmen* to take as security, to accept as pledge

pfandbar fit to serve as a pledge, mortgageable

pfändbar distrainable, seizable, attachable

Pfandbrief mortgage bond, *(Hypothekenbrief)* mortgage deed, letter of hypothecation

Pfandbriefanstalt mortgage institution

Pfandbriefgläubiger bondholder

pfandbriefmäßig resembling mortgage bonds

pfänden to levy (a distress) on, *(privat)* to distrain, *(gerichtlich)* to attach, to seize

Pfandentlassung release from the lien

Pfandgeber pledger; mortgager, mortgagor

Pfandgläubiger pledgee; mortgagee; holder of a pledge (mortgage)

Pfandgut pledged property

Pfandhaftung liability of the pledge

Pfandleiher pawnbroker

Pfandmißbrauch misappropriation of articles pledged

Pfandnehmer pledgee; mortgagee

Pfandrecht lien, right of pledge

pfandrechtlich hypothecary

Pfandschuld hypothecary debt

Pfandschuldner pledger; mortgager, mortgagor

Pfandsicherheit hypothecary security

Pfändung (private) distraint, *(gerichtliche)* attachment, seizure, distress, *— und Ueberweisung* attachment and assignment, *— ausbringen* to levy

Pfändungsbefehl warrant of distress

Pfändungspfandrecht lien by distraint

pfandweise by way of a pledge (security)

Pflegebefohlener, Pflegling ward

Pflegebestellung appointment of a guardian (trustee)

Pflegeeltern foster parents

Pfleger curator, trustee, administrator, *(Vormund)* guardian

Pflegschaft curatorship; guardianship

Pflichtteil compulsory portion, legal portion

Pflichtteilsanspruch claim to a compulsory portion

Pflichtteilsberechtigter compulsory beneficiary

Pflichtteilsrecht right to a compulsory portion
Pflichtverletzung breach of duty, *grobe* — gross breach of duty
plädieren to plead
Plaidoyer pleadings
planmäßig regular, according to plan
Planung planning
Planwirtschaft economic planning
Platzanweisung local draft
Platzkauf sale on the spot
Platzscheck cheque on the same place
Platzwechsel local bill
plündern to loot
Plünderung looting
Pluralwahlrecht plural voting
Police policy, *ambulante, laufende* — floating policy, *offene* — open policy, *schwebende* — floating policy, *taxierte* — valued policy, — *ohne Wertangabe* open policy, — *mit Wertangabe* valued policy
Policenformular policy form, blank policy
Policeninhaber policy-holder
Politik politics, *(eine bestimmte)* policy
politischer Verbrecher political offender
Polizei police
Polizeiaufsicht supervision of the police, *unter* — *stellen* to place under police supervision
Polizeigewalt ausüben to police
polizeiliches Führungszeugnis Police certificate of good conduct
Polizeirevier police station
Polizeistunde closing hour
Polizei-Verordnung police regulation
Polizist constable, policeman
pornographische Veröffentlichungen obscene publications
Portefeuille portfolio
Porto postage
possessorisch possessory
Post post, mail
Postamt post office
Postanweisung postal order
Posten item; lot
Postfach post office box
Postgeheimnis secrecy of the postal service
Postscheck postal cheque
Postscheckkonto postal cheque account
Postsendung postal parcel (packet)
Poststempel postmark
Potestativbedingung potestative condition
Prädialservitut easement
Präjudiz (Nachteil) prejudice, *(Vorentscheidung)* precedent, *ohne* — without prejudice
präkludieren to preclude, to foreclose
praktisch practical, *praktischer Arzt* general practitioner
Prämie premium; option-money
prämienfrei free of premium
Prämiengeschäft premium business, option business
Prämienrechnung renewal notice
Prämienreserve policy reserve
Prämienreservefonds life assurance fund
Prämienzahlung, Dauer der premium paying period
Prärogativ prerogative
Präsentant presenter
Präsentation presentation
Präsentationsattest certificate of presentation
Präsentationsfrist time limit for presentation
präsentieren to present
Präsident president, chairman, controller
präsidieren to preside, to be in the chair
Praxis practice
Präzedenz precedent, *ohne* — without precedent, unprecedented

Präzedenzfall precedent, leading case, case in precedent
Präziswechsel bill payable at a fixed date
Preis price, rate, value, *äußerster* — rock-bottom price
Preisabbau reduction of prices
Preisbewegung movement of prices
Preisbewerbung prize competition
Preisbildungsstelle office of price control
Preisdifferenz difference in price
Preisdrückerei price-cutting
Preiserhöhung increase in prices
Preisgrenze price limit
Preisliste price-list
Preisnachlaß reduction, rebate, discount
Preisniveau level of prices
Preisnotierung quotation
Preissendung lowering of prices
Preissturz fall of (in) prices
Preisüberwachungsstelle office for supervision of prices
Preisunterbietung (Export) dumping
Preisunterschied difference in price
Pressegesetz (am.) Journalists' Law
Preßfreiheit liberty of the press
Preßkopie press-copy
Preßvergehen offence against the press laws
prima first-class, fine, *(am.)* prime, *(Wertpapiere)* gilt-edged
Prima-Bankaccept fine (prime) banker's acceptance
Primage, Primgeld primage
Primawechsel first of exchange, *Prima nicht* the first being unpaid
Priorität priority; preference, *Prioritäten* preference bonds, *(am.)* preferred bonds
Prioritätsaktie (siehe auch unter Vorzugs-) preference share, (am.) preferred share
Prise prize, *als gute — erklären* to condemn as lawful prize, *als — aufbringen* to make prize
Prisengeld prize money
Prisengericht prize court
privat private, particular
Privatbank private bank
Privatdiskont private discount rate, market rate
Privateigentum private property
Privatklage civil action
Privatrecht civil law, private law
privatrechtlich according to civil law
Privatvermögen private property
Privatwirtschaft private enterprise
Privileg privilege
privilegiert privileged
Privilegium privilege, license
Probe sample, *(Muster)* pattern, — *nehmen* to draw (retain) sample, *nach* — as per sample, to pattern, *nach — sein* to be according to sample, to be up to sample, to be to pattern, *auf, zur* — on trial, *Kauf auf* — sale on approval, sale on sale and return, *Kauf nach* — sale according to sample, sale by sample
Probeband specimen copy
Probebestellung trial order
Probe-Exemplar specimen copy
Probefahrt trial trip
Probestück specimen
Probe-Unterschrift sample signature
Produkt product, *(landwirtschaftliche) Produkte* produce
Produktenbörse Commercial Exchange, Produce Exchange
Produktenmakler produce broker
Produktenmarkt produce market
Produktion production; output
Produktionsbeschränkung restriction of output
Produktionskosten cost of production
Prokura procuration, power of procuration, — *erteilen* to give procuration, to create a power of procuration, — *haben* to have the procuration (signature), *per*

— per, pro, *per — zeichnen* to sign by procuration

Prokura-Indossament procuration endorsement

Prokura-Indossant endorser for collection

Prokura-Indossatar endorsee for collection

Prokurist confidential clerk, employce empowered to sign on behalf of the company, holder of a power of procuration

Prolongation prolongation, *(Frist)* extension, *(Börse)* carry-over, *(Wechsel)* renewal, *in — geben* to hold over, *in — nehmen* to carry over

Prolongationsgeschäft contango business, continuation

Prolongationskurs carrying-over price

prolongieren to prolong, to extend, to carry over; to renew

Promesse promissory note

Promille per mil., per thousand

Propergeschäft direct bargain

Properhandel dealings for a person's own account

Prospekt prospectus

Prospekthaftung liability for prospectuses

Protest protest, *ohne* — without protest, *unter* — under protest, *— aufnehmen lassen* to enter a protest, *— erheben* to make a protest, *— mangels Zahlung* protest for non-payment, *unter — zurückkommen* to be returned protested, *sofort zum* — to be protested at once

Protestant protesting party

Protesterlaß waiver of protest

Protestfrist time for protest

protestierbar protestable

protestieren to protest, *— lassen* to get protested

Protestkosten protest charges

Protokoll record, report, minutes, protocol, *— aufnehmen* to draft the report (the minutes), *zu — geben* to place on record, to have a report made, *zu — nehmen* to record

Protokollführer recorder

protokollieren to enter in the minutes, to record, to take down on record, to register, *— lassen* to leave on record

Provinzialanleihe provincial loan

Provision commission

Provisionsaufstellung statement of commission

Provisionskaufmann commission merchant

Provisionskonto commission account

provisorisch provisional

Prozent per cent.

Prozentsatz percentage

Prozeß action, lawsuit, suit, cause, *(Strafprozeß)* trial, *— anhängen gegen* to take legal proceedings against, to bring an action against, *— führen* to conduct a case, *im — liegen* to be involved in a lawsuit, *der — schwebt* the case is pending before, *im — befangen* in dispute

Prozeßakten records

Prozeßbevollmächtigter mandatary, counsel

prozeßfähig capable of suing and being sued

Prozeßführender litigant, suitor

Prozeßführung litigation

Prozeßgericht court in charge

prozessieren to litigate

Prozeßkosten law costs, costs of the proceedings, *die — auferlegen* to order to bear the costs of the proceedings

Prozeßladung writ of summons

Prozeßordnung rules of procedure, rule of court

Prozeßregister cause book

Prozeßschriften written pleadings
Prozeßverfahren procedure, — *einleiten* to institute proceedings, to proceed
prüfen to examine, to verify, to investigate, *(Rechnung)* to check, *(durch Rechnungsprüfer)* to audit
Prüfer (Rechnungsprüfer) auditor
Prüfung examination, verification, investigation
Prüfungsbefugnis right of examination
Prüfungsbericht report of investigation; audit
Prüfungstermin day for examination
Prüfungsvermerk auditor's certificate
Prügelstrafe corporal punishment
Publikum public
Publizitätsverpflichtung obligation as to publicity
Putativehe putative marriage
Putativnotwehr putative self-defence

Q

Quadruplik rebutter
Qualität quality, *(Sorte)* variety, *gute* — good (first-class) quality, *mittlere* — medium (middling) quality, *schlechte* — inferior quality
Qualitätsgewähr warranty
Quantität quantity
Quarantäne quarantine
Quarantänegelder quarantine expenses
Quartalstag quarter-day
Querulant querulous person, litigious person, common barrator
Quintuplik surrebutter
quittieren to receipt, *doppelt für einfach* — to receipt in duplicate
Quittung receipt, acquittance, *gegen* — against receipt

R

Rabatt discount, allowance, rebate, *mit* — at a discount, *Extra-* — extra discount
Rädelsführer instigator
Radierung erasure
Radio siehe Rundfunk
Rahmenakkreditiv global credit
Ramschverkauf jumble sale
Rand margin, *wie am — bemerkt* as per margin
Randbemerkung marginal note
Randstaat Border State
Rang rank, *gleichen — haben* to rank alike
Rangänderung alteration of the order of priority
Rangfolge priority
rangieren to rank
Rangordnung (höfische) order of precedence, *(der Rechte)* order of preference, *(der Pfandrechte)* order of preference of pledges
Rangverhältnis order of priority
Rangvorbehalt caution
Rassenschande racial disgrace
Rate payment on account, instalment, *in Raten* by instalments
Ratenzahlungsgeschäft hire-purchase business
ratifizieren to ratify
Ratifizierung ratification
rationalisieren to rationalise
Rationalisierung rationalisation
Raub robbery
rauben to steal, *(berauben)* to rob (of)

Räuber robber
Raubmord murder and robbery
Raubmörder robber who comits murder
räumen to clear, to quit, to leave, to vacate, to evacuate
Räumung evacuation
Rausch intoxication, inebriation
Razzia round-up, raid
Realinjurien assault and battery
Realisation realisation
realisierbar realisable
realisieren to realise
Realkreditgeschäft dealings in credit on mortgages
Reallast (perpetual) charge on land (real estate), real burden
Realleistung specific performance
Realservitut real servitude
Rechenfehler error of calculation, mistake in calculation
Rechenschaft, — ablegen to render account, to account for, *zur — ziehen* to make answerable for
Rechenschaftsbericht report, statement, *— ablegen* to lay the statement before
Rechenschaftspflicht accountability
rechenschaftspflichtig accountable
rechnen to calculate, *(in Rechnung stellen)* to charge, *auf etwas —* to count (rely, reckon) on, *von diesem Tage an gerechnet* from this date
Rechnung account, invoice, bill, *— ablegen* to render account, *— abnehmen* to audit, *— abschließen* to balance the account, *die — schließt ab mit* the account closes with, *— aufstellen* to make out (up) an account, *— ausgleichen* to settle the account, *— führen* to keep account, *auf — kaufen* to buy on account, *— prüfen* to check, to audit an account, *— richtig befinden* to find an account in order, *— richtigstellen* to adjust an account, *— schließen* to close an account, *in — stehen mit* to have an account with, *in — stellen* to charge, *für eigene —* for own account, *für fremde —* for account of a third party, *auf gemeinschaftliche —* on joint account, *laufende —* current account, *auf neue —* on new account, *offene —* open account, *für — und Gefahr* for account and risk, *für — wen es angeht* for account of whom it may concern
Rechnungsabgrenzung, Posten der — (im Haben) deferred charges, suspense items in debit, *(im Soll)* accrued expenses and interest, suspense items in credit
Rechnungsabnahme audit
Rechnungsabschluß balance of accounts, *den — vornehmen* to strike the balance
Rechnungsaufstellung, anerkannte account stated
Rechnungsauszug statement of account, extract-account, abstract-account
Rechnungsführer accountant
Rechnungshof audit court
Rechnungsjahr financial year, fiscal year
Rechnungsposten item
Rechnungsprüfer auditor
Rechnungsprüfung audit
Recht (Gesetz) law, *(einer Person)* right, *(Anrecht)* title, *bedingtes —* qualified title, *bürgerliches —* civil law, *dingliches —* right in rem, real right, *gemeines —* common law, *geschriebenes —* statute law, *materielles —* substantive law, *obligatorisches —* personal right, right in personam, obligatory right, *öffentliches —* public law, *zwingendes —* cogent law, *— an einem Grundstück* interest in land, *im Wege Rechtens* by legal proceedings, *von Rechts wegen* by

right, de jure, ipso jure, according to law, lawfully, by force of law, *aus eigenem* — in one's own right, *aus fremdem* — in autre droit, *ein — aufgeben* to abandon (waive) a right, *für — erkennen* to decide, *von einem — Gebrauch machen* to avail one's self of a right, — *an etwas haben* to have a claim, to be entitled to, *das — für sich haben* to have a (good) case, *im — sein* to be within one's right, — *sprechen* to administer justice, *eines Rechtes verlustig gehen* to forfeit a right, — *vorbehalten* to reserve a right, *alle Rechte vorbehalten* all rights reserved, *dingliche Rechte verfolgen* to pursue rights in rem

rechtens lawfully

rechtfertigen to justify, to defend, to vindicate, *sich* — to exculpate one's self

Rechtfertigung justification; defence, vindication, exculpation

rechtlich legal, lawful, *ohne rechtlichen Grund* without a sufficient legal ground

rechtlos without rights; outlawed

Rechtlosigkeit absence of rights, unlawfulness, illegality; outlawry

rechtmäßig lawful, legal, rightful, legitimate

Rechtmäßigkeit lawfulness, legality, rightfulness, legitimacy

Rechtsänderung alteration of right

Rechtsanspruch legal claim, title

Rechtsanwalt lawyer, *(nicht plädierender)* solicitor, attorney-at-law, *(plädierender)* barrister, counsel

Rechtsanwendung application of the law (by the judge)

Rechtsausdruck legal term

Rechtsausführungen inferences of law, legal arguments

Rechtsbehelf remedy

Rechtsbeistand counsel, legal adviser

rechtsbeständig legally valid

Rechtsbeugung miscarriage of justice

Rechtsbrauch lawful custom

Rechtseinwand plea, objection, demurrer, — *erheben* to put in a plea, to raise an objection, to demur

rechtserzeugende Wirkung constitutive effect

rechtsfähig legally capable, personable

Rechtsfähigkeit legal capacity, capacity for rights

Rechtsfall legal case, case in court

Rechtsfiktion fiction of law

Rechtsfolge legal consequence

Rechtsform legal form

Rechtsfrage legal question, question of law, issue of law

Rechtsgang legal procedure

Rechtsgebilde, selbständiges juridical entity

Rechtsgelehrsamkeit jurisprudence

Rechtsgelehrter jurist, lawyer

Rechtsgeschäft legal act, legal transaction, juristic act, act-in-the-law; law-business, *bedingtes* — act subject to a condition, *zur Beurkundung von Rechtsgeschäften ermächtigt* authorised to certify judicial affairs

Rechtsgewohnheit judicial (legal) custom

rechtsgültig legal, valid, legally valid, valid in law

Rechtsgültigkeit legality, validity

Rechtsgleichheit equality before the law

Rechtsgrund legal ground, legal cause, argument, legal title, case

Rechtsgrundsatz legal maxim, principle of law

Rechtsgutachten counsel's opinion

Rechtshandel lawsuit, action

Rechtshandlung legal action

rechtshängig pending at law, pending in court, sub judice, *der Anspruch ist — geworden* an action has been commenced on the claim
Rechtshängigkeit litispendence, pendency of action, *Einrede der —* plea lis alibi pendens
Rechtshilfe relief, legal redress, assistance, judicial assistance, *— gewähren* to act in aid, to be auxiliary, *Ersuchen um —* application for judicial assistance
Rechtsirrtum mistake in law
Rechtskraft validity, legal force
rechtskräftig valid, legal, legally valid, legally binding, non-appealable, final, absolute, *— sein* to have legal force, *— entscheiden* to decide without appeal, to decide finally and conclusively
Rechtskunde jurisprudence
Rechtslehre theory of law
Rechtsmangel defect (infirmity) of title
Rechtsmittel (legal) remedy, relief
Rechtsnachfolge succession, succession in title
Rechtsnachfolger assign, legal successor, successor in title; personal representative
Rechtsnachteil prejudice
Rechtsnorm principle of law, rule of law
Rechtspersönlichkeit legal personality, body corporate, *eine Gesellschaft gibt eigenmächtig ihre — auf* a company voluntarily dissolves its corporate existence
Rechtspflege administration of justice
Rechtsprechung jurisdiction, administration of justice
Rechtspunkt point in (of) law
Rechtsquellen sources of law
Rechtsrat advice
Rechtssache legal affair
Rechtssatz maxim of law, *feststehender —* accepted proposition of law
Rechtsschutz relief, protection by law, *vorläufiger —* interlocutory relief
Rechtssprache legal terminology
Rechtsspruch (Zivilsachen) judgment, decision, *(Strafsachen)* sentence, *(der Geschworenen)* verdict, *(Schiedsgericht)* award
Rechtsstreit legal proceedings, litigation, lawsuit, action, cause, controversy, *dem — beitreten* to be joined in the proceedings
Rechtstitel legal title, *Prüfung des Rechtstitels* investigation of title
Rechtsträger legal entity
Rechtsunfähigkeit legal incapacity
rechtsungültig invalid, unavailable
rechtsverbindliche Zeichnung legally binding signature
Rechtsverbindlichkeit legal obligation
Rechtsverfassung judicial system
Rechtsverfolgung litigation, enforcement of rights
Rechtsverhältnis legal relation
Rechtsverhandlungen legal proceedings
Rechtsverletzung trespass
Rechtsvermutung presumption (of law), rebuttable presumption, prima facie evidence
Rechtsvertreter legal representative
Rechtsverweigerung denial of justice
Rechtsverwirkung forfeiture of a right
Rechtsvorbehalt legal reservation
Rechtsvorgänger predecessor in title
Rechtsvorschrift provision of law, legal prescription, rule
Rechtsweg, den — beschreiten to take legal steps (legal proceedings), *der — ist unzulässig* the court have no jurisdiction

rechtswidrig illegal, unlawful, contrary to law, tortious
Rechtswidrigkeit illegality, unlawfulness
rechtswirksam effective, operative, — *machen* to validate
Rechtswirksamkeit effect, operation
Rechtswissenschaft jurisprudence
Rechtswohltat benefit of the law
Rechtszustand state of law
Rechtszuständigkeit jurisdiction, competence
rechtzeitig in time, in due time, in due course
Redakteur editor
Redefreiheit freedom of speech
rediskontfähig eligible
Rediskontfähigkeit eligibility
rediskontieren to rediscount
Reede roads, roadstead
Reeder shipowner, *(Uebergabe) an den* — into custody of the shipowner
Reederei shipping company, joint (common) ownership of ships
Reedereivertrag agreement of ownership
Referat (Bericht) report, *(Unterabteilung)* section
Referendar legal probationer employed at the Courts who has passed his first examination
Referent official in charge, — *sein* to be in charge
Regel rule
regelmäßig regular, — *wiederkehrend* periodical
regeln to settle
Regelung settlement, *außergerichtliche* — settlement out of court
Regiekosten overhead expenses
Regierungsstelle government office, government department, (am.) goverment agency
Register register, record
Registereinwand defence of non-registration
Registerführer registrar, recorder
Registergericht registry court
Registerhafen register port, home port
Registerübertragung transfer of registry
registrieren to enter, to register, to file, — *lassen* to register
Regreß recourse, legal remedy, *(Schadensersatz)* recovery of damages, *ohne* — without recourse, — *nehmen* to have recourse to, to recover against, to seek recovery, to have one's redress against
Regreßanspruch claim for redress, claim for damages
Regreßnehmer recoveror, person seeking (taking) recourse
Regreßpflicht liability to recourse
Regreßpflichtiger recoveree, person liable to recourse
Regreßrecht right of recovery (recourse)
Regreßschuldner party liable to recourse
Reichs... national *(z. B. Reichsschuld* German national debt)
Reichsabgabenordnung Rules concerning interpretation of taxation laws
Reichsangehöriger German national
Reichsangehörigkeit German nationality
Reichsanleihe German Government loan
Reichsbank-Diskontsatz Reichsbank rate
Reichsgericht Supreme German Court, National Supreme Court of Justice
Reichskassenschein Treasury note, Treasury bond
Reichsschatzanweisung Treasury bill
Reichsschuldbuch-Forderungen German debt ledger claims
Reichstag diet
rein netto net net

Reineinkommen net income, net revenue
Reinertrag net proceeds
Reingewinn net profit
reinigen to exonerate
Reinigung exoneration
Reinigungseid compurgatorial oath
Reisekosten travelling expenses
Reisepolice voyage policy
Reisescheck traveller's cheque
reizen to provoke
Reizung provocation
Reklamant reclaimant
Reklamation complaint, *(Zurückforderung)* reclamation
Reklame advertisement, propaganda
Reklameartikel advertising articles
reklamieren to complain, to object, *(zurückfordern)* to reclaim
Rektaklausel clause "not to order"
Rekurs recourse
Rekusationsrecht right of challenge
Religionsdiener ecclesiastic
Religionsgesellschaft religious society
Rembourskredit reimbursement credit, draft credit
Remboursregreß recourse for reimbursement
Remesse remittance
Remittent remitter
remittieren to remit
Rente annuity, *lebenslängliche* — whole life annuity, *nachschüssige* — immediate annuity, *verbundene* — *mit Uebergang an den Ueberlebenden* joint and survivorship annuity
Rentenempfänger annuitant
Rentenreserve annuity reserve
Rentenschaden annuity loss
Rentenschein annuity coupon
Rentenschuld annuity charge
Rentenschuldbrief certificate of annuity charge, annuity charge bond
Rentenversicherungs-Police annuity deed
Rentenwert (Barwert einer Rente) annuity value
Reparation reparation
Reparationsverpflichtung reparation liability
Reparationszahlungen reparation payments
reparaturunfähig incapable of repair
reparaturunwürdig unworthy of repair
repatriieren to repatriate
Repatriierung repatriation
Replik reply, replication
Report carrying-over, contango, continuation
Reportgeber the person carried over
Reportgeschäft contango business
reportieren to carry over
Reportkurs rate of contango
Reportnehmer the person carrying over
Reporttag contango day, continuation day, carrying-over day, making-up day
Repräsentationskosten entertainment expenses
Repressalien reprisals, retaliatory measures, measures of retaliation
requirieren to requisition, to commandeer
Requirierung, Requisition requisition
Reservatrecht right reserved
Reserve reserve, *freie* — reserve held in excess of actual liabilities, *gebundene* — reserve covering actual liabilities, *stille* — latent reserve, hidden reserve, — *für unvorhergesehene Fälle* contingency fund
Reservefonds reserve fund
Resolution, eine — *einbringen* to offer a resolution
Respekttage days of grace
Rest, Restbetrag balance; residue
Resteinzahlungsverpflichtung, auf die in respect of unpaid capital

Restgut remainder of an estate the major part of which has been sold
Restitutionsklage action for restitution
Restkaufgeld deferred purchase money, unpaid balance of purchase price
Restkaufgeld-Hypothek mortgage securing unpaid balance of purchase price
Restmasse remaining assets
resumieren to sum up
Retorsion reprisal
retournieren to return
Retourrechnung account of the re-exchange
Retourwaren returns
Reugeld forfeit
Revalierungsanspruch acceptor's claim against the drawer for cover
Revers undertaking
revidieren to inspect, *(Rechnungen)* to audit, *(verbessern)* to revise
Revision (Gericht) rehearing, proceeding in error, *(Rechnung)* audit
Revisor auditor
Rezept prescription
Ricambio re-exchange, redraft, ricambio
richten (urteilen) to pass sentence (judgment), *sich — nach* to conform with
Richter judge
richterlich judicial, judiciary
Richtlinien guiding lines, guiding rules
Richtpreis controlled price
Richtschnur guidance, guiding rules, standard, *als — dienen, sich dienen lassen* to serve, take for guidance
Rimesse remittance
Risiko risk, *erhöhtes —* abnormal risk, *(Lebensversicherung)* bad life, *— laufen* to run the risk, *— übernehmen* to take (assume) the risk, *auf mein —* at my risk
riskant risky
Ritratte redraft
Roheinnahmen gross receipts, gross proceeds, gross revenue
Roherzeugnisse natural products
Rohmaterialien raw materials
rollendes Material rolling stock
Rollgeld cartage
Rostschaden rust
Rubrum, unter dem entitled
Rückdeckung re-insurance
Rückerstatten to refund, to return, to repay
Rückfall (Heimfall) reversion, *(Verbrechen)* repetition of an offence
rückfälliger Verbrecher previously convicted offender, recidivist
Rückforderungsrecht right to reclaim
Rückfracht return cargo
Rückgabe return, surrender
Rückgang decline
Rückgewähr return, restitution
Rückgriff recourse; right of indemnity
Rückhaltung retention
Rückkauf repurchase, redemption
Rückkäufer original seller
Rückkaufsrecht right of repurchase (redemption), equity of redemption
Rückkaufswert repurchase value, *(Obligationen)* redemption value, *(Versicherung)* surrender value
Rückladung homeward cargo
Rücklage reserve
Rücklieferung redelivery
Rücknahme withdrawal
Rückprämie option to put
Rückschlag set-back
Rückseite back
Rücksprache, nach — mit after conferring previously with
Rückstände arrears
rückständig unpaid, overdue

Rückstellungen specific reserves
Rücktritt (von einem Geschäft) cancellation of a transaction, *(von einem Vertrag)* rescission from a contract, *(eines Beamten, eines Teilhabers)* retirement, resignation, withdrawal, — *von einer Versicherung* voidance of policy
Rücktrittsrecht right of rescission, right to withdraw
rückübertragen to retransfer, to reassign, to reconvey
Rückübertragung retransfer, reassignment, reconveyance
Rückumwandlung reconversion
Rückvergütung reimbursement, return
Rückvergütungswert surrender value
Rückversicherer re-insurer
rückversichern to re-insure
Rückversicherter re-insured
Rückversicherung re-insurance
Rückverweisung renvoy
rückübereignen to reconvey
Rückübereignung reconveyance
Rückwechsel redraft, cross-bill, return-draft
rückwirken to relate back
rückwirkende Kraft retroactive force (effect)
Rückwirkung retroactiveness
rückzahlbar repayable
Rückzahlung repayment, reimbursement, *(Wertpapiere)* redemption
Rückzahlungstermin time fixed for repayment, date of redemption
Rückzession retrocession
Ruf standing, reputation
Rüge censure, reprimand
Ruhegehalt retired pay
ruhen to be suspended
Ruhestörung nuisance, disturbance; rioting
rund, in runder Summe in round figures, roughly
Rundfunk radio, wireless, *durch — verbreiten* to broadcast
Rundfunk-Apparat wireless set
Rundschreiben circular
Rüstung armament
Rüstungsindustrie armaments industry

S

Sabotage sabotage
Sachbearbeiter sein to be in charge
Sachbeschädigung injury to property
Sachdarstellung statement of facts
Sache case, lawsuit; affair, matter, *(Gegenstand)* thing, *in Sachen N. gegen N.* in re N. versus N.
Sachenrecht law of things
Sachkenntnis special knowledge
sachkundig competent, expert
Sachleihe loan for use
Sachleistung payment (performance) in kind
sachlich objective
Sachlieferung delivery in kind
Sachlieferungskonto delivery-in-kind account
Sachmiete hire
Sachverhalt the facts of the case, statement of facts
Sachversicherung non-life insurance
sachverständig expert, competent
Sachverständigen-Gutachten expert's opinion, *(technisch, medizinisch)* report, — *einholen* to take an opinion
Sachverständiger expert, *(amtlich bestellter für Schiffe)* surveyor
Sachwalter solicitor, attorney
Sachwert physical asset; commodity value, *auf — lautende Wertpapiere* securities expressed in a commodity value
Sachwertanleihen loans denominated in kind

Sachwucher excessive charges for commodities
Saisongeschäft seasonal business
Saldo balance, *per* — on balance
Saldovortrag balance forward
Sammeldepot deposit for collective custody
Sammelgüter miscellaneous goods
Sammelpolice group policy
sanieren to re-organise the capital
Sanierung re-organisation of the capital, reconstitution, reconstruction, readjustment
Satz (Preis) rate, *(Zusammengehöriges)* set, *vollständiger — Dokumente* full set of documents
Satzungen statutes, articles of association, regulations, *(durch Verleihung)* charter
Säuberung, politische cleaning action
säumig defaulting, dilatory
Schachtelgesellschaft subsidiary company
Schaden damage, prejudice, injury, loss, — *zufügen* to inflict damage upon, *zu meinem* — to my prejudice
Schadensersatz indemnification, compensation, damages, indemnity, relief, *vereinbarter* — liquidated damages
Schadensersatzanspruch claim for compensation, claim for damages
Schadensersatzklage action for damages
Schadensersatzpflicht duty to make compensation, liability for damages
schadensersatzpflichtig liable (responsible) for damage (in damages)
Schadensreserve loss reserve
schadhaft damaged, spoiled, defective
schädigen to prejudice, to injure, to impair
Schädigung injury
schädlich prejudicial
schadlos halten to indemnify, to compensate, to hold harmless, to make up for a loss, to recoup
Schadloshaltung indemnification, indemnity, compensation, recoupment
Schalter schließen to close the doors
Schankkonzession license, *mit* — licensed
Scharfrichter executioner
Schatz, gefundener treasure trove
Schatzanweisung Treasury bill
schätzen to value, to appraise, to estimate, to assess
Schatzfund treasure trove
Schatzmeister treasurer
Schatzschein Treasury bond
Schätzung valuation, appraisement., appraisal, estimation, estimate., assessment
Schätzungswert estimated value, appraisal value
Schatzwechsel Treasury bill
Scheck cheque, *offener* — opem cheque, uncrossed cheque
Scheckblankett blank cheque
Scheckbuch cheque-book
Scheidemünze small coin
Scheidemünzen-Umlauf denominational currency
scheiden to divorce, *sich — lassen von* to divorce a person
Scheidung (Ehescheidung) divorce, — *beantragen* to apply for a divorce
Scheidungserkenntnis, vorläufiges (in England) decree nisi
Scheidungsgrund ground for divorce, divorcer
Scheidungsklage divorce-suit, petition for divorce
Scheidungsurteil judicial decree of divorce, *(in England)* decree absolute
Schein certificate; ticket, *zum* — in pretence

Scheingeschäft pretended transaction
Scheinkauf fictitious purchase
Scheinverkauf fictitious sale
Scheinvertrag sham contract
schenken to give as a gift
Schenker donor
Schenkung gift, donation, — *unter Auflage* gift subject to a burden, *testamentarische* — gift by will, — *von Todes wegen* donatio mortis causa
Schenkungsbrief, Schenkungsurkunde deed of donation
Schenkungsversprechen promise of a gift
schenkungsweise by way of donation
Schenkungswiderruf revocation of a gift
Schichtarbeit shift work
Schieber profiteer
Schiebergeschäft profiteering
Schiebung illicit dealing
Schiedsgericht court of arbitration, *internationales gemischtes* — international mixed arbitral tribunal
Schiedsklausel clause as to arbitration
Schiedsrichter arbitrator, arbiter
schiedsrichterlich arbitral
Schiedsspruch award, arbitrament, *einen — fällen* to arbitrate, to make an award
Schiedsverfahren arbitration
Schiedsvertrag arbitration agreement, *(zwischen Staaten)* arbitration treaty
Schiff ship, vessel
Schiffahrt shipping; navigation, *(große Fahrt)* long voyage, *(Küstenfahrt)* coasting
Schiffahrtstraße navigation route
Schiffahrtsweg navigable channel
Schiffahrtszeichen sea mark
schiffbar navigable
Schiffbruch shipwreck
Schiffer (Kapitän) master, ship's master, shipmaster, *Empfangsbescheinigung des Schiffers* ship's receipt
Schifferpatent master's certificate
Schiffsbesatzung crew, ship's company
Schiffsdirektor, Schiffsdisponent managing owner, ship's husband, representative owner
Schiffseigentümer shipowner
Schiffsfracht freight
Schiffsgläubiger ship's creditor
Schiffsinventar ship's inventory
Schiffskörper hull
Schiffsladung cargo, shipment, shipload
Schiffslinie service
Schiffsmakler shipbroker
Schiffsmanifest manifest
Schiffsmannschaft crew
Schiffsmiete charter, chartermoney, freight
Schiffsmieter charterer, freighter
Schiffsoffizier ship's officer
Schiffspapiere the ship's papers, *(Verladungspapiere)* shipping documents
Schiffsparte share in a ship
Schiffspartenbesitzer owner of a share in a ship
Schiffsraum (Laderaum) hold
Schiffsregister ship register
Schiffsrumpf hull
Schiffstagebuch logbook, log roll
Schiffsunfall shipping casualty
Schiffszertifikat certificate of registry
Schiffszubehör ship's accessories and appurtenances
Schlägerei affray
Schlagschatz seigniorage
schlecht bad, inferior, *(Schuld)* bad, doubtful
schlechtgläubig in bad faith, mala fide
Schleichhandel smuggling; illicit trade, — *treiben* to smuggle,

(im Kriege) to run contraband; to carry on an illicit trade
schleppen to tow
Schlepper tug, tug steamer, steam tug
Schlepplohn towage
Schleppschiffahrt towage, towing
Schleuderpreis underprice
schlichten to compromise, to settle, to adjust, to arbitrate
Schlichtung adjustment
Schlichtungsausschuß arbitral (arbitration) committee
Schlichtungsverfahren arbitral procedure
schließen to close, *(Vertrag)* to conclude, to make, *(Betrieb)* to close down, to shut down
Schließung closure, *(Vertrag)* conclusion
Schluß conclusion, *(Jahresschluß)* close
Schlußbericht final report
Schlußbemerkung conclusion
Schlußdividende final dividend
schlüssig conclusive
Schlußkurs closing price
Schlußnote broker's note, contract note, bought and sold note
Schlußpreis closing price
Schlußrechnung final account
Schlußschein siehe Schlußnote
Schlußverteilung final distribution
Schlußvortrag closing arguments
Schlußzettel siehe Schlußnote
Schmähschrift libel
Schmerzensgeld smart-money
Schmuggel smuggling
schmuggeln to smuggle, *(im Kriege)* to run contraband
Schmuggelware smuggled goods, contraband
Schmuggler smuggler
Schnellgericht summary court
Schöffe lay assessor, alderman
Schöffengericht judge and jury, court of aldermen
Schonzeit (des Wildes) close-time
Schreiben letter
Schreibfehler clerical error
Schreibwaren stationery
schreiten, zu etwas to proceed to
Schriftleiter (Redakteur) editor
schriftlich in writing, written
Schriftsassenlehen copyhold property, copyhold tenure
Schriftsatz (written) pleadings, case, memorial, *die Klage einleitender* — writ of summons
Schriftstück document, writing
Schrifturkunde deed
Schriftwechsel exchange of letters
Schuld debt *(geschuldete, ihrem Betrage nach festgestellte Geldsumme)*, liability, indebtedness, *(Strafprozeß)* guilt, *ausstehende* — outstanding debt, *bevorrechtete* — preferential debt, *faule* — bad debt, *öffentliche* — public debt, *schwebende* — floating debt, *zweifelhafte* — doubtful debt, *eine — eingehen* to contract (incur) a debt, *eine — einziehen* to collect (recover) a debt, *in Schulden geraten* to get (run) into debt
Schuldanerkenntnis acknowledgment of debt
Schuldbescheinigung certificate of indebtedness
Schuldbeweis proof of guilt
Schuldbrief instrument (document, deed) of debt
Schuldbuch debt ledger, debt register
Schuldbuchforderung registered debt
schulden to owe, to be indebted to
Schuldendienst service of a debt
schuldenfrei (Grundbesitz) unencumbered
Schuldenlast (Grundbesitz) encumbrance, *(öffentliche)* burdens of public debt
Schuldenmasse debts provable

Schuldentilgung discharge of debt, liquidation of debts
Schuldentilgungsfonds sinking fund
Schulderlaß remission of debt
Schuldforderung claim, (book-) debt
schuldhaft culpable, *schuldhafte Handlung* fault, *schuldhaftes Zögern* culpable delay
Schuldhaft imprisonment for debt
schuldig guilty, culpable, *(Geld)* due, owing, *sich — bekennen* to plead guilty
Schuldige, der the guilty person
Schuldigerklärung verdict of guilty, conviction
Schuldklage action for the recovery of a debt
schuldlos guiltless
Schuldner debtor, obligor
Schuldner-Verzug mora solvendi
Schuldrecht law of obligations
Schuldschein note of hand, promissory note, certificate of debt, bond, *(eigenhändig geschriebener)* I O U (I owe you)
Schuldschein-Darlehen loan against written acknowledgment of debt
Schuldtitel, vollstreckbarer enforceable judgment
Schuldübernahme assumption of debt, assumption of an obligation
Schuldurkunde instrument of debt, deed, document
Schuldverhältnis obligation, obligatory relation, *einzelne Schuldverhältnisse* particular kinds of obligations
Schuldverpflichtung liability, obligation
Schuldverschreibung debenture, bond; obligation, *Inhaber einer —* debenture holder, bondholder
Schuldversprechen promise of debt, promise creating an obligation
Schulung training
Schürfrecht right to prospect
Schutz protection
Schutzbrief letter of denization
Schutzgebiet protectorate
Schutzgeleite safe-conduct
Schutzgenosse denizen, protected person
Schutzhafen port of refuge
Schutzhaft preventive enstody
Schutzmacht protecting power
Schutzmarke trade mark
Schutzmaßnahme measure of safeguard
Schutzrechte protective rights
Schutzverfügung order of protection
Schutzzoll protective duty
Schwägerschaft relation by marriage
schwanger with child, pregnant
Schwangerschaft pregnancy
schwanken to fluctuate, to vary
Schwankung fluctuation, variation
schwarz unlawful, illicit, *schwarzer Markt* black market
Schwarzarbeit illicit work
Schwarzhandel illicit trade
Schwarzsender secret wireless station
schwebend (Geschäft, Verfahren) pending, *(Schuld)* floating, unfunded
Schweigegeld hush-money
Schweigepflicht obligation to secrecy
Schwerarbeiter (heavy) manual worker
Schwerindustrie heavy industry
schwimmend afloat, floating
Schwindler swindler
schwören to swear, to take the oath, to make oath, to confirm by oath
Schwörender juror
Schwund normal natural loss, shrinkage
Schwur oath
Schwurgericht jury court, *(Assisengericht)* court of assizes
Schwurgerichtsverfahren trial by jury
Schwurzeuge sworn witness

See, hohe — jenseits der Hoheitsgrenze high seas
seefahrend sea-going
Seefracht freight
Seegefahr sea risk, marine peril, perils of the sea
Seehafen seaport
Seekriegführung maritime (naval) warfare
Seekriegsrecht law of naval warfare
Seemannsbrauch seaman's custom, laws and customs at sea
Seenot distress (at sea)
Seeplatz seaport town
Seeraub piracy
Seeräuber pirate
Seerecht maritime law
Seeschaden average
Seeschiff sea-going vessel, *längsseit* — alongside vessel
Seeschiffsseite, frei free alongside
Seetransport sea (marine) transport
seetriftige Güter flotsam, waveson
seetüchtig seaworthy
Seetüchtigkeit seaworthiness
Seeunternehmen marine adventure
seeuntüchtig unseaworthy
Seeuntüchtigkeit unseaworthiness
Seeverkehr traffic by sea
Seevermögen property on sea
Seeversicherung marine insurance
Seeversicherungspolice policy of marine insurance
Seeversicherungsvertrag contract of marine insurance
Seeweg, auf dem by sea
Seewurf jettison, jetsam
segelfertig ready to sail
Seitenlinie, in der in the collateral line
Seitenverwandter collateral relative, relative (by blood) in the collateral line
Seitenverwandschaft collateral relationship
Sekretär secretary, clerk
Sekretariat secretariat
Sekundawechsel second of exchange
Sekundogenitur right of a younger son
selbständig independent, self-supporting; separate; unassisted
Selbstbehalt self-retention
Selbstbestimmung self-determination
Selbstbestimmungsrecht right of self-determination
Selbsteintritt, durch as principal, by constituting one's self as principal
Selbsteintrittsrecht right of interference
Selbstentzündung spontaneous combustion
Selbsterhaltung self-preservation
Selbsterhaltungsrecht right of self-preservation
Selbsthilfe self-help
Selbstkosten prime cost, cost price
Selbstmord suicide, self-murder
Selbstmörder suicide, felo de se
Selbstschuldner principal debtor, *als — bürgen* to be liable as principal debtor
Selbstverstümmelung voluntary mutilation
Selbstverteidigung self-defence
Selbstverwaltung local government, self-government
Selbstzensur self-censorship
Senat senate, *(am Gericht)* division
senden to send, to forward
Sender sender, consignor, remitter, *(Radio)* transmitter
Sendung consignment, shipment, goods sent, package, parcel
Senkung reduction, lowering
Sequester sequestrator, compulsory administrator, *(Konkurs)* official receiver, *unter — legen* to lay arrest on
Sequestration sequestration, compulsory administration
sequestrierbar sequestrable

sequestrieren to sequester
Serie series, set
Serienherstellung serial manufacture
Session session
Sezierung dissection
sicheres Geleit safe conduct
Sicherheit security, surety, guarantee, ***dingliche*** — material security, — ***leisten*** to give (furnish) security; to file a bond
Sicherheitsarrest custody, precautionary detention (arrest, arrestment, personal attachment)
Sicherheitshypothek cautionary mortgage
Sicherheitsklausel safeguard
Sicherheitskoeffizient factor of safety
Sicherheitsleistung, gegen subject to security
Sicherheitsprotest protest for security
Sicherheitsregreß recourse to security
sichern to secure, to safeguard
Sicherstellung guarantee, security; seizure
Sicherungsanspruch claim for security
Sicherungsübereignung transfer of ownership by way of security
Sicht sight, ***bei*** — on sight, at sight, ***auf*** — on demand, ***acht Tage nach*** — eight days' sight, eight days after sight, ***auf kurze, lange*** — at short, long sight, ***nach*** — at sight, after sight
Sichtwechsel sight draft, sight bill, ***Satz für — auf Berlin*** rate for sight exchange on Berlin
Siedlung, landwirtschaftliche agricultural settlement, land settlement, ***(einzelne)*** settler's holding
Siegel seal, ***unter*** — under seal, — ***abnehmen*** to remove the seal, to unseal, — ***anlegen*** to put under seal, — ***beifügen*** to affix the seal, — ***erbrechen*** to break the seal
siegeln to seal
Signalement description
signieren to mark
Signum mark
Silberstempel hall mark
Sitte custom, ***gute Sitten*** good morals, ***gegen die guten Sitten*** inconsistent with good morals, contra bonos mores, ***(unsittlich)*** immoral
Sittlichkeit morality
Sittlichkeitsvergehen indecent assault, immoral offence
Sitz (einer Firma) head office, principal place of business
Sitzung sitting, meeting, ***(Gericht)*** hearing, ***in öffentlicher*** — in open court
Sitzungsperiode session
Skontration settled account
Skontrierungstag ticket day, name-day
Skontro ticket; clearing
Solawechsel sole bill, single bill, only bill, note of hand, promissory note
Solidarbürge joint surety
Solidarbürgschaft joint surety, joint suretyship
solidarisch jointly and severally, conjointly, ***solidarische Verbindlichkeit*** joint liability
Solidarschuldner joint debtor
Soll debit
Soll-Ausgabe estimated (supposed) expenditure
Soll-Bestand calculated (presumed) assets
Soll-Betrag apparent amount
Soll-Einnahme estimated receipts, ***(des Staates)*** estimated (supposed) revenue
Sommerzeit summer-time, ***Durchführung der*** — daylight saving
Sonderbelastung specific charge, specific lien

Sonderdepot, im — under earmark, *in — nehmen* to earmark
Sondergesetz special law
Sondergut non-privileged separate property
Sonderkonkurs separate bankruptcy
Sonderkonto special account
Sonderliquidation special settlement
Sondernachfolger singular successor
Sonderrecht privilege, personal right
Sonderrücklage special reserve fund
Sondervorschriften appropriate provisions
Sonderzulage special bonus
Sonntagsentheiligung desecration of the Sabbath
Sonntagsruhe observance of the Sabbath
Sore stolen goods
Sorgfalt, care, diligence, *die im Verkehr erforderliche — anwenden* to exercise ordinary care, *die im Verkehr erforderliche — außer Acht lassen* to neglect ordinary care, — *eines ordentlichen Kaufmanns (Geschäftsmanns)* diligence of a careful mercantile trader (businessman)
Sorte variety, *Sorten (Geldsorten)* species of currency
Sortenzettel bill of specie
Sortiment assortment
Souveränität sovereign power
soweit nicht ausdrücklich etwas anderes bestimmt ist subject to explicit provisions to the contrary
sozial social
Sozialausgaben social expenditure
Sozialfürsorge social relief
sozialisieren to socialise
Sozialisierung socialisation
Sozialismus socialism
Soziallasten social charges
Sozialpolitik social policy
Sozialversicherung social insurance
Spalte column
Spanne margin
Spannung des Börsenpreises extreme range of prices
Sparbank savings bank
Spareinlagen savings deposits
sparen to save
Sparguthaben balance with a savings bank
Sparkasse savings bank
spätestens am on or before
Spediteur forwarding agent, forwarder, forwarding and shipping agent, freight and insurance broker; furniture remover
Speditionsgeschäft forwarding agency
Speicher warehouse
Spekulation speculation, speculative operation
spekulieren to speculate
Sperrdepot barred deposit, earmarked deposit
Sperre stoppage, interdiction
sperren to bar, to block, *(Scheck)* to stop
Sperrfrist period of interdiction
Sperrjahr close year
Sperrkonto barred account, blocked account
Sperrmark blocked mark (for banknotes, securities, emigrants)
Spesen expenses
Spesenrechnung bill of charges
Spezialgeschäft special shop
Spezialist specialist
Spezialität speciality
speziell particular, special
Spezieskauf purchase of non-fungible things
Spezifikation specification
spezifizieren to specify
Spiel gambling, gaming
Spieleinwand gambling plea
spielen to gamble
Spielgeschäft gambling transaction
Spielgewinn gambling profit
Spielklub gaming club
Spielraum margin

Spielschuld gaming debt, gambling debt
Spion spy
Spionage espionage
Spitzen peak amounts, *(beim Wertpapier)* fractional shares (bonds)
Spitzenleistung peak performance
Spitzenverband head organisation
Sprengstoffe explosive substances
Spruch verdict
Spruchkammer verdict board
Sprungregreß recourse in any order
Staatsangehöriger national, subject
Staatsangehörigkeit nationality; allegiance, *Erklärung des Verzichtes auf die —* declaration of alienage, *Wiederannahme der —* resumption of nationality
Staatsanleihe government loan, public loan, State loan
Staatsanwalt public prosecutor
Staatsaufsicht State control
Staatsbeamter State official
Staatseigentum State property
Staatseinkünfte public revenue
Staatsgewalt, Widerstand gegen die open defiance of lawful authority
Staatshaushalt budget
Staatskasse Treasury, Exchequer
Staatsminister minister of State, cabinet minister
Staatsoberhaupt head of the State, sovereign
Staatspapiere public funds, government stocks
Staatspräsident President of the State
Staatsrecht public law, political law
Staatsschuld public debt
Staatsschuldbuch public debt register
Staatssekretär secretary of State
Staatsverband, Entlassung aus dem dismissal from allegiance
Staatsvertrag treaty, convention
stabilisieren to stabilise
Stabilisierung stabilisation
Stabilität stability, *die — gefährden* to endanger the stability
Stadtanleihe municipal loan
Stadtgemeinde municipality
städtisch municipal, *städtischer Bezirk* urban district
staffeln to scale, *gestaffelt* on a sliding scale
Staffelrechnung equated account
Staffelung der Beiträge (Versicherung) grading of premiums
Staffelzinsen compound interest
Stamm stirps, *nach Stämmen* per (by) stirpes
Stammaktie original share, common share, ordinary share, *(der Gründer)* founder's share
Stammeinlage contribution to the capital
Stammkapital original capital, capital stock
Stand status, state; condition; rank; profession, *in — setzen* to recondition, *die Stände* the estates
Standesamt register office
Standesbeamter registrar
standesmäßig suitable to (in accordance with) the station in life
Standgericht court martial
ständig permanent
Standrecht martial law
Stapelware staple commodities
Statistik statistics
Statistiker statistician
stattgeben (Klage) to allow, to grant
Status status; statement in form of a balance sheet
statutarisch statutory
Statuten statutes, regulations, articles of association, *(am.)* bylaws
Statutenkollision conflict of laws
statutenmäßig statutory
Stauerlohn stowage
Steckbrief warrant (of apprehension), order of arrest

steckbrieflich verfolgen to take out a warrant against

Stelle (Amtsstelle) department, office, agency, *(Hypothek) an erster* — ranking as a first mortgage

stellen, auf den Namen to make out in the name of the holder, *sich — auf* to come to, *sich der Polizei* — to give one's self up to the police

Stellgeschäft double option, put and call

Stellung, rechtliche — legal status, — *nehmen* to make observations upon, to define one's position

Stellungnahme statement, observations, *(Haltung)* attitude

stellvertretend (ständig) deputy, *(zeitweilig)* acting

Stellvertreter agent, substitute, deputy, representative, proxy

Stellvertretung agency, representation, proxy

Stempel stamp, *(Prägestempel)* die, *(statt Siegel)* seal

Stempelabgabe stamp duty

stempelfrei duty-free, free from stamp duty

Stempelgebühr stamp duty, — *gezahlt* stamp collected

Stempelmarke stamp

stempeln to stamp

Stempelsteuer stamp duty

stempelsteuerpflichtig liable to stamp duty

Sterbetafel (Versicherung) mortality table

Sterbeurkunde certificate of death

Steuer tax, duty

Steuerabzug deduction of tax

Steueramt revenue office

Steueraufkommen yield of taxation

Steuerausfall deficiency in tax

steuerbar ratable, rateable, taxable

Steuerbarkeit ratability, taxability

Steuerbeamter tax officer, revenue officer

Steuerbehörde revenue authority

Steuerbelastung burden of taxation, fiscal burden

Steuerbescheid tax assessment

Steuereinkünfte revenue

Steuereinschätzer assessor

Steuererheber tax collector

Steuererhebung collection of taxes

Steuererklärung tax return

Steuererleichterung tax reduction

steuerfrei exempt from taxation

Steuerfreiheit exemption from taxes, immunity from taxation

Steuergutschein tax scrip

Steuerhinterziehung defraudation of the revenue

Steuerkraft tax potentiality, taxable capacity

Steuerlast fiscal burdens

Steuermannspatent mate's certificate

Steuermannsquittung mate's receipt

Steuer-Meßbetrag basic assessment amount

Steuer-Notverordnung fiscal emergency decree

Steuerpflicht liability to taxation

steuerpflichtig liable to taxation

Steuerpolitik fiscal policy

Steuerreform fiscal reform

Steuerquelle souree of taxation

Steuersenkung tax reduction

Steuerveranlagung assessment

Steuerveranlagungs-Ausschuß assessment committee

Steuerzahler taxpayer

Stichprobe sample taken at random; superficial test

Stichtag decisive date, critical date; account day, pay-day, settling-day, fixed day, key day

Stichwahl second ballot

Stifter founder

Stiftung foundation; endowment

Stiftungsgeschäft act of foundation

Stiftungsurkunde deed of foundation

still (Teilhaber) sleeping, dormant, ***(Reserven)*** latent, ***— legen (Betrieb)*** to shut down, ***— liegen (Schiff)*** to lie to, ***(Werke)*** to be idle

Stillegung shut-down

Stillhalte-Abkommen Standstill Agreement

stillschweigend tacit, implied, implicit

Stillstand standstill

Stimme vote, ***ausschlaggebende —*** casting vote, ***sich der — enthalten*** to abstain from voting

stimmberechtigt entitled to vote, ***stimmberechtigte Aktie*** voting share

Stimmberechtigung right of voting

stimmen to vote

Stimmengleichheit parity (equality) of votes; even decision

Stimmenmehrheit majority of votes, ***einfache —*** bare majority

Stimmenthaltung abstention from voting

Stimmenverteilung distribution of votes

Stimmkauf trafficking in votes

Stimmrecht right to vote, voting power, ***(politisches)*** suffrage, ***mit Stimmrechten ausgestattet sein*** to carry votes

Stimmzettel ballot paper

stipulieren to stipulate

Stockung stoppage

stornieren to cancel

Störung disturbance, ***(Belästigung)*** ruisance, ***(Besitz)*** infringement, ecroachment, trespass

Strafandrohung penalty incurred

Strafantrag application for the institution of criminal proceedings; penalty applied for

Strafanzeige erstatten to inform

Strafaufschub postponement of the execution of a sentence, reprieve

Strafausschuß correctional board

strafbar punishable, culpable, criminal, penal, indictible, ***strafbare Handlung*** indictible action

Strafbarkeit punishableness, punishability, culpability, ***Verständnis der —*** mischievous discretion

Strafbefehl order inflicting a fine

Strafbestimmung penal clause

Strafe punishment, ***(Geldstrafe)*** fine, penalty, ***(Körperstrafe)*** corporal punishment, ***— auferlegen*** to impose a punishment (a penalty) upon, ***in — nehmen*** to punish, to fine, ***in — verfallen*** to incur punishment

Straffall punishable offence

straffällig punishable, culpable

Straffälligkeit punishableness, punishability, culpability

straffrei exempt from punishment

Straffreiheit exemption from punishment, impunity

Strafgerichtsbarkeit criminal jurisdiction

Strafgesetz penal (criminal) law

Strafgesetzbuch penal (criminal) code

Strafgesetzgebung penal legislation

Strafgewalt power to punish

Strafkammer criminal court

sträflich culpable

Sträfling convict

Strafmaß measure of punishment

Strafmilderung mitigation (commutation) of a sentence (penalty)

Strafmündigkeit mischievous discretion

Strafprozeß criminal proceedings

Strafprozeßordnung rules of criminal procedure

Strafrecht penal (criminal) law

strafrechtlich penal, criminal, under penal (criminal) law

Strafrechtspflege criminal justice

Strafregister penal register

Strafsache criminal case

Strafverfolgung (penal) prosecution

Strafvollstreckung, Strafvollziehung execution of a sentence

Strafzeit time of imprisonment, *seine — absitzen* to serve one's time

Strafzumessung award of punishment

Strandgut wreckage, stranded goods, *(seetriftiges)* flotsam

strandtriftige Güter jetsam

Strandung stranding

Straßenraub highway robbery

Straßenrecht right of way

Straßenverkauf street vending

streichen to strike off, to cancel

Streik strike

streiken to strike

Streikender striker

Streit dispute, controversy, *den — verkünden* to use the third party procedure, to give notice of intention to contest (bring an action)

streitbefangen in suit

Streitfall matter in dispute (controversy)

Streitfrage issue, question at issue, moot

Streitgegenstand object at issue (in dispute)

streitig disputed, in dispute, at issue, contested, in controversy, *streitige Gerichtsbarkeit* contentious jurisdiction

Streitigkeit beruhend auf controversy founded upon

Streitinhalt issue

Streitpunkt issue

Streitverkündung third party notice, notice of intention to contest (bring an action), interpleader

Strohmann man of straw

Stück piece, *(Aktie)* certificate, *sechs — Eier* six eggs, *— Land* track of land, *in Stücken (Abschnitten) zu* in the denomination of

Stückarbeit job work

Stückekonto detailed stock account

Stückelung division of the capital, *(Abschnitte)* denominations

Stückeverzeichnis inventory

Stückgut piece goods, parcel goods, *(Schiff)* mixed cargo, general cargo

Stückgutgeschäft general cargo and package freight business

Stückwaren piece goods

Stückzinsen interest

stunden to grant a delay for payment, to give time for, to defer

Stundung extension of the time fixed for payment

stützen to support, *sich — auf* to rely on, to base one's self on

Submission, auf — geben to invite tenders

substituieren to substitute (for)

Substituierung substitution

Substitut substitute

subskribieren to subscribe to

Subskription subscription

Sühnegericht court of conciliation

Sühnetermin day fixed for reconciliation

Sühneverfahren process for condonation; proceedings for the purpose of reconciliation

Sühneversuch attempt at reconciliation

summarisch summary, *summarisches Verfahren* , summary procedure

Superkargo supercargo, capemerchant

suspendieren to suspend

Suspension suspension

Syndikat syndicate

Syndikus syndic

T

Tabelle table, schedule
Tabellenform, Aufstellung in tabular statement
Tagegelder daily fees (allowances)
Tageskurs rate of the day, current exchange
Tagesordnung agenda
Tagespreis current price
Tagewerk man-day
tägliches Geld call money, day-to-day money
täglich fällig payable on demand
Tagung sitting, session
Talon talon, counterfoil
Tantieme percentage, royalty
Tara tare
Taragewicht tare weight
Tarif tariff
Tariflohn standard wages
Tarifvertrag collective labour contract
tarnen to camouflage
Taschendieb pickpocket
Tatbestand facts of the case, *(im Urteil festgestellter)* findings of fact, *objektiver* — actual facts of the case
Tatbestandsmerkmal element (constituent) of the offence
Täter perpetrator, committer
Tatfrage question of fact
tätig sein to work, — — *als* to act as
Tätigkeitsbereich, Tätigkeitsgebiet sphere of action, sphere of activity
tätlicher Angriff assault, *(Schlägerei)* battery
Tätlichkeiten physical violence
Tatsachenfrage issue in fact
tatsächlich actual
Taufname Christian name, baptismal name
tauglich proper, *tauglicher Bürge* proper surety
Tausch exchange
tauschen to exchange for (against)
Tauschhandel barter
Tauschmittel medium of exchange
Täuschung deception, deceit, misrepresentation, *arglistige* — fraud
Taxation valuation, appraisement
Taxator valuer, appraiser
Taxe tariff
taxieren to value, to appraise
Taxwert estimated value
Teil part, portion, *(Anteil)* share
teilbar divisible, apportionable, severable
Teilbesitz part possession
Teilbetrag part amount, fractional amount
Teilgrundschuldbrief certificate relating to a share in a land charge
teilhaben to participate, to have an interest in
Teilhaber partner, *geschäftsführender* — managing partner, *stiller* — sleeping (dormant) partner, *tätiger* — acting partner
Teilhaberschaft partnership, *in — gehen* to go into partnership
Teilhaverei, frei von free of all averages
Teilhypothek partial mortgage
Teilhypothekenbrief part certificate of mortgage, certificate relating to a share in a mortgage
Teilinteresse partial interest
Teilleistung part performance
Teilnahme participation
teilnehmen to participate in, *an einer Versammlung* — to attend a meeting
Teilnehmer participant
Teilschuldverschreibung part obligation
Teilung distribution, partition, — *in Natura* partition in kind

Teilungsanordnung directions for the partition
Teilungsmasse assets for division, assets available for distribution
Teilungsplan scheme of partition
Teilurteil partial judgment
Teilverlust partial loss
teilweise partially
Teilzahlung part payment
Telegrammadresse telegraphic address
Termin date, appointed time, day fixed, *(Gericht)* hearing, *(Strafprozeß)* trial day, *nächstfolgender* — next succeeding date, *letztvorhergehender* — next preceding date, — *ansetzen* to appoint a hearing, — *verlegen* to adjourn the hearing
Termingeschäft time-bargain, *Termingeschäfte* futures, time transactions, dealings for the account
Testament will, last will, testament, *eigenhändiges* — holograph will, *gemeinschaftliches* — joint will, *mündliches* — nuncupatory will, *ohne* — intestate, *ein* — *aufheben* to revoke a will, *ein* — *errichten* to make a will, — *gerichtlich bestätigen lassen* to probate
testamentarisch testamentary, by will
Testamentsbestätigung probate
Testamentserbe testamentary heir
Testamentserbin testamentary heiress
Testamentseröffnung opening of the will
Testamentsklausel testamentary clause
Testamentsnachtrag codicil
Testamentsvollstrecker executor
Testamentsvollstreckerin executrix
Testator testator
Testatrix testatrix
testieren to make a will
testierfähig capable to make a will
Testierfähigkeit capacity to make a will
Theaterzensor examiner of plays
Thronrede king's speech
Tierhalter keeper of an animal
Tierquälerei cruelty to animals
tilgbar redeemable, amortisable
tilgen to discharge, to redeem
Tilgung discharge, redemption, amortisation; extinction
Tilgungsdarlehen amortisation loan
Tilgungsfonds sinking-fund
Tilgungsplan plan of redemption
Tilgungsquote sinking-fund payment, amortisation instalment
Titel title, *vollstreckbarer* — executory title, enforceable judgment (order)
Tochtergesellschaft subsidiary (affiliated) company
Tod death, decease, *bürgerlicher* — civil death, *vorzeitiger* — previous death, *von Todes wegen* mortis causa
Todeserklärung declaration of death, petition on disappearance granted
Todesfall death, decease, *(im Krieg)* casualty
Todesstrafe capital punishment
Todestag date of death
Todesurteil capital sentence, sentence of death, *(Schriftstück)* death warrant
toller Hund mad dog
Tonnage, Tonnengehalt tonnage
Tonnengeld tonnage, tonnage dues
tot dead, deceased, *totes Kapital* barren money, *tote Hand* mortmain, *lebendes und totes Inventar* animate and inanimate property
Totschlag manslaughter
trachten, nach dem Leben to seek (attempt) a person's life
Tradent durch Uebergabe transferor by delivery
Tragfähigkeit burden

Transferaufschub postponement of transfer
Transferfähigkeit power to transfer
transferieren to transfer, *in Devisen* — to transfer over the exchanges
Transferschutz transfer protection
Transit transit
Transport transport, transportation, conveyance, carriage, *(Buchhaltung)* balance forward, *auf dem* — in transit, in transitu, — *zu Wasser* carriage by water
Transportkosten carriage, freight
Transportmittel means of conveyance, facilities of transportation
Transportsteuer transport tax
Transportversicherung insurance against risks of carriage, *(See)* marine insurance
Trassant drawer
Trassat drawee
trassieren to draw
trassiert-eigen drawn on self
Tratte draft, *dokumentierte* — documentary draft
Trauschein certificate of marriage
Trennung (Ehe) separation, judicial separation, separation from bed and board
Tresoren, in den in vault
Treu und Glauben good faith
treuen Händen, zu in trust, upon trust
Treugut trust
Treuhand trust
Treuhandbesitz trust estate
Treuhandeigentum trust property, trust estate
Treuhänder trustee, — *für das feindliche Vermögen (England)* Public Trustee, *(Amerika)* Alien Property Custodian
Treuhänderschaft trusteeship
Treuhandgeber (Benefiziar) cestui que trust
Treuhandgesellschaft trust company
Treuhandvereinbarung trust agreement
Treuhandverhältnis trust, *(im Wege ausdrücklicher Parteihandlung errichtet)* express trust
triftig conclusive, cogent
Triplik rejoinder
Triplikat triplicate
Trunkenbold drunkard
Trunkenheit drunkenness, intoxication
Trunksucht habitual drunkenness
tunlich practicable, conveniently possible
Tunlichkeit practicability
Typ, Typus type

U

Ueberangebot excessive supply
Ueberbaurecht right to build over another's property
überbieten to outbid
Ueberbringer bearer
übereignen to convey, to transfer ownership
Uebereignung conveyance, transfer of ownership
übereinkommen to agree
Uebereinkommen, Uebereinkunft agreement, arrangement
übereinstimmen to be conformable with, to conform to, to coincide with, to tally with
übereinstimmend conformable with, in conformity, in accordance with
Uebereinstimmung conformity, accordance, *in* — *handeln* to act in concert
Ueberfahrt passage
Ueberfahrtsvertrag passage contract
Ueberfall assault
überfällig overdue
Ueberfall-Kommando flying squad
überfremdet foreign-controlled
Ueberfremdung foreign control

überführen (eines Verbrechens) to convict
Uebergabe delivery, handing-over, surrender
Uebergang passing, transmission
Uebergangsbestimmung temporary (transitory) provision
Uebergangszeit transition period, transitional period
übergeben to hand over, to transmit, to deliver, to pass, to surrender; to give in charge
übergehen to pass to; to vest in, to devolve upon, *(auslassen)* to pass over, *in das Vermögen* — to become the property
Uebergewinn excess profit
übergreifen to encroach upon
Uebergriff encroachment
Ueberhang overhanging branches
überholen (Schiff) to overhaul
überladen to overload
überland overland
überlassen to cede, to yield, to give, to transfer, to surrender, to leave, to leave in the hands of, to let have
überleben (Menschen) to survive, *(Tag)* to be living at
überlebend surviving
Ueberlebender survivor, *Recht des Ueberlebenden* right of survivorship
Ueberlebenswahrscheinlichkeit probability of survival
Ueberlegung deliberation, premeditation
Ueberliegezeit demurrage, days on demurrage
übermachen to make over, to transmit, to remit
Uebermachung transmission, remittance
übermitteln to transmit, to convey, *(Geld)* to remit
Uebermittelung transmission, *(Geld)* remittance
Uebernahme taking-over, *(Verbindlichkeiten)* assumption
Uebernahmepreis taking-over price
übernehmen to undertake; to take over, *(Aktien durch Zeichnung)* to subscribe to, *(Verbindlichkeiten)* to assume, *Anteil* — to take a share
überprüfen to verify
Ueberprüfung verification
überschreiten to exceed, *(Befugnisse)* to overstep, *(Gesetz)* to transgress, to infringe, to trespass upon, *(Guthaben)* to over,-draw (one's account), *(Kredit)* to outrun (one's credit)
Ueberschrift superscription, heading
überschuldet involved in debt, insolvent, *(Grundbesitz)* encumbered with debts
Ueberschuldung heavy indebtedness, overindebtedness, insolvency
Ueberschuß surplus, overplus, excess of ... over, *(Rest)* residue
übersee oversea, overseas
überseeisch transoceanic
übersenden to send, to forward, to remit, to transmit
Uebersender sender, remitter
Uebersendung remittance
übersetzt (zu hoch angegeben) overstated
Uebertrag balance forward
übertragbar transferable, assignable
Uebertragbarkeit transferability, assignability
übertragen to transfer, to assign, to vest in; to entrust with, to charge with, *(Eigentum)* to convey, *(Rechte)* to delegate to, to confer upon, to grant, *(Saldo)* to carry forward, to carry over, — *werden auf* to vest in
Uebertragender transferor, assignor, grantor
Uebertragung transfer, assignment, conveyance; grant, — *ohne Entgelt* voluntary conveyance

Uebertragungserklärung, Uebertragungsurkunde deed of transfer, *(dinglich)* deed of conveyance
übertreten to transgress, to trespass, to infringe, to violate, to contravene
Uebertretung transgression, trespass, infringement, violation, contravention; minor offence, — *begehen* to transgress, to trespass, to commit an offence
Ueberversicherung over-insurance
übervorteilen to cheat, to overreach
überweisen to assign, *(Geld)* to remit
Ueberweisung assignment, *(Geld)* remittance
Ueberweisungsbeschluß, gerichtlicher judicial decree of assignment, assignment order
Ueberweisungsscheck transfer cheque
überwiegende Bedeutung controlling importance
überzeichnen to oversubscribe
überziehen (Konto) to overdraw (one's account)
üblich customary, usual
Ultimo end of the month, last day of the month
Ultimoabschluß monthly settlement
Ultimowechsel ultimo bill
umbauter Raum enclosed space
umbuchen to transfer
Umbuchung transfer
Umfang der Einfuhr (Ausfuhr) volume of imports (exports)
umgehen, das Gesetz to evade the law
Umgehung evasion
umherziehend itinerant
umladen to transship
Umladung transshipment
Umlage contribution, — *von Kosten* apportionment of expenses, *Recht zur Erhebung von Umlagen* right of assessment
Umlauf circulation
umlaufen to circulate, to outstand
umlaufend circulating, outstanding, current
Umlaufsmittel means of circulation, currency
Umlaufszeit term
Umlegeverfahren assessment system
Umorganisierung reconstitution
umrechnen to convert into
Umrechnung conversion
Umrechnungskurs rate of exchange, rate of conversion
Umsatz turnover, returns, sales
Umsatzsteuer tax on turnover, turnover tax
Umschlag (Hülle) envelope, wrapper, *(Mappe)* folder, *(von Waren)* transshipment, reloading; handling
umschlagen to tranship, to reload; to handle
Umschlaghafen port of transshipment
Umschlagplatz place of transshipment
umschulden to convert an indebtedness
Umschuldung conversion of indebtedness
umschreiben auf to transfer to
Umschreibung transfer
umseitig overleaf
umsetzen to turn over, *in Geld* — to convert into money
Umstand circumstance, *Umstände (Verhältnisse)* conditions
umstellen re-organize, to convert, to adapt; to alter the system, *(auf andere Währung)* to re-express in
Umstellung re-organisation, conversion, adaptation
umstoßen to avoid, to rescind
Umstoßung avoidance, rescission
umwandelbar convertible, transformable, commutable
umwandeln to convert into, to transform, to change into

Umwandlung conversion, transformation, commutation, change
unabhängig independent, self-supporting
unanfechtbar non-appealable, final and conclusive, unavoidable, indefeasable, absolute
unangemessen inadequate
Unangemessenheit inadequacy
unauffindbar untraceable
unbebaut not built upon
unbedingt absolute, unconditional
unbefugt without authority, unauthorised
unbegründet unfounded
unbeschadet without prejudice to, *(einer Bestimmung)* subject to
unbescholten of unblemished character
unbeschränkt unlimited, without limitation, unrestricted, unqualified, absolute
unbeständig unstable
unbestimmt uncertain, indeterminate, — *vertagen* to adjourn sine die
unbestritten undisputed
unbeweglich immovable
unbillig inequitable, unreasonable
unbrauchbar machen to disqualify, to render useless
undurchführbar impracticable
unecht not genuine, forged, spurious
Unechtheit spuriousness
unehelich illegitimate, *uneheliches Kind* illegitimate child, natural child, bastard
Unehelichkeit illegitimacy
unehrenhaft dishonourable
uneinbringlich irrecoverable
uneinlösbar irredeemable
uneintreibbar irrecoverable
unentgeltlich gratuitous, without a consideration
unentlastet undischarged
unerheblich irrelevant, immaterial, insignificant
unerlaubt unlawful, illegal, tortious,
unerlaubte Handlung unlawful act, tort, wrong
unerläßlich indispensable
unfähig unable, incapable, — *machen* to disqualify
Unfähigkeit disability, incapacity, *gesetzliche* — civil disability, *rechtliche* — incapacity
Unfall accident, casualty
Unfallversicherung accident insurance
Unfug nuisance
unfundiert unfunded
ungangbar unsalable, unmarketable, unmerchantable
ungebraucht unused
Ungebühr vor Gericht contempt of court
ungeeignet inappropriate, unfit, unsuitable
ungelernt unskilled
ungerechtfertigt unjustified
ungesetzlich unlawful, illegal
unglaubwürdig untrustworthy, unworthy of credit
Unglaubwürdigkeit untrustworthiness
Unglücksfall accident, casualty
ungültig invalid, void, null and void, — *machen* to cancel, to invalidate; to vitiate, — *erklären* to invalidate, to cancel, to annul, to rescind
Ungültigkeit invalidity, nullity, voidness
Ungültigkeitserklärung invalidation, annulment, nullification, cancellation
Ungültigkeitsklage (Ehe) nullity suit
unhaltbar untenable, unmaintainable
Unhaltbarkeit untenableness
unkenntlich machen to deface
Unkenntnis ignorance
unklagbar unenforceable
Unkosten expenses, *allgemeine* — overhead expenses

unkündbar not terminable by notice; irredeemable, not callable; perpetual
unlauter unfair, unlawful, *unlauterer Wettbewerb* unfair competition
unnotiert unquoted
unparteiisch impartial
Unparteiischer umpire
unpfändbar not subject to attachment
Unrecht wrong, *zu* — wrongfully, *(irrtümlich)* erroneously
unrechtmäßig unlawful, illegal, illegitimate
Unrechtmäßigkeit unlawfulness, illegality, illegitimacy
unredlich dishonest
Unredlichkeit dishonesty
unrentabel unprofitable
Unrentabilität unprofitability, unprofitable nature
Unruhen, innere riots, civil commotion
Unschädlichkeitszeugnis certificate excluding risk
Unschuld innocence, guiltlessness
unschuldig innocent, guiltless
unsittlich immoral, *unsittliche Zumutungen* immoral demands
Unsittlichkeit immorality
unstatthaft not permitted
unstreitig undisputed, not at issue
untauglich inefficient, unserviceable
unteilbar indivisible, unapportionable
Unteragent sub-agent
Unteragentur sub-agency
Unterausschuß sub-committee
Unterbelehnung subinfeudation
Unterbilanz adverse balance, deficiency in assets, deficit, *mit — arbeiten* to operate at a loss
Unterbrechungen, mit intermittently
unterbringen to place, *(Menschen)* to accommodate
Unterbringung placement, accommodation
unterdrücken to suppress
Unterdrückung von Tatsachen suppression (concealment) of facts
untereinander inter se
Unterfrachtvertrag re-charter
Untergang loss, destruction, *(eines Rechtes)* extinguishment
Untergebener subordinate
untergehen (umkommen) to perish, *(in etwas)* to be merged in
untergeschoben spurious, supposititious
Untergesellschaft subsidiary company
Unterhalt subsistence, maintenance, *notdürftiger* — bare necessaries of life, *notwendiger* — necessaries
unterhalten to maintain; to entertain
Unterhaltsbeitrag allowance for maintenance
unterhaltsberechtigte Angehörige dependents, *(Hinterbliebene)* surviving dependents
Unterhaltspflicht duty to furnish maintenance, duty as to maintenance
Unterhaltung maintenance, support, *(Alimente)* alimony, *(Sachen)* upkeep, *bauliche* — structural upkeep, — *und Instandsetzung* maintenance and repairs
Unterhaltungskosten cost of maintenance
unterhandeln to negotiate
Unterhändler negotiator
Unterhandlung negotiation
Unterkonzession sub-concession
Unterlagen documents, material, data
unterlassen to omit; to abstain from, to refrain from, *(schuldhaft)* to fail
Unterlassung omission, abstention, failure, default, *auf — klagen* to apply for an injunction

unterliegen to lose, to fail, to be unsuccessful, *(einer Bestimmung)* to be subject to
Unterlizenz sub-license
Untermiete sub-lease
Untermieter lodger, sub-tenant
unternehmen to undertake
Unternehmen undertaking, enterprise, business, concern, venture
Unternehmer contractor; employer
Unterpächter underlessee
untersagen to inhibit, to prohibit
unterschieben to substitute
Unterschiebung substitution
unterschlagen to embezzle, *(Briefe)* to intercept
Unterschlagung embezzlement; interception
unterschreiben to sign, to subscribe
unterschreiten (Preise) to undercut
Unterschrift signature, *eigenhändige* — autograph signature, manual signature
Unterstaatssekretär under-secretary of State
unterstellen to assume
Unterstützung assistance, relief
Unterstützungswohnsitz place of poor relief
untersuchen to examine, to investigate, to inquire into
Untersuchung examination; investigation, inquiry, *(vor Gericht)* trial, *körperliche* — physical examination
Untersuchungsausschuß commission of inquiry
Untersuchungsgefangener prisoner on trial
Untersuchungshaft detention (on remand), imprisonment before the trial, *in — nehmen* to commit for trial, *in — zurücksenden* to remand, *unter Anrechnung der* — compensated by retain on remand
Untersuchungsrichter examining judge (magistrate)
Untertan subject
Untertaneneid oath of allegiance
Untertanenverband, aus dem — entlassen to dismiss from allegiance
untervermieten to sublet
unterversichern to underinsure
unterwerfen, sich to submit to
Unterwerfung, — unter ein Schiedsgericht submission to an award, *— unter sofortige Zwangsvollstreckung* willingness to submit to immediate execution
Unterwerfungsverfahren proceedings purporting the fixing of a fine by compromise
unterworfen sein to be subject to
unterzeichnen to sign, to undersign, to subscribe
Unterzeichner signer, subscriber, *(Vertrag, besonders Staatsvertrag)* signatory
Unterzeichnung signing, subscription
untilgbar irredeemable
untrennbar unseverable, inseparable
Untreue dishonesty, breach of trust
untunlich impracticable
unübertragbar inalienable, untransferable, unassignable
unüberwindliche Abneigung (Scheidungsgrund), etwa incompatibility of temper
unumstößlich unavoidable
ununterbrochen unintermittedly
unveräußerlich inalienable
unverdächtig above suspicion, not suspect
unvereidigt unsworn, without oath
unvereinbar irreconcilable
Unverfallbarkeit non-forfeiture
unverhältnismäßig disproportionate
unverheiratet unmarried
unverjährbar imprescriptible, not subject to the statute of limitation
unverkäuflich unsalable, unmarketable, unmerchantable; not for sale

unverletzlich inviolable
Unverletzlichkeit inviolability, immunity
Unvermögen incapacity, disability, inability
unvermögend impecunious
unverpackt unpacked
unverrückbares Inventarstück fixture
Unversehrtheit integrity
unversicherbar uninsurable
unverzinslich non-interest-bearing
unverzollt in bond, bonded
unverzüglich without delay
unvordenklich immemorial, *unvordenklicher Brauch* immemorial custom, *unvordenkliche Zeit* time immemorial, time beyond human memory
unwiderleglich unrebuttable
unwiderruflich irrevocable, irreversible, irrepealable
unwirksam void, inoperative, invalid, of no effect, ineffective, *die Verordnung wird* — the decree loses its force
Unwirksamkeit invalidity
unwirtschaftlich uneconomic
unwürdig unworthy
unzüchtige Handlungen lascivious (obscene) conduct, *unzüchtige Schriften* obscene literature
unzulässig inadmissible, not permitted, not permissible, undue
unzurechnungsfähig irresponsible, non compos
Unzurechnungsfähigkeit irresponsibility, insanity
unzuständig non-competent, having no jurisdiction
Unzuständigkeit non-competence
Urheber (Verfasser) author, *(Verbrecher)* perpetrator
Urheberrecht copyright, author's right, *künstlerisches* — artistic copyright, *literarisches* — literary copyright
Urkunde instrument, document, *(gesiegelte)* deed, *(Beleg)* title-deed, *(Beweisstück)* voucher, *(als Beweisstück einem Schriftsatz beigefügte Anlage)* exhibit, *öffentliche* — officially authenticated document, *zu Urkund dessen* in witness whereof
Urkundenbeweis documentary evidence
Urkundenfälscher forger of documents
Urkundenfälschung forgery of documents
Urkundenrolle roll of deeds
Urkundensteuer tax on deeds and documents
urkundlich documentary, — *unter meiner Unterschrift und meinem Siegel* witness my hand and seal
Urkundsbeamter (Gerichtsschreiber) clerk to the court
Urschrift original
urschriftlich in the original
Ursprung origin
ursprünglich original
Ursprungsbezeichnung indication of origin
Ursprungsland State of origin
Ursprungszeugnis certificate of origin
Urteil (Zivilprozeß) judgment, decision, *(Strafprozeß)* sentence, *(der Geschworenen)* verdict, *(Schiedsspruch)* award, — *sprechen* to pass judgment, — *vollstrecken* to carry out a judgment, to execute a sentence
urteilen to pass judgment, to pass a decision, to decide, to determine
Urteilsausfertigung copy of the judgment
Urteilsgläubiger judgment creditor
Urteilsgründe reasons (for the decision), conclusions of law
Urteilsschuld judgment debt
Urteilsschuldner judgment debtor
Urteilsspruch verdict

Urteilsvollstreckung (Strafprozeß) execution of a sentence

Usance usage, custom

Usance-Termingeschäft forward exchange transaction

V

Valuta value; foreign currency

Vaterschaft paternity

Vatersname surname

veraltet obsolete

veranlagen to assess

Veranlagung assessment

Veranlassung, auf — von at the instigation of, *zur weiteren —* for appropriate action, for further handling

verantwortlich responsible, answerable, accountable, — *machen* to hold responsible

Verantwortlichkeit responsibility

Verantwortung responsibility

Veräußerer alienor

veräußerlich alienable

Veräußerlichkeit alienability

veräußern to alienate, to sell, to dispose of

Veräußerung alienation, sale

Veräußerungsverbot restraint on alienation

Verbalinjurie insult

Verband association, union

verbergen to conceal, *sich* — to abscond

Verbergung concealment

verbieten to prohibit

verbinden to combine, to consolidate, *ein Schriftstück mit einem anderen* — to accompany a document by another, *durch Schnur und Siegel* — to attach under one's seal

verbindlich binding, obligatory

Verbindlichkeit liability, obligation

Verbindung connection, relation, relationship; combination; consolidation; incorporation

verbodmen to borrow money on bottomry, to take bottomry (a bottomry bond), to hypothecate

verborgen, sich — halten to abscond

Verbot prohibition, inhibition; interdict, interdiction, *(gerichtliches)* injunction, *gesetzliches* — statutory prohibition

Verbrauch consumption

verbrauchbar consumable, consumed in use

verbrauchen to consume

Verbraucher consumer

Verbrauchsabgabe duty of excise

Verbrauchsgüter consumable goods

Verbrauchslenkung control of consumption

Verbrauchsproduktion production for consumption

Verbrauchssteuer excise; consumption tax

Verbrechen crime, felony

Verbrecher offender, delinquent, criminal, felon, *jugendlicher* — youthful (juvenile) offender

verbrecherisch criminal, felonious

verbreiten to circulate

Verbreitung (von Schriften) circulation, — *falscher Nachrichten* spreading false news

verbriefter Anspruch title

verbringen nach to bring into

verbündet allied

verbürgen to warrant, *sich* — to make one's self surety, to stand security

Verbürgung suretyship

verbüßen, eine Gefängnisstrafe to serve one's time

Verdacht suspicion, *im — stehen* to be suspected of, *im — haben* to suspect

verdächtig suspect, suspicious, suspected of
Verdächtigkeit suspiciousness
Verdachtsgründe reasons for suspecting
Verdachtsmoment suspicious fact
Verderb deterioration, *dem — ausgesetzt* of a perishable nature, liable to deterioration, *innerer —* spontaneous deterioration
verderben (passiv) to deteriorate, *(aktiv)* to spoil
verderblich perishable
verdorben spoiled
Verdunkelung blackout, *(Kollusion)* collusion
Veredelungsindustrie finishing industry
Veredelungsverfahren finishing process
vereidigen to swear, *vereidigter Dolmetscher (Uebersetzer)* sworn interpreter (translator)
Verein association, union, society, *eingetragener —* registered society
vereinbar compatible with, reconcilable with
vereinbaren to agree upon, to contract for, to stipulate, *vereinbart* agreed
Vereinbarkeit compatibility
Vereinbarung agreement, arrangement; convention, covenant
vereinigen to amalgamate, to consolidate, to associate, *sich in einer Person —* to merge in one person
Vereinigung amalgamation, consolidation, association, merger
vereinzelt isolated
vereiteln to frustate, *Zwangsvollstreckung —* to render judgment and execution null
vererben to bequeath
vererblich heritable, transmissible
Vererbungsfähigkeit ability to bequeath
Verfahren proceedings, procedure, *(Patent)* process
verfahren to proceed
Verfall (Rechte) forfeiture, lapse, *(Wechsel)* maturity, *bei —* when due, on maturity
verfallen to expire, to lapse, to become forfeited, *(Wechsel)* to become due, to fall due, *— sein* to be overdue, *für — erklären* to condemn, *(Hypothek)* to foreclose, *für — erklärt* forfeited
Verfallserklärung forfeiture, *(Hypothek)* foreclosure
Verfalltag day of maturity, duedate
verfälschen to falsify, *(Nahrungsmittel)* to adulterate, *(nachmachen)* to counterfeit
Verfälschung falsification, *— von Nahrungsmitteln und Medikamenten* adulteration of food and drugs
Verfasser author, *(Vertrag u. dgl.)* framer
Verfassung (Staat) constitution, *(Zustand)* condition, state
verfassungsmäßig constitutional
Verfassungsrecht constitutional law
Verfassungsurkunde constitutional charter
verfilmen to picturise
Verfolg, im in pursuance (of)
verfolgbar actionable
verfolgen to prosecute
Verfolgung prosecution, *außer — setzen* to discharge from prosecution
Verfolgungsrecht right of stoppage in transitu
verfrachten to freight, to ship
Verfrachter freighter, shipper, consignor, *— von Seeschiffen* carrier by sea
Verfrachtung shipping
verfügbar available, disposable
verfügen über to dispose of

Verfügung disposal, disposition, *(Verordnung)* order, decree, *(gerichtliche)* order, injunction, *zur — von* at the disposal of, *zur — stellen* to place at a person's disposal, to make available, *— von hoher Hand* Government order, *letztwillige —* testamentary disposition, *— von Todes wegen* disposition mortis causa, *freie —* free disposition, *korrespektive —* correspective disposition

Verfügungsbefugnis, Verfügungsgewalt power of disposition (over), *(diskretionäre)* discretion

verfügungsfähig capable to dispose

Verfügungsrecht right of disposing, power of disposition (over)

verführen to seduce

Verführung seduction

vergasen to gas

vergeben, einen Auftrag to place an order with

Vergebung eines Auftrages placement of an order

Vergehen misdemeanour, offence

Vergeltung retaliation

Vergeltungsmaßnahme retaliatory measure, measure of retaliation, *(Repressalie)* reprisal

Vergeltungsrecht right of reprisal

Vergiftung poisoning

Vergleich compromise, agreement, arrangement, settlement, accord, *(mit Gläubigern)* composition, *(außerhalb des Konkurses)* deed of arrangement, *gütlicher —* amicable agreement (arrangement), *(Vergleichung)* comparison, *durch — erledigen* to compromise, *im — mit* as compared with

vergleichen to compromise, to agree, to arrange, to settle, to adjust, *sich mit Gläubigern —* to compound, *(eine Vergleichung machen)* to compare

Vergnügungssteuer entertainment tax

vergüten to compensate, to refund, to allow, *(Dienste)* to remunerate, *Kosten —* to refund (reimburse) expenses, *Schaden —* to indemnify, *Zinsen —* to allow interest

Vergütung consideration, allowance; compensation, indemnity, *(im Bankverkehr)* credit, *(für Dienste)* remuneration

verhaftbar attachable

verhaften to arrest, to apprehend, to attach

verhafteter Gegenstand object in custody

Verhaftsbefehl warrant of apprehension, arrest warrant

Verhaftung arrest, apprehension

Verhalten conduct

Verhältnis relation, relationship; proportion, ratio, *festes —* fixed ratio, *im — zwischen* as between, *Verhältnisse (Umstände)* conditions

verhältnismäßig ratable, pro rata, proportionate

verhandeln to negotiate, to transact, *(Gericht)* to hear a case, to try a case

Verhandlung negotiation; *(Zivilprozeß)* hearing, *(Strafprozeß)* trial, *(Niederschrift)* record, *nochmalige —* re-hearing, *Verhandlungen vor Gericht* pleadings

Verhandlungsgebühr hearing fee

verhängen (eine Strafe) to inflict

verhehlen to conceal

Verhehlung concealment

verheimlichen to conceal, to suppress

Verheimlichung concealment, suppression

verheiratete Frau married woman

Verheiratung marriage

Verhinderung prevention; disability; frustation

Verhör interrogation, questioning, *(Zeugen)* examination, hearing, *(des Angeklagten)* trial

verhören to question; to examine, to hear, *im Kreuzverhör (durch die Gegenpartei)* — to cross-examine

verjähren to become barred

verjährt statute-barred; prescribed, barred by presciption, *(am.)* outlawed

Verjährung (Erwerb eines Rechts durch ungestörte Ausübung) prescription, *(Verlust eines Rechts)* limitation, limitation of action, statutory limitation, *Unterbrechung, Hemmung der* — interruption, suspension of prescription, *durch — erworben* prescriptive

Verjährungsfrist period of prescription (limitation)

Verkauf sale, *freihändiger* — private sale

verkaufen to sell

Verkäufer seller, vendor, *(im Laden)* shopman, shop assistant, *(im Großhandel)* salesman

verkäuflich salable, saleable; merchantable, marketable

Verkäuflichkeit salability; marketability

Verkaufsbedingungen conditions (terms) of sale

Verkaufsbrief bill of sale

Verkaufsnote sold note

Verkaufspreis selling price; sales value

Verkaufswert selling value, saleable value

Verkehr traffic, intercourse; dealings, *ehelicher* — conjugal intercourse, *außerehelicher* — illicit cohabitation, *im* — in ordinary dealings, *in — setzen* to put on the market

Verkehrsbedürfnis requirement of ordinary intercourse

Verkehrshypothek normal mortgage

Verkehrsministerium Ministry of Transport

Verkehrssitte ordinary usage

Verkehrswesen communications

verklagen to sue, to take legal proceedings, to bring an action against, to demand judgment against, to prosecute

Verklarung sea-protest, ship's protest, — *ablegen* to make a protest

verkünden to promulgate, to publish, *(Urteil)* to pronounce

Verkündung promulgation, publication, pronouncement

Verladehafen port of shipment

verladen to ship

Verlader shipper, freighter

Verladung shipment

Verladungspapiere shipping documents

verlagern to displace

Verlagsrecht right of publication; law of publishers

verlängern (Wechsel) to renew, *(Geschäft)* to carry over, to continue, *(Frist)* to extend

Verlängerung renewal, carrying-over, continuation, extension

Verlassen, böswilliges wilful desertion

Verlassenschaft property left, estate, inheritance

verlegen to remove, *(Bücher)* to publish, *Termin* — to adjourn the hearing

Verleger publisher

Verlegung removal

verleihen to lend, *(gewähren)* to grant

Verleiher lender

Verleihung (Gewährung) grant

verleiten to entice, *(Zeugen)* to suborn

Verleitung (Zeugen) subornation

verlesen to read, to read aloud, to read out

verletzen to infringe, to violate, to contravene, to prejudice
Verletzer infringer
Verletzter injured party
Verletzung infringement, violation, contravention, prejudice, *körperliche* — bodily injury, — *des Urheberrechts* piracy
verleumden to slander, to calumniate
Verleumder slanderer, *(schriftlich)* libeller
verleumderisch defamatory
Verleumdung slander, calumny, defamation, *(durch schriftliche oder gedruckte Veröffentlichung)* libel
Verleumdungsklage action for libel
Verlöbnis betrothal
verlosen to draw (by lot)
Verlosung drawing (by lot)
Verlust loss, *buchmäßiger* — book-loss, — *der bürgerlichen Ehrenrechte* loss of civic rights, *einen — erleiden* to incur (suffer, sustain) a loss
verlustig, eines Rechts — gehen to be precluded from a right, to lose a right, to forfeit a right, — *erklären* to declare devoid of
Verlustvortrag loss brought forward, balance of deficit brought forward
vermachen to bequeath, to devise
Vermächtnis (von beweglichem Vermögen) legacy, bequest, *(von unbeweglichem Vermögen)* devise
Vermächtnisnehmer (von beweglichem Vermögen) legatee, *(von unbeweglichem Vermögen)* devisee
Vermächtnissteuer legacy duty
vermeintlich putative
vermengen to blend
Vermerk note, memorandum
vermerken to note, to take note
vermieten to let, to lease, to let on lease, *(Sache)* to let on hire
Vermieter (Grundstück) lessor, *(Sache)* letter
vermindern to diminish, to reduce
Verminderung diminution, reduction
Vermißter missing person
vermitteln to introduce, to mediate; to procure
vermittelnd conciliatory
Vermittler agent, intermediary, mediator, middleman
Vermittlung mediation
Vermögen property, estate, assets, *bewegliches* — movables, personal property, *unbewegliches* — immovables, real property, *freies* — privileged property, free property
Vermögensabgabe capital levy
Vermögensanfall accession of property
Vermögensauseinandersetzung division of the property
Vermögensgegenstand property, asset
Vermögenslage pecuniary circumstances, *schlechte* — financial difficulties
Vermögensmasse estate
Vermögensnachteil pecuniary loss, pecuniary prejudice, damage to property
vermögensrechtlich referring to the rights of property
Vermögensstand state of the assets
Vermögensverhältnisse, gute, schlechte, zerrüttete good, poor, decayed circumstances
Vermögensverlust pecuniary loss
Vermögensverwalter, amtlicher official receiver
Vermögensverwaltung management of property
Vermögensverzeichnis inventory of property
Vermögensvorteil pecuniary advantage, benefit
Vermögenswerte assets, — *im Ausland* external assets

vermuten to presume
vermutlich presumable
Vermutung presumption
vernachlässigen to neglect
Vernachlässigung neglect
Vernehmen (Einvernehmen) understanding
vernehmen (Zeugen) to hear, to examine, to question, to interrogate
Vernehmung hearing, examination, interrogation, questioning
Vernehmungsrichter interrogating judge
vernichten to destroy
Vernichtung destruction
veröffentlichen to publish
Veröffentlichung publication
verordnen to ordain
Verordnung regulation, ordinance, order, decree
verpachten to lease, to let on lease
Verpächter lessor, leaser
Verpackung packing, *mangelhafte* — defective (improper) packing, *frei* — packing included, *ohne* — packing extra, without packing
verpfänden to pledge, *(Land)* to mortgage, *(Schiff)* to bottomry, to hypothecate
Verpfänder pledgor
verpflichten to put under an obligation, *sich* — to engage, to undertake, to covenant, to agree; to commit one's self
verpflichtet obligated, bound, under an obligation, *nicht* — under no obligation
Verpflichteter obligor
Verpflichtung obligation, liability; engagement, covenant; duty, *gemeinsame* — joint liability, *übernommene* — commitment, *Verpflichtungen erfüllen* to meet one's liabilities
Verpflichtungsschein promissory note, written promise, bond, note of obligation, *kaufmännischer* — mercantile promise to pay or deliver
Verrat treason
Verräter traitor
verrechnen to set off
Verrechnung set-off, *nur zur* — for account only
Verrechnungskonto clearing account
Verrechnungsscheck crossed cheque, cheque marked not negotiable
Verrechnungsstelle clearing-house
Versammlung meeting
Versandwechsel country bill; foreign bill
Versäumnis default
Versäumnisurteil judgment by default
Versäumung failure
verschaffen to procure, *sich* — to obtain, *Eigentum* — to convey ownership
Verschärfung aggravation
verschenken to give as a gift
Verschickung transportation
verschiffen to ship
Verschiffer shipper
Verschiffung shipment
Verschiffungskonnossement received for shipment bill of lading
verschlechtern, sich to deteriorate
Verschlechterung deterioration, *wesentliche* — serious change for the worse, — *des Nachlasses* wasting of the assets
verschleiern to conceal the true state, *(Bilanz)* to cook, to doctor
verschleppen (verzögern) to delay, to protract
verschleudern to sell at an underprice
verschmelzen to merge
Verschmelzung merger
verschollen untraceable, missing, legally dead, — *erklären* to declare a person legally dead
Verschollener untraceable person, missing person

Verschollenheit disappearance, *(Schiff)* presumptive loss
Verschollenheitsfrist (Schiff) period of presumptive loss
verschreiben to settle upon
Verschreiber settlor
Verschreibung settlement
verschrotten to scrap
Verschulden fault (attributable to), *(Versäumnis)* default
verschuldet indebted
Verschuldung indebtedness
verschwägert connected (related) by marriage
verschweigen to conceal, *arglistig* — to conceal intentionally
Verschwender prodigal, spendthrift
verschwenderisch extravagant, unthrifty
Verschwendung prodigality, extravagance
verschwören, sich to conspire
Verschwörer conspirator
Verschwörung conspiracy
versehentlich by inadvertence, inadvertently
versenden to send, to dispatch, to forward, to ship
Versender sender, consignor, shipper
Versendung dispatch, shipment
Versendungsanzeige advice of dispatch
Versendungskauf sale by transmission to another place than the place of performance, purchase and sale at a distance
Versendungsschein dispatch note
versetzen (verpfänden) to pawn, *(an einen anderen Ort)* to remove
versicherbar insurable; assurable
Versicherer insurer; *(Leben)* assurer, *(Schiff)* underwriter, *(Mitglieder von Lloyd's)* Lloyd's underwriters
versichern to insure (against), *(Leben)* assure, *(erklären)* to affirm, *(an Eides Statt)* to affirm in lieu of oath
Versicherter insured; assured
Versicherung (Erklärung) affirmation, *eidesstattliche* — statutory declaration, assurance
Versicherung insurance, *(Leben)* assurance, — *ohne ärztliche Untersuchung* non-medical assurance, — *auf Gegenseitigkeit* mutual insurance, *gemischte* — endowment assurance, assurance payable on survival or earlier death, *gewinnberechtigte* — participating assurance, with profit assurance, *nicht gewinnberechtigte* — non-participating assurance, non-profit assurance, — *auf das Leben eines dritten* life of another assurance, *prämienfreie* — free policy, — *mit abgekürzter Prämienzahlung* assurance with limited premiums, — *auf Todes- und Erlebensfall,* assurance payable on survival or earlier death, — *auf Zeit* time policy
Versicherungsbeitrag premium
Versicherungsbestand sum insured (assured) in force
Versicherungsbetrag amount insured
Versicherungsfalles, bei Eintritt des — on maturity
Versicherungsgesellschaft insurance company, — *auf Gegenseitigkeit* mutual assurance office
Versicherungsjahr policy year
Versicherungsnehmer party insuring, policy-holder
Versicherungspolice insurance policy
Versicherungsprämie insurance premium
Versicherungsschein policy
Versicherungsschutz insurance cover, *sofortiger* — immediate benefit

Versicherungsstatistiker, Versicherungstechniker actuary
Versicherungssumme insurance value, sum insured (assured)
versicherungstechnisch actuarial
Versicherungsverein auf Gegenseitigkeit mutual insurance society, *kleiner* — — — friendly society
Versicherungswert insurable value
versiegeln to seal
versiegelt under seal, sealed
versilbern to convert into cash
Versilberung conversion into cash
Versorger einer Familie breadwinner
Versorgungsgesellschaften, öffentliche public utilities
verspätet late, out of time, delayed
Verspätung lateness
Versprechensempfänger promisee
Versprechensgeber promisor
verständigen (von etwas) to advise (of)
Verständigung understanding
Versteigerer auctioneer
versteigern to sell by auction
Versteigerung auction, sale by auction, public auction
verstorben dead, deceased, *der verstorbene Herr N.* the late Mr. N., Mr. N., deceased
Verstorbener deceased, decedent
Verstoß offence, infraction, infringement
verstoßen gegen to offend against, to infringe, to conflict with
verstoßend, gegen die guten Sitten immoral
verstreichen to lapse
Verstreuung disintegration
verstümmeln to mutilate
Verstümmelung mutilation
Versuch attempt
vertagen to adjourn, *unbestimmt* — to adjourn sine die
Vertagung adjournment
vertäuen to moor
verteidigen to defend
Verteidiger counsel for the defendant
Verteidigung defence; vindication
Verteidigungsmittel means of defence
Verteidigungspunkt point of defence
Verteidigungsschrift statement of defence
verteilen to distribute, to divide; to spread over, *(verhältnismäßig)* to apportion, *(am.)* to prorate
Verteilung distribution, partition, division, apportionment, — *der Masse* distribution of the estate
Verteilungsplan scheme of partition
Vertrag contract, agreement, *(formeller)* deed, indenture, indent, *(Abmachung)* covenant, convention, compact, *(Staatsvertrag)* treaty, *abstracter* — abstract agreement, *dinglicher* — conveyance, *einseitiger* — deed poll, *gegenseitiger* — reciprocal (mutual) agreement, *unvollkommener gegenseitiger* — imperfectly reciprocal agreement, *gesiegelter* — deed contract under seal, contract of specialty, *mündlicher* — parole agreement, *obligatorischer* — obligatory agreement, *rechtsübertragender* — covenant for title, *unentgeltlicher* — gratuitous contract, — *eingehen* to contract, to make an agreement, — *erfüllen* to perform (fulfil) a contract, — *kündigen* to dissolve (terminate) a contract, — *schließen* to make (conclude) a contract, *von einem* — *zurücktreten* to cancel an agreement
vertraglich by contract, contractual, agreed upon, — *verpflichtet* bound by contract
Vertragsabschluß conclusion of a contract
Vertragsbruch breach of contract

vertragschließende Teile contracting parties
Vertragsentwurf draft agreement
Vertragserbe contractual heir
Vertragsklausel stipulation, clause
vertragsmäßig according to agreement, contractual, agreed upon
Vertragspartei party to the contract
Vertragsstrafe penalty, stipulated penalty
Vertragsurkunde indenture, deed
Vertragsverhältnis contractual relation
vertragswidrig contrary to agreement
Vertrauensarzt medical referee
Vertrauensbruch breach of confidence
Vertrauensmann representative, confidential agent, man of confidence
Vertrauensperson trustee, nominee
vertrauenswürdig trustworthy
Vertrauenswürdigkeit trustworthiness
vertraulich confidential
vertreiben to eject, *(verkaufen)* to sell, to distribute
Vertreibung ejectment
Vertrieb sale, distribution
vertretbar fungible
vertreten to represent, to act for (on behalf of); to be responsible (anwerable) for, *Interessen* — to attend to interests, to be in charge of interests, to protect interests, *gerichtlich und außergerichtlich* — to represent judicially and extrajudicially, *eine Sache* — to plead a cause
Vertreter representative, agent, *gesetzlicher* — statutory agent, legal representative
Vertretung representation, agency, *in* — in charge, as representative, by proxy
Vertretungsbefugnis power of agency
vertretungsfähig capable to act
Vertretungsmacht representative (delegated) authority, power of agency, right to represent
vertretungsunfähig incapable to act
vertuschen to hush up
verüben to be guilty of, to perpetrate
Verüber perpetrator
Verübung perpetration
veruntreuen to embezzle, to misappropriate, to peculate
Veruntreuer embezzler, defaulter, peculator
Veruntreuung embezzlement, misappropriation, peculation
verurteilen (Zivilprozeß) to pass judgment against, *(Strafprozeß)* to sentence, to condemn, *(Geldstrafe)* to fine
Verurteilter (zu Zuchthaus oder Todesstrafe) convict
Verurteilung conviction, *bedingte* — qualified sentence
vervielfältigen to reproduce
Vervielfältigung, mechanische mechanical reduplication
vervollständigen to complete
Vervollständigung completion
verwahren to have (keep) in custody
Verwahrer custodian, depositary, depositee, bailee
Verwahrung (polizeiliche) police custody, keeping, *(Protest)* protest, — *einlegen* to enter a protest, to protest against, *in — geben* to give into custody, to place under safe custody, to deposit with
Verwahrungsvertrag contract of safe custody, contract of deposit, agreement for the custody of a movable thing
verwalten to administer, to hold, to manage

Verwalter administrator, manager; trustee; inspector; receiver, *amtlicher* — official receiver
Verwaltung administration, management
Verwaltungsbehörde administrative authority
Verwaltungsdienst civil service
Verwaltungsgericht administrative court
Verwaltungsgerichtsbarkeit administrative jurisdiction
Verwaltungsrat board of administration
Verwaltungsrecht administrative law
verwandt relate (by blood)
Verwandter relative (by blood), relation
Verwandtschaft relationship, connection
Verwandtschaftsverhältnis relationship
verwarnen to caution
Verwarnung caution, admonition
Verweis reprimand
verweisen (auf etwas) to refer to, *(Verweis erteilen)* to reprimand, *(des Landes)* to expel
Verweisung reference; expulsion
verwenden to use, to utilise, to apply to, to appropriate to (for)
Verwendung use, utilisation, application, appropriation, *widerrechtliche* — misapplication
verwerfen to reject
Verwerfung rejection
verwerten to realise, *(ausnutzen)* to exploit
Verwertung realisation; exploitation
Verwertungsrechte rights in rem aiming at exploitation
verwirken to forfeit, *(Strafe)* to be liable to
Verwirkung forfeiture
Verzeichnis list, register, inventory, schedule, *(Aufstellung)* statement
Verzeihung (für den Ehebruch) condonation
Verzicht renunciation, waiver, *(Ausschlagung)* disclaimer, *(Abtretung)* cession, *(Aufgabe)* abandonment, relinquishment, *(Entlassung)* release, *bei — auf Rechte* upon relinquishment of rights
verzichten to renounce, to waive (a claim), *(ausschlagen)* to disclaim, *(abtreten)* to cede, *(aufgeben)* to abandon, to relinquish
Verzichtleistung renunciation, waiver; disclaimer; abandonment
verziehen to delay, to defer
verzinsen to pay interest
verzinslich interest-bearing, *nicht* — non-interest-bearing, — *sein* to bear interest, — *anlegen* to invest on interest
Verzinsung interest return; payment of interest
verzögern to delay, to defer
Verzögerung delay
verzollbar dutiable, liable to duty
verzollen to clear; to pay duty
Verzollung clearance; payment of duty
Verzug default, delay, *im — sein* to be in default, *im — mit der Annahme der Ware* in mora accipiendi, *den Schuldner in — setzen* to put the debtor in mora
Verzugsaktien deferred shares
Verzugsinteresse recoupment for delay
Verzugstage days of grace
Verzugszinsen interest for default, interest payable on account of deferred payment, interest due in the event of delay
Viehdiebstahl cattle-lifting
Vierjahresplan four-year plan
vierzehntägig fortnightly, bi-monthly, *vierzehntägige Kündigung* two weeks' notice
Völkerbund league of Nations

Völkerrecht law of nations, international law
Volksabstimmung plebiscite
Volksdeutscher racial German
Volksentscheid referendum
Volkstum nationality, racial individuality
Volkswirt economist
Volkswirtschaft national (social, political) economy
Volkszählung census
vollbeschäftigt fully employed
vollbezahlt paid-up
vollbürtig of whole blood, of full blood
Vollbürtigkeit whole blood, full blood
Vollendung completion
Vollindossament special endorsement
volljährig of age, of full age
Volljähriger person of full age, major
Volljährigkeit full age, majority
Volljährigkeitserklärung declaration of majority
Vollkaufmann true mercantile trader, fully qualified trader
Vollmacht power, power of attorney, mandate, full power, power of agency, authority, proxy; trust deed, *ausdrückliche* — express authority, *stillschweigende* — implied authority, *in* — by procuration
Vollmachtgeber mandator, principal
Vollmachthaber mandatary
Vollmachturkunde (written) power of attorney
Vollsitzung plenary session
vollstreckbar executory, enforceable, *vorläufig* — provisionally executory, *für* — *erklären* to declare executory, *vollstreckbarer Titel* executory title, enforceable judgment (order), *vollstreckbare Urkunde* executory deed, *vollstreckbarer Vergleich* executory compromise
vollstrecken to execute, to carry out, to enforce, to levy
vollstreckend executory
Vollstreckung execution, enforcement
Vollstreckungsbeamter executory officer
Vollstreckungsbefehl execution warrant, writ of execution, enforcement order
Vollstreckungs-Einstellung stay of execution
Vollstreckungsgläubiger execution creditor
Vollstreckungshaft imprisonment for debt
Vollstreckungshandlung proceedings in execution
Vollstreckungsklausel, Erteilung der award of an order for execution
Vollstreckungstitel title enforceable by execution
Vollstreckungsurteil enforcement order; judicial decree for the enforcement of a foreign judgment
vollziehen to execute, to perform
Vollzieher executor
Vollzieherin executrix
Vollziehung execution, performance
Vollziehungsbefehl writ of execution, warrant
Voranschlag estimate
voraus, im in advance, in anticipation, *im* — *bezahlen* to prepay, *im* — *verfügen* to anticipate
Voraus, als by way of preferential benefit, by way of preciput
Vorausbezahlung prepayment, payment in advance
vorausgesetzt provided, subject to
Vorausklage beneficium excussionis, *Verzicht auf die Einrede der* — waiver of the plea of beneficium excussionis
Vorausleistung advance payment (performance)

voraussetzen to presume, to assume
Voraussetzung assumption; condition precedent, *gesetzliche Voraussetzungen* statutory conditions, *den Voraussetzungen entsprechen* to comply with the requirements, to satisfy the conditions, *die Voraussetzungen sind gegeben* the conditions prevail, *unter der* — upon (with) the understanding, provided
Vorausvermächtnis preferential legacy
Vorauszahlung payment in advance, advance payment, prepayment
Vorbedacht premeditation
vorbedacht premeditated
Vorbedingung preliminary condition, condition precedent
Vorbehalt reservation, *stiller* — mental reservation, *mit — der Rechte* without prejudice, *unter — aller Rechte* all rights reserved
vorbehalten, sich to reserve
vorbehaltlich with a reservation, with a proviso, subject to
Vorbehaltsgut privileged separate property, *beschränkte Verfügungsfreiheit über das* — restraint on anticipation
Vorbehaltsklausel proviso clause
vorbelastet compromised
vorbereitendes Verfahren preliminary proceedings
Vorbesitzer prior owner, prepossessor
vorbestraft previously convicted
Vorbestrafung previous conviction
vorbeugend preventive
Vorbörse business done before official hours, business done in the street, curb market
vorbringen to argue
Vorbringen argument
vordatieren to antedate
Vorderseite front, face
Vorderurteil prior decision, prior judgment
Vordividende preference dividend
Vordringlichkeit preferential urgency
Vorempfangenes advancement
vorenthalten to withhold from, to detain from
Vorenthaltung detention, *widerrechtliche* — detinue
Vorentscheidung precedent, prior (previous) judgment, prior (previous) decision
Vorerbe limited heir
Vorfall incident, occurrence
Vorfracht original freight
vorführen (einem Richter) to bring before
Vorführungsbefehl warrant to appear before the court
Vorgang incident
vorgehen to proceed against, *(Rang)* to take priority of, to prevail over, to overrule
vorgelesen, genehmigt, unterschrieben read aloud, agreed to, and signed
Vorgesetzter chief, superior officer
Vorgriff anticipation
Vorhalt, auf upon interrogation
Vorhaltungen representations
vorhanden on hand, *Deckung ist* — security is on hand
vorherrschen to prevail
Vorinstanz lower court, court below
Vorjahrsdividende last year's dividend
Vorkauf pre-emption
Vorkaufsrecht right of pre-emption, right of first call, *dingliches* — real right of pre-emption
Vorkehrungen arrangements
Vorkosten primage
Vorkriegs- pre-war
Vorkriegszeit pre-war times
vorladen to summon, *unter Strafandrohung* — to subpoena

Vorladung summons (to appear), writ of summons, — *unter Strafandrohung* subpoena

Vorlage, in — treten to make advances

vorläufig provisional, preliminary, interim

Vorleben antecedents

vorlegen to produce, *eine Frage* — to propound (put) a question to, *eine Sache zur Besichtigung* — to produce a thing for inspection

Vorlegung production

Vorlegungsfrist time of presentation

vorleisten to perform one's part first

vorlesen to read over, to read aloud

vorliegende, das mir — Material the material before me, *das — Schreiben* the present letter, *die — Klage* the claim under consideration

Vormann (Indossant) preceding endorser, prior holder, *nächster* — next predecessor

Vormerkung caution

Vormund guardian, *vorläufiger* — interim guardian, *eine — bestellen* to appoint a guardian

Vormundsbestallung appointment of a guardian

Vormundschaft guardianship, tutelage, *befreite* — exempted guardianship, *unter — stehen, stellen* to be placed, to place under the care of a guardian

Vormundschaftsgericht guardianship court

Vormundschaftsrichter judge of the guardianship court

Vorname name, Christian name

Vorprämie option to call

Vorrang priority, precedence, — *haben* to take priority

Vorrat stock, goods on hand

vorrätig in stock, on hand, in store, — *halten* to stock

Vorratsbildung accumulation of stock

Vorrecht privilege, preferential right

Vorrechtsordnung list of priorities

Vorsatz intention

vorsätzlich wilful, intentional, deliberate

vorschießen to advance

Vorschlag proposition, proposal, suggestion, *(Empfehlung)* recommendation

vorschlagen to propose, to suggest, to recommend

Vorschrift prescription, rule, regulation, *(Anweisung)* instruction, *(gesetzliche)* provision

vorschriftswidrig irregular

Vorschub leisten to connive

Vorschuß advance, advancement

Vorschußbank loan-bank

vorschüssig payable in advance

vorsichtige Berechnung conservative calculation

Vorsitz, den — haben to be in the chair

vorsitzen to preside, to be in the chair

Vorsitzender, Vorsitzer chairman, president

Vorsorge treffen für to arrange for, to make arrangements for

vorsorglich by way of precaution

Vorspiegelung falscher Tatsachen false pretences, misrepresentation of facts

Vorstand board of directors, board of managers, managing board, managing committee, executive board, directorate, *(Einzelperson)* managing director

Vorstandssitzung board meeting

vorstehend foregoing, *im Vorstehenden* hereinbefore

vorstellig werden to make a representation

Vorstellungen representations, — *machen* to remonstrate

Vorstrafe previous punishment
Vorteil benefit, advantage
vorteilhaft advantageous
Vortrag balance forward
vortragen to carry (bring) forward (over), *auf neue Rechnung* — to carry forward to new account
vortreten to obtain priority
vorübergehend temporary
Voruntersuchung preliminary inquiry (inquest)
Vorverfahren preliminary proceedings
Vorverhör preliminary examination
Vorversicherung previous insurance
vorweg in advance
Vorwegnahme anticipation
vorwegnehmen to anticipate
vorwerfen to charge with
Vorwurf charge
vorzeigen to present
Vorzeiger presenter, bearer
Vorzeigung presentation, *Datum der* — date of sighting
vorzeitig anticipated; premature; in advance; before the time, before maturity
Vorzensur pre-censorship
Vorzug preference
Vorzugsaktie preference share, *(am.)* preferred share
Vorzugsaktien-Inhaber, Vorzugsaktionär preference shareholder
Vorzugsbefriedigung preferential satisfaction
Vorzugsgläubiger preferential creditor
Vorzugsrecht preferential right, right of preference, priority; privilege
Vorzugszoll preferential duty
vorzutragen brought forward

W

Waffenschein gun licence
Wahl option; choice; election, *geheime* — ballot, *das Recht der* — the right to select, — *zu kaufen option* to call, — *zu geben* option to put, *nach — des Inhabers* at the bearer's option
wählbar eligible, *nicht* — non-eligible, *wieder* — re-eligible
Wählbarkeit eligibility
Wahlberechtigung electoral qualification
wählen to choose; to elect
Wähler elector, constituent
Wählerschaft electorate
Wahlgang voting, *erster, zweiter* — first, second voting
Wahlkommissar returning-officer
Wahlkonsul trading consul
Wahlkreis parliamentary constituency
Wahlprüfung scrutiny
Wahlrecht suffrage, right to vote
Wahlwohnsitz domicile of choice
Wahlurne ballot box
Wahnsinn lunacy
Wahnsinniger lunatic
wahren, wahrnehmen (Interessen) to attend to, to take care of, to look after, to protect, to safeguard
während pending
Wahrspruch verdict
Wahrung protection
Währung currency, *effektive ausländische* — actual foreign currency, *inländische* — domestic currency
Währungsverfall collapse of currency
Waise orphan
Wandelungsklage action for cancellation
Wappen coat of arms, coat armour
wappenfähig entitled to bear coat armour

Ware merchandise, commodity, *Waren* goods, *in Waren bezahlen* to pay in kind
Warenausfuhr-Ueberschuß excess of merchandise exports over imports
Warenbestand stock in trade, stock on hand
Warenbörse Produce Exchange, Merchandise Exchange
Wareneinfuhr-Ueberschuß excess of merchandise imports over exports
Warenhandel commodity trade, merchandise trade, transactions in goods
Warenhandelsbilanz merchandise trade balance
Warenhaus department store, multiple store
Warenkontingent goods quota
Warenlager stock in trade, stock of merchandise
Warenmängel defects in goods
Warenpapier document of title
Warenrechnung bill of parcels
Warensteuer excise
Warenwechsel trade bill, commercial bill, bill given for the price of goods, bill on goods
Warenzeichen trade mark, merchandise mark
warnen to caution
Warnung caution
Wartegeld half-pay
Wartezeit waiting period, *(vor Genuß der Leistungen der Versicherung)* gap, *(Schiff)* lay-days
Wasserflugzeug hydroplane
Wasserfracht water carriage
Wasserstraße waterway
Wechsel bill, bill of exchange, *gezogener* — draft, *eigener* — promissory note, sole bill, note of hand, *präzisierter* — bill payable at a fixed date, — *auf London* bill on London, — *ausstellen* to draw (make out) a bill upon, — *begeben* to negotiate a bill, — *decken* to cover (provide for) a bill, — *diskontieren* to discount a bill, — *einkassieren* to collect a bill, — *einlösen* to meet a bill, to take up a bill, — *protestieren lassen* to have a bill protested, — *verlängern* to renew a bill, — *zurückziehen* to retire a bill
Wechselabschrift transcript of a bill
Wechselaccept acceptance
Wechselbestand bills on hand
Wechselblankett blank bill
Wechselbürge surety for a bill, endorser
Wechselcourtage bill brokerage
Wechseldeckung cover by bills of exchange
Wechseldiskontsatz bill rate, rate of discount on bills
Wechselerklärung contract upon a bill
wechselfähig able to draw bills, capable of contracting by exchange law
Wechselfähigkeit right to draw bills, capacity to incur liability as a party to a bill, bill of exchange capacity
Wechselfälscher forger of bills
Wechselfälschung forgery of bills
Wechselforderung claim based on a bill of exchange
Wechselgeber drawer of a bill
Wechselklage action arising out of a bill of exchange
Wechselkonto bill account
Wechselkurs (rate of) exchange
Wechselmakler bill-broker
wechselmäßig under exchange law
Wechselnehmer taker of a bill, payee
Wechselordnung Bills of Exchange Act, Bills of Exchange Code
Wechselplatz place of exchange
Wechselprotest protest

Wechselrücklauf backward circulation of a bill
Wechselrecht exchange law
Wechselschuld debt founded on bills
Wechselschuldner debtor on a bill
Wechselserie set
Wechselstempel bill stamp
Wechselsteuer tax on bills of exchange
Wechselverbindlichkeit obligation on a bill
Wechselvindikation recovery of a bill
Wechselvorlauf forward circulation of a bill
Wegerecht right of way, right of passage
Wegfall ceasing, disappearance, extinction
wegfallen to cease, to disappear, to cease to exist
Wegnahmerecht jus tollendi
Wehrbeitrag contribution towards the defence of the realm
Wehrbeitragssteuer defence tax
Wehrmacht Armed Forces, *Zersetzung der* — disintegration of the Armed Forces
Weiberlehen fief female, apronstring fief
weiblich female
Weiderecht right of pasture
weigern, sich to refuse, to decline
Weigerung refusal, *beharrliche — den Verpflichtungen nachzukommen* persistent neglect of duties
weiteres, bis auf — for the time being, *ohne* — without further act
weitersenden to forward
weiterveräußern to resell
Weiterveräußerung resale
Weiterverkauf resale
weiterverkaufen to resell
weitervermieten to sublet
weltanschaulich ideological
Weltanschauung ideology
Weltausstellung world exhibition
Weltpolice world-wide policy
Weltkrieg Great War, World War
Weltpostverein Universal Postal Union
Weltwirtschaft world economy
Werbekosten advertising expenses, propaganda expenses
Werbung propaganda
Werft dockyard
Werk, Werke (Fabrik) works, *öffentliche* — public utilities
Werklieferungsvertrag contract for work, labour and materials
Werkmeister foreman
Werkstatt workshop
Werktag working-day, business day
Werkvertrag contract for work, contract for work and labour
Wert value, *gemeiner* — ordinary value, *im — von* of a value of, — *erhalten* value received, — *in mir selbst* value in myself, — *in Rechnung* value in account, *im — steigen* to appreciate, *im — sinken* to depreciate
Wertberichtigung auf Währungskonto (Bilanz) exchange suspense account
Wertberichtigungsposten contingent reserves for depreciation
wertbeständig of stable value, of unchanging value, invariable
Wertermittelung ascertainment of value
wertmindernden Charakter, Belastungen die keinen — haben liens which do not create any substantial burden upon the properties
Wertminderung depreciation, diminution of value
Wertpapier negotiable instrument, valuable security, *Wertpapiere* securities
Wertpapiersteuer tax on securities
Wertsachen valuables

Wertsteigerung appreciation, increase in value, betterment
Wertverteilung apportionment of valuation
Wertzuwachs appreciation, increase of value
Wettbewerb competition, *unlauterer* — unfair competition
Wette betting, bet, wagering, wager
Wettpolice wager policy
Wettschuld betting debt
Wettsteuer race-betting tax
wichiger Grund grave reason, cogent ground
Widerklage cross-claim, cross-action, cross-petition
widerlegbar refutable
widerlegen to confute, to refute, to disprore
widerlegend refutatory
Widerlegung confutation
widernatürlich unnatural
widerrechtlich contrary to law, illegal, unlawful
Widerruf revocation, withdrawal, cancellation, *bis auf* — until recalled, until countermanded
widerrufen to revoke, to withdraw, to cancet, *(Scheck)* to stop
widerruflich revocable, precarious
Widerruflichkeit revocability
Widerrufsrecht right to revoke
widersetzlich refractory
Widersetzlichkeit refractoriness
widerspenstig refractory
Widerspruch protest, objection, — *einreichen* to lodge an objection, — *erheben gegen* to object to, — *in den Gesetzen* conflict of laws
Widerstand, — gegen die Staatsgewalt open defiance of lawful authority, *passiver* — passive resistance
widrigenfalls in default whereof, failing which
wiederabtreten to re-assign
Wiederabtretung re-assignment
wiederanlegen to re-invest
wiederannehmen to resume
Wiederaufbau reconstruction, recovery
wiederaufleben lassen to revive
Wiederaufnahme eines Verfahrens revision of a judgment, re-opening of a case, new trial, retrial
wiederaufnehmen to resume
Wiederausfuhr re-exportation
Wiederbeschaffungskosten replacement cost
Wiederbeschaffungswert reproduction cost new
wiedereinsetzen to re-instate
Wiedereinsetzung restitution; reinstatement; remitter
Wiedereintragung re-registration
wiedererlangen to recover
Wiedererlangung recovery
Wiedereröffnung re-opening, — *des Verfahrens* new trial
wiedererstatten to return, to refund, to reimburse
Wiedererstattung restitution
Wiedergutmachung reparation
wiederherstellen to recondition, *den früheren Zustand* — to restore to the former condition
Wiederherstellung reconditioning, — *des früheren Zustandes* restoration to the former condition, *Klage auf — der ehelichen Gemeinschaft* suit for restitution of conjugal rights (conjugal community)
Wiederinbesitznahme (Grundstück) re-entry
Wiederinstandsetzung reconditioning
Wiederkauf (Rückkauf) repurchase, redemption
Wiederkäufer original seller, repurchaser
Wiederkehr, häufige frequent occurrence

wiederkehrend, regelmäßig — periodical, recurrent, recurring, *nicht* — non-recurrent, *wiederkehrende Leistungen* periodical payments
Wiederverhaftung re-attachment
wiederverheiraten, sich to remarry
Wiederverkauf resale
wiederverkaufen resell
Wiederverkäufer reseller, *(Rückverkäufer)* original purchaser
Wiederverkaufsrecht right of resale
Wiederwahl re-election
wiederwählbar re-eligible
Wilddieb poacher
Wilddieberei poaching
wildern to poach
Wille intention, will, volition, *letzter* — last will
Willensbestimmung, freie free determination of the will
Willenserklärung declaration of will (intention)
Willensmeinung intention
Willkür free will, free discretion
willkürlich arbitrary
Willkürlichkeit arbitrariness
Winkeladvokat hedge lawyer
wirksam operative, effective
Wirksamkeit operation, operativeness, effectiveness, *außer — setzen* to suspend, *in — sein* to be in operation (in force), *in — treten* to come into operation (into force), to take effect, *ohne — gegen Dritte* inoperative as against third parties
Wirkung operation, effect, *mit — vom 1. Mai* effective May 1, *mit — für und gegen* with binding force for and against, *mit sofortiger* — immediately effective
Wirtschaft economy, economic system, economics
wirtschaftlich economic, economical
Wirtschaftseinheit economic unity
Wirtschaftsgruppe economic group
Wirtschaftsinteressen economic interests
Wirtschaftslage trade conditions, economic situation
Wirtschaftsleben economy
Wirtschaftslenkung planned economy
Wirtschaftsministerium Ministry of Economics
Wirtschaftsplan scheme (plan) of management
Wirtschaftspolitik economic policy
Wirtschaftsprüfer auditor
Wissen, nach bestem — und Gewissen to the best of (my) knowledge and belief, *ohne — und Willen* without (my) knowledge and assent
wissentlich deliberate, wilful, — *falsche Angaben machen* to make knowingly false statements
Wittum jointure, dowry
Wochenübersicht weekly statement
Wohlstand prosperity
Wohlstandsindex index of prosperity
Wohltätigkeitsverein charitable society
wohnen to reside
wohnhaft, resident, residing, domiciled, *zuletzt — in* late of
Wohnhausgrundstück dwelling-house and lot
Wohnort place of residence
Wohnrecht, lebenslängliches lifelong residence right
Wohnsitz domicile, *(Aufenthalt)* residence, — *kraft Abstammung* domicile of origin, — *durch Wahl* domicile of choice, *seinen — haben* to reside
Wohnung house, residence, *(Etagenwohnung)* flat, apartment
Wohnungsfrage housing question
Wohnungsnot housing shortage

Wohnungsverhältnisse housing conditions

Wohnungswesen housing

Wortlaut wording, text

wörtlich verbal, literal, *wörtliche Beleidigung* verbal injury, verbal insult

Wrack wreck

Wrackgut ligan

Wucher usury, — *treiben* to practise usury

Wucherer usurer

Wuchergewinn excessive profit

Wucherpreis excessive price

Wucherzinsen excessive interest, usurious interest

Würdigung, verständige intelligent appreciation

Wurmfraß worm

Z

zahlbar payable, due, recoverable

zahlenmäßig numerically

Zahlstelle pay-office; place of payment; paying agent

Zahlstellenwechsel irregularly domiciled bill

Zahltag pay-day, cash day, settling day, account day

Zahlung payment, — *einstellen* to suspend (stop) payments, — *leisten* to make payment, *in — nehmen* to receive in payment, — *unter Protest* payment supra protest

Zahlungsagent paying agent

Zahlungsanweisung order to pay

Zahlungsaufschub respite

Zahlungsausgleich settlement

Zahlungsbedingungen conditions (terms) of payment

Zahlungsbefehl order for payment, decree for the payment of money, payment summons

Zahlungsbilanz balance of payments

Zahlungseinstellung suspension (stopping) of payments, insolvency, *Benachrichtigung über* — notice of suspension

Zahlungsempfänger payee

Zahlungserleichterungen easy terms

zahlungsfähig solvent

Zahlungsfähigkeit solvency, capacity to pay

Zahlungsfrist time allowed for payment; period of grace

zahlungshalber in payment, by way of payment

Zahlungsmittel means of payment, instrument of payment, *(gesetzliches)* legal tender

Zahlungsort place of payment, *(Wechsel)* domicile

Zahlungsplan schedule of payments

Zahlungsprotest protest for nonpayment

Zahlungsregreß recourse in case of non-payment

Zahlungssperre stopping of payment; stoppage for payment, prohibition of payment

Zahlungsstatt, an in lieu of payment

Zahlungstag day of payment

zahlungsunfähig insolvent, *sich — erklären* to give formal indication of insolvency

Zahlungsunfähigkeit insolvency

Zahlungsverbot prohibition of payment

Zahlungsversprechen promise to pay

Zahlungsverzug default in payment, *Nachweis des Zahlungsverzuges* proof of default in payment

Zahlungszeit time for payment

Zeche (Bergwerk) mine

Zedent assignor, transferrer, transferor, *(Wechsel)* endorser

zedierbar transferable
zedieren to cede, to assign, to transfer
Zehent, Zehentrechte tithes
Zehentablösung commutation of tithes
Zeichen (Signum) mark
zeichnen (unterzeichnen) to sign, *(Anleihe)* to subscribe to, *(signieren)* to mark
Zeichnung (Gezeichnetes) drawing, design, *(Unterzeichnung)* signing, *(Anleihe)* subscription (to), *eine Anleihe zur — auflegen* to invite subscriptions, to offer a loan for subscription, to issue a loan
Zeichnungsschein application
Zeichnungsschluß expiration of the time allowed for subscription
Zeit, auf im voraus festbestimmte — for a time certain, *auf unbestimmte* — sine die
Zeitablauf lapse (expiration) of time
Zeitabschnitt period
Zeitbeschränkung time limit, limitation of time
Zeitgeschäft time bargain, *Zeitgeschäfte* dealings for the account, futures
Zeitlohn time wages
Zeitpolice time policy
Zeitpunkt date
Zeitraum period
Zeitsichtwechsel after-sight bill
Zeitverlust, Zeitversäumnis loss of time
Zeitwechsel time-bill
zeitweilig temporary
Zeitwert present value
Zensor censor
Zensur censorship
Zentralnotenbank central bank of issue
Zerrüttung des ehelichen Verhältnisses disturbance of the conjugal relations, disorganised state of marriage
Zession assignment, transfer, cession
Zessionar assign, assignee, transferee, abandonee
Zessionsurkunde deed of assignment, deed of transfer
Zettel slip, ticket
Zettelbank bank of issue
Zettelgeschäft business of banks of issue
Zeuge witness, *feindlicher* — adverse witness, *als — unterschreiben* to witness, *einen Zeugen benennen* to call a witness, *einen Zeugen stellen* to produce a witness, *einen Zeugen vernehmen* to hear a witness
zeugen to testify
Zeugenaussage, schriftliche written deposition
Zeugenbeweis evidence, *mündlicher* — oral evidence, parole evidence
Zeugenstand witness box
Zeugenvernehmung hearing of evidence
Zeugnis evidence, testimony, *(Attest)* attestation, testimonial, *(Beleg)* voucher, *— verweigern* to refuse to give evidence
Zeugnisverweigerung refusal to give evidence
Zeugniszwangsverfahren compulsory attendance of witnesses
ziehen, in einer Serie to draw in a set
Ziehung drawing
Ziel term, *— drei Monate* payable within three months
ziffernmäßig numerically, *— festgestellt* liquidated, *nicht — —* unliquidated
zinsbar at interest
Zinsberechnung computation (calculation) of interest
Zinsbogen coupon sheet
Zinsdarlehen interest-bearing loan
Zinsdifferenz difference in interest
Zinsen interest, *— berechnen, bewilligen, tragen, vergüten* to

charge, allow, bear, pay (allow) interest
Zinserträge returns from interest
Zinseszinsen compound interest, interest on interest
Zinsfuß rate of interest
Zinsgewinn interest profit
Zinsherabsetzung reduction of interest
Zinsrate interest payment
Zinsrückstände arrears of interest
Zinssatz rate of interest
Zinsschein interest coupon, interest warrant, *einschließlich, ausschließlich* — cum, ex coupon
Zinsscheinbogen coupon sheet
Zinssenkung lowering of the interest
Zinstermin pay-day for interest, date of payment of interest
zinstragend interest-bearing
Zinszahlung payment of interest
Zinszahlungsverzug delayed payment of interest
zitieren to summon, to cite, *(anführen)* to quote
Zivilbevölkerung civilian population
Zivilist civilian
Zivilkammer civil division
Zivilliste civil list
Zivilprozeßordnung Rules of Civil Procedure
Zivilrecht civil law
zivilrechtlich according to (under, of) civil law
Zivilrechtspflege civil justice
Zögern, schuldhaftes culpable delay
Zoll duty, customs
Zollabfertigung clearance, customs entry
Zollamt custom-house
Zollbegleitschein bond-note
Zolleinfuhrschein bill of entry
Zollerklärung customs entry
Zollformalitäten, Erledigung der customs clearing
zollfrei duty paid; exempt from duty
Zollhafen bonded port
Zollinhaltserklärung customs declaration, bill of entry
Zollniederlage bonded warehouse
zollpflichtig dutiable, rateable, ratable
Zollpflichtigkeit ratability
Zoll-Rückvergütung (bei Export) drawback
Zollsatz rate of duty
Zollschutz tariff protection
Zolltarif customs tariff
Zollverschluß, unter in bond, bonded
Zubehör accessories, appurtenances
zubilligen to award, to grant
Zuchthausstrafe penal servitude
Züchtigung, körperliche corporal punishment, chastisement
Züchtigungsrecht right to chastise
zueignen to appropriate
Zueignung appropriation
zuerkennen to award, to adjudicate, to adjudge
Zuerkennung award, adjudication, adjudgment
zuerteilen to award, to allot
Zuerteilung award, allotment
Zufall coincidence
zufallen to accrue to, to devolve upon, to fall to the share of
zufällig accidental
Zufertigung delivery
Zufluß inflow
zufügen, Schaden to cause damage to, to inflict damage upon
Zug um Zug, Erfüllung — contemporaneous performance, — *zu erfüllende Bedingung* concurrent condition
Zugänge (Bilanz) additions
zugeben to admit, to grant
zugehen to reach
zugehörig appurtenant to, pertinent
zugelassenes Kapital authorised capital
zugestandenermaßen admittedly

Zugeständnis admission, concession
zugestehen to admit, to concede
zulassen zur Börse to admit to circulation on Exchange, to list on Stock Exchange, to register
zulässig permissible, admissible, not excluded
Zulässigkeit permissibility, admissibility
Zulassung, — zum Börsenhandel admission to circulation on Exchange, *— zum Börsenterminhandel* admission for time-dealings on Exchange
Zulassungsstelle board controlling the admission of securities (to circulation on Exchange)
Zumutungen, unsittliche immoral demands
Zuname surname
zunehmend increasing, cumulative
zurechnungsfähig of sound mind, compos mentis
zurichten to dress
zurückbehalten to retain
Zurückbehaltung retention, detention
Zurückbehaltungsberechtigter lienor
Zurückbehaltungsrecht lien, right of retention (detention), *kaufmännisches —* mercantile lien, *Inhaber des Zurückbehaltungsrechts* lienholder
zurückdatieren to antedate
zurückerstatten to return, to refund, to pay back, to reimburse
zurückfallen to revert
zurückfordern to reclaim
Zurückforderung reclamation
zurückgehen (Preise) to fall off, to show a falling-off, *— auf* to go back to
zurückgewähren to return
Zurückgewährung return
zurückhalten to detain
Zurückhaltung detention
zurückkommen auf to revert to
Zurücknahme withdrawal, *— eines Vermächtnisses* ademption of a legacy
zurücknehmen to withdraw, to cancel
zurückstellen to remand
zurücktrassieren to redraw
zurücktreten to retire, to resign, to withdraw, *von einem Vertrage —* to cancel an agreement
zurückversetzen to replace in the position
zurückweisen to reject, to refuse, to disallow, to dismiss, to repudiate
Zurückweisung rejection, dismissal, repudiation
Zurückweisungsrecht right of repudiation
zurückzahlen to repay, to refund, to reimburse
zurückzedieren to re-assign
zurückziehen to withdraw, *sich —* to retire
Zurückziehung withdrawal
Zusage promise, *bedingte —* conditional promise
zusammenfassen to recapitulate, to summarise, to sum up
zusammenfassend collectively
Zusammenfassung recapitulation, summary, summing-up
zusammengesetzt, das Gericht ist nicht ordnungsmäßig — the court is improperly constituted
zusammenleben, ehelich to live as husband and wife; to cohabit
zusammenlegen (Aktien) to reduce in amount, to convert
zusammenrotten, sich to cause a riot
Zusammensetzung composition
zusammenstellen to compile, *(Teile zu einem Ganzen)* to assemble
Zusammenstellung compilation; assembling, *(Zusammenfassung)* summary, summary schedule

zusammentreten to meet; to constitute
Zusammenziehung consolidation
Zusatz addition, *(Anhang)* appendix, supplement
zusätzlich additional
Zusatzpatent additional patent
Zusatzversicherung supplementary insurance
Zusatzzoll additional duty
Zuschlag extra charge, additional charge, *(gerichtlicher)* adjudication, allotment, *(Versicherung)* loading, *(Versteigerung)* knocking down
zuschlagen to adjudicate, to allot, *(Versteigerung)* to knock down to
Zuschlaggebühr surcharge, surtax
Zuschlagzoll additional duty
Zuschreibung credit entry
Zuschußbetrieb subsidised undertaking
zusichern to promise; to warrant
Zusicherung promise; warranty
zusprechen to adjudge
Zustand state, condition
zuständig competent, having jurisdiction, *nicht* — non-competent, not having jurisdiction
Zuständigkeit competence, jurisdiction, cognisance
Zuständigkeitskreis jurisdiction, venue
zustehen to be due to, to be available by
zustellen to serve upon, *eine Ladung* — to serve with a summons, to summons
Zustellung service, *öffentliche* — public citation
Zustellungsadresse address for service
Zustellungsbevollmächtigten, die Gesellschaft wird ... zu ihrem — in ... ernennen the company will appoint ... to receive notices addressed to the company in ...
Zustellungsurkunde process
zustimmen to agree, to consent, to assent
Zustimmung consent, assent, *nachträgliche* — ratification, subsequent consent, *vorherige* — approval, precedent consent, — *zum Ehebruch* connivance, *den Nachweis der — erbringen* to evidence the concurrence of
Zustimmungserklärung declaration of consent
zuteilen to allot, to allocate, to adjudicate, to adjudge
Zuteilung allotment, allocation, adjudication
zutreffend correct
Zutritt access
Zuwachs accrual
zuwachsen to accrue
Zuwahl co-optation
zuwählen to co-opt
zuweisen to assign, to apportion, to allocate
Zuweisung assignment, allocation
zuwenden to give
Zuwendung gift
zuwiderhandeln to offend against, to act in contravention of
Zuwiderhandlung contravention, non-compliance
zuzüglicl plus
Zwang compulsion, coercion
zwanglos informal
Zwangsanwendung enforcement
Zwangsarbeit hard labour
Zwangsernährung forcible feeding
Zwangserziehung compulsory education
Zwangskurs forced exchange; forced currency
Zwangslage, in einer under coercion
Zwangslizenz compulsory license
Zwangsmaßregel coercive measure
Zwangsverband compulsory union
Zwangsvergleich .compulsory composition
Zwangsverkauf compulsory sale

Zwangsversicherung compulsory insurance

Zwangsversteigerung forced sale, enforced sale by auction, compulsory auction

Zwangsversteigerungs-Verfahren forced sale proceedings

Zwangsverwalter compulsory administrator, receiver

Zwangsverwaltung compulsory administration, receivership

Zwangsverwaltungs-Verfahren receivership proceedings

Zwangsvollstreckung compulsory execution, — *vornehmen (erwirken)* to levy compulsory execution on, *Unterwerfung unter sofortige* — willingness to submit to immediate execution

Zwangsvollstreckungsbefehl writ of execution

Zwangswirtschaft Government control

Zweifel, im — in case of doubt, — *zerstreuen* to remove doubts

zweifelhafte Forderungen doubtful debts (book debts)

Zweigniederlassung branch, branch establishment

zweiseitig reciprocal, mutual, bilateral

zweitstellig (Hypothek) second

Zwischenbilanz interim balance sheet

Zwischendividende interim dividend

Zwischenentscheidung interlocutor, interlocutory decision

Zwischenhandel commission business

Zwischenkredit intermediate credit

Zwischenlehnsherr mesne lord

Zwischenspediteur sub-agent

zwischenstaatlich interstate, intergovernmental

Zwischenstreit intervention

Zwischenzeit, in der in the interim

Zwischenzinsen interim interest, mesne interest

Supplement
English — German

black market *schwarzer Markt*
blood, class of *Blutgruppe*
certificate, — of citizenship *Heimatschein*, — of good conduct *Führungszeugnis*
drain, to — off excessive purchasing power *Kaufkraft abschöpfen*
evacuee *Evakuierter*
finger-print Fingerabdruck
food-shortage *Lebensmittel-Knappheit*
four-year plan *Vierjahresplan*
lend-lease *Pacht- und Leihgesetz*
marital relations, renewal of *Wiederaufnahme der ehelichen Beziehungen*
pay-packet *Lohntüte*
planning, economic *Wirtschaftsplanung, Planwirtschaft*
profiteer *Schieber*
profiteering *Schiebergeschäft*
protecting power *Schutzmacht*
raid alarm *Fliegeralarm*
royalty-free *abgabenfrei*
shift work Schichtarbeit
smash-and-grab *Diebstahl durch Einschlagen des Schaufensters und Herausreißen der Waren*
transit camp *Durchgangslager*

Nachtrag
Deutsch — Englisch

abgabenfrei (Patente) royalty-free
abschöpfen, Kaufkraft, to drain off excessive purchasing power
Amtssiegel seal of office
Aufgebot public notice, *(kirchliches)* banns
Blutgruppe class of blood
Durchgangslager (für Flüchtlinge) transit camp
einklagen to sue for
Evakuierter evacuee
Fingerabdruck finger-print
Fortschreibung des Einheitswertes adaptation to changes of previous effectual taxation value
Führungszeugnis, polizeiliches Police certificate of good conduct
Heimatschein certificate of citicenship
Kriegsverbrecher war criminal
Lohntüte pay-packet
Pacht- und Leihgesetz lend-lease
Wiederaufnahme der ehelichen Beziehungen renewal of marital relations
Wirtschaftsplanung economic planning

Internationale handelsübliche Vertragsformeln

Zusammengestellt nach der Veröffentlichung der Internationalen Handelskammer zu Paris.

International Contract Formulas as usual in trade

afloat	*schwimmend*	
all risk	*jede Gefahr*	
cost and freight	*Kosten und Fracht*	C. & F.
cost, insurance, freight	*Kosten, Versicherung, Fracht*	C I. F.
deviation	*Abweichen*	
ex dock	*ex Dock*	
ex elevator	*ex Elevator*	
ex lighter	*ex Leichter*	
ex pier	*ex Kai*	
ex ship	*ex Schiff*	
ex store	*ex Lager*	
ex warehouse	*ex Lager*	
ex wharf	*ex Kai*	
floating	*schwimmend*	
free alongside ship	*frei Längsseite des Schiffes*	F. A. S.
free delivered	*franko Bestimmungsort*	
free delivered warehouse	*franko Lagerraum*	
free delivered wharf	*franko Kai*	
free from alongside	*frei von Längsseite des Schiffes*	
free in	*frei eingeladen*	F. I.
free in and out	*frei eingeladen und gelöscht*	F. I. O.
free of capture and seizure	*frei von Aufbringung und Beschlagnahme*	F. C. & S.
free of capture and seizure and/or riots and civil commotion	*frei von Aufbringung und Beschlagnahme sowie inneren Unruhen*	F. C. & S. & R. & C. C.
free on board	*frei an Bord*	F O. B. (F. O. B. Vessel)
free of particular average	*franko kleine Haverei*	F. P. A.
free on rail	*franko Waggon*	F. O. R.
free on road	*frei Straße*	
free on truck	*franko Waggon*	F. O. T.
free over railing	*frei eingeladen an Bord*	
free overside	*frei ab Schiff*	
free overside ship	*frei ab Schiff*	F. O. S.
frustation	*Verhinderung*	
general average	*große Haverei*	G. A.
payable abroad	*im Ausland zahlbar*	
warehouse to warehouse	*von Haus zu Haus*	
war risk	*Kriegsgefahr*	
with particular average	*mit kleiner Haverei*	W. P. A.

Klauseln des Versicherungsinstituts
Institute Cargo Clauses
1924

Average Clause	*Havereiklausel*
Bill of Lading, etc. Clause	*Konnossementsklausel*
Craft, etc. Clause	*Leichterungsklausel*
Deviation Clause	*Abweichungsklausel*
F. C. & S. Clause	F. C. & S. *Klausel*
Frustation Clause	*Verhinderungsklausel*
G/A Clause	G. A. *Klausel*
Institute F. P. A. Clause	F. P. A. *Klausel des Versicherungsinstituts*
Institute Theft and Pilferage Clause	*Diebstahlsklausel des Versicherungsinstituts*
Strikes, Riot & Civil Commotions Clause	*Streik, Aufruhr und innere Unruhen*
Warehouse to Warehouse Clause	*Von Haus zu Haus-Klausel*

Abbreviations — Abkürzungen

abs., absol. = absolutely
abs. re. = absente reo, the defendant being absent
A. D. = in the year of our Lord
a/c, Acc., Acct. = account
a. m. = ante meridiem, before noon
amt. = amount
app. = appendix
art. = article
Ass., Asst = assistant
Att., Atty. = attorney
Att.-Gen. = Attorney-General
b. = born
B., Brit. = British
Bar. = barrister
Bart., Bt. = Baronet
B. B. C. = British Broadcasting Corporation
B. C. = Board of Control
B. C. L. = Bachelor of Civil Law
b. e. = bill of exchange
b. l. = bill of lading
B. L. = Bachelor of Law
bldg. = building
b. o. = branch office; buyer's option
b. p. = bills payable
b. rec. = bills receivable
b. s. = bill of sale
c., cap. = chapter
C A. = Chartered Accountant
cf. = compare
chm. = chairman
C. J., Ch. J. = Chief Justice
C. I. D. = Criminal Investigation Department
c. m. = causa mortis, by reason of death
Co. = Company
c/o = care of
c. o. d. = cash on delivery
Cr. = credit; creditor
crim. conv. = criminal conversation
C. S. = Civil Service
cur., curt. = current
c. w. o. = cash with order
cwt. = a hundredweight
d = dead; died

D. C. L. = Doctor of Civil Law
def., deft. = defendant
dft. = draft; defendant
D. P. = displaced person
Dpt. = Department
Dr. = Doctor; debtor
E. E. = Errors Excepted
e. g. = for example
E. O. E. = Errors and Omissions Excepted
F. O. = Foreign Office
G B. = Great Britain
G. H. Q. = General Headquarters
Gov. = Government
G. P. O. = General Post Office
H. B. M. = His Britannic Majesty
H. C. = House of Commons
H. M. C. = His Majesty's Customs
inst. = instant, the present month
I. O. U. = I owe you
J. P. = Justice of the Peace
L. C. = Lord Chancellor
L C. C. = London County Council
L. C. J. = Lord Chief Justice
L. J. = Lord Justice
LL. B. = Bachelor of Laws
LL. D. = Doctor of Laws
M. D. = Doctor of Medicine
Messrs. = gentlemen
M. P. = Member of Parliament; Metropolitan Police; Military Police
m. p. h. = miles per hour
M. R. = Master of the Rolls
MS. = manuscript
N. P. = Notary Public
n. u. = name unkown
O. H. M. S. = On His Majesty's Service
O. K. = all correct
p. = page
per cent. = per centum
P. C. = Privy Counsellor; Police Constable
per mil. = per thousand
per pro. = per procuration
p. m. = post meridiem, after noon
P. O. = Post Office; postal order
P. O. B. = Post Office Box
pp. = pages
P. S. = postscript
P. T. O. = please turn over
pro tem. = pro tempore, for the time being
P. W. = prisoner of war
q., Q., Qu. = question, query
rcd. = received
Ry. = railway
Sec., Secy. = secretary
S. G., Sol.-Gen. = Solicitor-General
s. o. = seller's option
Sol., Solr. = solicitor
s. s. = screw steamer; steamship
surv. = surviving
U. K. = United Kingdom
U. N. = United Nations
v. = versus, against
viz. = videlicet, namely
vol. = volume

Literatur

zur ersten und zweiten Auflage

Bibliography

Board of Trade Journal, London 1928.

Borchard, Guide to the Law and Legal Literature of Germany, Washington 1912.

Bürgerliches Gesetzbuch für das Deutsche Reich.

Byrne, A Dictionary of English Law, London 1923.

Chung Hui Wang, The German Civil Code, London 1907.

Cox, Lessons in Law, New York 1900.

Curti, Englands Privat- und Handelsrecht, Berlin 1927.

Curti, Englands Zivilprozeß, Berlin 1928.

Dalcke, Strafrecht und Strafprozeß, Berlin 1912.

Davidson-Geddie, Chamber's Twentieth Century Dictionary of the English Language, London and Edinburgh 1931.

Dicey, Introduction to the Study of the Law of the Constitution, 8th Edition, London 1923.

Dieckhoff, Das englische Adelsrecht, Berlin 1930.

Every Man's Own Lawyer, by a Barrister, 57th Edition, London 1927.

Fehner-Herrmann, Dictionnaire juridique et administratif, Straßburg 1920.

Friedensvertrag vom 28. Juni 1919 und Sachverzeichnis zum Friedensvertrag, Berlin 1919.

Geldart-Holdsworth, Elements of English Law, London 1929.

Gerland, Die englische Gerichtsverfassung, Leipzig 1910.

Halsbury, Earl of, The Laws of England, London 1917.

Handbuch für das Deutsche Reich, Berlin 1926.

Handelsgesetzbuch für das Deutsche Reich.

Handelsgesetze des Erdballs, deutsche Ausgabe, Berlin 1906, Bd. XI (The Commercial and Maritime Law including the Law on Bills, Notes and Bankruptcy of Great Britain and Ireland), *desgleichen,* American Edition, Boston, Vol. XXIV, XXV (Law of Bankruptcy, Bills of Exchange Code, Law of Cheques, Bank Law Law of Deposit and Exchange Law of the German Empire).

Handelsübliche Vertragsformeln, herausgegeben vom Generalsekretariat der Internationalen Handelskammer, 2. Auflage, Paris 1928.

Hatschek, Englisches Staatsrecht, in Jellinek-Piloty, Handbuch des Oeffentlichen Rechts, Tübingen 1905/06.

Heymann, Englisches Recht, in Stier-Somlo und Elster, Handwörterbuch der Rechtswissenschaften, Band II, Berlin 1927.

Heymann, Ueberblick über das englische Privatrecht, in Holtzendorff-Kohler, Enzyklopädie der Rechtswissenschaft, 7. Auflage, Band II, Berlin 1914.

Holmes-Leonhard, Das gemeine Recht Englands und Nordamerikas (The Common Law), *Leipzig 1912.*

Journal of Comparative Legislation and International Law, Vol. XIII, London 1931.

Karplus, Handbuch des Englischen Privatrechts, Leipzig 1917.

Kistner, Wörterbuch der kaufmännischen Korrespondenz, Leipzig 1903.

Koellreutter, Ausländisches Staatsrecht, 1. Verfassungsrecht der angelsächsischen Staatenwelt, Berlin 1923.

Luos, Der Gold-Hypotheken-Pfandbrief der deutschen Hypothekenbanken — The First Mortgage Gold Bond of the German Mortgage Banks, Dresden 1928.

Mendelssohn-Bartholdy, Das Imperium des Richters, Straßburg 1908.

Muret-Sanders, Enzyklopädisches deutsch-englisches und englisch-deutsches Wörterbuch, Berlin.

Oberbach, Englische Handelskorrespondenz, Leipzig 1923.

Pear's Cyclopaedia (Dictionary of Business), London 1924.

Prozeßordnung des Deutsch-Englischen Gemischten Schiedsgerichtshofs (Rules of Procedure of the Anglo-German Mixed Arbitral Tribunal) *vom 4. September 1920.*

Report of the Committee of Experts constituted by the Geneva Decision of September 16th, 1928 *(Bericht des auf Grund der Genfer Entschließung der sechs Mächte vom 16. September 1928 eingesetzten Sachverständigen-Ausschusses, vom 7. Juni 1929).*

Reupke-Morgan, Rechtshandbuch für den deutschen Handelsverkehr mit England, herausgegeben vom Reichsverband der Deutschen Industrie, Berlin 1929.

Rothschild, Deutsch-englisches Wörterbuch der Rechtssprache, im Jahrbuch für den internationalen Rechtsverkehr 1912/1913.

Sachverständigen-Gutachten, Berichte der von der Reparationskommission eingesetzten beiden Sachverständigenkomitees vom 9. April 1924 (Reports of the Committees of Experts), *Berlin 1924.*

Schirrmeister-Prochownick, Das Bürgerliche Recht Englands, Berlin 1906—1929.

Schnitzler, Wegweiser für den Rechtsverkehr zwischen Deutschland und den Vereinigten Staaten von Amerika, Berlin 1903.

Schuster, A. F., The German Commercial Code, London 1911.

Schuster, E. J., The Principles of German Civil Law, Oxford 1907.

Schuster E. J., Die Bürgerliche Rechtspflege in England, Berlin 1887.

Stephen-Jenks, Commentaries on the Laws of England, London 1903.

Strafgesetzbuch für das Deutsche Reich.

Strafprozeßordnung für das Deutsche Reich.

Wendt, Papers on Maritime Legislation, London 1871.

Wertheim, Wörterbuch des Englischen Rechts, Berlin 1899.

Wharton's Law Lexicon, 13th Edition, London 1925.

Whitaker, Almanack, London 1925.

Zivilprozeßordnung für das Deutsche Reich.

(895) Druck: A. W. Hayn's Erben, Berlin SO 36, Schlesische Str. 26

FSC
www.fsc.org
MIX
Papier | Fördert
gute Waldnutzung
FSC® C083411

Kolibri 360 GmbH
Ferdinand-Jühlke-Straße 7
99095 Erfurt, Deutschland
produktsicherheit@kolibri360.de